U0933794

普通高等教育“十二五”规划教材

高等院校物流类教材系列

国际货运代理

陈金山 主 编

李 昕 李春林 副主编

梁 军 主 审

科 学 出 版 社

北 京

内 容 简 介

本书结构新颖，知识全面，科学性、实用性和可读性较强，并设有知识拓展、阅读资料、案例分析及思考与练习等内容，以开拓读者的视野。

本书系统地介绍国际货物储运与保险的基本理论和实际操作方法，内容分为十章，包括国际货运代理概述、国际货运代理与贸易地理、国际贸易基础、国际海上货物运输、国际航空货运代理、国际陆上货运代理、国际多式联运业务、特种货物的国际货运代理、国际货运代理法律、国际货运代理营销与经营管理。

本书可作为高等院校物流管理、国际经济与贸易等相关专业的本科教材，也可作为企业经营管理人员的参考用书。

图书在版编目（CIP）数据

国际货运代理/陈金山主编．—北京：科学出版社，2009
（普通高等教育“十二五”规划教材·高等院校物流类教材系列）
ISBN 978-7-03-025262-3

Ⅰ.国…　Ⅱ.陈…　Ⅲ.国际运输：货物运输-代理（经济）-高等学校-教材
Ⅳ.F511.41

中国版本图书馆 CIP 数据核字（2009）第 143994 号

责任编辑：任锋娟/ 责任校对：柏连海
责任印制：吕春珉 / 封面设计：东方人华平面设计部

科学出版社出版
北京东黄城根北街 16 号
邮政编码：100717
http://www.sciencep.com
北京虎彩文化传播有限公司印刷
科学出版社发行　各地新华书店经销
*
2009 年 8 月第 一 版　开本：787×1092 1/16
2021 年 8 月第九次印刷　印张：23 3/4
字数：562 000

定价：57.00 元

（如有印装质量问题，我社负责调换〈虎彩〉）
销售部电话 010-62134988　编辑部电话 010-62135763-2015（HF02）

版权所有，侵权必究

举报电话：010-64030229；010-64034315；13501151303

高等院校物流类教材系列

编　委　会

主　任

李严锋（教育部高等学校物流类专业教学指导委员会委员，云南财经大学商学院院长，教授）

副主任（按照姓氏笔画排序）

白世贞（哈尔滨商业大学物流学院院长，教授）

汪洪章（复旦大学外国文学研究所副所长，教授）

肖生苓（东北林业大学工程技术学院副院长，教授）

秦成德（中国法学会信息法学研究会理事，西安邮电学院教授）

梁　军（宁波工程学院经济与管理学院副院长，教授）

委　员（按照姓氏笔画排序）

王　刚　王晓博　冉文学　乔志强　任淑霞

刘　莉　刘泽海　刘胜春　刘常宝　吕西萍

孙　军　许恒勤　宋志兰　张　敏　张玉斌

张晓云　李　岩　李相林　杨中昭　杨浩雄

沈　欣　陈金山　郑志成　姜方桃　赵泉午

赵益平　徐鸿竹　秦峰华　彭东华　谢红燕

鲍爱武　廖素娟　潘尤兴　薛景梅　霍　红

前　言

全球经济一体化的环境日趋成熟，我国的国际贸易额不断扩大，国际货运代理作为国际物流的重要组成部分，在提高国际贸易竞争力、降低物流成本、提高物流服务水平中起到重要的作用。我国货运代理业在企业数量和服务人员队伍上发展很快，但在竞争能力和服务水平上与国外同行相比还存在不小的差距。本书就是在这一形势下编写，旨在为国际货运代理业提供一本在理论和实际操作上的学习和参考教材。

本书按照“概念清楚，方法实用”的原则进行编写，既重视理论性，又强调实践性。全书共分为十章，包括国际货运代理概述、国际货运代理与贸易地理、国际贸易基础、国际海上货物运输、国际航空货运代理、国际陆上货运代理、国际多式联运业务、特种货物的国际货运代理、国际货运代理法律、国际货运代理营销与经营管理。本书结构新颖、知识全面，既包含基础知识也具有一定的深度，同时以富有操作性，具有较好的系统性和完整性。

本书主要编写分工如下：宁波工程学院的陈金山和阮荣龙编写第一章和第八章，渤海大学的李昕编写第二、四、五章，渤海大学的祖峰编写第六、十章，黑龙江工程学院的李春林编写第三、七、九章；陈金山负责全书的统稿工作，宁波工程学院的梁军负责全书的审阅工作。

本书在编写、出版过程中，得到了科学出版社的大力支持，得到了宁波市港口物流应用型人才培养基地的支持和赞助，得到了宁波工程学院、渤海大学和黑龙江工程学院等高校的支持和协助，同时也得到宁波新亚物流有限公司的大力帮助，在此向他们表示真挚的感谢！

本书在编写过程中，广泛参考和借鉴了国内外相关资料，在此向相关作者表示衷心的感谢！同时热切希望各位同仁和广大读者对本书提出意见和建议，以便不断完善、进步。

前言

目　录

第一章

国际货运代理概述

教学目标

国际货运代理是国际运输服务的重要组成部分，对国际贸易的最终完成具有至关重要的作用。国际货运代理是一种民事行为，本章主要介绍国际货运代理的概念、法律地位、业务范围和相关的管理制度，这些都是经营国际货运代理的基础。

学习任务

通过这一章内容的学习，要达到以下几个目的：

- 了解国际货运代理的概念、性质及其法律地位；
- 熟悉国际货运代理业务的范围及责任；
- 了解我国关于国际货运代理的法律、法规及管理制度。

导入案例

中远国际货运有限公司简介

中远国际货运有限公司（以下简称中货公司）是中国远洋运输集团的全资子公司，同时也是中远集团另一个全资子公司中远集运总公司的中国部。1995 年，中远集团进行陆上货运体制改革，整合了各口岸及地区远洋公司的揽货部门，经过资产重组，成立了中远国际货运代理有限公司，将零星分散的货运系统集中管理、统一规划，使中远货运获得较大发展，并形成了一定规模。中货公司现有资产 23 亿元人民币，在全国 29 个省、市、自治区的 100 多个城市设有业务网点 300 个，覆盖全国 100 多个城市，形成了以北京为中心，以广东、大连、上海、青岛、天津、武汉、香港等几个大口岸（地区）公司为龙头，以遍布全国城镇的揽货网点为依托的具有相当规模和实力的陆上货运代理网络。根据各地区经济发展状况，网点多数分布在经济发达的沿海地区，经济相对落后的地区网点较少。中货公司经过近几年的业务发展和资产重组，在拥有的硬件设施（如场站数量、堆场面积、卡车数量）以及在机构设置、人员配备方面都具有了较强的实力。目前有场站 28 个，面积达 139 万平方米，仓库面积 6.7 万平方米，有各种运输车辆近 1000 台，员工 4000 多人。

中货公司目前从事的业务有：进出口货运代理，汽车运输，货物中转、装卸、仓储，货物的多式联运及空运代理等，其中集装箱进出口货运代理是中货的主营业务。同时中货还为客户提供 24 条贯穿国内的海铁联运服务。

（资料来源：http://www.cosfre.com/zh_CN/overview/jianjie.jsp?id=2）

第一节 国际货运代理

国际货运代理是国际物流系统中的重要参与者，是国际贸易进出口商不可或缺的服务提供商。随着我国经济的快速发展以及经济全球化的进一步深入，我国的进出口贸易不断增加，国际货运代理业务量快速上升，国际货运代理企业数量也在不断增加。据2007年中国大百科全书出版社出版的《中国货代企业名录大全 2006～2007 年版》的统计显示，企业较多的前 10 个地区为：上海 2100 家，广东 1700 家，山东 800 家，江苏 760 家，天津 740 家，辽宁 650 家，浙江 620 家，北京 600 家，福建 600 家，港、澳 700 家，国外货代企业数量 200 家，还有相当多的企业没有收录在内，从业队伍庞大，由此可见国际货运代理业已是我国经济系统的重要组成部分。

一、国际货运代理的概念及性质

（一）国际货运代理的概念

国际货运代理（the freight forwarder）简称“货运代理或货代”。起初，货运代理作为“佣金代理”，只代表货主安排货物的装卸、储存及货物在境内的运输，同时从事为客户报关、收取费用等日常业务。后来，随着国际贸易和多种运输形式的发展，特别是现代物流及集装箱运输的发展，货运代理的服务范围不断扩大，扩展至全方位的系统性服务，包括货物的全程运输、仓储及配送服务，其作用在国际贸易和国际运输中日益提高。在国际上尚无一个被各国普遍接受的、统一的关于“国际货运代理”的定义，各国对之称谓不尽相同。例如，“通关行代理”、“清关代理人”、“报关代理人”及“船货代理”等，而我国则称之为“国际货运代理”。

国际货运代理协会联合会（International Federation of Freight Forwarders Associations，法文缩写 FIATA）在 1996 年 10 月颁布的《国际货运代理服务示范条例》（FIATA Model Rules For Freight Forwarding Services，又称“FIATA 货运代理标准交易条件”）中曾明确地给“国际货运代理”及“国际货运代理服务”做过如下的定义：“所谓国际货运代理，是指与客户签订国际货运代理服务合同的人”；“所谓国际货运代理服务，指的是所有与货物相关的服务（如货物的运输、拼箱、储存和处理及货物的包装与配送等服务）以及与上述有关货物服务相关的辅助性及咨询服务，其中包括但不仅限于海关和财政事务、货物的官方申报、货物的保险、代收或支付与货物相关的款项及单证等服务”。

2004 年 10 月，与欧洲几家主要的交通运输、货运代理及物流行业的协会磋商之后，根据行业发展的最新特点，FIATA 总部推出了“国际货运代理及物流服务”的最新定义：“所谓的国际货运代理及物流服务，指的是所有和货物的运输（即采用单一的模式和多式联运模式所完成的运输）相关的服务，即货物的拼箱、储存、处理、包装或配送等相

关的服务和与上述服务相关的辅助性及咨询服务，其中包括但不局限于海关和财政事务、货物的官方申报、安排货物的保险、代收或支付货物相关的款项及单证等服务。国际货运代理服务还包括物流服务，即将现代信息和通讯技术应用于货物的运输、处理和储存及实质上的整体供应链管理之中。所有这些服务，都可以根据客户的要求及具体的服务内容而量身定做，灵活运用。”

我国政府主管部门对“国际货运代理”也曾出台过几个定义。1995年对外贸易经济合作部（即现在的商务部）报经国务院批准的《中华人民共和国国际货物运输代理业管理规定》（以下简称《货运管理规定》）给“国际货运代理业”所下的定义是这样的：“所谓的国际货运代理业，是指接受进出口货物收货人、发货人的委托，以委托人的名义或者以自己的名义，为委托人办理国际货运运输及相关业务并收取服务收益的行业。”

1998年对外贸易经济合作部出台的《国际货物运输代理业管理规定实施细则》（以下简称《货代管理规定实施细则》）又对“国际货运代理企业”作了进一步界定：“国际货运代理企业可以作为进出口货物收货人、发货人的代理人，也可以作为独立经营人，从事国际货运代理业务。国际货运代理企业作为代理人从事国际货运代理业务，是指国际货运代理企业接受进出口货物收货人、发货人或其代理人的委托，以委托人的名义办理有关业务，收取代理费或佣金的行为。国际货运代理企业作为独立经营人从事国际货运代理业务，是指国际货运代理企业接受进出口货物收货人、发货人或其代理人的委托，签发运输单证、履行运输合同并收取运费以及服务费的行为。”

据悉，商务部正在修订“货运管理实施细则”。相信，随着新的“货运管理实施细则”出台，我国对“国际货运代理”的定义将与国际接轨，管理也会更加规范。值得一提的是，根据国务院2001年12月11日颁布的《中华人民共和国国际海运条例》（以下简称《国际海运条例》），对于国外普遍公认的应属于“国际货运代理”范畴的“无船承运人”（non-vessel-operating-common carrier，NVOCC）所下的定义为：“无船承运业务，是指无船承运业务经营者以承运人身份接受托运人的货载，签发直接的提单或者其他运输单证，向托运人收取运费，通过国际船舶经营者完成国际海上货物运输，承担承运人责任的国际海上运输经营活动。”

（二）国际货运代理的性质

从上文的定义中可以看出货运代理可能以有两种身份：一是代理人；二是契约当事人（承运人）。两种身份的法律性质是有区别的。

从货运代理的基本性质看，货运代理人是接受委托人的委托，处理有关货物运输、转运、仓储、保险等业务的一个机构。货运代理是一种中间人性质的运输业者，它既代表货方，保护货方的利益，又协调承运人进行承运工作，其本质就是“货物中间人”，在以发货人和收货人为一方，承运人为另一方的两者之间行事。货运代理的这种中间人性质在过去尤为突出。

当货运代理是契约当事人的身份时，是与发货人（或收货人）签订运输合同，并收取运费，然后再以托运人的身份与实际承运人签订运输合同。这时，货运代理是受运输合同相关的法律法规的约束。

从产业性质看，货运代理是社会产业结构中的第三产业，是科学技术、国际贸易结构、国际运输方式发展产生的结果。在社会信息高度发展的趋势下，由于信息不受任何行业、区域、国界的限制，只要掌握信息，便能提供为委托人所需要的优质服务。

（三）国际货运代理的作用

货运代理在促进本国和世界经济发展的过程中起着重要的作用。它们不仅可以简化国际贸易程序、降低运输总成本，还通过给予国内承运人和保险人支持，以实现外汇节省，并帮助改善外汇收支平衡的状况。货运代理在与其有关的机构，如港口当局、船务代理、海运经营人、空运经营人、卡车经营人、铁路经营人、保险人、银行等贸易活动中发挥协调作用。不仅对客户，而且对海关和其他与进口贸易运输有关的公共当局，都是十分有益的，其作用表现在以下几个方面：

1）组织协调作用。货运代理使用最现代化的通讯设备（包括资料处理），推动国际贸易程序的简化。货运代理是运输的“设计师”，是“门到门”运输的组织者和协调者。

2）开拓控制作用。货运代理不仅组织和协调运输，而且影响到新运输方式的创造、新运输路线的开发、新运输费率的制定以及新产品的市场开拓。多年来，货运代理在世界各贸易中心建立了客户网，有的建立了分支机构，因此它能够控制货物的全程运输。

3）中间人作用。货运代理作为“货物中间人”，是发货人或收货人的代理。既可以代理的名义即时订舱，洽谈公平费率，在适当时候办理货物递交；也可以委托人的名义与承运人结算运费，并向承运人提供有效的服务。

4）顾问作用。货运代理是企业的顾问，它能就运费、包装、进出口业务必需的单证、金融、海关、领事要求等方面提供咨询，还能对国外市场和国外市场销售的可能性提出建议。

5）提供专业化服务。货运代理的各种服务是专业化的。它对复杂的进口、出口、海运、陆运、空运，对结算、集运、仓储、集装箱运输、危险品运输、保险等，都具有专门的知识。特别是了解经常变化着的国内外海关手续、运费与运费回扣、港口与机场的业务做法、海空货物集装箱运输的组织以及出口货物的包装和装卸等。有时，它还负责申请检验商品和代向国外客户收取款项。

6）提供特殊服务。货运代理可以提供各种特殊项目的服务。例如，将小批量的货物集中成整组货物，这对从事出口贸易的人很有价值。所有客户都可以从这种特殊的服务中收益，尤其是对那些规模小、自身又没有出口及运输能力的企业更是如此。

7）费用及服务具有竞争力。货运代理监督运费在货物售价中所占的比例，向客户建议采用最快最省的运输方式。可在几种运输方式和众多的承运人中间，就关键的运价问题进行选择，挑选最具竞争能力者进行承运，在这方面，它比货方和承运人做得更好。因为这不是一家海运公司所能做到的，承运人遵循的原则是利用它们的运输设备而谋取利润。

二、国际货运代理的法律地位

（一）英美法系和大陆法系简介

货运代理与客户的关系受两大法系（即英美法系和大陆法系）的私法管辖。一个货运代理应当在多大程度上了解这两大法系和它们的区别以及它们对于货运代理关系的影响？我们将在此进行一个简单的比较。

1. 英美法系是由法官制定的法律

在判案过程中，英美法系的法官认真推理，在判决随后类似案件时，通常遵循这些推理并且将它们适用于新案件的事实。随着时间的推移，这些推理变成了“先例”，成为后世接受的法律。

英美法系的法官关注每一个具体的判决结果，因此，他们将注意力主要放在了个案的事实上。因此，一个案件在具体事实上的微小差别就可能导致一个截然不同的判决结果。如果一个判决被上诉，上诉法院的法官相对来说不太注重对案件事实的核查，因为他们的职能在于核查初审法院判决中对法律的适用情况，看它是否和既定的法律原则一致。律师们将上诉案中的法官推理过程视作对法律原则的更具权威的诠释。由于英美法系着眼于个案事实，因此该法系注重于根据案例来发展法律原则。

2. 大陆法系是成文法

有关货运代理方面的法律常见于国家立法机关的法典中，这些法典规范着一些合同，如委托（或者代理）和雇用服务合同。法典中的法律条文都源于罗马法。在这些国家，法律的继承性，更加深了他们对于罗马法的尊崇。有关合同的法律原则，大陆法系与英美法系基本相同，但是他们之间又有着重大区别。

大陆法系的法官们必须分析这些法典中的法律条文，并将它们适用于具体的法律纠纷事实，从而做出判决结果。先前的案例推理，是一个有用的指导，但是在阐述法律原则方面，英美法系中的法官推理（与大陆法系法官的推理相对比）具有更加重要的地位。在每一个案件中，一个大陆法系的法官从理论角度讲并不需要参考其他案件的判决，而仅仅依据成文法中的法律规则做出司法判决。然而，这些法律条款所依据的法律原则并不是孤立的。立法者就这些法律条文及其适用于所有案件的推理进行分析并作出解释，这些解释被当作权威解释。大陆法系的法官可以根据这些权威解释来解决因解释法典条文而产生的分歧。

在大陆法系中，每一个案子都会在成文法典中找到可使用的法律规则，至少原则上可以适用。由于这些法规并不能够轻易地适用于那些不断发展着的贸易活动，从而造成了条文解释上的不确定性。立法者在制定法典的时候没有预料到的情况后来发生了，法官因而在确定当事人的权利、义务时遇到了困难，因为他们缺乏一个清晰的答案。但是，尽管会遇到这些困难，大陆法系的法官们依然会用一种令人满意的方式来将这些已出台的法典适用到新的贸易活动中去。

运输代理人是大陆法系中的一个非常著名的制度，为货运代理业务的操作提供了法律依据。该制度将佣金代理的基本原则和贸易代理相关的法律适用到了具体的货运代理业务中。一些大陆法系的国家在这方面走的较远，针对货运代理业务进行了专门的立法。

从上述简单的对比中我们可以看出，在英美法系和大陆法系国家中的法律环境中存在一个根本的不同。在英美法系国家中，没有明文立法，当面对一个法律问题的时候，货运代理通常会询问某争议焦点是否被法庭审理过；当他们从事新的贸易活动时，先前的判决或先例更无法提供明确的答案。在大陆法系中，法律原则都很明确，但问题产生于法律适用于具体案件的过程中，大陆法系的法院在不理解贸易活动的情况下适用这些原则，其所作出的法律判决必将在今后的实践中产生许多问题。

（二）国际货运代理两种法律地位的区别

货运代理的两种法律地位，是指作为代理人的法律地位和作为当事人的法律地位。货运代理的法律地位不同，所承担的法律责任亦不同。传统意义上的货运代理，无论从其名称上，还是从其业务性质来看，两者均是一致的，即货运代理所从事的业务纯属代理性质，是名副其实的代理。当然从法律上讲，货运代理对其业务范围内的过失应承担代理的责任。但随着代理业务的拓展，货运代理有时以代理人的身份出现，有时又以当事人即承运人身份出现。所以，今天我们既不能以传统的观念去想象并认为货运代理的一切业务都是代理性质，只需承担代理的法律责任；也不能认为货运代理的一切业务都是当事人性质，应承担当事人的法律责任。鉴于目前货运代理的这种双重身份，实践中应如何区别他们在不同情况下的不同身份？如何确定他们所应承担的不同法律责任呢？将在下面的内容中解决这两个问题。

1. 国际货运代理两种法律地位的区分与认定

对于货运代理不同的法律地位，要根据具体业务来区分，根据所属国法律来认定。具体执行时从以下几个方面考虑。

（1）收入取得的方式

区分货运代理身份的一个重要标志，即货运代理从托运人那里取得的是佣金，还是运费差价。货运代理如果从托运人那里得到的是佣金，或者从承运人那里得到的是经纪人佣金，则被视为代理人；反之若从不同的运费费率差价中获取利润，则被视为当事人。这里问题的关键是合同之规定，即货运代理与托运人之间的委托合同条款一定要写明，委托人要求货运代理从事的一切业务活动均属代理性质，收取的费用是代理佣金（而不是差价）。

（2）提单的签发方式

通常货运代理签发自己的提单，会被视为承运人，承担当事人的责任。但是，货运代理签发提单，并不一定就意味着是承运人。例如，在甲公司诉乙公司一案中，货运代理代表承运人签发一份提单，而真正的承运人远洋公司也签发了一份提单，重要的一点

是，在货运代理与托运人之间签订的委托合同中清清楚楚地写明了前者仅为代理人。根据该合同，明确了货运代理的代理身份和代理责任。不过签发多式联运提单和无船承运人提单的货运代理则被视为是多式联运经营人和无船承运人，即当事人，并需承担承运人的责任。

（3）经营运作的方式

货运代理若以自己的名义签订运输合同，并通过向托运人收取一笔纯粹的运费，转而向其他承运人支付较之收取的运费略低的运费，从这两笔运费的差价中赚取适当的利润；或者货运代理将诸多委托人之货物合并装入一个集装箱，从事拼箱、混装服务，以取得更多的收益。在这种情况下，货运代理对委托人来说其身份为当事人，其责任为承运人的责任。根据承运人的资格，应享有承运人的全部权利（包括责任限制），并负有承运人的全部义务。无船公共承运人就属于这种性质，根据加拿大《海上货物运输法》，无船公共承运人被允许享受每件货物500美元的赔偿限额。

（4）习惯做法与司法认定

尽管货运代理有时是作为托运人的代理人行事，但为了尽快替委托人订妥舱位，货运代理常以自己的名义与承运人订立合同，这在某些地方（如伦敦运输交易市场）是合理的习惯做法。在此情况下，若货物没有按时到达装货地点，根据所属国司法机关的认定，承运人可以向货运代理要求亏舱费的赔偿。货运代理赔付后可转向其委托人索赔。也就是说，货运代理只要以其自己的名义行事，即使本身没有过失，也会因其当事人的身份而承担责任，同时享有向过失方进行追偿的权利。

综上所述，确定货运代理究竟是作为代理人还是作为缔约当事人，不存在任何硬性规定。货运代理的身份将取决于具体情况、具体事实和所属国的法律。法院或仲裁机构往往会综合考虑货运代理与委托人之间的全部情况，包括合同、电话、来往信件、电传、传真、电子邮件、费率和所签发的提单、海运单、空运单、铁路运单、公路运单及以往的业务情况等。但尽管如此，还是有一些可供参考的用以判断其身份的标准。例如，①在合同文件中表示货运代理义务特性的方式；②支付方式，货运代理是按运费、费用外加一笔收入结算，还是从运费结算中提取一定的百分比，或者收取包括一切费用在内的总运费；③提单签发方式；④托运人是否已知道实际承担其货物的运输的公司；⑤当事人双方过去相互交往的方式。

（5）我国认定国际货运代理法律地位中遇到的问题

1）在我国的司法实践中，法院审判货运代理纠纷，确定其法律地位及责任时，往往会考虑下列因素：①货运代理是以被代理人的名义行事，还是以自己的名义行事？②货运代理在办理货物运输时，所使用的运输工具或货物储存仓库是否属于自己拥有？③货运代理所签发的单证的性质、该单证以谁的名义签发以及是否签发过多式联运提单或无船承运人提单？④货运代理是按一定比例收取代理手续费，还是从收取的包干费中获得运费差价？⑤货运代理所办理的货物是否在货运代理的实际掌管之中？⑥货运代理是否在被代理人授权范围内从事活动？如果有越权行为，是否被追认？⑦货运代理在安排货物运输过程中及办理其他业务中本身有无过失？⑧货运代理与托运人的运输合同中有无明确规定货运代理应承担的责任条款及保证条款？⑨货运代理实际扮演的是代理人还是当事人，或者两者兼而有之？

2）货运代理与委托人所签合同十分重要。合同条款若能对双方的权利与义务作出明确的规定，出现纠纷时就很容易认定其法律地位。但在实际业务中，这类合同尚未能起到这样的作用。我国有些货运代理与委托人使用的代运合同就存在下述缺陷：①委托代运的性质不明，没有写明是委托代理安排运输，还是由货运代理自己承运，且条款过于简单，没有规定委托人与被委托人的权利和义务；②这类合同写明代理运输，但没有写明代理运输的方式及委托第三人运输的委托方式。这样，在以往的司法审判中就常常会出现问题。

2. 国内中转运输采用间接代理方式得不到司法审判的承认

长期以来，各口岸一些货运代理在接受发货人委托代运的同时，又委托第三人承担国内中转运输。通常的做法是货运代理以自己的名义与第三人签订一份运输合同。那么，该合同能否约束签订代运合同的委托人呢？有人主张，货主已通过与货运代理签订委托代运合同，货运代理有权以任何方式完成货主委托的运输任务，故货运代理以自己的名义同第三人签订运输合同，也可作为完成代理运输任务的方式之一。然而，这种认识遭到大多数人的反对，也被我国海事法院的司法实践予以否定，其道理很简单，货运代理以自己的名义同第三人签订合同，就第三人而言，其货运代理的身份已经改变，成为与第三人签订合同的一方当事人；就委托人而言，由于上述所涉及的货运代理与委托人使用的格式代运合同中没有写明委托人已授权货运代理可以自己的名义与第三人签订运输合同，因此货运代理与第三人签订的运输合同不能约束委托人。那么，如果货运代理以自己的名义与第三人订立的是中转运输合同，则该合同能否约束货运代理的委托人呢？大陆法系认为，货运代理必须在中转运输合同中声明他是受他人之委托而签字的，否则被认为是货运代理自己与第三人订立运输合同，委托人对该运输合同不承担任何义务，也不能主张任何权利，此时，委托人同第三人没有直接的法律关系。倘若货运代理以自己的名义，但为了委托人的原因而与第三人订立运输合同，然后再将其权利与义务通过另一个合同转移给委托人，此时，货运代理则成为一种间接代理。英美法系认为，货运代理以自己的名义与第三人订立中转运输合同，在合同中根本不披露他同委托人的代理关系，尽管委托人货运代理安排中转运输，货运代理仍应对该中转运输合同负责。从而可以看出，不论大陆法系还是英美法系，货运代理以自己的名义与第三人签订中转运输合同时，必须声明自己与委托人的关系，让第三人了解货运代理的身份，并且以共同明确的合同，把自己应承担中转运输合同的义务转移给委托人。否则，作为该合同的一方当事人——货运代理应承担合同的责任，而委托人可以不承担中转运输合同中由货运代理承担的责任。

（1）进口中转货物发生货损货差代理责任的认定

进口中转货物在中转港卸货后，因港口装卸公司、理货公司或国内中转承运人的过失而发生的货损货差，委托人应直接向过失方索赔，还是向货运代理索赔呢？这个问题需根

据货运代理与委托人所签合同以及货运代理与第三人所签合同之规定来认定货运代理的责任。倘若委托人与货运代理之间的委托代运合同订明货运代理对因其过失所造成的货损货差不负责任，并且由委托人签字与第三人订立装卸、中转等方面的合同，货运代理仅以代理人身份出现，那么委托人就不应向货运代理索赔；但是，如果代理合同中没有订明中转运输中发生的货损货差由谁负责，且货运代理是以自己的名义与港口装卸公司、理货公司或中转运输承运人签订的合同，那么委托人可以首先向货运代理索赔。但在实际业务中，港口装卸公司等有关单位并没有与货运代理或货主订立进口货物装卸理货合同。在这种情况下，因港口代办人或装卸公司、理货公司的过失而造成的货损货差是否应由货运代理先赔付给委托人，然后再向责任人追偿呢？司法审判中一般认为，在货运代理作为纯粹代理人的情况下，只要其没有过失，就不承担责任，委托人应直接向责任人索赔。

（2）国内货运代理的赔偿责任

货运代理在安排进出口货物运输中因过失而造成的货损货差，适用《中华人民共和国民法通则（以下简称《民法通则》）代理过失赔偿责任制。货运代理以承运人的身份与货主签订运输合同，其赔偿责任制采用运输合同规定的制度，此类运输合同往往受国际公约或国内货物运输法的制约。目前，不论是水路、公路、铁路、航空运输或多式联运和无船承运，承运人的赔偿责任制和享受责任限制的金额都比较清楚。

那么，货运代理在以代理人身份从事货运代理业务过程中，因其本身或其雇员工作中的疏忽和过失造成的货损货差，应适用何种赔偿责任制呢？又应承担怎么样的赔偿责任呢？司法实践中通常依据我国《民法通则》的有关规定以及委托人与货运代理签订的代运合同，要求货运代理承担代理过失的赔偿责任。这种赔偿责任包括：

1）货运代理在订舱、报关、报检、交接、安排仓储和分拨，办理货物的拼装，安排货物的计量计重和中转运输，办理货物保险、税收和外汇交易，挑选有资格的承运人以及办理其他方面业务过程中的过失所引起的委托人的经济损失。

2）货运代理不符合国际贸易运输惯例，未经委托人同意，擅自将代理权委托给他人，造成委托人的损失。

3）货运代理因在诚实守信方面的过失而造成委托人的损失，例如，货运代理隐瞒第三人的重要情况，使委托人选择错误而与第三人签订运输合同；货运代理利用代理合同的便利，不顾委托人的利益，挑选与自己有直接利害关系的，资信差甚至有欺诈行为的第三人作为承运人；货运代理未经委托人事先同意，同时兼任第三人的代理人，从两边收取佣金；货运代理采用不法手段，与第三人串通，向第三人泄露代理业务中的保密资料，接受第三人贿赂，从第三人处取得不正当的回扣；或暗中参与第三人的欺诈行为，严重损害委托人的利益等。这些均已构成刑事犯罪，货运代理不仅应承担损失赔偿责任，而且还应被追究刑事责任。

（3）国际货运代理的责任限制

我国在货运代理方面的法律规定是不完善的，有关货运代理责任限制的规定更为欠缺。在 1998 年对外贸易经济合作部出台的《货代管理规定实施细则》（试行）中虽规定关于货运代理企业作为独立经营人，负责履行或组织履行多式联运合同时，其责任期间自接收货物时起至交付货物时止。但也仅涉及多式联运经营人的责任期间，至于其承担责任的基础、责任限额、免责条款以及丧失责任限制等法律问题均无规定，因此实践中只能参照其他相关法律来确定。

因此，凡从事货运代理业务的公司，首先自己一定要明确以何种身份行事。否则，原本可以免责或只需承担代理人责任的，却盲目承担当事人的责任。

由于现代社会货运代理的身份已发生变化，而我国的法律尚存在滞后现象，所以，要特别强调的是：一方面，当货运代理与委托人签订代理合同时一定要规范化，要以规范化用语明确货运代理以委托人的名义并在其授权范围内行事，明确双方之间的关系、身份及法律地位；另一方面，我国司法人员也应面对新的形势，对货运代理的法律地位及其责任，在深入调查、尊重事实的基础上，对个案进行全面分析后，实事求是地、慎重地作出判决。

第二节　国际货运代理的业务范围及责任

一、国际货运代理的业务范围

货运代理的业务服务范围很广泛，通常为接受客户的委托，完成货物运输的某一个环节或与此有关的各个环节的任务。除非客户（发货人或收货人）想亲自参与各种运输过程和办理单证手续，否则，货运代理可以直接或通过其分支机构或其雇佣的某个机构为客户提供各种服务，也可以利用其在海外的代理提供服务。

货运代理的服务对象包括发货人（出口商）、收货人（进口商）、海关、承运人、班轮公司、航空公司，在物流服务中还包括工、商企业等。

货运代理服务内容包括：①选择运输线路、运输方式和适当的承运人；②订舱；③接收货物；④包装；⑤储存；⑥称重、量尺码；⑦签发单证；⑧报关；⑨办理单证手续；⑩运输；⑪安排货物转运；⑫安排保险；⑬支付运费及其他费用；⑭进行外汇交易；⑮交货及分拨货物；⑯协助收货人索赔；⑰提供与工程、建筑有关的大型、重型机械、设备、挂运服务和海外展品等特种货物的服务。此外货运代理还根据客户的需要，提供与运输有关的其他服务、特殊服务，如混装、拼箱、拆箱、多式联运、无船承运及现代物流服务等。

（一）服务对象分类

根据货运代理的不同服务对象，可将其业务内容分为以下几个方面。

（1）货运代理为发货人服务

货运代理发货人承担在各种不同阶段的货物运输中的任何一项业务。例如，以最快、最省的运输方式，安排合适的货物包装，选择货物的运输路线；向客户建议仓储与分拨；选择可靠、效率高的承运人，并负责缔结运输合同；安排货物的计重和计量（尺码）；

办理货物的保险；拼装货物；装运前或在目的地分拨货物之前，将货物存仓（如果需要的话）；安排货物到装运港的运输，办理海关和有关单证手续，并将货物交给承运人；代表托运人/收货人承付运费、关税、税收等；办理有关运输的外汇贸易；从承运人那里取得各种签发的提单，并将它们交给发货人，以及通过与承运人和货运代理在国外的代理联系，监督货物运输的进程，并使托运人知道货物的去向。

（2）货运代理为海关服务

当货运代理作为海关代理，办理有关进出口商品的海关手续时，不仅代表他的客户，也代表海关当局。事实上，在许多国家，货运代理已取得这些当局的许可，办理海关手续并对海关负责，其主要负责在法定的单证中申报货物确切的金额、数量和品名，以使政府在这些方面的收入不受到损失。

（3）货运代理为承运人服务

货运代理向承运人及时订好足够的舱位，认定对承运人和发货人都是公平合理的费率，安排在适当的时间里交货以及以发货人的名义解决与承运人的运费结算等问题。

（4）货运代理为班轮公司服务

货运代理与班轮公司的关系随业务的不同而不同。在一些服务于欧洲国家的商业航线上，班轮公司已承认在提高利润方面货运代理的有益作用，并愿意付给货运代理一定的佣金。近几年来，由货运代理提供的拼箱服务，即拼箱货的集运服务，已使他们在班轮公司及其他承运人（如铁路承运人）之间建立起一种较为密切的联系。

（5）货运代理为航空公司服务

货运代理在空运业务上充当航空公司的代理，并在国际航空运输协会以空运货物为目的而制定的规则上被指定为国际航空运输协会的代理。在这种关系上，货运代理利用航空公司的服务手段为货主服务，并由航空公司支付其佣金。同时，作为货运代理，亦可将适于空运的方式建议给发货人或收货人，继续为他们服务。

（二）服务作用分类

根据货运代理在提供服务中所起的作用和所扮演的角色，亦可将其业务内容分为以下几个方面。

（1）顾问

货运代理应当成为其客户的顾问，向客户提供有关服务的意见和建议，如选择运输包装形式；选择线路和运输方式；提供货物所需的险种；进出口清关；随附单证（承运人）及信用证规定（银行要求）。

（2）组织者

货运代理是货物运输的组织者，负责有关货物的安排，如进出口和运输发货；负责合并运输，如成组化运输；负责特殊和重型运输——成套设备、新鲜食品、服装悬挂等。

（3）进出口处理

货运代理为进出口商的代理，负责接运、包装和标记；向承运人订舱、交货；签发货运单证；监督货物离港；向客户发出速遣通知；从承运人的运输工具卸下货物；合并运输、货物拆解及清关。

（4）转运代理

货运代理作为转运代理，从事选择样品，再包装；在海关监管下积载；二次货运代理。

（5）委托人——提供拼箱服务

上面谈到的货运代理业务范围是属于作为一个代理的传统作用范围。随着国际贸易中集装箱运输的发展，促进了集运和拼箱服务。在提供这种服务中，货运代理担负起一个委托人的作用。集运或拼箱的基本含义是把供货的若干发货人发往同一个目的地的若干收货人的小件货物集中起来，作为一个整件集运的货物发运给目的地的货运代理的代理人，并通过他们再把单票货物交给各个收货人。货运代理将签发的提单，即分提单或其他类似的收据交给每一票货的发货人。货运代理的代理人在目的地凭收货人出示的提单收货。单个的发货人和收货人不直接与承运人联系。对承运人来说，发货人是货运代理，而收货人是该货运代理在目的地的代理人。因此，承担集运货物的承运人给货运代理签发的是总提单（或货运单）。如果发货人或收货人有特殊要求的话，货运代理也可在供货地和目的地从事提货和交付的服务或提供门到门的服务。

拼箱服务使多方受益。承运人将不再遇到处理散件货物的麻烦，省去大量的文书工作和时间，并受益于他的运输能力更集中地使用。货运代理通过向发货人收取比发货人直接付给承运人要低的运费，并从中获得好处与发货人分享。对于散件发货人来说，如果直接与承运人联系，他将付出比给货运代理更高的费率；对于货运代理来说，承运人为他确定了一个特殊的拼箱费率，使他受益于他向客户收取的费用与他付给承运人的费用之间的差额，集运为货运代理提供了较大报酬的业务领域。

（6）经营人——提供无船承运人业务

货运代理作为代理人行事时，只是受客户的委托，替客户安排海上运输，它既不能签发海运提单，也没有自己作为承运人的提单。而随着市场的需求和客户的要求，一旦货物交付货运代理，尤其是集装箱出现后，货运代理负责货物的装箱并收取运费，在安排运输时，客户要求货运代理以承运人的身份签发货运代理自己的提单并承担承运人的责任。为了满足客户的要求，后经 FIATA 的努力，制定出货运代理标准的多式联运提单（negotiable FIATA multimodal transport bill of lading，FBL），同时国际商会在信用证条款中也作了相应的修改，明确规定货运代理作为承运人可签发多式联运提单，甚至包括只有一种海上运输，而非多式联运时，亦可签发多式联运提单。对于货运代理签发的此种提单，各个国家的银行也普遍接受。货运代理在签发这种“无船承运人提单”（house bill of lading）后，便可从事无船承运人业务。从此客户可凭货运代理签发的自己的提单即无船承运人提单去银行结汇，而无须凭已装船清洁提单。这种业务的开展对客户和货运代理都有好处，故各国货运代理都在积极开展这种业务。

（7）经营人——提供多式联运服务

在货运代理作用上，集装箱化的一个更深远的影响是它介入了多式联运。这时，货运代理充当了总承运人，并且要组织在一个单一合同下通过多种运输方式进行的门到门

货物运输。货运代理可以当事人的身份与其他承运人或其他服务的提供者分别谈判并签约。但是，这些分合同不会影响多式联运合同的执行，也就是说，不会影响他对发货人的义务和在多式联运过程中他对货物灭失及货损货差所承担的责任。货运代理作为多式联运经营人时，通常需要提供包括所有运输和分拨过程的一个全面的“一揽子”服务，并对其客户提供一个更高水平的责任。

（8）运输延伸——提供物流服务

提供物流服务是货运代理为满足客户的更高要求、提高其市场竞争能力、顺应国际发展的一种新趋势，货运代理必须具备提供物流服务的技能。物流服务是一项高层次、全方位、从生产到消费全过程的综合性服务。与多式联运相比，它不仅提供一条龙的运输服务，而且延伸到运输前、运输中、运输后的各项服务。总之，凡与运输相关的、客户需要提供的服务，均为其服务的内容，而且要求高速度、高效率、低成本、少环节、及时、准确。这就需要货运代理熟悉客户的业务，了解客户生产乃至销售的各环节，主动为其设计，提供其所需。从而使货运代理在运输的延伸服务中获得附加值。

（三）国际货运代理与相关部门的联系

在提供上述服务时货运代理还应与相关部门（包括政府当局和某些公共机构）建立、发展和保持必不可少的联系。为表述简单、清晰起见，各类联系以图 1-1 的方式表现出来。

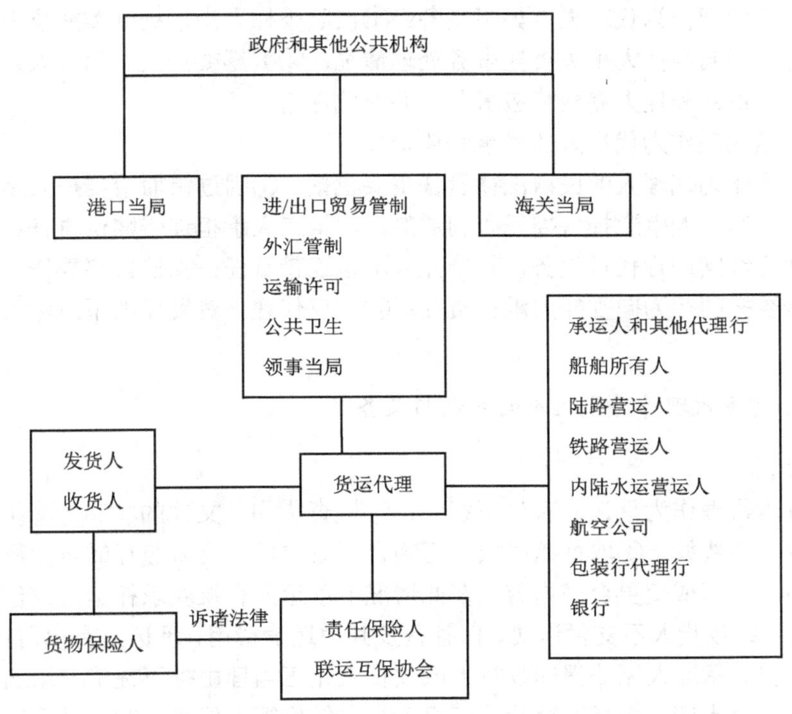

图 1-1　货运代理与相关部分的联系

二、国际货运代理的责任

（一）代理的权利与义务

1. 国际货运代理作为代理人的权利与义务

（1）权利

国际货运代理作为代理人的权利主要有以下几个方面：①以委托人名义处理委托事务；②在授权范围内自主处理委托事务；③要求委托人提交待运输货物的相关运输单证、文件资料；④要求委托人预付、偿还处理委托事务费用，如运输费、仓储费、港杂费、报关报检费等；⑤要求委托人支付服务报酬；⑥要求委托人承担代理行为后果。货运代理在委托权限内为了委托人的利益从事的行为，不论是否使用了委托人的名义，代理行为产生的后果均由委托人承担；⑦要求委托人赔偿损失。《中华人民共和国合同法》（以下简称《合同法》）第 407 条、第 408 条规定：受托人处理委托事务时，因不可归责于自己的事由受到损失，或委托人经受托人同意另行委托第三人处理委托事务而给受托人造成损失，受托人有权要求赔偿；⑧解除委托代理合同。国际货运代理可随时解除委托代理合同，但应赔偿应解除合同而引起的一切损失。

（2）义务

国际货运代理作为代理人有如下义务：①按照委托人指示处理委托事务；②亲自处理委托事务；③向委托人报关委托事务处理情况；④披露委托人、第三人；⑤向委托人转交财产；⑥协助委托人完成相应事务，并对此保密。

（3）货运代理作为代理人的民事法律责任

货运代理作为代理人的民事法律责任主要包括：①因过错而给委托人造成损失的赔偿责任；②与第三人串通损害委托人利益的，与第三人承担连带赔偿责任；③明知委托事项违法却仍继续进行代理事务，与委托人承担连带责任；④擅自将委托事项转委托他人，应对转委托的行为向委托人承担责任；⑤无权代理，对委托人不发生效力，自行承担责任。

2. 国际货运代理作为承运人的权利与义务

（1）权利

国际货运代理作为承运人有如下权利：①检查货物、文件的权利。②拒绝运输权。③收取运费、杂费权。④取得赔偿权。运输合同成立后，尚未履行或全面履行前，托运人可单方中止合同或变更合同内容，在此情况下承运人有权要求托运人赔偿。⑤货物留置权。托运人或收货人不支付运费、保管费及其他运输费用，承运人有权留置相应货物。⑥货物提存权。承运人无法得知收货人或收货人无正当理由拒不提货，承运人有权向公证机关提出提存申请，将货物交给公证机关指定的保管人保管。对不易保管的依法拍卖变卖，扣除运杂费后提存余款。

（2）义务

国际货运代理作为承运人有如下义务：①及时安全运送货物；②选择合理运输路线；③发送到货通知；④妥善保管货物。

（3）违反合同承担的责任

1）迟延运输的赔偿责任[如果是属海上运输，按照《中华人民共和国海商法》（以下简称《海商法》）第 57 条的规定，赔偿限额为“迟延交付的货物的运费数额”]。

2）货物毁损、灭失的赔偿责任（如果是属海上运输，按照我国《海商法》第 56 条的规定，赔偿为“每件货运单位 666.67SDR 或每公斤为 2SDR”）。

3）承运人之间的连带责任。

（二）国际货运代理的责任、责任限制及除外责任

有关货运代理的责任、责任限制及除外责任等内容是非常具体的，它们通常体现在有关的国际公约、标准交易条件（由各国货运代理协会制定）或合同条款之中。

1. 国际货运代理的责任

货运代理的责任是指货运代理作为代理人和当事人两种情况时的责任。货运代理的法律责任似乎很复杂，因为他们实际上起着两种不同的法律作用，即代理人和当事人的法律地位，而且他们的活动范围本质上已超越国境，却没有一个国际公约来明确规定其活动范围，然而各国法律仅能管辖本国自己的活动而不能管辖他国的活动，因此导致许多法律冲突。

从货运代理的传统地位讲，其作为代理人，负责为发货人或货主代为订舱、保管和安排货物运输、包装、保险等活动，并代他们支付运费、保险费、包装费、海关税等费用，然后收取一定的代理手续费（通常是整个费用的一个百分比），因而上述所有的成本均由（或将由）客户承担，其中包括货运代理因货物的运送、保管、保险、报关、签证、办理结汇的承兑和为其服务所引起的一切费用；同时，客户还应支付由于货运代理不能控制的原因，致使合同无法履行而产生的其他费用。客户只有在提货之前全部付清上述费用，才能取得提货的权利；否则，货运代理对货物享有留置权，有权以某种适当的方式将货物出售，以此来补偿其所应收取的费用。货运代理作为纯粹的代理人，通常应对本人及其雇员的过错承担责任，这里的过错包括：未按指示交付货物；尽管得到指示，办理保险仍然出现疏忽；报关有误；运往错误的目的地；未能按必要的程序取得再出口（进口）货物退税；未取得收货人的货款而交付货物。货运代理还应对其经营过程中造成第三人的财产灭失或损坏或人身伤亡承担责任。如果货运代理能够证明他对第三人的选择做到了合理谨慎，那么他一般不承担因第三人的行为或不行为引起的责任。

货运代理作为当事人，是指在为客户提供所需的服务中，以其本人的名义承担责任的独立合同人，他应对其履行货运代理合同而雇佣的承运人、分货运代理的行为或不行为负责。一般而言，他与客户接洽的是服务的价格，而不是收取代理手续费。例如，货运代理提供混装或多式联运服务，或者他亲自从事公路运输，那么他就处于当事人地位。

尤其当货运代理以承运人的身份提供多式联运服务时，作为货运代理的标准交易条件中的纯粹代理性质的条款就不再适用了。其合同义务受他所签发的多式联运提单条款的制约，即使此时货运代理本人并不拥有船舶或其他运输工具，也将作为多式联运经营人，对全程负责，承担如同承运人的全部责任。

目前，各国法律对货运代理所下的定义及其业务范围的规定有所不同，但按其责任范围的大小，原则上可分为三种情况：第一种情况，作为货运代理，仅对其自己的错误和疏忽负责；第二种情况，作为货运代理，不仅对其自己的错误和疏忽负责，还应使货物完好地抵达目的地，这就意味着他应承担承运人的责任和造成第三人损失的责任；第三种情况，货运代理的责任取决于合同条款的规定和所选择的运输工具等。例如，FIATA国际货运代理服务示范条例规定："货运代理仅对属于其本身或其雇员所造成的过失负责。如其在选择第三人时已恪尽职守，则对于该第三人的行为或疏忽不负责任。如能证明他未做到恪尽职守，其责任应不超过与其订立合同的任何第三人的责任。"

2. 国际货运代理责任限制

货运代理在对其过失或疏忽承担责任的同时亦享有责任限制。责任限制是一项特有的法律制度，即依据法律的有关规定，责任人将其赔偿责任限制在一定范围内的法律制度。在国际货物运输途中，往往会由于责任人（如船长、船员或货运代理）的过失造成货物的损害，或造成第三人的重大财产损失。这种损害或损失常常是严重的，涉及的索赔金额也是巨大的，有时甚至会超过货物本身的价值、船舶的价值。为了保护本国的航运业，各国通常将这种赔偿责任用法律加以限制。货运代理与承运人一样，均有权将其责任限制在合理的限额内。当货运代理为承运人时，则享受有关承运人的责任限制。承运人的责任限制适用于对船上货物的损害赔偿，即基于合同关系产生的赔偿责任。这种责任限制一般是按照损失一件货物或一个货运单位（如一个集装箱）来确定赔偿限额。承运人的责任限额可以由合同当事人在法律规定的限额之上另行约定。货运代理通常在"标准交易条件"中规定其最高的责任限额，其赔偿限额无论在何种情况下，都不得超过货运代理在接受货物时货物的市价。各国有关货运代理的责任和责任限制是不一致的，有些国家采取的是严格责任制，有些国家采取的是对过失或疏忽负责，而且赔偿限额也不相同，这完全取决于每宗案件中涉及的法律和合同的规定。但是，许多国家有关货物运输的法律，尤其是有关货运代理行为的法律是很不完备的，多数情况下，只有一些原则性的规定。FIATA 推出的标准交易条件范本（即《FIATA 国际货运代理服务示范条例》）基本上已成为各国制定本国标准交易条件的总原则。根据该原则，对货物的损坏或灭失，每公斤的赔偿限额为 2SDR，而每件货物的最高赔偿额则留给各个国家的国家级货运代理协会根据本国的法律自行规定。英国货运代理协会标准交易条件规定：赔偿限额为 2SDR/公斤（毛重），每宗案件最高赔偿限额不超过 75 000SDR；德国货运代理协会标准交易条件规定：赔偿限额为 3.75 德国马克/公斤（毛重），每宗案件最高赔偿限额不超过 3750 德国马克；新加坡物流协会标准交易条件规定：赔偿限额 5 新加坡元/公斤，每宗案件最高赔偿限额不超过 10 万新加坡元。

我国货运代理能否享受责任限制？其最高限额为多少？在什么情况下丧失责任限制？由于我国至今没有这方面的法律法规，委托代理运输合同中一般也无规定，虽然CIFA于2002年7月曾出台了“标准交易条件”，并规定货物的赔偿限额是每公斤2SDR，但由于缺乏必须的政府法规方面的背书，因此，至今在司法实践中没有一个判例是按CIFA的规定办理的。但是，根据FIATA推荐的标准交易条件范本以及许多国家的做法，我国应就货运代理的赔偿责任原则和赔偿责任限制在法律法规方面做一规定，这有利于平衡货主及货运代理的利益，保护货运代理的合理经济利益。承运人责任限制的丧失，是指在特定条件下，承运人被剥夺责任限制的权利。

3. 除外责任

除外责任，又称免责，是指根据国家法律、国际公约、运输合同的有关规定，责任人免于承担责任的事由。货运代理与承运人一样享有除外责任。对于承运人，我国《海商法》规定了12项免责事由，《海牙规则》和《海牙－维斯比规则》规定了17项免责事由。

对于货运代理，其除外责任，通常规定在货运代理标准交易条件或与客户签订的合同中，归纳起来可包括以下7个方面：①客户的疏忽或过失所致；②客户或其代理人在搬运、装卸、仓储和其他处理中所致；③货物的自然特性或潜在特性所致，如破损、泄露、自燃、腐烂、生锈、发酵、蒸发或由于对冷、热、潮湿的特别敏感性；④货物的包装不牢固、缺乏或不当包装所致；⑤货物的标志或地址错误或不清楚、不完整所致；⑥货物的内容申报不清楚或不完整所致；⑦不可抗力所致。

尽管有上述免责条款的规定，货运代理仍须对因其自己的过失或疏忽而造成的货物灭失、短少或损坏负责。如果另有特殊约定，货运代理还应对货币、证券或贵重物品负有责任。另外，一旦当局下达关于某种货物（危险品）的唛头、包装、申报等的特别指示时，客户有义务履行其在各方面应尽的职责。

客户不得让货运代理对由于下列事实产生的后果负责：①有关货物的不正确、不清楚或不全面；②货物包装、刷唛和申报不当等；③货物在卡车、车箱、平板车或集装箱的装载不当；④货运代理不能合理预见到的货物内在的危险。

如果货运代理受客户委托作为货物托运人或租船人须向海运承运人支付与客户货物有关的共同海损分摊或由于上述情况涉及第三人责任，客户应使货运代理免除此类索赔和责任。由上述原因引致的共同海损分摊、救助费用以及对第三人造成的损害赔偿均由委托人负责。此外，委托人还应给予货运代理在执行合同中的有关指示，如货物在仓储期间有可能对生命财产或周围环境造成威胁或损害时，委托人有责任及时予以转移。

4. 我国关于国际货运代理责任的分类

参照国际惯例，并根据我国有关法律法规及具体业务实践，关于货运代理的责任通常是按以下六种情况进行划分的。

（1）以纯粹代理人的身份出现时的责任划分

货运代理以纯粹代理人的身份出现时的责任关系如图1-2所示。货运代理作为被代

理人的代理时，在其授权范围内，以被代理人的名义从事代理行为，所产生的法律后果由被代理人承担。在内部关系上，被代理人和货运代理之间是代理合同关系，货运代理享有代理人的权利，承担代理人的义务。在外部关系上，货运代理不是与他人所签合同的主体，不享有该合同的权利，也不承担该合同的义务。对外所签合同的当事人为其所安排的合同中的被代理人与实际承运人或其他第三人。当货物发生灭失或残损，货运代理不承担责任，除非其本人有过失。被代理人可直接向负有责任的承运人或其他第三人索赔。当货运代理在货物文件或数据上出现过错，造成损失，则要承担相应的法律责任，受害人有权通过法院向货运代理请求赔偿。所以，一旦发现文件或数据有错误，货运代理应立即通知有关方，并尽可能挽救由此造成的损失。

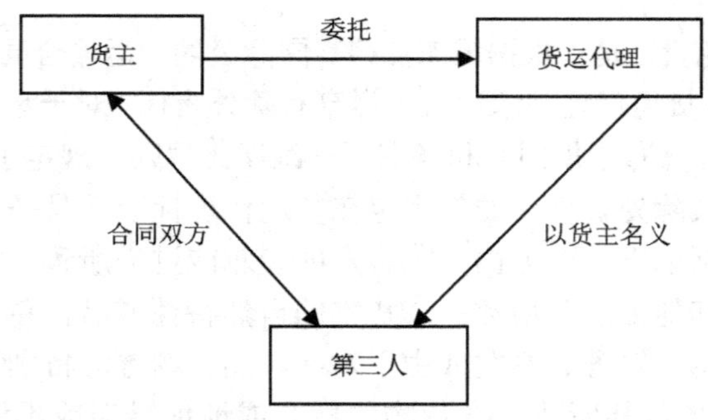

图 1-2　代理身份的责任关系

（2）以当事人的身份出现时的责任划分

货运代理以当事人的身份出现时的责任关系如图 1-3 所示。货运代理以自己的名义与第三人签订合同，或者在安排储运时使用自己的仓库或运输工具，或者在安排运输、拼箱、集运时收取差价，这样，往往被认定为当事人并承担当事人的责任。货运代理作为合同当事人并以自己的名义安排属于托运人的货物运输，同时，托运人付给他的是固定费用，而他付给承运人的是较低运费，即从两笔费用的差价中货物利润。此外，货运代理常常是将几个货主的货物集中在一个集装箱内（即拼箱服务），以此来节省费用，这对货运代理和托运人都有利。在这种情况下，对托运人来说，货运代理被视为承运人，应承担承运人的责任。

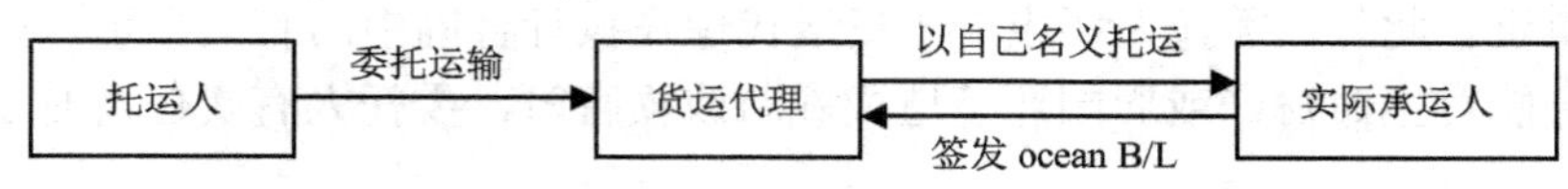

图 1-3　当事人的责任关系

（3）以无船承运人的身份出现时的责任划分

货运代理以无船承运人的身份出现时的责任关系如图 1-4 所示。当货运代理从事无船承运业务并签发自己的无船承运人提单时，便成了无船承运经营人，被看做是法律上

的承运人。他一身兼有承运人和托运人两者的性质。根据我国《海商法》第 42 条的规定，无船承运人应属承运人，即契约承运人，虽然他自己不拥有船舶，也不经营船舶，但是它对于实际承运托人来说是承运人，并要承担承运人的责任，当然同时也享受承运人的权利和义务。不过，它与海运实际承运人享受的权利和义务还是有些区别的，例如海运实际承运人可享受海事赔偿责任限制，而无船承运人却不能享受海事赔偿责任限制。

图 1-4　无船承运人的责任关系

（4）以多式联运经营人的身份出现时的责任划分

当货运代理负责多式联运并签发提单时，便成了多式联运经营人（MTO），被看作是法律上的承运人。根据 1980 年《联合国国际货物多式联运公约》（以下简称《多式联运公约》）的规定，MTO 对货物的责任期间，包括自接管货物之时起到交付货物时止由其掌管货物的全部期间，MTO 也应对他的受雇人以及他为履行多式联运合同而使用其服务的任何其他人的作为或不作为负赔偿责任。他负有对发货人、收货人之货损货差的责任（延期交货的责任视提单条款而定），除非能证明他为避免货损货差或延期交货已采取了所有适当的措施。多式联运过程中发生的货物灭失或损坏，如果能知道是在哪一阶段发生的，作为多式联运经营人的货运代理的责任将适用于这一阶段的国际公约或国家法律的有关规定；如果无法得知，则根据货物灭失或损坏的价值，承担赔偿责任，如图 1-5 所示。货物灭失或损坏的赔偿限额最多不超过每件或每运输单位 920SDR，或每公斤不得超过 2.75SDR，以较高者为准。但是国际多式联运如果根据合同不包括海上或内河运输，则 MTO 的赔偿责任按灭失或损坏货物毛重每公斤不得超过 8.33SDR 计算单位。

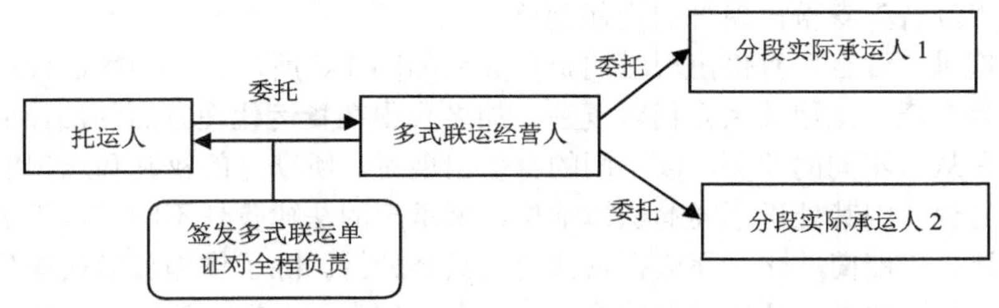

图 1-5　多式联运经营人的责任关系

对于货物的延迟交付，联合国《多式联运公约》规定 MTO 有赔偿的责任，并规定于 90 天的交货期限，MTO 对迟延交货的赔偿限额为迟延交付货物的运费 2.5 倍，并不能超过合同的全程运费。发生货物延迟运抵目的地时，如果确定这种迟延发生在哪个阶段，并适用于这一过程的国家法律或国际公约的规定，则应承担赔偿责任，由多式联运经营人负责赔偿。但上述货物灭失、损坏或迟延，如能证明是由于某些即使恪尽职守也无法防止的原因造成的，则多式联运经营人可免责。据联合国贸发会议调查，目前许多货运代理从事多式联运业务时，仍采用标准交易条件中有关代理人（纯粹代理人）条款，企图免除自己作为承运人的责任，这种做法显然是不妥的。

联合国《多式联运公约》因尚未达到30个国家的有效批准而未能生效。尽管FIATA制订了多式联运单证，但是，由于各国的船公司、承运单位及其企业规模的大小不同以及各国的法律不同，使得所规定的多式联运人责任的多式联运单证及其背面条款存在差异，加之目前国际上尚无一个可供各国通用的、统一规范的标准多式联运单证，造成多式联运单证纷繁杂乱的状态。

至于我国有关多式联运的法规，原则上 1999 年的《合同法》的相关条款适用于所有合同，包括多式联运合同。然而，根据该法第 8 章第 123 条："其他法律对合同另有规定，依照其规定"的条文，表明涉及海上区段的货物多式联运合同由 1993 年《海商法》的规定调整。根据我国的《海商法》，将多式联运合同定义为"多式联运经营人以两种以上的不同运输方式，其中一种是海上运输方式，负责将货物从接收地运至目的地交付收货人，并收取全程运费的合同。"MTO 对货物的责任期间与联合国《多式联运公约》的规定一致，即覆盖"自接收货物时起至交付货物时止"；有关 MTO 的责任基础采纳的是网状责任制，即"货物的灭失或者损坏发生于多式联运的某一运输区段的，多式联运经营人的赔偿责任限额，适用调整该区段运输方式的有关法律规定"；灭失或损坏的运输区段不能确定，MTO 的责任将由调整海上货物运输的承运人责任的规定来决定。我国《海商法》规定 MTO 对货物的灭失或者损坏的责任限额为：每件或者每个其他运输单位 666.67SDR，或按照灭失或损坏的货物毛重，每公斤 2SDR，以两者中较高的为准；除非托运人已经申报货物的性质和价值，并在提单中载明，或者托运人和承运人已经另行约定更高的责任限额。对于迟延交付，我国的《海商法》规定货物交付期限为60天，MTO 对迟延交付的赔偿限额为迟延交付货物的运费数额，但承运人的故意或者不作为而造成的迟延交付则不享受此限额。

（5）以"混合"身份出现时的责任划分

货物代理以"混合"身份出现时的责任关系如图 1-6 所示。有些货运代理，从事的业务范围较为广泛，法律关系亦相对复杂，加之我国在货运代理方面的法律尚不健全，故货运代理在从事不同的业务、以不同的身份出现时，所享有的权利和承担的义务亦不相同。也就是说，因其处于不同的法律地位，所承担的法律责任不同。对于货运代理法律地位的确认，不能简单化，而应视具体情况具体分析。除了作为货运代理代委托人报关、报检、安排运输外，还用自己的雇员，以自己拥有的车辆、船舶、飞机、仓库及装卸工具来提供服务，或陆运阶段为承运人，海运阶段为代理人。在此情况下，有时须承担代理人责任，有时视同当事人须承担当事人的责任。

（6）以合同条款为准时的责任划分

在不同国家的标准交易条件中，往往详细订明了货运代理的责任。通常，这些标准交易条件被结合在收货证明或由货运代理签发给托运人的类似单证里。原则上，货运代

理如果以“代理人”的身份为客户提供服务，他们通常是根据客户的指示、为了客户的利益履行货物运输，而其本身并不是承运人，因此货运代理对货物的灭失或残损不负责任，尤其是对第三人造成的损失或间接损失不承担责任，除非货物在其保管或实际掌管下，由于他的疏忽、过失或由其雇员的失职造成直接损失；货运代理对延迟交货，一般也不负责任，除非在合同条款中有明文规定。此外，货运代理对承运人的行为或错误不承担责任，除非他被证明在选择承运人时有疏忽，但即使承担责任，其责任也是有限的。货运代理的责任限制，通常规定在标准交易条件中。

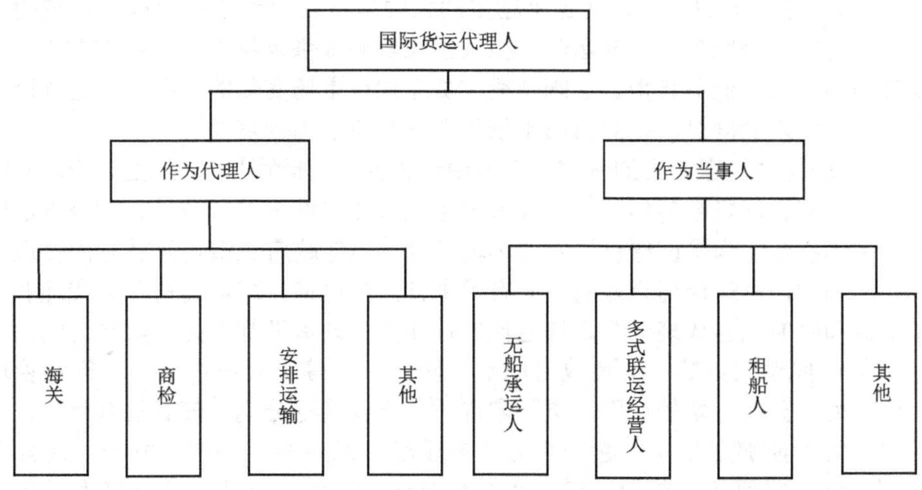

图 1-6　“混合”身份的责任关系

目前，中国国际货运代理协会虽已制定“标准交易条件”，但在托运人与货运代理之间订立的委托合同中并未将该标准交易条件并入进去。有的合同很正规且详细，明确规定了货运代理的责任；有的合同很简单，对货运代理的责任无任何规定。如果委托合同中对货运代理的责任有明确的规定，只要其条款与我国的相关法律法规不冲突，法官在处理此类纠纷时，一般都会遵循合同所订明的条款，判定货运代理是否应承担责任。

第三节　我国国际货运代理存在的问题及发展方向

一、我国货运代理业存在的问题

（1）货运代理管理体制不适应开放竞争的货运代理市场的发展

今天我国货运代理业的发展环境，与计划经济时期相比，在 5 个方面发生了根本性的变化：

1）货运代理行业的性质，已由国家垄断经营转变为对内对外全面开放的竞争性服务行业。

2）货运代理企业的运行规则与方式，由为数不多的国有企业按照国家指令性计划经营并由国家实行统负盈亏，向以市场为导向转变，按照市场经济的要求，实行自主经营、自我发展、自负盈亏。

3）货运代理行业的市场主体，由几十家国有企业，发展为数以万计的由自然人、民营、国有、中外合资、外商独资等多种所有制企业同台竞争发展、共同组成的面向国内外客户提供货运代理服务的庞大市场群体。

4）货运代理业务的升级，使越来越多的大中型货运代理企业由提供传统的、分段式的海陆空运输代理服务、仓储运输、报关报检等向提供以信息化为基础的“一站式”全程服务的现代物流业务转型，这既是适应货运代理市场变化的需要，也是货运代理企业在满足客户需求的同时，提高自己市场生存与竞争能力的需要。

5）政府职能与管理方式的变革，政府由过去的“万能型”、管制型政府，开始向服务型的有限政府、问责政府转变；管理方式也从过去单纯依靠行政性、指令性的管理，向为市场主体服务、为其创造良好发展环境转变。虽然政府在市场开放方面已迈开了很大的一步，例如，货运代理企业只要向有关主管部门申请，即可经营货运代理业务；又如无船承运和民航销售代理业务，货运代理行业由行政审批制改为备案等记制，允许自然人经营货运代理业务等；但是政府职能的转变并不等于无视货运代理行业管理的弱点，而使其处于无序竞争的局面，更不容许对该行业进行分割，使其边缘化。

我们期待着能够尽早建立起一个适应市场经济发展的、协调各方的、运转有序的管理体制。这就需要政府部门、行业协会和全体货运代理企业的共同努力，在实践中探索出一条既与国际接轨又符合我国国情的行业道路，使我国货运代理业能够健康持续发展。

（2）行业主体为中小企业，竞争力不强，发展物流困难

目前，我国国内80%货运代理企业是中小型企业，它们在经营中普遍存在着资源分散、专业化服务程度低、市场竞争力弱、融资困难、网络体系缺乏、各自为政、分散经营等弱点，从而制约了企业的发展；同时，长期以来其主要是以中间人的身份开展业务，既缺少硬件设施（如车辆、仓库、搬运设备等），又缺乏物流服务的软件实力（如信息化、一体化服务能力），不具备发展物流的条件，未能摆脱传统货运代理业务，难以融入现代物流业蓬勃发展的时代潮流。

二、我国国际货运代理业的发展趋势

作为以市场为导向的、竞争性的货运代理行业，它未来发展的趋势将是充分发挥市场在资源配置中的基础性作用。具体将表现在以下几个方面。

（1）经营主体上，民营化和股份制企业将成为趋向

从经营趋势看，将会出现国有资本、民营资本和外资三足鼎立的局面。民营经济体制能较好地适应货运代理服务所要求的效率、责任和便利等特点，加之机制灵活、业务转型快，所以我国实行货运代理企业备案制度后，民营企业将会成为我国货运代理市场

上一支重要的生力军。国有货运代理企业，以中国外运和中远公司为代表的大型国有货运代理企业经过多年的重组、改制和上市，市场竞争力大为提升，已成为国内货运代理行业的龙头。

目前已经进入我国的外资货运代理大多是具备全球网络、实力雄厚的大型跨国公司，随着市场的放开，国外相当一批中小型货运代理也会通过合资合作、互为代理等多种形势进入我国市场，从而使外资货运代理成为国内市场的一支重要力量。从发展看，未来我国货运代理业中的股份制企业将会逐步增多，不同所有制企业之间的优势互补，有利于提升企业竞争力，同时，也将促进我国货运代理服务领域社会资源的优化配置。

（2）经营环境上，市场竞争加剧，行业分化重组，秩序渐趋规范

按照我国加入世贸组织的承诺，2005 年 12 月 11 日后我国对交通运输服务业的保护期结束，不仅货运代理服务，而且包括快递、道路运输等在内的所有服务业务都向外资完全开发，同时也将按照“平等竞争、公正待遇”的原则对内开放。

国家商务部于 2005 年 12 月 1 日颁布的 2005 年 19 号令，出台了修订后的《外商投资国际货运代理企业管理办法》（简称“外资货代管理办法”），已明确规定，自 2005 年 12 月 11 日起，允许在我国设立外商独资货运代理企业。市场全面放开后，内资和外资货运代理企业必然会在某些重要的市场、客户和人才等方面展开激烈争夺，结果将是优胜劣汰，分化重组；竞争力弱的中小型货运代理企业将会被淘汰，同时会催生出一批新的竞争实力强的大型企业或集团，使“马太效应”在货运代理行业显现。

（3）经营策略上，专业化和物流化是引领货运代理企业发展的两条基本道路

在经营策略方面，专业化和物流化的策略，对于各类货运代理企业都有借鉴意义。货运代理企业发展物流要走专业化的道路。我国第三方物流市场的规模及需求空间巨大，但从目前市场比例上，企业物流仍然远远超过外包物流。造成这一现象的重要原因是我国第三方物流企业专业化物流服务的程度很低。国内物流和国外物流企业成功发展物流的实践证明：大型货运代理企业发展物流，或是从工程项目物流做起，或是从产品行业物流起步，要在策划、营销、运营等方面凸显行业特色。在团队建设、资源配置、服务操作等方面强调专业化运作，只有这样，才能事半功倍地实现物流行业跨越式发展。

（4）经营内容上，货运代理企业的内涵和外延将扩大

随着我国市场化改革的不断深入，各行各业（包括邮政、铁路等最后的垄断行业）也都在加快改革步伐，开展对内搞活、对外开放的政策。市场放开是一把“双刃剑”，在给货运代理企业带来竞争压力的同时，也会带来新的发展机遇。例如，与货运代理业务相关的外贸经营权、保险代理、国内快递等市场的放开就可能给中小型货运代理企业带来新的发展空间。

（5）经营方式上，企业并购重组等资本运作方式将加速

随着市场竞争的加剧，应利用好国家赋予国有大型企业的政策扶持，谋求做大做强，提升竞争实力，充分发挥大型企业在行业经营发展上的控制力和影响力，缩小同国外大跨国公司的差距，今后大企业并购、上市、重组的步伐会提速。

（6）行业协会的作用将进一步加强

货运代理市场全面放开后，货运代理及物流行业协会要适应货运代理市场和行业发展的新特点以及政府监管方式的变革，加强自身建设，认真贯彻国家对新形势下行业组织的要求，以服务为中心做好各项工作，充分发挥其职能作用，彻底转变向政府“等、靠、要”的观念，由过去主要为国有货运代理企业服务转变为面向各类所有制的货运代理企业服务，推行以诚信为本的行业诚信公约，加强行业自律和协调，加大从业人员培训力度，加强行业调研和统计，扩大全球范围的同业交流与合作。

三、我国国际货运代理的发展方向

不断变化的市场经济，要求货运代理必须以崭新的思路、崭新的做法去不断地满足客户的各种需求，不断地推出自己的新产品，不断地创新服务。20 世纪 90 年代的货运代理，不但要做传统的代理人业务，而且要敢于开展当事人业务，特别是开发仓储质押业务。发展多式联运业务，扩展无船承运人业务，拓展现代物流业务，做到有个性、有特色、有优势，胜人一筹。

（1）提升传统货运代理业务

我国货运代理市场正逐步成为全球市场的一部分，并经历着全球市场的潮流。虽然我国货运代理行业仍是朝阳行业，仍有发展的空间，但必须清醒地看到，无论是客户方面、竞争对手方面，还是从有关法律法规方面都已发生很大的变化。对此，货运代理企业不能墨守成规，操持旧业，只做纯粹代理人的单一业务，而应该认清变化的形势，调整经营模式，力求适应市场的需求，满足不同客户的要求，在传统货运代理业务的基础上，扩充业务范围，创新发展模式，提高服务能力与服务质量，创造条件尽最大可能向客户提供一些增值服务和更多更具特色的服务，以利于自身的生存、发展和在新的市场条件下取胜。

（2）开发仓储质押业务

在传统货运代理所从事的业务中，运输与仓储是密不可分的两个组成部分；而在现代物流的供应链中，仓储同样是不可或缺的一个重要环节。我国一些大中型货运代理企业都有自建的仓库，如何让这些仓库盘活？全国仓储业的出路何在？面对竞争与挑战，货运代理企业需要根据自身的情况做不同的调整：①淘汰破旧仓库或改做他用；②将仓库改造提升为现代化的配送中心或成为从事现代物流业务中的一个环节；③改善现有仓库，提高管理能力，以高水平的资质开发质押业务。因此经过淘汰、重组和改善，提升和发挥仓储的功效，就显得极为重要，而质押业务是仓储的一个发展方向。

（3）发展当事人业务

货运代理作为纯粹代理人所从事的传统业务，其好处是投资少、成本低、责任轻、风险小；不利的是获利少，而且已不能满足当今客户的要求，限制了自己的业务范围，影响到货运代理的生存与发展。

当国际货运代理作为当事人时，与货主签订的是运输合同，向货主提供综合运输服务，包括陆路运输，仓储及相关的服务，收取综合服务费。国际货代作为当事人时，所

承担的风险是增加，但服务能力及范围广了，企业竞争力也得到了提高。

（4）发展国际多式联运业务

货运代理可以开展多式联运。发达国家的货运代理从事多式联运业务业已多年，并取得很好的效果。我国也有许多货运代理作为多式联运经营人从事此项业务，他们往往拥有自己的船舶、汽车（包括拖车）、仓库、起重设备、集装箱、铁路专用线及码头、高级管理人才，在世界各主要港口或地区有其代理，此外还有计算机网络，可以随时控制、调配和查核集装箱，这些条件的具备，为货运代理开展国际多式联运业务奠定了基础，提供了优势。

从目前市场来看，多式联运得到世界广大货主的认可和青睐，显示出越来越强劲的生命力，由此带来良好的经济效益和社会效益，促进了其在我国和世界各地得到更加广泛的应用和发展，从货运代理拓展业务的角度出发，它是一个很有发展前途的新的增长点。

货运代理参与多式联运业务之后，它的经营范围可以大大得到扩展，并且可以有效而灵活地应用自己拥有的各种设施，最大限度地发挥自己现有设备的作用，改善货物流通环节，选择最佳路线，组织合理运输，提高运输效率，降低运输成本，提高竞争能力。

（5）拓展无船承运人业务

无船承运人业务较之传统货运代理业务投资多、成本高、风险大、责任重。然而，它在现代海运业中的产生和存在却是必然的，也是必要的。

货运代理人要生存下去必须开拓业务领域、扩展利润空间。无船承运人赚取的是运费差价，而货运代理人赚取的是代理佣金，在运费差价高于代理佣金的情况下，货运代理人愿意承担更大的风险而充当无船承运人。因此，无船承运业务的存在也是货运代理人赚取利润、在竞争激烈的今天得以生存下去所必需的。

无船承运人能够将多个货主的货集中起来，以较大的货量与实际承运人签订运输合同。有的无船承运人还可与船公司签订运价协议，货量越大其讨价还价的能力越大，从而取得更为优惠的运价，这不仅对无船承运人有利，对货主也有利，所以很多货主愿意通过无船承运人安排运输。

跟单信用证下对无船承运人提单的接受也是无船承运人得以存在和发展的必要条件和动因，国际商会《跟单信用证统一惯例（1993 年修订本）》（以下简称《UCP500》）第 30 条明确规定，如果单据由运输行作为承运人/多式联运经营人或承运人/多式联运经营人的代理人签字，则与承运人出具的运输单据一样，可以被银行接受，由此扫除了无船承运人提单用以结汇的障碍。

如前所述，我国和美国法律中均明确规定了无船承运人的概念，其他地区（如欧洲一些国家）虽然没有将无船承运人作为一个单独的主体从货运代理人中分离出来，但其所规定的作为独立经营人的货运代理人的业务中包括了无船承运业务，允许这种业务的存在，并不断促进其发展。

（6）开展现代物流业务

现代物流为货运代理展现了未来的发展方向。现代物流从根本上改变了过去由货物运输的起点到终点“两点一线”的有限运输服务空间，而将其延伸至从产品生产者向使用者转移的全程服务，掌握整个流程系统的运行功效与费用，并通过其高效、可靠的服务，支持客户提高服务水平，促进市场营销战略的实施，提高客户市场竞争能力。在客源竞争达到白热化的今天，摆脱仅限于运输空间的拼搏，与客户建立伙伴合作关系，共同进入物流这个大空间，从而客户设计整套物流方案，进而将客户利益与物流服务紧密结合起来，形成两者真正的利益共同体，获得长久稳定的货源——客户。现代物流是生产企业与运输企业利润融合的最佳渠道，是生产企业与运输企业间商业活动相互有机衔接所必需的系统综合。通过对总成本的控制，它为货运代理拓展了利润来源，扩大了市场份额，加强了市场竞争力。货运代理以其自身所拥有的运力、仓储和代理网络为其开展现代物流服务的支持力量，通过为客户提供全程的物流服务，从中获得自身发展所需的商业利润和市场空间。因此，现代物流服务的拓展必将成为货运代理今后发展的一个重要增长点。

货运代理在从事现代物流服务时，应凭其专业知识、经验及规模经济，取得无论在海运、空运、陆运、多式联运及仓储等方面的竞争能力。

阅读资料

我国国际货运代理的发展史

我国的货运代理业自1840年鸦片战争后开始出现。从那时起至1949年，这一行业几乎全部被帝国主义和资本主义国家的洋行所控制和垄断。

新中国成立以后，在计划经济的指导下，我国的货运代理业呈高度集中的体制，一律由中国对外贸易运输总公司（以下简称中国外运）及其分公司经营，为我国各进出口贸易公司的货运总代理。自新中国成立至1983年间，我国货运代理业发展的历史也就是中国外运发展的历史。1978年改革开放后，我国由计划经济逐步转变为市场经济，货运代理市场逐渐开放，一家垄断的局面被打破。为了使货运代理业能更好地为对外贸易服务，国家允许成立多家货运代理，并且提倡公平竞争。于是国内各单位和外商纷纷申请成立货运代理公司，至今依法成立了6000多家货运代理公司，从业人员有16万多人。其中，有中国外运系统的，中国远洋运输集团总公司（以下简称中远公司）系统的，各外贸专业公司，工贸公司，技贸公司及各大厂矿企业的，还有相当一部分是属中外合资、合作或外商独资的。一个中外货运代理企业并存、多家货运代理企业竞争的市场格局已形成。

为了与国际接轨，1985年中国外运代表我国的货运代理作为一般会员，加入了FIATA，并派人参加了年会和地区会议，与世界各国的货运代理建立起密切的联系，在扩大我国货运代理业在世界上的影响，提高其知名度的同时，吸取着西方货运代理制度和先进的管理方法及其法律法规。

我国货运代理行业起步较晚，历史较短，但是由于国家重视，政策鼓励，规范发展，发展十分迅速，已经成为我国对外贸易运输事业的重要力量，对于我国对外贸易和国际运输事业的发展乃至整个国民经济的发展起到不可替代的作用和做出不可磨灭的贡献。据不完全统计，目前我国80%的进出口贸易货物运输和中转业务以及大部分国际航空货物运输业务都是通过货运代理企业完成的。

为了促进货运代理行业的健康发展，加强行业自律，维护货运代理企业正当权益，各地还纷纷成立了货运代理协会。自1992年9月24日我国第一家地方货运代理协会——上海市货运

代理协会成立起，至今已有23个省、自治区、直辖市、沿海开放城市成立了地方货运代理协会或具有类似职能的其他协会。为了协调货运代理行业发展中的全局问题，对外贸易经济合作部早在1994年就作出了筹建中国货运代理协会（China International Freight Forward Association，CIFA）的决定，并于2000年9月6日正式成立了CIFA这一全国性的货运代理行业组织。2001年9月，CIFA成为FIATA的国家级会员。CIFA的成立，标志着我国政府对货运代理行业的管理进入了一个政府监管和行业自律并重的新阶段。

自2004年1月起我国政府允许自然人和其他经济组织投资设立货运代理企业，并在设立货运代理企业方面赋予了香港、澳门地区投资者与大陆投资者基本相同的待遇。更为重要的是，2004年5月19日国务院下文取消了货运代理企业经营资格的行政审批，规定自同年7月1日起全面停止对货运代理企业经营资格的审批和外国货运代理商在华常驻代表机构的核准，使得符合条件的香港、澳门货运代理服务提供者可以按照内地投资者设立货运代理企业的条件，在祖国大陆设立独资货运代理企业，使得符合条件的所有投资者可以直接向所在地工商行政管理部门注册登记在华常驻代表机构。这些文件的发布、实施，进一步规范了政府主管部门和货运代理企业的行为，促进了我国货运代理行业的迅速发展，标志着我国货运代理行业已经进入健康、稳定发展的新的历史时期。

（资料来源：中国国际货运代理协会．2007．国际货运代理理论与实务．北京：中国商务出版社）

小　　结

本章是国际货运代理运作的基础，主要介绍了国际货运代理的概念及其责任，国际货运代理的服务范围以及我国的国际货运代理的发展中存在的问题和发展方向。

案例分析

海上货运代理合同纠纷案案例

案例背景

1．案情

原告：浙江某国际货运有限公司（以下简称A货代）

被告：庄某

被告：宁波市保税区某国际贸易有限公司（以下简称B贸易）

1999年3月2日至3月11日，B贸易委托庄某办理两票货物的出口货运事项。庄某受托后，以某远洋货运公司上海分公司宁波办事处（以下简称C货运甬办，该办事处于1999年3月18日成立，庄某被委任为负责人，经营范围为某远洋货运公司上海分公司委托代办有关事项，同年12月，该办事处停业清理）名义，委托A货代办理该两票货物的出口货运代理事项。托单载明：托运人为B贸易，运费预付等。A货代依约办妥出口货运事项，并向承运人垫付海运费39 200美元。同年3月23日，A货代开具该两票货物海运费发票交给庄某并向其催要运费。此后，B贸易依庄某指令将运费支付给与本案无关的宁波保税区某国际贸易有限公司（以下简称D公司）。催款未果，A货代遂向宁波海事法院起诉庄某、B贸易，要求判令支付其垫付运费。

原告A货代诉称：原告接受庄某以C货运甬办名义的委托，依约办妥两票货物的出口货运事项，并垫付海运费39 200美元。庄某未支付运费，B贸易接受错误指令支付运费，均应承担责任。请求判令两被告连带支付原告垫付的海运费39 200美元，折合人民币350 260元。

被告庄某辩称：其行为非个人行为。B贸易支付的运费系付给亿豪公司，非由其个人占有，请求判令驳回对其本人的起诉。

被告B贸易辩称：B贸易与C货运甬办存在委托关系，但与原告没有直接委托关系，故其不是本案被告。且B贸易已支付运费，请求判令驳回对B贸易的起诉。

2. 审判

宁波海事法院经审理认为：被告B贸易与原告没有直接的委托关系，且B贸易已按照其受托人的指令履行了运费支付义务，B贸易按指令付费的行为并无不当，故不应再对原告承担支付垫付费用的责任。被告庄某在操作本案货代业务时，其身份为C货运甬办负责人，故庄某的行为不应认定为个人行为。其行为的法律后果也不应由其个人承担。该院依照《中华人民共和国民事诉讼法》(以下简称《民事诉讼法》第64条第1款的规定，于2001年3月22日作出如下判决：驳回原告A货代对被告庄某、B贸易的诉讼请求。

一审宣判后原告不服，向浙江省高级人民法院提出上诉称：原判认定庄某的行为系职务行为，证据不足。B贸易不顾财务制度和上诉人的合法权益，将应付给上诉人的运费支付给第三人，应当赔偿上诉人的运费损失。请求撤销原判，依法改判支持其诉讼请求。两被上诉人答辩称：原判认定事实清楚，适用法律正确，请求驳回上诉，维持原判。

二审期间，根据各方当事人对新证据的质证、认证情况，二审法院确认如下事实：涉案两票业务，庄某从未向某远洋货运公司上海分公司汇报过。庄某在办理涉案两票业务时，系D公司海运部经理。

二审法院经审理认为：个人在从事交易行为时，具备多种身份是常见的现象，其以何种身份从事交易行为，应由其举证证明。本案中，没有证据证明庄某的行为是职务行为（如由单位委托授权书，或与交易对象签订的合同上盖有单位公章等），故其行为是个人行为，民事责任应由其个人承担。庄某委托A货代办理涉案两票货物的出口货运代理事项时，将载有托运人为B贸易的托运单等材料交与A货代，故可认定A货代知道B贸易与庄某之间委托代理关系的存在，A货代与庄某之间的委托合同直接约束A货代和B贸易；A货代垫付货物运费，应由委托人B贸易偿还并支付利息。况且，B贸易履行合同不当，是因其选任受托人不当所致，由此产生的民事责任理应自负；至于A货代关于判令庄某和B贸易连带支付运费的请求，既无事实基础，亦无法律依据，不予支持。为此，二审法院依照《民事诉讼法》第153条第1款第（二）、（三）项，《合同法》第121条、第398条、第402条之规定，于2001年7月3日作出终审判决：撤销一审判决；由B贸易支付A货代垫付的海运费39 200美元及利息3000美元，折合人民币350 260元，于判决送达之日内付清；驳回A货代对庄某的诉讼请求。

（资料来源：blog.china.alibaba.com/blog/angle81136/article/b0-iz10035.html）

案例解析

A货代垫付了海运费，其基于委托关系的请求能否得到支持，取决于对下面三个关键问题的认识，对此，一、二审法院的看法截然相反，现分述如下。

1. 庄某行为的性质

在从事民事交易行为时，个人有多种身份是常见的现象，当其主张是职务行为时，应由其举证证

明，如果未能举证，则应负举证不能之法律后果。本案中，庄某未能举证，故其行为是个人行为。事实上，在本案中还有其他证据证明庄某行为的性质：庄某以C货运甬办名义委托A货代时，C货运甬办尚未成立，庄某也不可能是负责人；B贸易接受的是庄某个人指令；运费付至庄某任海运部经理的D公司；其主管单位从未授权亦不知道庄某曾从事涉案两票业务等。

2. B贸易和A货代间的法律关系

他们之间是否存在委托关系，是适用《合同法》第398条的条件，也是B贸易诉讼请求能否得到支持的关键。本案中双方委托关系是存在的，可适用《合同法》第402条关于委托人自动介入的规定，理由如下：①B贸易明知庄某个人无从事货代业务资格，势必要转委托才能办妥多托事项；②托单载明托运人为B贸易，A货代间可借此途径知道B贸易与庄某代理关系的存在。不论庄某是否告知A货代该代理关系的存在，亦可发生委托人的自动介入。产生的法律后果是，庄某与A货代之间的委托合同直接约束B贸易与A货代。

思考与练习

1．国际货运代理的作用有哪些?

2．国际货运代理的义务是什么?

3．什么是国际货运代理责任限制?

4．国际货运代理按服务对象分可以分为哪几类?

5．国际货运代理除外责任有哪些?

6．简述国际货运代理以无船承运人的身份出现时的责任。

第二章 国际货运代理与贸易地理

教学目标

通过本章学习，使同学们明确国际贸易与地理环境的关系，了解国际贸易中的市场与交通运输分布状况，能够掌握国外口岸入境货运的通关及监管规则等。

学习任务

通过这一章内容的学习，要达到以下几个目的：

- 了解当前世界贸易市场的分布状况；
- 根据当前国际市场贸易状况分析当前市场形势。

导入案例

爱尔兰香农出口加工区

香农是爱尔兰西部的一个濒海小镇，是北美飞越大西洋到欧洲必经之地。20 世纪 30 年代以后就修建了飞机场。20 世纪 50 年代机场逐步扩大，飞越大西洋的飞机约一半在此加油或转运，以后飞机场丧失作用。为挽救香农飞机场的命运，爱尔兰政府在此建立了出口加工区，发展出口加工工业，产品有工业钻石、电子设备、陆上钻探设备等，并且该地区也十分重视旅游事业的发展。

第一节　地理环境与国际贸易

国际贸易活动是离不开一定的地理环境的，地理环境对国际贸易有明显的影响。在科学技术发展日新月异、国际地域分工日益广泛和深化、国际间的竞争愈益激烈的今天，地理环境各因素对国际经贸活动的影响比过去任何时候更加激烈和深刻。

积极开展地理环境对国际经济贸易活动的影响及其规律性的探索研究，对预测国际经济社会的发展趋势、国际贸易变化和做好对外经济援助工作等方面，均有重要的理论和现实意义。

一、自然地理环境与国际贸易

地理环境分为自然地理环境和人文地理环境两大部分，前者包括地理位置、地质地貌、气候条件和自然资源等方面，它们是国际贸易的自然地理基础。

1. 地理位置的影响

地理位置对国际贸易的影响，可以从经纬度、海陆位置、交通位置和邻国位置等方面反映出来。

大家知道，地球表面的热量、降水量等的分布是不平衡的，广大中纬度地区因其位置居中，这一地带四季分明，气候温和，降水适中，对人类的生产、生活和贸易等活动都较适宜，是人们生存、发展和交往的理想环境。当今世界上，社会经济最繁荣、交往最密切、经济贸易活动最活跃的几个区域，便是在北半球中纬度的北美洲、欧洲和亚洲三洲的沿海地区，其中包括北美洲五大湖区与大西洋沿岸区域，西欧地区和亚洲日本的“三湾一海”地区以及中国的东部沿海地区等世界重要经贸区域，上述地区其土地面积只占世界陆地面积的 10%，而工农业总产值和进出口贸易总额却分别约占世界的 80%和 70%。

地理位置濒临海洋还是深居内陆，对于一个国家或地区的生产发展和贸易交往等亦会产生重要影响。沿海地区（尤其是开放地区）与内陆地区（特别是边远偏僻山区）相比，因为环境、交通和出海口等条件大不一样，使得这些国家（或地区）之间及其内部，经贸状况会形成明显的差异。一般前者发展较快，成为发达地区；而后者则发展较慢，即比较闭塞和落后的地区。

交通地理位置对国家和地区的经济和对外贸易的影响亦是很大的。这是因为交通运输条件既是生产力布局的重要内容与条件之一，又是经济发展的基础条件。美国是地跨太平洋与大西洋的“两洋国家”，在世界经济以北大西洋为经济贸易重心区的 100 多年时间里，它利用便捷的北大西洋航线开展对欧洲的经贸活动，使其东北部和东部大西洋沿岸地区经济获得迅速发展，形成了世界上最大的北美东部大西洋沿岸和五大湖地区经济贸易重心区。现今，世界经济重心呈现从大西洋地区向太平洋地区转移的趋势，美国利用其便利而发达的太平洋航运，促使西部和南部“阳光地带”的经济繁荣发展起来，率先抢占了太平洋地区的市场。统计资料表明，目前，美国与亚太地区的贸易总额已超过其与欧洲的贸易总额，达到 2000 多亿美元。这对缓解美国的经济矛盾和稳定国内政局等方面都起了积极作用，充分显示了美国濒临世界两大海洋的交通地理位置优势。

除上述地区以外，因为临近或者毗连一些经济发达、经济贸易活动频繁的国家与地区，也会使一些国家、地区得益，促进经济贸易得到一定的发展。

2. 地形条件的影响

这里的地形概念，内容广泛，不仅包括类型、坡度，还包括地面的覆盖层等方面。

地形对于经济和贸易活动的影响是多方面的。现将中国和美国的相关方面作以下比较，如表 2-1 所示。

表 2-1　中国和美国有关情况对比

国　　名	中　　国	美　　国
面　　积	960 万平方公里	936 万平方公里
地　　形	丘陵、山地和崎岖高原占 2/3	平原面积占 2/3
耕　　地	15 亿亩左右	28 亿亩左右
垦植指数	10.35%	22%
牧场利用率	63%（其中 50%尚未改造好）	81%

从表 2-1 可以清楚地看出，地形差异是造成以后各项指标差异的“主导”因素。美国，由于其平原广布，所占比例颇高，使农牧业发展有了良好基础，为美国成为世界上规模最大的农业国家创造了条件。因而，美国农牧业生产发达，农产品不仅能满足本国需要，还可以有 1/3～2/5 的农产品用于出口。大量农产品的出口，不仅创造了占该国外汇总收入 20%的外汇，而且在繁荣国际贸易、改善美国的国际收支和平衡外贸等方面起了很大作用。

反之，地形破碎、沙漠戈壁遍地、崇山峻岭或险恶地形直逼沿海，则必然对该地区经济的发展，尤其是农业生产产生严重影响，使之难以展开对外贸易。世界最大沙漠——撒哈拉大沙漠横贯于非洲偏北部的广大地区，使这里的阿尔及利亚、利比亚、苏丹、埃及等国家的经济发展和贸易活动深受影响。

可见，地形条件对社会经济发展，特别是农牧业生产的制约作用是很大的，以致影响整个国家与地区的经贸活动开展。

3. 气候条件的影响

一般情况下，气候变化的规律性是很明显的。春夏秋冬，四季更迭，这是一种表现形式。从赤道向南北两极延伸，气候带排列有序，分别为热带、温带和寒带，纬度地带性清楚。这种气候的节律性和地带性，对生产事业，尤其是农业生产产生着深刻影响，进而制约着经济贸易活动。例如，温带地区适宜农作物的生长，所以作为人类衣食主要来源的棉花和粮食，主要产于温带地区，以 1989 年为例，世界粮食总产量约是 18 亿吨，其中 70%左右产于温带和亚热带地区。同样，目前世界上谷物的主要出口国是位于温带范围的美国、法国、加拿大和澳大利亚、阿根廷、巴西等国家。而工业原料的橡胶、剑麻、椰子、丁香以及咖啡、可可等饮料作物则完全产于热带地区。气候条件也会对国际贸易活动直接产生影响。北半球的欧洲、亚洲和北美洲的部分地带已经伸入寒冷的北极圈范围内，因此，太平洋和北大西洋沿岸的一些位处高纬度的港口，气温太低，秋冬季节洋面封冰，致使不少港口一年中有半年因航船无法运行而被迫停用，国际贸易近乎瘫痪或停顿。自 20 世纪 80 年代以来，全球气候明显变暖，1990 年地球上出现了创纪录的高温，对国际贸易也产生了影响。例如，由于近几年持续暖冬，我国销往加拿大和北

欧等国家的滑雪手套等冬季用品很不景气，客户纷纷减少定货量乃至解除合同，贸易量大减，造成我方货物积压，经济受损。

灾害性天气（如寒潮、霜冻、风暴、干旱、洪涝、冰雹等），对于生产活动、经济发展和贸易往来等产生的破坏性影响更为直接和严重。例如，一些外贸船只往往因风暴袭击而被迫停航，如果不掌握气象资料，冒然远航，外贸船舶很可能会被风浪浸没，造成惨重的损失。

观测研究，了解气候变化态势，熟悉气候条件对国际贸易的影响，从中掌握世界市场动向，以便主动地采取措施，搞好进出口贸易，已成为世界各国、 各地区政府和经贸界人士的一项基础工作。

4. 资源条件的影响

所谓资源，内涵广泛，这里着重论述矿产资源对经济贸易活动的影响。矿产资源是宝贵的物质财富，也是一个国家和地区发展生产、繁荣经济和活跃贸易的最基本的物质基础之一。它具有非再生性质，且随着社会进步和经济发展，其消耗量与日俱增。因此，矿产资源的存储量、规格品种、组合结构、品位状况、地理分布以及新矿产、新矿点的发现等，不仅严重影响着一个国家与地区的经贸活动，而且强烈地影响着整个世界的国际分工、商品交往、货物流向、贸易格局和贸易运输等。

20 世纪 50 年代，广大西亚地区还被列为世界最贫困地区之一，经济相当落后，在世界国际贸易中的地位更是微不足道；进入 20 世纪 60 年代之后，西方垄断资本集团进入该地区进行大规模石油地质勘探，找到了丰富的石油资源，并陆续进行大规模开采，目前西亚已经成为世界上石油储量、产量和出口量最多的地区，是名符其实的“世界油极”。大量外汇财源滚滚而来，带动和促进了该地区民族工业的蓬勃发展，对外贸易突飞猛进，人民生活水平迅速提高，昔日的贫困地区，当今已跨入人均产值最高行列，成了世界上重要的资金、劳务和消费市场之一。

第二次世界大战以后，进入 20 世纪 60 年代中期，石油取代了煤炭，成为主要能源，世界进入能源的“石油时代”。在以西亚为代表的广大亚非拉发展中国家和前苏联以及西北欧一些国家，一大批的大油田相继被发现，各地大力组织开采，使世界石油产量迅速增加。20 世纪 70 年代中期，北海海域发现油气田。至 20 世纪 80 年代初，荷兰的天然气、英国和挪威等国的石油产量除满足本国需要外，还有相当部分出口欧洲共同体的其他国家，促进了其经济发展，而且使西北欧部分国家的进出口商品格局和贸易格局产生了明显变化。

至于世界铁矿石新矿点的发现、生产的地区布局变化和生产量的增减等，与世界石油的情况相似，均对世界和各国的经济贸易活动产生重要影响。可见，矿产资源对国家、地区的经济贸易发展和世界初级产品市场分布格局等，必然产生深远的影响。

二、人文地理环境与国际贸易

人文地理环境对国际经济贸易活动的影响，如同自然地理环境一样，也是明显而深刻的，是国际贸易的社会地理基础。人口、民族、科学技术、环境质量、政治因素和生产力状况等，均属人文地理环境范畴，它们对国际经济贸易活动的影响，下面分别叙述。

1. 人口、民族的影响

经济贸易活动，特别是国际间的贸易活动，是社会生产和国际地域分工发展到一定水平的产物，人类则是其主宰者。人类对于经济贸易活动的影响，既有积极的方面，也有消极的一面。

从世界人口地图上可知，人口的分布状况是与经济发展及国际贸易紧密相关的。世界人口分布稠密的地区，一般是世界经济、贸易的发达地区。一般讲，经济贸易活动发达地区需要较多的经济人口，亦能供养较多的人口。在地球上，北纬 20°～60°范围内约居住着全世界总人口的 80%，而且几乎聚集着世界上 100 万人口以上的大多数大城市以及世界全部大港和极大部分中型港口，这些地带成了当今世界主要货流的起讫地点和各类商品的集散地区。例如，美国东北部五大湖地区和沿着大西洋岸向南延伸的都市带，日本沿太平洋岸的城市带及中国东南部沿海的城市群等，随之这些地带亦成了经济、贸易、政治和文化等高度集中的中心地区。众所周知，人口密度颇高的国家或地区，对各种原材料、燃料和消费品等的需求量就大，必然促成了经贸活动的活跃与繁荣。

除此以外，人口素质高低、年龄结构以及人口增长的速度等，也将影响国家或地区乃至国际间的经贸活动。民族的形成与发展为生产力发展水平和社会经济制度所制约。反过来，民族的数量、构成、传统、特性以及他们间的相互关系等，也会影响社会经济制度、生产力发展水平、生产力布局和经济贸易活动等方面。

世界上的许多民族，由于长期生活在特定的自然地理环境和人文地理环境之中，各自形成了较为独特的生活习惯、风土人情和宗教信仰等，在生产、生活和消费等诸方面有其特殊的要求，以致会直接或间接地影响着生产活动和贸易活动。例如，蒙古民族和阿拉伯民族聚居地区，大都属于荒漠、半荒漠与草原地带，气候干旱，一般适宜畜牧业生产，日常生活以牛羊肉和奶类为主食，男、女、老、幼均有饮茶习惯，蒙古族喜欢啃茶砖，阿拉伯民族则喜欢喝绿茶，并加入大量食糖、薄荷和柠檬等。因而，这些民族需要大量的肉类、奶类、茶叶制品，这方面的贸易活动频繁。我国是世界主要产茶和茶叶出口国之一，与阿拉伯国家邻近，与蒙古人民共和国更是毗连一起，于是成了阿拉伯国家和蒙古人民共和国农副产品、茶叶制品的重要供应国，贸易数额可观。世界各国、各地区因所处的地理环境和社会历史发展过程不相同，民族、居民有别，因此，他们都有自己的传统特点和风土人情。例如，荷花在我国是纯洁的象征，颇受欢迎，而在日本传统上认为它是不吉祥的标志；美国的共和党把大象作为其党徽，很受尊重，但在大多数的欧洲人眼里，大象则是笨拙的同义词。对于数字和颜色的理解与喜爱也因国家、地区和民族不同存在差异。埃及、比利时忌蓝色，认为是不吉利的象征，但在荷兰、瑞士、挪威和伊拉克等国家，蓝色是人们喜爱的颜色。认真地研

究、了解、熟悉各个国家与地区人民和民族的兴趣爱好、风土人情、传统特点，乃至宗教信仰等，有的放矢地做好外贸商品的供应以及商标、包装等的设计与处理工作，对于开拓对外贸易市场，有效地做好外贸生意等，是很有必要的。

2. 科学技术的影响

“科学技术是生产力，而且是第一生产力”是推动社会经济发展的动力的理论，日益为社会经济和生产力不断发展的实践所证实，也愈来愈被广大公众所共识。科学技术在社会经济进步、生产力发展和国际经贸活动中的作用将愈趋重要。

科学技术的进步促进了生产力的发展和社会经济的不断增长，国内市场狭小的资本主义国家，只得以抢占国外市场，大力发展国际贸易的办法寻找出路。据测算，第二次世界大战后，大部分资本主义国家约有 1/3 的产品要依赖国际市场；发展中国家在国际贸易市场上的影响和经营范围亦有所扩大，竞争能力得到加强，国际贸易发展速度加快。不仅如此，国际贸易的商品种类、货物结构、贸易方式和地域范围以及各个国家、地区在世界进出口贸易中的地位作用等都有较大的变化和发展。

科学技术的日新月异不仅使社会经济进步，国际贸易获得发展，而且使得国际间、各个国家与地区间的国际竞争日趋复杂和激烈，特别是计算机等电子技术普遍应用与推广，交通运输愈趋现代化，致使发达国家的生产成本有所下降，而发展中国家的廉价劳动力优势逐步消失，加上新原料、新材料的不断开发，促使天然原材料和农副产品的需求量逐渐减少，随之而来的是国际市场上的初级产品价格下跌，而工业品等的价格则上扬，使发展中国家处于甚为不利的竞争地位，不少国际市场逐渐被发达国家抢占。

3. 环境质量的影响

人类和其生活的地理环境关系密切。人类的生产、生活和经贸活动等会受到地理环境的制约和影响，反之，人类的一切活动又会深刻地作用于地理环境，并产生巨大的影响作用。地理环境是由土地、大气、水分、动植物等组成的统一整体，其任何一个部分的数量或者质量发生变化，都会影响地理环境的组成要素、生态系统、环境质量以及它们间的相互关系，进而直接或间接地影响着人类的生活和经济活动。

随着工农业的发展，往往会出现工业废渣、废气和废水的大量排放，大量农药、化肥的不科学使用等情况，致使大气、土壤、水域等受到污染，地理环境恶化，环境质量下降或者变坏，个别地区生态系统失去平衡，从而影响生产和经贸活动，导致工农业生产萎缩，经贸活动受挫，乃至夭折。例如，对虾历来是我国传统出口的水产品之一，因其生育繁殖的渤海水域遭到辽宁、天津等省市的工业污染，致使水质下降，结果对虾产量锐减。因此，在国际贸易中，对进出口货物的种类、品种、质地、规格等的要求日趋严格，假如进口商品所含杂质超过规定标准，就经常会出现要求退货或索赔的情况。

4. 政治因素的影响

地理环境的各个组成要素会对国际贸易活动从不同角度全方位多层次地产生影响，而涉及面更为广泛、影响程度更加深刻的则数政治因素。局势是否稳定，全球或局部战争，国家（地区）执行什么样方针、政策和奉行何种外交路线，参加政治、经济联盟与否，属于何种社会经济制度，哪个政党、集团执政，谁来掌权等，均会非常明显地影响社会、经济和贸易。

1945 年，第二次世界大战结束以后，全世界出现了和平环境，这就为世界各国家和地区的经济贸易的发展创造了良好条件，一些国家和地区的国民生产总值增长速度迅速，有的甚至超过 10%，成为世界国民经济增长速度最快的时期，国际贸易也突飞猛进，出现了空前繁荣局面。

地区经济一体化是第二次世界大战后经济发展的重要特征之一。西欧国家为了抗衡美国和前苏联，于 1958 年成立了欧洲经济共同体，加强了相互间的专业化和合作化建设，协调了共同体各国家间的内部贸易关系，并实施关税同盟和共同的农业政策、对外贸易政策，使它们之间的贸易比重直线上升，而对美国的贸易日益减少，开始摆脱对美国经济的依赖。20 世纪 70 年代末至 80 年代初，全球经济形势严峻，为了摆脱困境，欧洲共同体采取了一系列灵活政策，如扩大阵营，不断扩大与发展中国家、前苏联的贸易往来等，到 20 世纪 80 年代中后期，欧洲共同体的国际贸易额超过了美国，跃居世界首位，使世界范围内的国际贸易格局发生了根本性的变化。此外，东南亚国家于 1967 年成立了区域性合作组织——东南亚国家联盟（简称“东盟”），政治上坚持相互协调，经济上加强联系协作，使各国经济和贸易获得了较快的发展。这些都清楚地表明，地区经济组织对发展各国、各地区经济，促进对外贸易，改变进出口贸易结构等，都有重要影响作用。

第二节　世界贸易市场的分布

世界市场是各国之间进行商品交换的场所。它包括由国际分工联系起来的各个国家商品流通的总和。在世界市场的范围内，各个国家的市场成为世界市场的组成部分。世界市场的内容包括商品、货币、航运、保险等，商品是主体，其余是为商品服务的。

由于受国际贸易分布不平衡的影响，世界贸易市场大多数集中于生产力发达的商品经济国家。其主要形式分商品流通和资本流通两大系统。商品市场是商品流通的具体形式，分世界贸易中心、商品交易所、博览会、商品交易会等；资本市场、国际货币市场、外汇市场、黄金市场等为资本流通的主要表现形式。

一、世界主要商品市场的分布

（1）世界贸易中心的分布

世界贸易中心即世界商品交易中心。它的经营特点是：①向国内外公司出租办公地点；②为客商提供商品展览、销售和交易场所；③利用现代化通信手段为客户提供最新的市场信息；④备有齐全的金融、商业、服务、运输等设施，简化了交易手续。随着国际分工的日益深化，许多世界贸易中心增设了技术转让、融资等业务，开办语言等教育服务。世界贸易中心实质上已经成为"综合性"市场，在当前对外经济和贸易中的作用日趋显著。

目前世界上已有三十多个贸易中心，我国的贸易中心主要有上海、天津、北京、广州、深圳等。世界贸易中心有亚特兰大、巴尔的摩、哥德堡、休斯敦、洛杉矶、新奥尔良、纽约、奥兰多、诺福克、东京、阿尔斯梅尔、埃因霍温、鹿特丹、孟买、迪拜、特拉维夫、首尔、新加坡、安特卫普、布鲁塞尔、日内瓦、巴塞尔、哈佛尔、斯特拉斯堡、伦敦、中国香港、米兰、哥本哈根、里斯本、墨尔本、多伦多、莫斯科、金沙萨等。

纽约是世界最大的贸易中心，贸易中心在纽约市内被称为"城中之城"，建立在纽约市的曼哈顿区哈德孙河沿岸。

（2）世界主要商品交易所的分布

商品交易所是特殊类型的固定市场，在这种市场上进行大宗原料和粮食的买卖。在交易所买卖的商品主要是有色金属、谷物、纺织原料、食品和油料。

世界最大的交易贸易中心是纽约和伦敦。在纽约商品交易所进行有色金属、橡胶、咖啡、食糖、可可、棉籽油等商品的贸易。在棉花交易所出售棉花。在伦敦商品交易所，进行可可、咖啡、椰干、毛皮、皮革、橡胶、食糖的交易。

商品市场和生产的发展一样，都趋向于专业化，例如，伦敦最初的皇家交易所是综合性的，包括各类商品，后来分立各种专业性交易所。

二、世界主要资本市场的分布

（1）世界主要债券市场

证券交易中心是以股票和债券形式流通的资本市场。它是在短期内集资和加快资金流通的重要手段之一。世界重要的证券交易中心有纽约、伦敦、东京等。

（2）国际货币市场的分布

国际货币市场是国际短期信贷存放和流动的场所。

1）外汇市场。外汇市场是经营外汇买卖的市场。它名为"市场"、实际上并不是一个集中交易的场所。而主要的经营者是外汇市场的外汇银行，通过电话、电传联系进行交易。世界主要外汇市场有伦敦、法兰克福、巴黎、东京、苏黎世、罗马等。

2）黄金市场。黄金市场是经营黄金买卖的市场。它在黄金产地与消费地之间起着转运和调剂的作用。工业用黄金与货币用黄金从市场获得供给。但黄金投机商也掺杂其间，从中牟利。黄金市场所在国家和地区，对黄金进出口一般没有限制。目前具有国际意义的黄金市场主要有伦敦、苏黎世、纽约、芝加哥、香港、贝鲁特和巴黎。伦敦和苏黎世是现货市场，也是两个最大的国际黄金市场，它们是其他销售市场的主要供应者，其市场价格的变化，被看作是国际金市的“晴雨表”。纽约和芝加哥主要是黄金期货市场。

由于世界经济发展的不平衡，世界贸易市场的地理分布有很大的集中性。目前，世界贸易市场约有 7/10 集中在北美洲和欧洲，约 2/10 在亚、非、拉国家。

三、世界经济特区

自 20 世纪 90 年代至今，世界各国各地区，特别是发展中国家为了促进经济发展，吸引国外资本，改善经济环境，它们从本国实际出发，根据各自的目的要求建立自由经济区，都取得较显著的成效。

世界自由经济区即世界经济特区，一般来说，是指一个国家（地区）划出一定范围，实行特殊的政策，对外开放，以促进经济发展的地区。国外的经济特区性质不同，类型不一，名称各异。主要有自由港、自由贸易区、出口加工区、自由工业区、科学工业园区等。

1. 创建自由经济区的优势

（1）凭借其优惠措施和方便条件可以促进国际贸易的发展

自由经济区通过提供种种方便条件，使外国商品可以自由进出，便于办理过境、转船和再出口的各种手续；自由经济区采取各种优惠措施，普遍地实行豁免关税和减免其他税收，还在土地使用、仓库和厂房租用、劳动工资、水电能源供应等方面采取低收费的优惠措施，并可以减少厂商的生产费用和货物的售前成本，有利于厂商的收益；自由经济区具有优越的地理位置和各种方便及优惠条件，有利于各种功能的发挥，因此沟通了东西方、南北方贸易的开展，也是对国际贸易发展的动力。

（2）通过发展加工制造业可以促进世界经济的发展

世界上的自由经济区，特别是其中的出口加工区，几乎普遍地采取了利用外资、引进技术和管理方法的积极措施。这不仅为国际间的资本流动创造条件，而且加速了世界范围的产业结构调整，从而促进了世界经济的发展。

（3）可以促进所在国和地区的经济发展

设置自由经济区，可以帮助国家利用外国资金，引进先进技术和经营管理方法，解决就业问题，造就技术和管理人才，发展出口工业，扩大对外贸易，增加外汇收入，促进本国和本地区经济发展。

（4）既开拓了国际市场，又有助于增加外汇收入和推动内外经济贸易的发展

各自由经济区吸引外商投资设厂的一个重要目的，就是开拓国际市场，扩大对外出口贸易。而外商，尤其是工业发达资本生义国家的厂商，不仅拥有资本、技术和科学的管理方法，而且具有开拓国际市场的能力、经验和现成的销售渠道。因而吸引外商前来投资设厂，开办独资或台资企业，特别是当这些企业采用设为自由经济区国家的原材料、

半制成品时，实际上就为自由经济区的产品打入国际市场创造了条件。据统计，来自各种自由经济区的贸易额所占国际贸易总额的比重逐年增加，说明了自由经济区贸易量的急剧增长趋势。

2. 世界主要自由经济区的地理分布

在世界自由经济区四百多年的发展过程中，各种名称和类型的经济特区层出不穷。据有关资料统计，世界自由经济区现已达 1000 多个，分布于各大洲。其中以美洲设立的自由经济区最多，仅美国就有 200 多个。

（1）亚洲的出口加工区

亚洲共有 170 多个各自不同的“自由经济区”。其中印度、斯里兰卡、新加坡、菲律宾、马来西亚、韩国和我国台湾省早已设立了出口加工区。但在全世界的出口加工区中，以马来西亚、韩国和我国台湾省设立的出口加工区最为完善，许多关于出口加工区的概念，都以这些国家和地区的活动为标准的。这三个国家和地区的出口加工区，共提供 30 多万人的就业机会，特别以雇用女工为主，工业以电子工业为主，外资来源主要依靠日本。出口市场虽然是多方面的，但其中美国是主要市场，其次为亚洲、欧洲。

（2）非洲和中东的出口加工区

非洲和中东地区的出口加工区多数在地中海、红海、非洲西部的几内亚和东非沿海各地。埃及有 7 个，毛里求斯有 100 多个，突尼斯有 14 个（政府指定的地区，均为出口加工区，1972 年建立），利比里亚有 1 个（1975 年建立），塞内加尔有 1 个出口加工区。

（3）欧洲出口加工区

欧洲地区共有 135 个各自不同的“自由经济区”，都是属于历史上工业发展较早的国家，特别是转口贸易发达的国家，一般都在重要港口，其航运通道或国际机场附近设立方便转口贸易的自由贸易区。近些年来，欧美工业国家的自由贸易区一般都兼有转口贸易、对外贸易和加工制造业，并规定在区内加工制造的产品，其增值部分免于征税。例如，德国的汉堡自由港、爱尔兰花农出口加工区、荷兰阿姆斯特丹保税仓库等。

（4）拉丁美洲的出口加工区或自由贸易区

拉丁美洲大部分国家都设立出口加工区或自由贸易区，近年来业务发展很快，西方国家或亚洲一些发展中国家和地区对拉美出口加工区或自由贸易区的利用，也在显著加强。目前，拉美 26 个国家共设立约 100 多个出口加工区和自由贸易区。例如，巴西马瑙斯出口加工区（1967 年建立）、巴拿马的科隆自由贸易区。

（5）美国的自由贸易区

美国是世界上设立经济特区最多、发展最快的国家。1936 年在纽约市的布鲁克林建立了第一个对外贸易区，到 1972 年共建立 12 个，此后迅速发展，截至 20 世纪末至 21 世纪初，已有对外贸易区 200 多个。

美国的对外贸易区几乎遍及美国的主要港口城市，分布在纽约、新奥尔良、旧金山、西雅图、檀香山、小石城、堪萨斯城、圣约瑟、芝加哥、布法罗、波士顿、迈阿密、匹兹堡、费城、长滩、巴尔的摩、太平洋上马里亚纳群岛中的关岛等。迈阿密自由贸易区位于佛罗里达半岛的南端，由于该区与巴拿马自由贸易区很接近，所以委内瑞拉、巴拿马、韩国、德国等国家和地区的商人就前来租用场地，从事各种商业贸易活动。

美国的对外贸易区类似于其他国家的自由港或自由贸易区，有以转口为主的，有以制造为主的，有的区则是转口兼制造。经营制造区又有内销和外销之分，外销产品以拉丁美洲为主要市场，商品以量轻价高的产品占大宗。

第三节　国际贸易中的交通运输

交通运输是国民经济中的物质生产部门，它表现为生产过程在流通领域中的继续。战后随着科技的进步，推动了交通运输业的发展。火车、汽车、轮船、电机等现代化的交通工具与设施都向大型化、高速化、专门化和自动化方向发展。特别是集装箱运输的出现和应用，促进了各种运输方式的配合，由传统的单一运输发展为多式联运，大大促进了运输效率的提高。运输业的发展同国际贸易的发展是相联系的，国际贸易的发展要求运输业的规模与其相适应。随着世界各国各地区生产的发展与国际贸易额的不断扩大，国际货运量也相应增加，因而加大了运输任务。为适应这一需要，各种现代化运输工具不断得到改进，管道运输也得到了迅速发展，新型运输方式正在研制，磁悬浮列车在发达资本主义国家已普遍投入营运。此外，运输体系结构和经营管理工作也不断完善并日趋现代化。这些对加强国际间经济联系，深化国际分工，促进国际贸易的发展，都起着十分重要的作用。

根据运载工具和运输通道的不同，运输方式主要可分为铁路运输、公路运输、水上运输、航空运输和管道运输等五种。

一、铁路运输

铁路运输是以机车带动的装货车厢为装载工具，在特设的钢轨上行驶，使货物达到位移目的的一种运输方式。铁路运输是现代交通运输系统中重要的运输方式。

铁路运输具有运量大、运速快、运价低、运输连续性强和受自然条件影响限制小等特点。由于铁路运输的这些特点，所以适合于大宗货物的长途运输和大量旅客运输。铁路运输在世界各国、各地区之间的经济贸易联系方面起着重要的作用，是许多国家陆上运输的主要方式之一。特别是对如中国、美国、加拿大、印度和俄罗斯等面积较大的国家，铁路运输在国内运输中起着重要的作用。在国际贸易中，铁路运输也是仅次于海运的重要运输方式。

世界铁路发展的主要趋势是运输设备的现代化和运输管理自动化。从 20 世纪 40 年代中期起，世界各国尤其是美国和西欧极力发展内燃机车和电气机车，如瑞士铁路已全部实现电气化，德国、法国等铁路电气化比重高达 80%以上。自 20 世纪 80 年代以来，发达国家发展高速列车，其中客车最高速度可达 300 公里/小时左右，货车一般在 100 公

里/小时左右。目前，西欧各国通力合作，兴建高速铁路系统。以北欧和苏格兰为两端起点，贯穿欧洲大陆，并与西班牙、意大利、希腊的铁路相衔接，全长3万公里。日本目前正在研制时速达500公里的“飞火车”，将在2020年之前制造完成。

1. 国际贸易运输中的主要铁路干线：

（1）西伯利亚大铁路

东起俄罗斯在日本海沿岸的重要港口符拉迪沃斯托克（海参崴）、纳霍德卡或东方港，经哈巴罗夫斯克（伯力）、赤塔、乌兰乌德、伊尔库茨克、新西伯利亚、鄂木斯克、车里雅宾斯克、萨马拉，西至莫斯科。该线均为复线，多数是电力机车牵引，全长9300多公里。它是连接亚洲太平洋远东地区和欧洲各国及西亚铁路间的陆上运输大动脉，在其东段和西段，还有一些铁路干线与之相连接。

与其东端连接的主要铁路干线有：①海参崴—朝鲜半岛铁路；②赤塔—满洲里—哈尔滨—大连铁路；③乌兰乌德—乌兰巴托—二连浩特—北京—广州铁路。

与其西端连接的主要铁路干线有：①莫斯科—华沙—柏林—科隆—布鲁塞尔—巴黎铁路；②莫斯科—赫尔辛基—斯德哥尔摩—奥斯陆铁路；③莫斯科—罗斯托夫—第比利斯—德黑兰铁路。

（2）加拿大连接东、西两大洋铁路

加拿大连接东、西两大洋的铁路线有：①鲁珀特港—埃德蒙顿—温尼伯——魁北克（加拿大国家铁路）；②温哥华—卡尔加里—温尼伯—桑德贝—蒙特利尔—圣约翰—哈利法克斯（加拿大太平洋大铁路）。

（3）美国连接东、西两大洋铁路

美国连接东、西两大洋的铁路线有：①西雅图—斯波坎—俾斯麦—圣保罗—芝加哥—底特律（北太平洋铁路）；②洛杉矶—阿尔伯克基—堪萨斯城—圣路易斯—辛辛那提——华盛顿——巴尔的摩（圣菲铁路）；③洛杉矶—图森—埃尔帕索—休斯顿—新奥尔良（南太平洋铁路）；④金山—奥格登—奥马哈—芝加哥——匹兹堡—费城—纽约（联合太平洋铁路）。

（4）中东—欧洲铁路

从伊拉克的巴士拉，向西经巴格达、摩苏尔，叙利亚的穆斯林米亚，土耳其的阿达纳、科尼亚、厄斯基色希尔至博斯普鲁斯海峡东岸的干斯屈达尔，过博斯普鲁斯大桥至伊斯坦布尔，连接巴尔干铁路，向西经索菲亚、贝尔格莱德、布达佩斯至维也纳，连接中、西欧铁路网。

2. 国际铁路货物联运

凡在两个或两个以上国家铁路货运中，使用一份统一的国际联运票据，由铁路负责办理全程运送的货物运输均被称为国际铁路货物联运；在由一国铁路向另外一国铁路移交货物时无需发货人、收货人参加，这种运输方式称国际铁路货物联运，一般简称“国际联运”。

国际铁路货物联运始于19世纪后半期。目前，国际铁路货物联运有两个协定：一个是《国际铁路货物联运约定》（简称“国际货约”），成员国包括欧洲（24国）、西亚（5国）及北非（3国）共32个国家；另一个是《国际铁路货物联运协定》（简称“国际货协”），成员国有中国、蒙古、朝鲜、越南、前苏联和东欧等国家。1991年苏东政局发生变化后，“国际货协”也宣告解散，但铁路联运业务尚未发生重大改变。我国利用“国际货协”可直接对其成员国进行铁路货物运送，同时利用“国际货协”可间接地对“国际货约”成员国进行铁路货物运送。

我国及相邻国家的铁路口岸有：中俄间，满洲里/后贝加尔、绥芬河/格罗迭科沃；中蒙间，二连浩特/扎门德；中朝间，集安/满浦、丹东/新义州、图们/南川；中越间，平阳/同登，山腰/新铺。

目前，我国对俄罗斯远东地区的国际铁路货物联运多利用绥芬河口岸，从东北三省运往俄罗斯中西部以及运往欧洲的货物多走满洲里口岸；由我国内陆各省市、自治区运往俄罗斯中西部以及运往欧洲的货物则多走阿拉山口和二连浩特口岸。

我国大陆对香港地区的铁路货运，由两部分组成，即内地段和香港段。一般是由内地各装车站装车，起票运至深圳北站，收货人为深圳外运公司。深圳外运公司作为各外贸发货单位的代理与铁路办理租车手续，并付给租车费，然后租车去香港。货车过轨后，香港中国旅行社则作为外运公司的代理在香港段重新起票托运至九龙。由此可见，对香港地区的铁路运输特点是租车方式两票运输。国内运单不能作为对外结汇的凭证。我国铁路与香港铁路在目前不办理直通联运。

二、国际大洋航线和主要海港

海运是国际贸易最重要的运输方式，目前国际贸易货运量的2/3以上是通过海运来完成的。海运利用天然航道交通四通八达。海运最突出的优点是运量大，运费低；不足之处是受气候和天气的影响较大，航道迂回曲折、海底礁滩广布、水流阻力大，使航速减慢。另外，海运还存在触礁沉没，海洋禁区和海盗劫掠的危险。

第二次世界大战后，海运业的发展速度仅次于公路，比铁路和内河航运要快好几倍。20世纪50年代至60年代，外贸海运量成倍增长；1973年因石油引起经济衰退；1980年起海上货运量出现下降趋势；1988年后逐渐恢复生机。

商船队在第二次世界大战后发展很快，其规模扩大，基本上实现了内燃化，并向大型化、高速化、自动化和专用化方向发展。进入20世纪90年代各船运公司经营的船舶载重吨位越来越大，以油轮和“巴拿马型”集装箱船为例，前者是载重50万吨和60万吨的超级油轮，后者是客箱量在4400标准箱和4500标准箱的“超巴拿马型”集装箱船。现在更有世界一流的载箱能力达5250标准箱的大型集装箱船出现，正在建造的集装箱船载箱能力达到了7200标准箱。为适应国际贸易发展的需要，海运工具还在不断更新改造。

目前，世界上较大的造船国是日本、韩国和中国等。世界造船能力仍大量过剩，几乎有40%的能力未被利用。世界海运业几乎完全被发达国家特别是美国、英国、日本等经济大国所控制，发达国家垄断了世界商船队。第二次世界大战后，特别是20世纪50

年代，方便旗船数目激增，到 80 年代初，已占世界商船队总吨位的 29%。其中美国、我国香港地区、希腊、日本等国家和地区占整个方便旗船队的 70% 以上。方便旗船是指在外国登记，悬挂外国国旗并在国际市场上进行营运的船舶。公开允许外国船舶在本国登记的国家主要有利比里亚、巴拿马、塞浦路斯、新加坡、巴哈马等。

海运中最大量的货物是石油及其制品，其次为矿石（主要是铁矿石）、粮食和煤炭。

1. 国际大洋航线中的重要海峡

在国际大洋航线中最重要的海峡有英吉利海峡、马六甲海峡、霍尔木兹海峡、直布罗陀海峡、黑海海峡、曼德海峡、朝鲜海峡、台湾海峡、望加锡海峡、龙目海峡等。其中，以英吉利海峡、马六甲海峡和霍尔木兹海峡为最繁忙的海峡。

（1）英吉利海峡

英吉利海峡介于大不列颠岛和欧洲大陆之间，连同东部的多佛尔海峡，总长 600 公里。海峡东窄西宽，东端最窄处仅 33 公里，西通大西洋，东北通北海。一般水深 25～55 米。英吉利海峡地处国际海运要道，是世界上最繁忙的水道。西欧、北欧等十多个国家与各国的海运航线几乎全部通过这里。每年通过海峡的船舶达 175 万多艘次，货运量约 6 亿多吨。由于海峡地处西风带，海水自西向东流入，而海峡恰向西开口呈喇叭形，因而造成很大海潮，加上风大雾多，航道狭窄，所以经常发生事故。

（2）马六甲海峡

马六甲海峡位于马来半岛和苏门答腊岛之间，连接南海和安达曼海，是沟通太平洋和印度洋的海上交通要道。海峡长约 800 公里，自东南向西北呈喇叭形。最窄处约 37 公里，西北口宽可达 370 公里，水深 25～113 米，可通行 25 万吨级大型油轮。海峡地处赤道无风带，风力很小，海流缓慢，潮差较小，海峡底部较为平坦，对航运极为有利，北太平洋沿岸国家与南亚、中东和非洲各国间的航线多经过这里，每年通过海峡的船只约 10 万艘次。为避免事故，一般 10 万吨级以上海轮绕道龙目—望加锡海峡航行。

（3）霍尔木兹海峡

霍尔木兹海峡在亚洲南部，是波斯湾出印度洋的咽喉，东连阿曼湾。海峡长约 150 公里，呈“人”字形。海峡最窄处 21 公里，最浅处水深 71 米。多年来，每天都有几百艘油轮从波斯湾经此开出，将原油运往日本、西欧和美国等，在国际航运中占有重要的地位。霍尔木兹海峡也因此成为一条闻名的“石油海峡”。

（4）曼德海峡

曼德海峡位于阿拉伯半岛和非洲大陆之间，是沟通印度洋、亚丁湾和红海的重要水道。海峡宽 32 公里，水深 150 米，在入口处的丕林岛将海峡分成东、西两股水道。东水道宽约 32 公里，深 29 米，是航行的要道；西水道多暗礁，不能通航。

（5）黑海海峡

黑海海峡又称土耳其海峡。位于土耳其西北部，包括博斯普鲁斯海峡、马尔马拉海和达达尼尔海峡，总长约 375 公里，是黑海沿岸国家通住地中海出大西洋的唯一通道，交通位置十分重要。目前，黑海海峡每天通过船舶为 100 多艘次，是世界上海运最繁忙的通道之一。

（6）直布罗陀海峡

直布罗陀海峡位于欧洲伊比利亚半岛南端和非洲西北角之间，是地中海通住大西洋的唯一通道，被称为“地中海之咽喉”，具有重要的战略意义和交通地位。海峡长约 90 公里，东深西浅，平均水深 375 米。

（7）圣劳伦斯水道

圣劳伦斯水道位于加拿大东部的圣劳伦斯河，由美国和加拿大交界的五大湖注入大西洋后经人工疏浚而成，其中包括数段人工运河与水闸（由于河的落差大，为利于航行，沿河修筑了 13 个船闸）。水道全长 2 347 里（4 344 公里），主航道深 82 米，可通载重 5 万吨船舶，是五大湖区通往大西洋的重要水道。冬季封河时间长，每年有 4 个月冰冻期。

2. 世界海运航线

世界海运航线根据航运范围可分为沿海航线、地区性国际海上航线和国际大洋航线。沿海航线指专供本国船舶在该国港口之间使用，一般又称为国内航线。地区性国际海上航线指航行通过一个或数个海区的航线，又称近洋航线，如地中海区域航线、波罗的海区域航线等。国际大洋航线是指贯通一个或数个大洋的航线，它包括太平洋航线、大西洋航线、印度洋航线、北冰洋航线以及通过巴拿马运河或苏伊士运河的航线等，又称远洋航线，如由我国各港出发跨越大洋洲航行至欧洲、非洲、美洲和大洋洲等航线。若按船舶营运方式区分，可分为定期航线和不定期航线。

目前国际大洋航线主要有以下几条。

（1）北大西洋航线

北大西洋航线为北美与西欧两个商业最发达地区之间的运输航线。西起北美的东部沿海，北经由纽芬兰横跨大西洋入英吉利海峡至西欧，其支线分布于欧美两岸，是世界上最繁忙的货运航线。它拥有世界 2/5 的重要港口，80%的海洋货运。

（2）北太平洋航线

北太平洋航线是北美西海岸和远东、东南亚之间的航线。东端港口南起美国的圣地亚哥，北至加拿大的鲁珀特港，西端为亚洲港口，北起日本的横滨，中经上海，南至菲律宾的马尼拉。由于远东和东南亚地区经济的迅速发展，美国和俄罗斯的生产力都移向太平洋沿岸，因而北太平洋两岸的贸易往来与日俱增，货运量显著增加。各航线经由巴拿马运河与美国东岸在大西洋各大港口及西欧的北大西洋航线相接。

（3）苏伊士运河航线

苏伊士运河航线西起西欧、北美经直布罗陀海峡入地中海，经苏伊士运河出红海入印度洋。它分为两路：东至中东、南亚、远东各港口；南达澳大利亚、新西兰各港。该航线是连接东、西方最便捷的航线，运输十分繁忙。

苏伊士运河建于 1859～1869 年，北起塞得港，南至陶菲克港，全长 1732 公里。它是沟通地中海和红海的运河，把大西洋和印度洋连接起来，大大缩短了从欧洲通往印度

洋和太平洋西岸各国的航程，比绕好望角航线要缩短 8000～14 000 公里，而且比较安全。目前，苏伊士运河为最繁忙的国际运河，每年通过运河的船只达 2 万艘次以上，主要是油轮，其中由中东运往西欧的石油占运河总货运量的 60%以上。现在可通行满载 25 万吨级油轮，需 10 小时左右。

（4）巴拿马运河航线

巴拿马运河航线是连接大西洋与太平洋各港口的重要捷径，主要指远东至加勒比海，北美东海岸航线，通常途径太平洋中的夏威夷群岛。

巴拿马运河始建于 1881 年，1914 年竣工，1920 年正式通航。运河起自巴尔博亚海至克里斯蒂巴尔止，全长 81.3 公里。它缩短了大西洋与太平洋之间的航程，比绕道麦哲伦海峡近 5000～10 000 公里。巴拿马运河是仅次于苏伊士运河的世界第二大通航运河。每年通过运河的船只约 1.5 万艘次，最大可供 62 万吨级船舶出入。因太平洋水位比加勒比海的水位高，是水闸式运河，所以通过运河的时间长约 15 小时。

（5）南非航线

南非航线为西欧、北美经好望角至印度洋，乃至远东或澳新地区的航线，又称好望角航线。该线是最早连接东、西方的水路，曾因苏伊士运河的开凿而衰退。后来因大型油轮的出现，使运量大增。该航线仍为来自中东大型油轮的运油航线。

（6）南美航线

南美航线是南美连接欧洲与北美的航线。西起北大西洋西岸，终至太平洋东岸。在南美西岸，有支线通亚洲、北美东岸及中美洲；在南美东岸，有支线通亚洲、北美西岸和澳大利亚、新西兰。

（7）南大平洋航线

南太平洋航线为北美西海岸，穿越太平洋至大洋洲的澳大利亚和新西兰的航线。北美工业国与澳新之间贸易量大，运输较繁忙。

（8）加勒比海航线

加勒比海航线指环行于墨西哥湾与加勒比海内的航线。

3. 世界港口

港口是各国外贸物资进出口的门户，是海陆交通最重要的联系枢纽。世界港口总共约有 3000 多个，其中用于国际贸易的大小港口约占 80%，位于世界海洋要道，各国各地区货物聚集在此，并转运到世界各大港口，年吞吐量一般在 1 亿吨以上的港口约有 20 多个。有些港口因受海岸、水文、气候等自然事件影响，可分为天然港、人工港、开放港、闭合港以及冻港和不冻港等。此外，世界上有些港口被定为自由港或在港口划定自由港区。

目前，世界上年吞吐量在千万吨以上的大港口有 100 多个，80%以上集中在发达国家，它们往往也是大工业中心。发展中国家的港口，多是原料出口港，工业不够发达。大西洋拥有港口数最多，约占世界 3/4，太平洋约占 1/6，印度洋约占 1/10，鹿特丹、纽约、新奥尔良、千叶、神户、横滨、名古屋、伦敦、中国香港、新加坡、汉堡、马赛、高雄、上海、安特卫普等均为世界大港。

世界各大洲主要港口有如下分布。

1）亚洲：上海、大连、广州、香港、新加坡、马尼拉、曼谷、仰光、孟买、加尔各答、马德拉斯、卡拉奇、卡西姆、科伦坡、亚丁、阿巴丹、沙赫昔尔、霍拉姆沙赫尔、艾哈迈迪港、腊斯塔努腊、神户、横滨、大阪、千叶、名古屋、川崎、东京、长崎、釜山、清津。

2）非洲：亚历山大、塞得港、苏伊士、阿尔及尔、苏丹港、阿萨布、达喀尔、比绍、开普敦、达累斯萨拉姆、摩加迪沙。

3）欧洲：利物浦、伦敦、阿伯丁、普利茅斯、南安普敦、马塞、敦刻尔克、阿姆斯特丹、鹿特丹、安特卫普、汉堡、不来梅、不来梅港、威廉港、热那亚、的里亚斯特、威尼斯、塔兰托、巴塞罗那、里斯本、圣彼得堡、摩尔曼斯克、纳霍德卡、海参崴、苏维埃港、康斯坦萨、雅典、赫尔辛基、汉科、哥德堡、斯德哥尔摩、奥尔胡斯、哥本哈根、卑尔根、奥斯陆、雷克雅未克、伊斯坦布尔。

4）大洋洲及太平洋岛屿：悉尼、墨尔本、达尔文、惠灵顿、奥克兰、苏瓦、火奴鲁鲁。

5）北美洲：哈利法克斯、蒙特利尔、魁北克、多伦多、温哥华、旧金山、纽约、新奥尔良、巴尔的摩、长滩、西雅图、休斯敦、波士顿、迈阿密、费城、哈密尔顿。

6）拉丁美洲：圣寥斯、里约热内卢、布宜诺斯艾利斯、罗萨里奥、瓦尔帕莱索、巴兰基利亚、马拉开波、蒙得维的亚、卡亚俄、哈瓦那。

三、国际航空运输

1909 年法国首先创办商业航空运输，接着德、英、美等国也相继开办。第二次世界大战后，资本主义国家大力发展航空工业，开辟国际航线，形成全球性的航空运输网。随着国际贸易的不断扩大，航空运输在世界范围内蓬勃发展。在航空技术日益进步的事件下，世界航空货运的年平均增比率约在 10%左右。1993 年全球航空货运量增长约 6%，达 1750 万吨，国际货运量增长 7%，而国内货运量约下降 3%。从 20 世纪 90 年代起到 2010 年间，航空业平均业务量增长将在 5.4%左右，其中尤以亚太地区业务增长最快，占总增长的 40%。但 1998 年，因受亚洲金融危机影响，全球货运只增长 1.1%，货运量普遍下降。孟菲斯和路易斯维尔机场分别增长 6.1%和 3.7%。

由于空运速度快，适用于高时效、贵重商品的运输，也适用于易腐商品、鲜活商品和季节性强的商品的运输，而且安全准确，节省包装、保险等费用。

（1）国际航空站

目前，不少国家的首都和重要城市都建有国际航空站，主要分布如下。

1）亚洲：北京、上海、香港、东京、马尼拉、新加坡、曼谷、仰光、加尔各答、孟买、卡拉奇、德黑兰、贝鲁特。

2）北美洲：华盛顿、纽约、芝加哥、亚特兰大、孟菲斯、洛杉矶，迈阿密、旧金山、西雅图、蒙特利尔、温哥华。

3）欧洲：伦敦、巴黎、法兰克福、苏黎世、罗马、维也纳、柏林、哥本哈根、雅

典、华沙、莫斯科、布加勒斯特。

4）非洲：开罗、喀土穆、内罗毕、约翰内斯堡、拉各斯、达喀尔、阿尔及尔、布拉柴维尔。

5）拉丁美洲：墨西哥城、加拉加斯、里约热内卢、布宜诺斯艾利斯、圣地亚哥、利马。

6）大洋洲：悉尼、奥克兰、楠迪、火奴鲁鲁。

美国是航空运输最先进的国家，客运最繁忙，其次是俄罗斯。英国、德国、法国、意大利和巴西等航空运输在世界上也都具有重要地位。

现在世界上主要货运机场有法国的戴高乐机场、德国的法兰克福机场、英国的希思罗机场、美国的孟菲斯机场和洛杉矶机场、芝加哥机场、日本成田机场、香港赤腊角新国际机场、荷兰的希苦霍尔机场等，都是具有现代化、专业化程度较高的大型国际货运空中枢纽。其中孟菲斯国际机场货运量居世界首位。

（2）世界重要航空线

世界重要的航空线有以下几条：

1）西欧—北美的北大西洋航空线。该航线主要往返于西欧的巴黎、伦敦、法兰克福与北美的纽约、芝加哥、蒙特利尔等机场。

2）西欧—中东—远东航空线。该航线是连接西欧各主要机场至远东的香港、北京、东京等各机场。途经的重要航空站有雅典、开罗、德黑兰、卡拉奇、新德里、曼谷和新加坡等。

3）远东—北美的北太平洋航线。这是远东的北京、香港、东京等主要国际机场经北太平洋上空至北美西海岸温哥华、西雅图、旧金山和洛杉矶等国际机场，再连接北美大西洋沿岸的航空中心的航线。太平洋的火奴鲁鲁等国际机场是该航线的重要中继加油站。此外，还有北美—南美、西欧—南美、西欧—非洲、西欧—东南亚—澳新、远东—澳新、北美—澳新等重要国际航空线。

目前，航空货物运输方式有班机运输、包机运输、集中托运、航空速递。另外，还有货到付款、陆/空联运等。

第四节　国外口岸入境货运监管与通关

一、亚洲有关国家和地区出入境货运监管与通关

（1）日本

日本有关法律规定，货物不论以何种运载工具运抵日本的海港或航空港，均卸存于海关指定的保税仓库或货棚，等候海关查验、纳税和放行。海关对储存的货物，如果超过期限，将课以监管罚金。进口货物由注册的报关行代表进口商向海关申报。报关时，要求递交申报单、发票、产地证书、提单以及其他需要单证等。配额货物必须在许可证

规定的有效期限内进行通关并由海关征税放行。日本是《陆路货物暂准进口海关公约》签署国，对所有凭手册从缔约国运入日本或经日本运往其他缔约国的过境和复运出境的集装箱等，均按公约办理。

港务当局对入境烟花规定，每票提单的烟花重量不超过毛重 80 吨；标志不同货物不能混装；装载烟花的货舱，须在卸货港开舱，即使该货舱装有需在其他港卸下的货物。

对日本出口食品时，除必须遵守具体商品配额、关税配额限制或禁止进口的品种等有关规定外，为保证输日食品顺利通关，货运代理人应尽快把有关货运资料提供给日本进口商，使其在货物到达 7 日之前，向厚生省提交入境说明书。日本厚生省检疫所接受该说明书后对进口食品有无与该国食品卫生法冲突、出口国检查情况和进口商违法前科等进行审查。货物入保税仓库后，还要进行有关项目的检测，不合格货物将被责令退回或监督报废。

（2）韩国

韩国关税法规定，那些有可能动摇国家根本法或公共安全、有害于传统民俗的物品，禁止进口。韩国的通关程序大致是：货物卸下后运进保税区或其他经海关批准的存放场所；向海关申报进口手续；海关查验货物，确定税率，计算税金，纳税；批准放行。其中，进口申请必须在货物运进指定存放场所后，自批准之日起 30 日内提交，纳税人没有按规定日期缴纳关税，自逾期之日起征收滞纳关税。出口通关程序与进口通关程序基本相同。

（3）中国香港

中国香港地区对烟、酒类和含酒精成分的商品均属有税品并加以管制。药酒不能笼统地写成“成药”，纺织品必须详细列明其质地。吗啡、可卡因等危险药物的出入境和中转规定必须申领签证。对于气枪、弹药等战略性货物管制严格，此类货物在香港地区中转时必须做到：包装牢固，不准用旧木板和旧钉；需向警方提供每箱枪支的支数、枪械口径和每箱重量；除申请出入境许可证外，还需向警方申请许可证；转船时，一、二程船必须衔接，并由二程船船长或大副签字证明收妥该批货物。对于可制作化学武器的化学危险物品进出或在香港地区中转，必须事先得到有关部门签发的出入境或中转许可证。供应香港地区或经香港地区转运出境的动物、雀鸟和动植物标本、猫科带有斑纹的皮革等，出运前，必须向渔农处办理申请，批准后才能装船。上述，若有违反者，将会被检控和按条例作出处罚。

（4）新加坡

新加坡要求，装有危险品的船只不得靠码头，必须在危险品锚地卸驳后转运或运往港务局危险品码头仓库交收货人，费用由船方负责。因此，船方在承运去新加坡的危险品时，通常要求发货人支付危险品补贴。

（5）马来西亚

进口通关单证，需要商业发票、原产地证书和提单等。用于计征关税的原始发票要求使用英语填写并签署姓名。允许使用指示性提单，但须注明一位通知人地址。包装上的商品说明必须与商业发票内容一致，但必须用巴哈萨来语在已包装完毕的货物标签上注明有关商品说明、公制重量和原产地的所有详情，英语只允许作为第二语言使用。食

品、药物、家畜和肉类必须注明卫生检疫规定等。收货人未按期提取到港货物，海关仓库给予保留 21 日。逾期，通知收货人 7 日内提货，否则海关将拍卖以支付报关费、仓储费和其他费用。空运货物须 72 小时内领取，否则将处以高额仓储罚款。3 个月后货物仍未被提取，将退回。

（6）印度尼西亚

一般货物进口不需要进口许可证，有些货物需要商业部的特别许可证，个别货物禁止进口，某些货物只有经授权的独家代理商方可办理进口。所以，货运代理人在承接委托业务时要了解清楚。报关单证要求商业发票、原产地证明书和包括检验报告在内的其他单证。除价值在 5000 美元以下的某些特殊物品如原油、石油、贵金属、宝石等，所有货物在发运前必须经过质量、数量、价格检查，并获得检验报告。当需要对进口商品进行装船前检验时，印度尼西亚的相关部门会向出口国的检验代理人提供进口许可证及其他特别文件，出口国的代理人凭借这些文件同发货人或其代理人联系，安排出口商品检验。这时，发货人应提供货物买卖、装货清单、提单等相关文件的副本。货物包装时，根据印度尼西亚的气候状况，须特别注意防水和防锈。海关规定货物到达印度尼西亚后 30 日内须完成交税。雅加达港，货物超过期限后将被送往国营港务公司监管仓库，当存放 3 个月不取的将被拍卖，以用于支付仓储费，余额保留 3 年无人认领则上缴国库。货物在缴纳关税之前不允许退回。

（7）菲律宾

海关规定，入境货物文件，包括提单、舱单及运费清单等不准修改，否则处罚船方。麻袋包装的货物，必须先经熏蒸才得入境。危险品不能卸落码头仓库，必须由收货人直接派船或用车到船边直接提货。

（8）巴基斯坦

卡拉奇港务当局规定，入境纸袋包装的碳粉、石墨粉、二氧化镁及其他染料等，必须打托盘或装入箱子，腐蚀品、放射性物品及每船危险货物总量超过 200 公吨的其他危险品，收货人必须在船边直提，否则它们都不予卸货。另外，该国不接受挂印度、南非、以色列、韩国和中国台湾旗的船舶靠港。

（9）斯里兰卡

该国的标准研究所和海关对许多进口货物实施强制性质量检验，进口商在开信用证之前应向标准检验所递交一份事先检验报告。政府统一管理经营武器、对人体有害的化工产品、大米、小麦、土豆、汽车、奶粉、纺织品、木制品和纸制品等货物。在递交给海关的单证中，纺织品应说明织物成分；车辆应注明新车、二手车或旧车翻新；香水、化妆品和香精应注明单位容器的加仑数量和总量。

科伦坡港或马里港，海运船舶到港之日起，一般 3 个晴天工作日之内完成交货装卸并付装卸费。如果货物到港之日起 7 个晴天工作日后才完成交接货物，则需要支付等于两倍的装卸费和交货费。托运人在海关销售货栈完成交货，须支付附加运费。某些贵重货物在特设柜台货栈内进行交付，托运人须支付柜台费和有关杂费。对于危险品，托运人需支付特别税。

（10）伊拉克

货物进入伊拉克需要进口许可证。许可证一般只发给确定的进口商，包括国有商业公司、政府采购代办或该国的商会成员，有效期 12 个月。报关单证包括商业发票、提单、原产地证书、载货舱单和其他要求的证明文件。其中，提单正本至少三份，须写明承运船舶的国籍，否则银行将拒绝接受。货物标签应有阿拉伯文的使用说明。酒精类饮料，标签上须用英文和阿拉伯文写上“专供伊拉克”字样。货物包装应牢固。进入伊拉克海关仓库的货物，无论是入境储存或转口，都必须登记清理，储存限时从货物到岸时起算两个月（空运货物限一个月）。规定期限内无人认领的货物，海关将进行拍卖。伊拉克在其南部的巴士拉港附近建立有自由贸易区，可进行货物储存、装配、再包装、清洗和整理等。

（11）科威特

港务局规定到港船舶装载过境货物限占本港货的 50%，并须使用托盘。如果超过 50%，船舶只准卸本港货，而不准卸转口货。收货人不能到船边提货。货物装船，本港货与转口过境货须分开，不得混装。

（12）沙特阿拉伯

政府规定，运往沙特的货物不准经亚丁转船。吉达和达曼港口当局规定，凡往该两港的货物必须在装运港打托盘，集装箱货物先打托盘后装箱；袋装货每包净重不得超过 50 千克，毛重不得超过 65 千克；货运文件的各项内容须详细清楚，如果收货人是银行，须列明最后提单持有人的详细名称和地址；钢材必须使用钢丝索或使用吊环捆扎。违背上述规定，船方将受罚款。并规定收货人须在船舶到港后两星期内提货，否则将对货物予以拍卖；抵港船舶的船龄不得超过 15 年，否则不准靠泊。如果是转船，上述规定仅对最后程船有效，对一程船船龄没有限制。港口对船舶运载危险品有限量规定且必须事先同意。

（13）阿拉伯联合酋长国

该国卫生当局规定，凡进口食品须注明失效期，并有卫生健康说明书，否则港方不予卸货。

（14）约旦

阿喀巴港务局规定，禁止接受超过 15 年船龄的船舶，但自卸散货船，由公司董事会证明保证船舶吊机、钢丝绳索和其他所有设备良好、并能装卸货物的不确定班轮除外。超龄船舶抵达阿喀巴后，如果发现船舶条件不完善，或与所保证的条件不符，船方需承担一切卸货责任。第二次如再不提供修理或更换证明，将禁止该船在阿喀巴装卸货物。卸载重大件货物须用船吊，否则须经港务当局同意，并提供积载图和每件货物的重量和体积。

（15）也门

荷台达港务局规定，袋装货与其他件杂货不得同船，因为袋装货安排在凯西布浮码头卸货，而杂货安排在本港区卸货。否则，会产生两次排队等待卸货。去亚丁港的货、亚丁自由贸易区的货及转船货，货运单证上须列明。每年 6～9 月为季风，穆卡拉港不

能卸货，去该港的货物需从亚丁港转运。

（16）黎巴嫩

发货人必须提供收货人详细地址、名称，以便船方及时通知收货人提货。有关买卖合同、信用证和提单必须证明，例如，货物预定运往贝鲁特，但贝鲁特由于战争、内乱、封锁港口、停止作业、罢工等非承运人所能控制的原因，使船舶和货物不能正常、安全到贝鲁特港口靠泊卸货时，承运人有权把货物选卸在附近港口，承运人的责任因此全部终止；货物卸岸后，储运费及其他费用由收货人负担；当船舶抵达贝鲁特卸货时，收货人务必备足卡车在码头船边接货，否则承运人有权指示船舶驶离贝鲁特并将货物卸至便利的港口，货物卸岸后的储存费及其他费用和风险均由收货人承担。活动物、畜产品及其制品、所有易腐坏的罐头和食品，均须随船呈交生产国出具的卫生证书，否则将被拒绝入境或予以销毁。

（17）以色列

货物出口以色列，由进口商或其代理人办理海关申报，提交单证包括海关发票、商业发票和提单，并向海关提交一份由银行开具证明兑换外汇和支付方式的文件。提单一般要求一式两份，必须载明："除遇海难或不可抗力，本货轮在以色列卸货之前不在也门、约旦、沙特阿拉伯、伊拉克、黎巴嫩、叙利亚、苏丹、利比亚和其他阿拉伯国家（埃及除外）港口泊靠或进入其领海"。海关查验无误放行。如果需某些特殊进口规定，则应附上其遵守这些规定的证明文件。

在以色列卸下的货物可储存于公用仓库或海关批准的任何安全场所。10 吨以上货物存放 10 天以上应缴付港口存放费，10 吨以下货物存放 30 天以上缴纳港口存放费。以色列的阿什多德港区、埃拉特港区和海法港区为自由港。货物出入自由港区可享受优惠待遇等。样品入境限期为 6 个月，延长需经海关准许。少量样品免征进口税，也无需许可证。

（18）卡塔尔

多哈港务局规定，凡进港船舶，其船龄不得超过 15 年。

（19）马尔代夫

马尔代夫有关法令规定，除政府需用的外，禁止各种形式的火药、战争用武器、鸦片、可卡因和其他如麻醉剂等进口。未经国内事务部允许，不准进口各种毒品和硫酸、硝酸盐、危险动物等。未经对外事务部允许，不准进口酒精饮料、狗、猪或猪肉、雕像（礼拜用）等。

二、大洋洲有关国家出入境货运监管与通关

（1）澳大利亚、新西兰

为防止外来病菌进入，两国防疫部门规定，木箱包装货物进口时，其木材需经过熏蒸处理，并将熏蒸证书寄收货人。否则，货物到达两国港口时，木箱将被拆除烧毁，更换包装费用由发货人负责。新西兰渔农部规定，集装箱货物必须在设立有检疫机关的口岸入境，未经检疫许可不准远离码头或机场。为使集装箱入境后迅速通过植物检疫，集

装箱木质结构及箱内的木质包装物、垫箱木料等必须经过检疫处理，箱体必须清洁无污染物。

新西兰海关实行事先报关系统（advance dedaration system），报关文件应在货物到达之前报送海关，包括进口许可证、商业发票、原产地证书、装货单及其他货运文件等，若是植物、水果、蔬菜和木材等，还要求提交植物检疫证书、木材和木制产品的声明等。其中，进口许可证在货物到港前向贸易工业部申领并呈交海关；原产地证书须是合法商业协会出具并由公证人证实；货运文件须有装运日期和承运人的签署，每份装货单原件要附上发票复印件；进口植物须由原产国合法和权威检疫机构进行检查和提供无病证明。木材与木制品须有出口商的声明，说明产品在运输前已被检查，没有虫子和真菌。海关事先报关系统审核所有申报文件，若核准，则货物一到新西兰，进口商即可从海关得到放行单。

新西兰海关对价值较低或临时入境的价值较大的样品免进口税，但须有关税保证或存款保证。该国已签署 ATA 报关单证册的海关公约，按规定对相关物品进口实施方便通关。

澳大利亚最近宣布，将实施新的进口食品安全检查规定，确保澳大利亚消费者能获得符合世界上最严格质量控制标准的食品和质量监管方面居世界领先水平。

（2）斐济

海关规定，禁止进口弹簧刀和旧衣服。检疫当局规定，到港船舶必须详细申报抵港前 50 天内挂靠的港名，对健康没有问题以及在 50 天内未停靠过疟疾流行港口的船舶可通过无线电申报免检。

三、美洲有关国家出入境货运监管与通关

（1）美国

对美国使用托盘运输，须列明每一托盘的具体件数；进口食品、农副产品、畜产品，实行严格检验制度；大宗货，如果是我方派船，应成交 CIF 舱底交货。近年来该国农业部加强了来自全世界木质包装材料的管制，其动植物检验中心对来自中国的木制品包装材料包括集装箱实施更为严厉的检验措施。货到美国港口，实施联合检查与随机抽查相结合，并对进口商的记录和货物销售目的地进行定期稽核，违规处罚力度加强。那些缺乏检验证明而被截留的集装箱等包装物，作退回处理或检验认证，或将木质材料进行销毁。对于危险品，在货运单上须详细列明化学技术名称，并提供进行货物应急处置的全部详尽资料，否则将被罚款。

（2）加拿大

加拿大政府规定，运往加拿大的货物，提单收货人一栏必须列明加拿大银行或商号，并列有详细地址。卖去东岸的货物，冬季交货最好在哈利法克斯和圣约翰斯，因为这两个港口不受冰冻影响，其余各港每年 11 月至次年 3 月为冰冻期。由西岸温哥华安排铁路运至东岸的货，最好在温哥华由收货人安排转运。

（3）巴拿马

入境巴拿马的货物，通关时须由在巴拿马海关注册登记的报关行办理海关手续。报关单证要求有：入境报关申请单、发票、装箱单、提单或运单。报关行向海关提交进口货物报关单，并附上领事发票、提单以及进口商已缴纳巴拿马所得税的法律证明。领事发票不按规定的形式递交给海关，海关将征收发票总价值10%的关税附加税。领事发票的作用之一是证明所填写的货物名称、单价、数量属实性和进口货物征税的依据。进口货物到达巴拿马 24 小时内若有正当理由不能递交领事发票和提单，则须缴纳两倍于进口税额的保证金才允许办理货物结关手续。若 90 日内以适当形式提交了上述规定的文件，保证金将予以退还。

入境货物在结清关税后应即时从海关提运，若 24 小时内提运，则须缴纳海关保管费。货物储存期当累计保管费与货物价值相等时，海关将拍卖该货物以抵消货物的保管费。所有到达巴拿马城和科隆市的货物，如果换船转运，该货物须储存在政府指定仓库。存放在海关仓库拟转运货物，特殊情况下需在巴境内销售或消费时，须得到巴有关部门的批准并缴纳两倍有关费用。在政府仓库存放货物期限 6 个月内没有被再出口或没有缴纳仓储费，该货物将被视为自动放弃。巴拿马海关一旦发现某进口货物有欺诈行为，例如，改变货物的价值与重量、或以一种货物替代另一种货物、或逃避完税等，将给予处罚。巴拿马的科隆自由贸易区是世界上仅次于香港的第二大自由港和免税地区，但管理非常严格，且采取的安全措施严密。巴拿马无本国货币，没有外汇管制和对外资的限制，交易方便，一般都使用美元，无需兑换。

（4）阿根廷

货物到达阿根廷港口后 15 日内仍不向海关提供有关海运文件办理入境手续的，将被征收货物到岸价一定比例的罚款。若申报的货物数量和金额与实际不符，海关将按货物到岸价申报数与实际数之间的差额罚款 2～10 倍。通关单证包括申报单、商业发票、原产地证明、提单、装箱单及其他要求的单证。进口农牧业产品须提供阿根廷领事馆认可的卫生证明。

货物在海关指定仓库可储存一年，若需延长则可延至两年。此期限后货物未提取，将被海关出售以交纳全部费用和罚款。经阿根廷经济部批准可暂时入境执行特殊合同的设备等，此授权批准期为六个月。

港口有两种交货的习惯做法：船边直提和卸进国营仓库。船边直提情况下，代理人有义务将船舶抵港日期、时间预先通知收货人。布宜诺斯艾利斯港务当局规定，进口货物必须打托盘，否则不予卸货。该国法律还规定，收货人遗失提单须向海关申报，经海关同意后由船公司或其代理人签发另一套提单，同时向有关机构递交一份声明以认定原提单失效。

（5）乌拉圭

乌拉圭政府规定船舶主机、船壳或舵等有缺陷，不准进港，除非当局许可。

四、非洲有关国家出入境货运监管与通关

（1）阿尔及利亚

阿尔及利亚港务局规定，所有进口货物由收货人付卸货费。

（2）坦桑尼亚

运往达累斯萨拉姆港去坦桑尼亚或转运到赞比亚、扎伊尔、卢旺达和布隆迪等国的货物，需在包装上显著位置刷上不同规定颜色的十字标志，以便分类分票，否则船方将收取货物分类费。运往达累斯萨拉姆和坦噶港的危险品，收货人须直接到船边提货，提单需加盖有关条款。船舶载运托盘货物可以优先靠泊，优先顺序取决于使用托盘运量比例。

（3）吉布提

港口一般规定，转运货物，包括提单、舱单等货运文件及包装标志上都须明确最终目的港。但必注意，不能将上述内容填在提单目的港一栏内，而只能在货物标志上或提单其他空白处表明，否则海关将视作吉布提本港货。而且收货人需交付进口税后才放行。

（4）肯尼亚

肯尼亚实行进口许可证制。所有运往肯尼亚的货物，单证必须采用公制单位。通关单证包括：进口许可证，商业发票、海运提单或空运单、海关估价单以及其他要求文件。提单副本用于缴纳关税和外汇兑换。进口动物、植物及相关产品货物、旧服装等需出具卫生及健康证明书。政府规定，凡对肯尼亚出口货物均需在肯尼亚的保险公司投保。不接受 CIF 条款。货物入境申办手续，必须在船只到港后的规定时间内完成。入境港口无人领取的货物，自开始卸船的 21 日后，将被送进海关仓库，若 3 个月后且已在政府公报上刊登广告仍无人提货，则该货物将被拍卖。运往蒙巴萨港口的危险品，收货人必须在船边直接提货。

运往经肯尼亚中转的货物，由海关监管至再出口为止。转船入境的货物可直接由进口港转船，或在适当的海域，在海关许可下于 21 日内办理转船。由船运和以合同转船入境的货物，可由海关货栈直接再出境而无需支付进口关税。

（5）毛里求斯

路易斯港务局规定，进口货物必须打托盘，否则不予卸货。

（6）科特迪瓦

阿比让海关规定，提单和舱单所列货物名称应具体详细，不能以货类代替。如果不按上述规定办理，承运人为此产生的海关罚款将由托运人承担。经阿比让过境去马里、布基钠法索等内陆国家的货物，提单和船务单据及货物运输包装上均需注明“科特迪瓦过境”才能免税，否则要征收附加税。

（7）尼日利亚

当局规定，件杂货必须托盘运输，否则港务局拒绝卸货。入境货物须注明收货人的详细地址和名称。否则，港口当局将对收货人实施罚款。进口货物的清关提运，收货人

事先需取得“CLEA N REPO RT OFFIN GDINGS”这一由瑞士通用公证行分支代理机构的检验合格的证明。瑞士公证行在香港分支机构就中国出口去尼日利亚的货物，规定：如果使用联运提单，不需验货；中国香港买断并出口到尼日利亚的货物，需验货；货价在 1 万奈拉以下的货物免检；验货地点可在工厂、发货人仓库或者其他仓库。为防止盗窃，要求在合同、信用证和提单上订明“船边直接提货”条款。

（8）利比里亚

蒙罗维亚港务当局规定，提单和舱单必须列明收货人或通知人详细地址和名称。所有货物必须托盘运输，钢材应捆扎牢固。

五、欧洲有关国家出入境货运监管与通关

（1）俄罗斯

自 1998 年 1 月起，凡我国出国到俄罗斯以及经由俄罗斯发往其他独联体国家的有关货物必须办理卫生检疫证，这些商品目录规定有：食品原料，包括食品、食品添加剂、罐头及罐头原料、罐头制品，与一切食品有关的物品；儿童用品，包括玩具、服装、床上用品、鞋、书、教材、家具、儿童用车、背包、艺术品、聚合及合成材料；一切用于食品、食用水的原材料、设备及其他物品；化妆品、化工、包括化肥及石油生产品及日用品，含有化工原料的布料；用于制鞋的人造合成革、皮等；用于建设、仪器、生产的日用品；与人体接触的一切制品。卫生证由检验检疫部门出具，并注明“对人体无害”字样。

（2）法国

1）海关通关规定。进口货物，在货物运抵后三天内向海关报关。逾期未报的，由海关接管移存其他仓库，两月后无人申报，即予没收。未经海关结关的货物，进口商应申请退运给托运人或复运出境，均可免纳关税。货物若在存栈期满前未复运出境，应交纳关税或将货物拍卖。根据法国海关法条例，已征关税不能退还。按保税制度办理海关通关手续，并在货物使用地最邻近海关正式申报。申报要求的单证有报关单、商业发票等及其他规定单证。交海关单证时，货名、标志、货包编号不准更改。

2）转运货物通关。因法国是“陆路货物暂准进口海关公约”的签字国，所以准许成批货物穿越成员国的国际边境，无须在边境地点将货物从陆运车辆或集装箱内卸下，供海关查验。国际货物转运业务，由政府特许的铁路、内陆水运企业等承办，并在海关监管下进行。

（3）奥地利

1）货物通关规定。所有从国外运到该国的货物或准备出口的货物，包括空运货物，须向距离过境地点最近的海关呈验。货物由边境运往海关纳税，须由前沿分所加封、押运和发给保税货物通知单。进口或过境货物的托运人应填写申报单，并要求报关负责人签字。海关直接受理用信息设备输送的报单。如果是入境货物需复运出境、存入海关仓库，费用及风险由申报人承担，海关对这类货物也继续实行监管。

2）转运货物报关。经空运、陆运或内河运入奥地利境内的货物可以按转运制结关，

此后货物可在海关监管下无须起卸或缴纳关税，而运往关境内的另一海关，其最后目的地则为奥地利国境内或境外的某一地点。转运货物需缴纳押金，但铁路、内陆水运企业、其他如国营运输企业等可以免缴此项押金。从入境车辆卸下的进口货可以在海关监督下在奥地利境内的 2 个海关间或 2 个地点如保税仓库间运输。

该国准许实行暂准进口和退税两种制度。外国产品可以免纳税运人自由区存储、加工、制造或打包，海关给予便利并进行特别监管。

（4）瑞士

瑞士采取低税率的关税政策，以鼓励进出口贸易的发展。该国对包括我国在内的发展中国家给予普惠制待遇。该国设有港口保税仓库、联邦保税仓库、私人仓库和莱茵河过境仓库，可供货物在不报关的条件下存放。瑞士是 ATA 报关单证册海关公约的签约国，因此，拟向瑞士暂时出口货物的人可获得 ATA 报关单证册。瑞士海关对从国外进口的电气设备产品、医药产品、食品、贵金属制品等工业制成品以及民用消费品，有着严格的检验标准，包括技术标准、卫生标准、环保标准等等，联邦政府颁布了一系列监管法规。瑞士通用公证公司（SGS）是世界上规模最大的质量控制检验公司，总部设在日内瓦，有雇员 2.8 万人，在全世界 100 多个国家设有 1000 余个办事处及近 200 个商检实验室，从事各类商品进出口质量检验、货物装船监督、进行货损鉴定等。

（5）芬兰

芬兰的关税税率较低，并随产品在世界市场价格的变化而调整。货物入境后 15 天内，不论是消费、仓储、临时入境，还是转运其他人境地，都必须结关。结关时，须向海关填报入境申报单，并提交商业发票，原产地证书，可议付的正本提单或空运运单，保险单据，以及其他要求的文件。对动植物需提交卫生检疫证书，价值在 1000 芬兰马克以上的货物，同时提交一份价值申报单。未在规定期限内结关和缴纳相应关税的货物，将被海关拍卖。芬兰采用的卫生管理条例基本符合欧盟统一规则，具体检测规定需向进口商了解。

芬兰有三种类型的海关保税仓库，即公用型、私营型和杂货型仓库。货物存入这些仓库前需经海关检查。货物在公用仓库和私人仓库的储存期为 1 年，特殊情况可延长储存时间。杂货仓库没有规定货物储存期限。芬兰在其西南沿海的汉科为自由港，在图尔库、赫尔辛基、科特、卡拉彭兰塔等地设有自由贸易区，在汉科和赫尔辛基自由贸易区还设有保税仓库和国际集装箱集散总站。货物进入自由贸易区，可进行储存、重新包装、分类、拼装等处理，及海关许可进行装配与制造业务。进口货物，未经海关允许不得进入自由港区。进入自由区的货物不得展出、出售或捐赠。

海关规定，对旧船和国际上限制出口的商品，需要办理出口许可证。小麦、裸麦、燕麦及部分粮食产品，由芬兰国有公司或国家控制的组织负责进口。一般有出口商办理出口许可证，进口商办理进口许可证。芬兰进出口许可办公室负责提供关于全球配额许可证和单独许可证的咨询。

（6）欧盟

除上述国家对出入境货物监管和通关的规定外，欧盟国家对进口水产品卫生要求极严，相关卫生证明要求很高。能否及时出具输往欧盟国家的水产品的卫生证明，关系到

通关和银行结汇。货运代理人承办此类业务时，必须注意：未经欧盟注册备案的生产企业生产的水产品不得输往欧盟国家，否则无法入境通关；应在货物装运之前提前向检验检疫部门报验，以确保签证；报验时应提供完整、清晰的资料，若修改应及时通知：对证书文种、出口商与进口商名称等有规定，资料应统一使用科学名称，否则在通关和结汇中会出现麻烦。

欧盟对于出入境货物在关税管理，卫生管理，产品技术管理，包括产品责任、包装与标签等安全管理，都制订有统一规则和实施办法。

知识拓展

几个特殊港口的特殊规定

1）荷兰：①鹿特丹港自1996年1月1日开始采用“绿奖”制度，对5万载重吨以上的原油轮，按其设备、航运等方面的情况评出等级，若取得高等级，在进港运费方面给予折扣；②鹿特丹港务局对安全且无害于生态环境的船舶，在停泊该港时减收港口费。

2）日本：日本港务局对进口烟花规定：①运往第二卸货港的烟花船舱，在第一卸货港不准开舱，即使其中有第一卸货港的货物也不例外；②每票提单烟花的重量不得超过毛重80吨。

3）新加坡：新加坡港方规定装有危险品的船只不得停靠码头，必须在危险品锚地卸驳，然后由驳船运往港务局指定码头仓库交收货人，费用由船方付。因此，船方在承运去新加坡的危险品时，应要求发货人付危险品补贴。

4）菲律宾：①麻袋包装的进口货物，必须先经熏蒸才得进口；②危险品不能卸在码头仓库，必须由收货人直接派船或用车或到这直接提货。

5）巴基斯坦：卡拉奇港务局规定：对进口纸袋包装的炭粉、石墨粉、二氧化镁及其他染料等，必须打托盘或适当装箱，否则不予卸货。另外，巴基斯坦不接受挂印度、南非、以色列、韩国和中国台湾旗的船舶靠港。

6）加拿大：加拿大政府规定去该国东岸的货物，冬季交货最好在哈利法克斯和圣约翰斯，因为这两个港口不受冰冻影响。

7）坦桑尼亚：坦桑尼亚港务局规定凡运往达累斯萨拉姆港交给坦桑尼亚或转运到赞比亚、扎伊尔、卢旺达和布隆迪等国的货物，需在包装上显著位置刷上不同颜色的十字标志，以便分类，否则船方将收取货物分类费。

8）肯尼亚：肯尼亚政府规定凡对肯尼亚出口货物均需在肯尼亚的保险公司投保。不接受CIF条款。

9）澳大利亚：澳大利亚港务局规定木箱包装货物进口时，其木材需经熏蒸处理，并将熏蒸证书寄收货人。如果无木材熏蒸证书，木箱将被拆除烧毁，更换包装费用均由发货人负担。

10）新西兰：新西兰港务局规定集装箱的木质结构及箱内的木质包装物和垫箱木料等必须经过检疫处理后方可入境。

小　结

本章主要从四个方面介绍了国际货运代理中的贸易地理，首先，从自然、人文地理方面介绍了地理环境；其次，从世界主要商品市场和资本市场的分布情况介绍了世界贸易市场的分布，并详细介绍了世界经济特区；然后，介绍了国际贸易的交通运输情况，包括国际贸易中的铁路、海港、航线、航空等；最后，介绍了国外口岸入境货运监管与通关，包括亚洲、大洋洲、美洲、非洲、欧洲等有关国家的出入境货运监管与通关。

案例分析

21世纪世界经济贸易中心向亚太地区转移

案例背景

自 20 世纪 80 年代以来，亚太地区一直是世界上最具活力的地区。在 1993 年，该地区的国内生产总值已达 116 500 亿美元，占世界总产值的 50%；国际货物贸易额 33 821 亿美元，占世界贸易额的 45%，而其中的 60%又是在该地区内部成员之间进行的。美国与东亚各国的跨太平洋贸易在同年达到 3587 亿美元，占其对外贸易总额的 34.3%。美国每年的贸易赤字约有 75%以上出自东亚。在该地区，美、日、澳等发达国家是初级产品和工业制成品的“吸收器”。东亚许多国家从进口替代向出口导向政策的转变，在很大程度上是以发展对美出口战略的形式来实现的。

基于这些原因，并加上亚太地区特别是东亚各国存在着一衣带水的关系。彼此之间经济合作的基础是客观存在的。在 20 世纪 90 年代以来，世界区域经济一体化的蓬勃发展对该区的自由贸易化更是起到了推动作用。亚太各国担心自身被隔离在各种贸易保护主义壁垒之外会对本国经济发展带来不良影响。而且，美、日、澳等发达工业国为了对抗欧盟的咄咄逼人之势，维护自己在亚太的主导地位，或为了实现其全球战略利益，都各有打算地积极倡导亚太地区贸易自由化。

（资料来源：http://web.cenet.org.cn/upfile/36472.doc）

案例解析

亚太地区成为全球经济的重要组成部分，发展亚太地区的贸易自由化已成为一种不可逆转的必然趋势，是保持全球经济政治格局平衡的必不可少的因素。亚太地区将成为 21 世纪世界经济贸易中心地区。

思考与练习

1．人文地理环境对国际贸易有何影响?
2．简述国际大洋航线及其特点。
3. 自然地理环境对国际贸易有哪些影响？
4. 什么是世界经济特区？它具有哪些优势？

第三章

国际贸易基础

教学目标

本章是国际货运代理的基础，国际货运代理企业中的业务人员，无论从事何种具体的工作都必须掌握基本的外贸知识。本章通过介绍常用的贸易术语、国际贸易合同的主要条款、国际贸易结汇方式及信用证等外贸基础知识，为学生进一步学习和掌握国际货运代理理论和技能打下基础。

学习任务

通过这一章的学习，要达到以下几个目的：

- 了解国际贸易合同条款；
- 掌握几种主要国际贸易术语、国际贸易合同的主要条款内容和签订过程；
- 重点掌握贸易术语的选择与运用；
- 重点掌握国际贸易结汇方式及信用证风险的防范方法。

导入案例

贸易术语选择不当会增加货运风险

我国一些进出口企业对贸易术语掌握不熟练、选择不恰当，不仅加大了自身风险，同时也使企业在对外贸易中处于不利的位置。长期以来，我国一些外贸企业不管采用何种运输方式，对外洽谈业务或报盘仍习惯用 FOB、CFR 和 CIF 三种贸易术语。但在滚装、滚卸、集装箱运输的情况下，船舷无实际意义时应尽量改用 FCA、CPT 及 CIP 三种贸易术语。2005 年 2 月我国内地某出口公司向韩国出口 50 吨五味子膏，每吨 60 箱共 3000 箱，每吨售价 2100 美元，FOB 新港，共 105 000 美元，即期信用证，装运期为 2 月 25 日之前，货物必须装集装箱。该出口公司在大连设有办事处，于是在 2 月上旬便将货物运到大连，由大连办事处负责订箱装船，不料货物在大连存仓后的第二天，仓库午夜着火，抢救不及，1200 箱五味子膏全部被焚。办事处立即通知内地公司总部并要求尽快补发 30 吨。否则无法按期装船。结果该出口公司因货源不济，只好要求韩商将信用证的效期和装运期各延长 15 天。该公司将货物运往天津，不仅加大了自身风险，而且推迟结汇。假如当初采用 FCA 对外成交，则可以避免上述风险产生的损失。因为该出口公司所在地正处在铁路交通的干线上，外运公司和中远公司在该市都有集装箱中转站，既可接受拼箱托运也可接受整箱托运，因此出口公司在当地将 3000 箱交中转站或自装自集后将整箱（集装箱）交中转站，不仅风险转移给买方，而且当地承运人（即中转站）签发的货运单据即可在当地银行办理议付结汇。由此可见，从事外贸业务的人员应当首先熟练地掌握和恰当地选择国际贸易的术语及其国际惯例。

在国际贸易的实际业务的实际贸易中，对于交易货物的价格、数量、品质以及双方各自承担的义务、责任、风险、费用等问题，往往要通过贸易术语加以确定。因此，掌握国际贸易术语、国际贸易惯例不仅对于确定交易对象的价格、数量、品质和明确双方各自承担的风险、责任和费用具有重要的意义，而且也是我们进一步学习国际货运代理理论必须掌握的基础知识。

（资料来源：www.einto.com/waixiaoyuan/po1103/233937385. html）

第一节　国际贸易术语

一、贸易术语的含义

贸易术语（trade terms）又称价格术语，在我国也称为“价格条件”。它是国际贸易中习惯采用的简明的语言，它一般用三个英文字母的缩写来概括说明买卖双方在货物交接方面的权利、义务以及买卖双方有关费用、风险和责任的划分。

贸易术语是为适应国际贸易的特点，在长期的贸易实践中形成的一种贸易惯例。由于国际货物买卖是在不同国家之间进行的，涉及并受到有关国家的贸易规章、法令的约束，需要在运输、保险、金融等方面作出适当安排，签订一系列合同。因此，国际贸易的成交条件及交易过程都比国内贸易复杂。具体到一笔交易，买卖双方必然要面临如下问题：①在什么地方、以什么方式办理货物的交接；②由谁办理货物的运输、保险及通关手续，并承担相关的风险与费用；③买卖双方在交接货物，传递单据时，应分别承担哪些责任与义务。

上述三个方面的问题都涉及买卖双方的切身利益。自 19 世纪以来，随着航运业、保险业、银行业和通讯事业的发展，人们对解决以上问题，逐渐形成了一整套相对固定的习惯做法，即以一些短语，如 free on board（装运港船上交货）或其英文缩写 FOB，来分别表示贸易上的不同安排。在长期的国际贸易实践中，逐渐形成了把某些和价格密切相关的贸易条件与价格直接联系在一起，形成了若干种报价的模式。每一模式都规定了买卖双方在某些贸易条件中所承担的义务。

贸易术语所表示的贸易条件，主要分两个方面：其一，说明商品的价格构成，是否包括成本以外的主要从属费用，即运费和保险；其二，确定交货条件，即说明买卖双方在交接货物方面彼此所承担的责任、费用和风险的划分。

贸易术语是国际贸易中表示价格的必不可少的内容。开报价中使用贸易术语，明确了双方在货物交接方面各自应承担的责任、费用和风险，说明了商品的价格构成。从而简化了交易磋商的手续，缩短了成交时间。由于规定贸易术语的国际惯例对买卖双方应该承担的义务，作了完整而确切的解释，因而避免了由于对合同条款的理解不一致，在履约中可能产生的某些争议。

由此可见，贸易术语的出现为国际贸易提供了方便，有利于简化买卖双方磋商的内容、缩短交易过程、节省业务费用，为国际贸易的快速发展发挥了重要作用。

二、国际贸易惯例

国际贸易惯例是指在长期的国际贸易实践中所形成的具有普遍意义的一些习惯性做法与规定。在国际贸易实践中，因各国法律制度、贸易惯例和习惯做法不同，造成贸易双方对各种贸易术语的解释与运用互有差异，从而容易引起贸易纠纷。为了避免这种情况，一些国际组织和商业团体便分别就某些贸易术语作出统一的解释和规定，其中影响较大的有三种：国际商会制定的《贸易术语解释的国际通则》、国际法协会制定的《1932 年 CIF 合同华沙—牛津规则》以及美国一些商业团体制定的《1941 年美国对外贸易修订本》。

1. 《国际贸易术语解释通则》

《国际贸易术语解释通则》（International Rulesforthe Inter Pretation of Trade Terms，缩写为 INCOTERMS）是国际商会（International Chamber of Commerce）在 1936 年制定的一套具有国际性的解释贸易术语的通则，其目的是为了统一各种贸易术语的不同解释。此后，其又在 1953 年、1967 年、1976 年和 1980 年进行了不断的修订。为适应 EDI 的日益普及和运输技术发展的需要，国际商会又对《1980 年国际贸易术语解释通则》作了较大的修改，并于 1990 年 4 月正式公布，称为《1990 年国际贸易术语解释通则》，（以下简称《1990 年通则》）。该通则于 1990 年 7 月 1 日生效。

现在通行的《2000 年国际贸易术语解释通则》（以下简称《2000 年通则》）是国际商会根据 20 世纪 80 年代以来科学技术和运输方式的发展变化，在《1990 年通则》的基础上修订产生的，并于 2000 年 1 月 1 日起生效。《2000 年通则》与《1990 年通则》相比，变化较少。国际商会在修订过程中，尽量保证《2000 年通则》中的语言清楚、准确地反映出国际贸易实务。《2000 年通则》只在两个方面作出了实质性改变：一是在 FAS 与 DEQ 术语下，办理清关手续和缴纳关税的义务；二是在 FCA 术语下装货和卸货的义务。目前，《1990 年通则》已被世界各国广泛采纳。甚至连美国商会等团体也向美国商人推荐使用这一惯例，以取代《美国对外贸易定义修正本》。

2. 1941 年美国对外贸易修订本

1919 年，美国 9 个商业团体共同制订了有关对外贸易定义的统一解释。随后，根据贸易实践的发展，1941 年美国商会、美国进口商全国理事会和全国对外贸易理事会所组成的联合委员会对原有定义进行了修改，通过了《1941 年美国对外贸易修订本》（Revised American Foreign Trade Definition 1941）。该定义对 Ex point of origin、FAS、FOB、C&F、CIF 和 Ex dock 等六种贸易术语进行了解释。

知识拓展

《1941 年美国对外贸易修订本》六种贸易术语解释：

1）SX（point of origin）——产地交货价。

2）FOB——运输工具上交货价。FOB 又分为六种，其中第五种为装运港船上交货价——FOB vessel（named port of shipment）。

3）FAS——船边交货价。

4）C&F——成本加运费（目的港）价。

5）CIF——成本加保险费、运费（目的港）价。

6）EX dock——目的港码头交货价。

《1941 年美国对外贸易修订本》在美国、加拿大和一些拉美国家较多采用。因此，在同这些地区进行贸易时，应特别注意贸易对方对贸易术语的理解。该惯例在美洲国家影响较大。在与采用该惯例的国家贸易时，要特别注意与其他惯例的差别，双方应在合同中明确规定贸易术语所依据的惯例。

3. 1932 年 CIF 合同华沙-牛津规则

1928 年国际法协会在波兰华沙制订了 CIF 买卖合同的《1928 年华沙规则》，此后，在 1930 年纽约会议、1931 年巴黎会议和 1932 年的牛津会议上，将此规则修订为《1932 年 CIF 合同华沙－牛津规则》（Warsaw-Oxford Rulers for CIF Contracts 1932）。此规则对 CIF 合同的性质、特点及买卖双方的权利与义务都作了具体的规定和说明。

《1932 年 CIF 合同华沙－牛津规则》在一定程度上反映了各国对 CIF 合同的一般解释，同时其中的某些原则还可适用于其他合同。例如，该规则规定在 CIF 合同中，以交单（提单）时间作为货物所有权转移的时间。此项原则一般认为也可适用于卖方有提供提单义务的其他合同。因此《1932 年 CIF 合同华沙—牛津规则》的制订和公布，既有利于买卖双方在 CIF 合同基础上的贸易活动，也有利于解决合同履行当中出现的争议。

三、《国际贸易术语解释通则》对有关贸易术语的解释

由于《国际贸易术语解释通则》是国际商会组织各国专家在研究和归纳各国惯例的基础上产生的，所以具有一定的代表性、广泛性和适应性，得到国际上多数国家的接受，是当前国际贸易中应用范围最广、影响最大的一种惯例，它既适用于各类运输，也适用于当前用 EDI 的方式交换单证的需要。

1. 买卖双方各自的义务

在国际贸易中，买卖双方各自承担的责任、费用和风险，是关系到当事人利害得失的最重要问题，双方在洽谈交易、订立合同时，应对此作出明确规定，并在其后的交易过程中严格按照各自的权利和义务进行贸易活动。不同的贸易术语，表示买卖双方承担不同的责任、费用和风险。

《2000 年通则》延续了《1990 年通则》中的做法，采取相互对应的标准化的规定办法，将每一种贸易术语买卖双方各自承担的义务分别用 10 个项目列出，如表 3-1 所示。

表 3-1 《2000 年通则》买卖双方各自承担的义务

卖方义务	买方义务
A1. 提供符合合同规定的货物	B1. 支付货款
A2. 办理许可证、批准文件及海关手续	B2. 许可证批准文件及、批准文件及海关手续
A3. 签订运输合同与保险合同	B3. 运输合同
A4. 交货	B4. 受领货物
A5. 风险转移	B5. 风险转移
A6. 费用划分	B6. 费用划分
A7. 通知买方	B7. 通知卖方
A8. 交货凭证、运输单证或相等的电子单证	B8. 交货凭证、运输单证或相等的电子单证
A9. 核查包装及标记	B9. 货物检验
A10. 其他义务	B10. 其他义务

从表 3-1 可以看出，通过对买卖双方义务的明确划分，有利于合同当事人分别履行各自应该承担的义务。

2. 贸易术语的分类

在《2000 年通则》中，将全部 13 种贸易术语按不同贸易类别分成了 E、F、C、D 四组，如表 3-2 所示。

表 3-2 《2000 年通则》贸易术语

贸易类别	国际代码及英文含义		中文含义
E 组术语（启运）	EXW	Ex words	工厂交货
F 组术语（主要运费未付）	FCA	free carrier	货交承运人
	FAS	free alongside ship	装运港边交货
	FOB	free on board	装运港上交货
C 组术语（主要运费已付）	CFR	cost and freight	成本加运费
	CIF	cost insurance and freight	成本、保险费加运费
	CPT	carriage paid to	运费付至
	CIP	carriage and insurance paid to	运费、保险费付至
D 组术语（到达）	DAF	delivered at frontier	边境交货
	DES	delivered ex ship	目的港船上 jh
	DEQ	delivered ex quay	目的港码头交货
	DDU	delivered duty unpaid	未完税交货
	DDP	delivered duty paid	完税后交货

根据《2000 年通则》的内容，现将十三种贸易术语进行归纳对比，见表 3-3 所示。

表 3-3 《2000 年通则》13 种贸易术语对比

国际电码	交货地点	风险转移界限	出口报关	进口报关	适用的运输方式
EXW	商品产地、所在地	货交买方处置时起	买方	买方	任何方式
FCA	出口国内地、港口	货交承运人处置时起	卖方	买方	任何方式
FAS	装运港口	货交船边后	卖方	买方	水上运输
FOB	装运港口	货物越过装运港船舷	卖方	买方	水上运输
CFR	装运港口	货物越过装运港船舷	卖方	买方	水上运输
CIF	装运港口	货物越过装运港船舷	卖方	买方	水上运输
CPT	出口国内地、港口	货交承运人处置时起	卖方	买方	任何方式
CIP	出口国内地、港口	货交承运人处置时起	卖方	买方	任何方式
DAF	两国边境指定地点	货交买方处置时起	卖方	买方	任何方式
DES	目的港口	目的船上货交买方处置时起	卖方	买方	水上运输
DEQ	目的港口	在指定目的港码头货交买方处置时起	卖方	买方	水上运输
DDU	进口国内	在指定目的地货交买方处置时起	卖方	买方	任何方式
DDP	进口国内	在指定目的地货交买方处置时起	卖方	买方	任何方式

四、装运港交货的三种常用贸易术语

《2000 年通则》中共有 13 个贸易术语，其中使用最多的是装运港交货的三种术语，即 FOB、CFR 和 CIF。在我国对外贸易中，经常使用的主要贸易术语为 FOB、CFR 和 CIF 三种，因此，应对这三种主要贸易术语的解释和运用有所了解。

（一）FOB 术语

FOB（free on board）意为装运港船上交货。它是指卖方负责办理出口清关手续，将货物在指定的装运港越过船舷后，就算完成了交货任务。这意味着买方必须从该点起承担货物灭失或损坏的一切风险。该术语仅适用于海运或者内河运输，如果买卖双方当事人无意越过船舷交货，则应使用 FCA 术语。

1. 卖方的基本义务

办理出口结关手续，并负担货物到装运港船舷为止的一切费用与风险；在约定的装运期和装运港，把货物装到买方指定的船上，并向买方发出已装船的通知，同时向买方提交约定的各项单证或相等的 EDI 单证；在买方要求，并由买方承担风险和费用的情况下，给予买方一切协助。

2. 买方承担的基本义务

负责租船订舱，支付运费，并将船名和到港装货日期及时通知给卖方；承担货物越过装运港船舷后的各种费用以及货物灭失或损坏的一切风险；自负风险和费用，取得进口许可证或其他官方证件，并办理货物进口或必要时经由另一国家过境运输的一切海关手续；按合同规定，受领交货凭证和货物并支付货款。

3. 使用 FOB 时应注意的事项

（1）关于风险划分问题

以装运港船舷作为划分买卖双方所承担风险的界限是 FOB、CIF、CFR 同其他贸易术语的重要区别之一。

"船舷为界"表明货物在装上船之前的风险，均由卖方承担。货物上船之后，包括在运输过程中所发生的损坏或灭失，则由买方承担。由于装船作业是一个连续过程。如果卖方承担了装船的责任，他必须完成上述作业，而不可能在船舷办理交接。因此，在实际业务中，卖方往往根据合同规定或者双方确立的习惯做法，负责把货物装到船上，并提供清洁的已装船提单。

（2）关于船货衔接问题

由于 FOB 条件下是由买方负责安排运输工具，即租船订舱的，所以这就存在一个船货衔接问题。如果买方未经对方同意提前将船派到和延迟派到装运港，卖方都有权拒绝交货，而且由此产生的各种损失均由买方负担。如果买方指派的船只按时到达装运港，而卖方却未能备妥货物，那么，由此产生的费用则由卖方承担。有时双方按 FOB 价格成交，但买方又委托卖方办理租船订舱，卖方也可酌情接受，但这属于代办性质，其风险和费用仍由买方承担。总之，买卖双方要加强联系，密切配合，保证船货顺利衔接。

（3）关于装船费用的负担问题

为了说明装船费用的负担问题，买卖双方往往在 FOB 术语后加列附加条件，这就形成了 FOB 的变形，它们主要有以下几种：①FOB liner terms（班轮条件），指卖方不负担装船的有关费用；②FOB under tackle（吊钩下交货），指卖方将货物交到买方指定船只的吊钩所及之处，以后的装货费用，卖方不予负担；③FOB stowed（理舱费在内），指卖方负责将货物装入船舱，并承担包括理舱费在内的装船费用；④FOB trimmed（平舱费在内），指卖方负责将货物装入船舱，并承担包括平舱费在内的装船费用。

FOB 的上述变形只是为了表明装船费用由谁负担的问题，它们并不改变 FOB 的交货地点以及风险划分的界限。

（二）CFR 术语

CFR（cost and freight）意为成本加运费。它是指卖方在装运港将货物越过船舷，并支付将货物运至指定目的港所需的运费，就算完成交货义务。而买方则承担交货后货物灭失或损坏的风险以及由于各种事件造成的任何额外费用。该术语仅适用于海运或内河运输，在船舷无实际意义时，则应使用 CPT 术语。

1. 卖方的基本义务

负责租船订舱和支付运费，按时在装运港将货物装船，并及时通知买方；办理出口结关手续，并承担货物在装运港到达船舷为止的一切风险以及在装运港将货物交至船上的费用；及时向买方提交约定的各项单证或相等的EDI单证。

2. 买方承担的基本义务

承担货物在装运港越过船舷后的一切风险和费用；自负风险和费用，取得进口许可证或其他官方证件，并办理货物进口或必要时经由另一国家过境运输的一切海关手续；按合同规定，受领交货凭证和货物并支付货款。

3. 使用CFR时应注意的事项

（1）关于风险承担问题

按CFR术语成交时，存在着风险划分和费用划分两个分界点。在CFR条件下，卖方必须在指定的装运港履行交货义务，并负担货物从装运港至约定的目的港的运费，而货物风险的转移，早在货物越过装运港船舷时即由卖方转移给买方。由此可见，买卖双方风险划分和费用划分的地点是相分离的，即风险划分地点是在出口国家的装运港，而费用划分地点却在进口国家的目的港。

（2）关于卸货费用的负担问题

大宗商品按CFR术语成交，容易在卸货费由谁负担的问题上引起争议。因此，买卖双方应在合同中订明卸货费用究竟由谁负担。在商订合同时，可在CFR后附加一些短语，具体如下：①CFR liner terms（班轮条件），指买方不负担卸货费；②CFR landed（卸至岸上），指由卖方负担卸货费，包括驳船费和码头费；③CFR ex ship's hold（舱底交货），指货物运到目的港后，由买方自行启舱，并负担货物从舱底卸到码头的费用。

（3）关于装船通知的问题

按照CFR术语成交，要特别注意，卖方在货物装船之后必须及时向买方发出装船通知，以便买方办理投保手续。否则，货物在海运过程中遭受的损失或灭失由卖方负担。

（三）CIF术语

CIF（cost insurance and freight）意为成本加保险费加运费。它是指卖方在指定装运港将货物装上船，支付货物自装运港至指定目的港的运费和保险费，但风险自货物在装运港越过船舷时即由卖方转移给买方。该术语仅适用于海运或内河运输，在船舷无实际意义时，则应使用CIP术语。

1. 卖方承担的基本义务

在CFR的基础上增加保险费项，即办理投保手续，支付保险费，提交保险单证。

2. 买方承担的基本义务

承担货物在装运港越过船舷后的一切风险；自负风险和费用来取得进口许可证或其他官方证件，并办理货物进口或必要时经由另一国家过境运输的一切海关手续；按合同

规定，受领交货凭证和货物并支付货款。

3. 使用 CIF 时应注意的事项

（1）关于保险的问题

按《2000 年通则》对 CIF 的解释，卖方只需投保最低的险别，投保的保险金额应按 CIF 价再加成 10%，并应采用合同中的货币制。如买方有要求，并由买方承担费用的情况下，可加保战争、罢工、暴乱和民变险。

（2）关于风险承担问题

按 CIF 术语成交时，卖方必须在装运港履行交货义务并负担货物从装运港至约定目的港的运费和保险费，而货物风险的转移，早在货物越过装运港船舷时即由卖方转移给买方。由此可见，买卖双方风险划分和费用划分的地点是相分离的，即风险划分地点是在出口国家的装运港，而费用划分地点却在进口国家的目的港。这一点同 CFR 术语存在两个分界点的情况是一样的。

五、货交承运人的三种贸易术语

FCA、CPT、CIP 为货交承运人的 3 种术语，具有推广的价值，有可能在将来会代替 FOB、CFR、CIF。

（一）FCA 术语

（1）FCA 的含义

FCA 术语下，卖方要在指定地或地点，如运输站（运输站是指铁路站、货运站、集装箱货运站或堆场、多用途货运站或类似的受货点或其他受货地点），按规定的日期或期限，以约定的方式或该指定地点习惯的方式，将货物交由买方指定的或在买方要求下卖方选定的承运人或其他人（如转运代理人）照管。如果没有指定具体地点，并有几个地点可供选择，则卖方可以选择最适合其目的的交货地点。如果买方未给予准确的指示，卖方可以按承运人的运输方式和货物数量或性质所要求的方式将货物交给承运人。并给予买方货物已交由承运人处置的充分通知。出口结关手续由卖方办理。但对于运输合同和保险合同，卖方无义务。货交承运人处置后的风险和费用由买方负担。

（2）运输合同问题

FCA 术语下，买方自行负担费用订立从指定地承运货物的运输合同，而卖方无订立运输合同的义务。但是，如果应买方的要求或商业惯例，并且买方未及时作出相反的指示，卖方可以按通常的条件代为订立运输合同，而由买方负担风险和费用。卖方可以拒绝买方的要求，如果拒绝，则立即通知买方。

（3）风险和费用划分点

一般情况下，买卖双方的风险划分点是卖方将货物交给承运人处置时。但是，如果卖方的货物已划归本合同项下，而买方未给予卖方关于货物运输的充分通知或者其指定的承运人未收受货物，则买方承担自约定的交货日期或期限届满之日起的货物灭失或损坏的一切风险。

买卖双方的费用划分点一般是卖方将货物交给承运人处置时。但是，如果卖方的货物已划归本合同项下，而买方未指定承运人或其指定的承运人未按约定的时间收受货物或者买方未给予卖方货物运输的充分通知，则买方支付由此所产生的任何额外费用。

（二）CPT 术语

CPT 术语下，卖方要按照通常条件自行负担费用订立运输合同，在规定的时间或期限内将货物交给承运人或第一承运人照管，并给予买方货物已交付的充分通知以及为使买方采取通常必要的措施能够提取货物所要求的其他任何通知。出口结关手续由卖方办理。但对于保险合同，卖方无义务。货物交由承运人处置后的风险和除通常运费以外的费用由买方负担。如果由后续承运人将货物运至约定的目的地，则风险自货物交给第一承运人时转移至买方。

（1）卖方订立运输合同的责任

在 CPT 合同中，卖方要订立运输合同，将货物按惯常航线和习惯方式运至指定目的地的约定地点。如果该地点未约定或习惯上未确定，卖方可在指定目的地选择最适合其要求的地点。在实际业务中，如果买方提出关于限制承运人的要求，卖方有权拒绝接受。但是，卖方可以放弃这一权力。如果买方提出上述要求，卖方能够做到，且又不增加额外费用的情况下，应考虑接受。

（2）卖方提交运输单据的责任

卖方要按照习惯自行负担费用向买方提供通常的运输单据（如可转让提单、不可转让海运单、内河运输单、空运单、铁路运单、公路运单或多式联运单据）。

如果卖方与买方已约定，使用电子通讯，则运输单据可以由相等的 EDI 单证所代替。

（3）风险和费用划分点

一般情况下，买卖双方的风险划分点是卖方将货物交给承运人处置时。但是，如果卖方的货物已划归本合同项下，而买方未给予卖方关于货物运输的充分通知或者其指定的承运人未收受货物，则买方承担自约定的交货日期或期限届满之日起的货物灭失或损坏的一切风险。

买卖双方的费用划分点一般是卖方将货物交给承运人处置时。但是，如果卖方的货物已划归本合同项下，而买方有权确定装货时间和目的地，但未给予卖方这方面的充分通知，则买方支付由此所产生的任何额外费用。

（三）CIP 术语

CIP 术语下，卖方除承担与 CPT 术语相同的义务外，还必须代买方办理货物在运输途中应由买方承担的货物灭失或损坏风险的运输保险、订立保险合同，并支付保险费。保险的险别和金额的要求与 CIF 术语的规定基本相同。

CIP 术语下，卖方订立运输合同的责任、卖方提交运输单据的责任以及风险和费

用划分点，与CPT术语相同。

（四）FCA、CPT和CIP术语之间的比较

（1）FCA、CPT和CIP术语的共同点

1）适用于任何运输方式，包括多式联运，也包括海运。在船舷无实际意义时，如在滚装、滚卸或集装箱运输的情况下，使用FCA、CPT、CIP术语比使用FOB、CFR、CIF更为适宜。

2）卖方在规定的日期或期间内在出口国的内地或港口把货物交给承运人或第一承运人照管。

3）卖方自行负担风险和费用，取得出口许可证或其他官方批准证件，并办理货物出口所必需的一切海关手续；买方自负风险和费用，取得进口许可证或其他官方批准文件，并办理货物进口以及必要时经由另一国家过境运输所需的一切海关手续。

4）卖方支付货物出口所需的办理海关手续的费用以及为出口应交纳的一切关税、税捐等。买方支付货物进口和必要时经另一国家过境运输应缴纳的一切关税、税捐和其他官方费用以及办理海关手续的费用。

5）卖方承担货物灭失或损坏的一切风险，直至货物在指定的出口国内地或港口交给承运人或第一承运人处置时为止；货交承运人或第一承运人处置后的风险则由买方负责。

6）卖方支付一切费用，直至货物在指定的出口国的内地或港口交给承运人或第一承运人处置时为止；货交承运人处置后费用则由买方负责。例外的是，CPT术语下，货交承运人后的通常运费由卖方负担；CIP下，货交承运人后的通常运费和保费由卖方负担。

（2）FCA、CPT和CIP术语的不同点

FCA、CPT和CIP术语的不同点如表3-4所示。

表3-4　FCA、CPT和CIP术语的比较

贸易术语	何方办理运输合同，支付到目的地的正常运费	何方办理保险合同支付正常保费
FCA	买方	买方
CPT	卖方	买方
CIP	卖方	卖方

（3）FOB、CFR、CIF和FCA、CPT、CIP的不同点

FOB、CFR、CIF和FCA、CPT、CIP的不同点如表3-5所示。

表3-5　FOB、CFR、CIF和FCA、CPT、CIP的比较

比较项目	FOB、CFR、CIF	FCA、CPT、CIP
负担出口手续的风险和费用	卖方	卖方
负担进口手续的风险和费用	买方	买方
达成的贸易术语下的合同性质	装运合同	装运合同

续表

比较项目	FOB、CFR、CIF	FCA、CPT、CIP
适合的运输方式	海运及内河运输	任何运输方式（包括海运）
交货地点	装运港	出口国内地或港口
风险划分点	货物越过装运港船舷时	货交承运人处置时
装卸费用的划分	租船时，买卖合同应明确	按班轮条件办理
货运单据	海运单据或内河运单	视运输方式而定

货交承运人的三种贸易术语FCA、CPT、CIP，目前使用的频率仍不能与FOB、CFR、CIF相比，故不能被认为是常用的贸易术语，但在我国的贸易实践中，已越来越常见，而且从发展来看，具有推广的价值。

六、其他七种贸易术语

（1）EXW

EX WORKS（...named place）——工厂交货（……指定地）是指卖方在其所在处所（工厂、工场、仓库等）将货物提供给买方时，即履行了交货义务。除非另有约定，否则，卖方不负责将货物装上买方备妥的车辆，也不负责出口清关。买方负担自卖方所在处所提取货物至目的地所需的一切费用和风险。因此，这个术语是卖方负担最少义务（minimum obligation）的术语。

如买方不能直接或间接地办理出口手续，则不应使用本术语，而应使用FCA术语。

（2）FAS

FREE ALONGSIDE SHIP（...named port of shipment）——船边交货（……指定装运港）是指卖方在装运港将货物放置码头或驳船上靠船边，即履行了交货义务。这是指买方必须自该时刻起，负担一切费用和货物灭失或损坏的一切风险。FAS术语要求买方办理货物出口清关。如买方不能直接或间接地办理出口手续，则不应使用此术语。本术语只适用于海运或内河运输。

（3）DAF

DELIVERED AT FRONTIER（...named place）——边境交货（……指定地）是指卖方在毗邻国家关境前的边境指定地和地点提供了经出口清关的货物时，即履行了交货义务。“边境”一词可用于任何边境，包括出口国边境。因此，在这个术语中确切地指定有关边境的交货地和地点，是极为重要的。本术语主要用于铁路或公路货物运输，也可适用于其他任何运输方式。

（4）DES

DELIVERED EX SHIP（...named port of destination）——目的港船上交货（……指定目的港）是指卖方在指定的目的港船上向买方提供了未经进口清关的货物时，卖方即履行了交货义务。卖方必须负担货物运至指定目的港的一切费用和风险。本术语只适用于海运或内河运输。

（5）DEQ

DELIVERED EX QUAY（duty paid）（...named port of destination）——目的港码头交货（关税已付）（……指定目的港）是指卖方将货物运至指定目的港的码头，经进口清关，可供买方收取时，即履行了交货义务。卖方必须负担货物交至该处的一切风险和费用，包括关税、税捐和其他费用。

如果卖方不能直接或间接地取得进口许可证，本术语则不宜使用。如果双方当事人愿由买方办理货物清关手续并支付关税，则应使用"关税未付"字句而不是"关税已付"，或采用 DES 术语。如果双方要求排除卖方负担货物进口时支付某些费用的义务，如增值税（VAT），则应通过加注字句，如"目的港码头交货，增值税未付（指定目的港）"，以使之明确。本术语只适用于海运或内河运输。

（6）DDU

DELIVERED DUTY UNPAID（...named place of destination）——未完税交货（……指定目的地）是指卖方将货物运至进口国的指定地，可供买方收取时，即履行了交货义务。卖方必须负担货物运至该处的费用和风险（不包括关税、税捐和进口时所需支付的其他由当局收取的费用以及办理海关手续费用和风险）。买方必须负担由于他未及时办理货物进口清关手续而引起的额外费用和风险。

如果双方当事人愿由卖方办理海关手续和负担由此引起的费用和风险，则应就此意思加注字句以使之明确。如果双方当事人愿在卖方义务中包括货物进口时需支付的某些费用，如增值税，则应就此意思加注字句，如"未完税交货，增值税已付（指定目的地）"，以使之明确。

本术语可适用于各种运输方式。

（7）DDP

DELIVERED DUTY PAID（...named place of destination）——完税后交货（……指定目的地）是指卖方将货物运至进口国的指定地，可供买方收取时，即履行了交货义务。卖方必须负担货物运至该处的风险和费用，包括关税、税捐和其他费用，并办理货物进口的清关手续。与 EXW 相反，DDP 是卖方负担最多义务（maximum obligation）的术语。

如果卖方不能直接或间接地取得进口许可证，则不应使用本术语。

如果双方当事人愿由买方办理货物进口的清关手续和支付关税，则应使用 DDU 术语。如果双方当事人愿从卖方的义务中排除货物进口时需支付的某些费用，如增值税，则应就此意思加注字句，如"完税后交货，增值税未付（指定目的地）"，以使之明确。

阅读资料

进出口权如何申请

企业先要申请对外贸易经营者备案，步骤如下：先去工商局给营业执照做增项（经营范围须包含"货物进出口"或"技术进出口"业务），然后去外经贸局外贸科进行备案。企业到外经贸局备案，需要提交材料如下：①网上提交打印的《对外贸易经营者备案登记表》；②变更后的营业执照复印件；③组织机构代码证书复印件（个体工商户可免交）；④个体工商户须提交合法公证机构出具的财产公证证明（原件）；⑤外资企业先变更营业执照及批准证书，再提交经合法公证机构出具的资金信用证明文件（原件）。

取得《对外贸易经营者备案登记表》后，在正常开展外贸业务前，企业还需办理手续如下：①到所在地海关注册登记；②到所在地外汇局，取得核销号码；③省海关金关中心IC卡录入；④省技监局网上认定盖章；⑤所在地工商局、税务局网上认定盖章；⑥省海关金关中心开卡；⑦所在地外经贸局网上审核盖章；⑧所在地外汇管理局审批盖章；⑨材料送回所在地海关审核认定；⑩海关IC卡开通使用；⑪企业将海关注册登记书传真到市外经贸局以便今后统计管理。

（资料来源：www.wenzhouglasses.com/html/news/555826.html）

第二节　国际贸易合同的主要条款

一份国际货物买卖合同主要由约首、正文和约尾三部分组成。约首包括合同的名称、编号、缔约日期、缔约地点、缔约双方的名称、地址及合同序言等；正文是合同的主体部分，包括各项交易条件及有关条款，如商品名称、品质规格、数量、包装、单价与总值、运货期限、运货地点、支付、保险、商品检验、仲裁、不可抗力等，根据情况需要可加列保值条款、价格调整条款、溢短装条款、合同的法律使用条款等；约尾是合同的结束部分，包括合同的份数、附件、使用文字及其效力、生效日期与双方的签字等。

一、国际贸易合同主要条款的内容

国际贸易合同条款是交易当事人在交接货物、收付货款和解决争议等方面的权利与义务的具体体现，也是交易双方履行合同的依据和调整双方经济关系的法律文件。在国际货物买卖合同中，除订明采用何种贸易术语成交外，还应就成交商品的名称、品质、数量、包装、价格、运输、保险、支付、检验、索赔和仲裁等交易条款作出明确具体的规定。这里着重介绍商品的名称、品质、数量、包装、价格、支付等内容。

（一）商品名称

商品名称（name of commodity）或称“品名”是合同缔约双方同意买卖的商品的名称。由于品名条款是合同的主要条款，所以在拟定时应注意下述问题：①内容明确、具体，文字的表达应能确切反映商品的特点；②实事求是，切实反映商品的实际情况；③尽可能使用国际上通用的名称；④如果一种商品有不同的名称，则在确定品名时，必须注意国家有关的海关税则和进出口限制的有关规定，在不影响外贸政策的前提下，从中选择有利于减低关税或方便于进口的名称，作为合同的品名。

（二）商品品质

商品品质（quality of goods）是商品的内在质量和外表形态的综合，前者表现为商品的化学成分的构成、物理和机械性能、生物特性等；后者表现为商品的大小、长短、结构、款式、色泽、轻重以及味觉、嗅觉等。商品的品质是构成货物说明的重要组成部分，也是买卖双方交收货物的依据之一。品质条款的内容应包括对品质的具体要求，有时还包括对品质的差异幅度和价格调整办法以及卖方违约时的处理办法等。

商品品质的表示方法可以分为以实物表示和凭说明表示两大类。

（1）以实物表示

用实物表示商品品质的方法是指以作为交易对象的商品的实际品质或以代表商品品质的样品来表示商品的品质。因此通常有下列两种方法：

1）看货买卖，即根据现有商品的实际品质买卖。买方或其代理人通常先在卖方存放货物的场所验看货物，一旦达成交易，卖方应按买方验看过的商品交货。只要卖方交付的是买方验看过的货物，买方就不得对品质提出异议。

2）凭样品买卖。样品通常是指从一批商品中抽取出来或者是由生产部门设计、加工出来，足以反映和代表整批商品品质的少量实物。凡是以样品来表示商品品质并以此作为交货依据的，称为凭样品买卖（sale by sample）。凭样品买卖又分为凭卖方样品买卖、凭买方样品买卖和凭对等样品买卖三种形式。在凭样品确定商品品质的合同中，卖方要承担货物品质必须同样品完全一致的责任，为避免发生争议，合同中应注明“品质与样品大致相同”，凭样品成交适用于从外观上即可确定商品品质的交易。

（2）以说明约定商品品质

凡是以文字、图表、相片等方式来说明商品的品质者，均属凭说明（description）约定品质的范畴。它又可以分为凭规格、等级、标准、说明书、商标、牌号或产地名称等方法来表示。对于附有图样、说明书的合同要注明图样、说明书的法律效力。

（三）商品数量

合同中的数量条款指的是买卖双方就有关交收货物的数量要求在合同中所作的具体规定。数量条款的主要内容是交货数量、计量单位与计量方法。制定数量条款时应注意明确计量单位和度量衡制度。

（1）数量的确定

目前在国际贸易中一般采用下述六种计量来约定不同的商品：按重量、个数、长度、面积、体积和容积计算。在数量确定方面，合同通常规定有“约数”，但对“约数”的解释容易发生争议，应在合同中增订“溢短装条款”，明确规定溢短装幅度。例如，“东北大米 1000 公吨，溢短装 3%”，同时规定溢短装的作价方法。

（2）重量的计算方法

在采用重量计量的场合，也有不同的计量方法，主要有毛重、净重、公量、理论重量、法定重量等方法。

（四）商品包装

包装是指为了有效地保护商品的数量完整和质量要求，把货物装进适当的容器，包装条款的主要内容有：包装方式、规格、材料、费用和运输标志，制定包装条款要明确包装的材料、造型和规格，不应使用“适合海运包装”、“标准出口包装”等含义不清的词句。

1）包装材料指的是包装的用料，常见的有纸质材料、木质材料、化纤材料、金属材料及塑料等。

2）包装种类可分为运输包装与销售包装。运输包装又称为大包装或外包装，它是为了满足货物运输、装卸和存储的要求对货物进行的包装。销售包装又称为内包装或小包装，是指直接接触商品，随商品进入零售市场，与消费者见面的包装。

3）包装费用一般包括在货价之中，不单独计收。而如果买方要求特殊的包装，导致包装费用超过正常的包装费用，使成本增加，则超出的费用应由买方负担，并应在包装条款中具体规定负担的费用及支付方法。

4）运输标志（shipping mark）俗称“唛头”，是指在运输包装上用文字、图形和数字制作的标记，其作用是方便运输过程中识别货物，防止错发错运，便于收货人收货，也利于运输、仓储、检验和海关查验。运输标志一般包括收货人代号、合同号、发票号、目的地名称、件数号码等内容。

（五）商品价格

进出口商品的价格是决定对外贸易经济效益的重要因素之一，也是货物买卖合同的核心条款。买卖双方在其他条款方面的利害得失，往往要在价格上反映出来，而价格条款的内容又直接对其他主要条款产生重大的影响。价格条款的主要内容有：每一计量单位的价格金额、计价货币、指定交货地点、贸易术语与商品的作价方法等。为防止商品价格受汇率波动的影响，在合同中还可以增订黄金或外汇保值条款，明确规定在计价货币币值发生变动时，价格应作相应调整。以下主要介绍计价货币的选择、定价方法以及佣金与折扣几个问题。

（1）计价货币的选择

在国际货物买卖合同中，买卖双方磋商价格时需要约定使用何种货币计价、支付。在我国，除对方所在国与我国政府订有贸易或支付协定，规定了计价或结算货币外，买卖双方可选择卖方国家货币、买方国家货币或第三国货币作为计价和支付货币。

（2）定价方法

合同中常采用固定价格和非固定价格两种定价方法。

固定价格是指交易双方经协商对合同价格做出明确规定后，就必须遵照执行。除合同中另有约定或经双方当事人一致同意，否则，任何一方都不得擅自更改。

非固定价格是与固定价格相对而言的，在做法上有以下几种：

1）在价格条款中规定作价时间和作价方法，或者只规定作价时间，具体价格在规

定时间内确定。

2）在价格条款中先规定一个初步价格作为开立信用证和初步付款的依据，等到双方确定最后价格后再进行清算，多退少补，一般称之为暂定价。

3）部分固定作价，部分非固定作价。这主要是在分批交货的交易中，对于近期交货的部分，在订约时采用固定价格；对于其余部分，规定在交货前一定期限内确定价格。

（3）佣金与折扣

佣金和折扣是国际贸易中普遍采用的习惯做法。在价格条款中有时规定佣金与折扣，用来达到促销的目的。

1）佣金。佣金是买方或卖方给予代理人或经纪人、中间商因介绍交易或代买代卖所获得的报酬。在合同的价格条款中规定佣金时，常用一定的百分比表示，称作佣金率（commission rate），也有的以绝对数字表示。在规定佣金的情况下，影响双方利益的因素：一是佣金率的高低，二是佣金的计算基础。在佣金率不变动的情况下，计算基础不同，佣金的数额也不同。业务上常见的做法是以合同价格为计算基础，直接乘以佣金率，算出佣金金额，例如，某 CIF 合同总金额为 1000 美元，佣金率为 3%，则佣金额是 1000×3%＝30（美元）。

2）折扣。折扣是卖方在一定条件下给予买方的价格减让。一般是以原价为基础，扣除一定的百分比来算出实际应付价款。在实际业务中，折扣有不同种类，如普通折扣、特别折扣、数量折扣、季节性折扣等。

3）净价与含佣价。净价是指不包括佣金和折扣的实际价格，为了明确说明成交的价格是净价，可在价格条款中加上净价字样，例如，“每件 CIF 净价纽约 25 美元”（USD 25 per piece CIF net New York）。含佣价（price including commission）是指包括佣金在内的价格。对于含佣价，在合同中表示时，可在价格条件后加上代表佣金的缩写字母“C”和佣金率，例如，“每吨 280 美元 CIFC3%香港”就表示每吨 280 美元，价格中包含了 3%的佣金在内。在对外洽谈时，如果报出的净价为 1000 美元，对方要求 3%的佣金，为了保证实收 1000 美元，所报的含佣价不应是简单地以 1000＋1000×3%＝1030（美元），而应为 1000÷（1－3%）＝1030.93（美元）。

（六）货物的装运条款

装运条款的主要内容是：装运时间、运输方式、装运地与目的地、装运方式以及装运通知，根据不同的贸易术语，装运的要求是不一样的，所以应该依照贸易术语来确定装运条款，如果合同中定有选择港，则应定明增加的运费、附加费用应由谁承担。

（七）货物的保险条款

国际货物买卖中的保险是指进出口商按照一定险别向保险公司投保并交纳保险费，以便货物在运输过程中受到损失时，从保险公司得到经济上的补偿，保险条款的主要内容包括；确定投保人及支付保险费，投保险别和保险条款，在国际货物买卖中，保险责任与费用的分担由当事人选择的贸易术语决定，因此投保何种险别以及双方对于保险有何特殊要求都应在合同中定明，此外双方应在合同中定明所采用的保险条款名称。例如，是采用中国人民保险公司海洋货物保险条款，还是伦敦保险业协会的协会货物险条款以及其制定或修改日期、投保险别、保险费率等。

（八）货款的支付

随着国际贸易的发展，形成了当前在国际货物买卖中支付方式的多样化。不同的支付方式，要求有不同的支付条款。汇付、托收和信用证是目前国际结算中的三种基本方式。

1. 汇付方式下的货款支付

汇付（remittance）又称汇款，是债务人或付款人通过银行，将款项汇付收款人的结算方式。汇付方式有信汇、电汇和汇票三种。汇付业务中一般有四个当事人：汇款人、收款人、汇出行与汇入行。汇入行和汇出行之间一般都建立账户往来，并订有代理契约。

在一笔交易中，什么时候付款，涉及买卖双方的资金周转和风险的负担，尤其是在汇付的条件下，不同的付款时间，可以给买卖双方带来完全不同的效果。按照国际上的通行做法，汇付的时间有下述两种：

1）先付。即在合同中规定，买方订约时立即付清全部货款，即所谓“订货时付现”（cash with order），也可以规定在订约后若干天付款，或是“在货物装船前付款，收到货款后装货付运”。这类条款对卖方最为有利。既安全又可以尽快收回资金。但对买方，不仅要占用资金，而且要冒卖方不交货或不按时交货以及汇率变动的风险。

2）后付。即规定由买方在收到装运单据或货物后，或货物销售后若干天内将货款通过银行汇交卖方。这种规定方法有利于买方的资金周转，但对卖方来说，则要冒不能按时收回货款而造成资金、利息或汇率损失的危险。因此这种条款一般只对自己所属的分支机构或资信可靠的老客户出口时使用。

2. 托收方式下的货款支付

托收（collection）是指债权人（出口人）出具汇票委托银行向债务人(进口人)收取货款的一种支付方式。托收分为光票托收和跟单托收两种。托收方式的当事人有委托人、付款人、托收银行和代收银行。托收一般是通过银行办理的，故又称为银行托收。其基本做法是：由出口人根据发票金额开出以进口人为付款人的汇票，向出口地银行提出托收申请，委托出口地银行通过他在进口地的代理行或往来银行向进口人代收货款。在国际贸易中，大多采用跟单托收方式。在签订买卖合同时，如双方当事人约定以托收方式支付货款，则支付条款应包括下述几方面的内容。

（1）交单条件

跟单托收实行的是凭单付款的原则，但在做法上，则可因交单条件的不同分为如下两种：

1）付款交单（documents against payment，D/P）。付款交单指银行以买方付款作为交单条件，即买方只有付清货款，才能取得代表货物所有权的装运单据。

2）承兑交单（documents against acceptance，D/A）。在承兑交单条件下，代收行在买方于汇票上签注“承兑”字样并退回银行后，即将装运单据交给买方处置，买方可待汇票到期日才履行付款义务。

（2）付款时间

在约定通过托收支付货款时，买卖双方还必须就付款时间进行约定。如是即期付款交单，一般都规定买方必须在银行第一次提示跟单汇票或装运单据时付款；如是远期付款交单，则必须明确付款的期限以及起算日期或到期日。

目前国际上对远期汇票的期限，常见的有30天、45天、60天、90天、180天以及360天。至于起算日期，则可根据双方的意愿确定。最常见的有：“见票后××天”（At××days after sight）、“出票后××天”（At ×× days after the date of draft）和“提单日期后××天”(At ×× days after the date of bill of lading)。其中以第一种方式最为常见。

（3）单据条款

托收实行的是凭单付款的原则，卖方交付符合合同规定的单据是买方承兑或付款的前提条件。因此，买卖双方在订约时还必须就卖方应该交付的单据，包括种类和份数，作出明确的规定。在按CIF条件订约时，卖方一般必须交付的单据至少应包括：发票、提单、保险单，买方有时还要求卖方交付检验证及其他单证。对此，卖方应根据实际情况和是否合理来决定是否列入合约中。

3. 信用证支付方式下的货款支付

信用证（letter of credit，L/C），是指开证银行应申请人的要求并按其指示向第三方开立的载有一定金额的，在一定的期限内凭符合规定的单据付款的书面保证文件。简言之，信用证是一种银行开立的有条件的承诺付款的书面证明，故信用证属于银行信用。信用证是目前国际贸易中最主要、最常用的支付方式。

在采用信用证付款时，为了明确责任，买卖双方一般需要在合同中就下列问题作出规定。

（1）信用证的种类

在国际货物买卖中所使用的信用证种类较多。现只介绍其主要的类别：

1）可撤销信用证与不可撤销信用证。可撤销信用证（revocable L/C）是指开证行在开出信用证之后，只要该证未被利用，就有权随时予以修改或撤销，不必事先征得受益人的同意。当然，在实践中并不是所有可撤销信用证都被撤销。但是，由于银行在开立可撤销信用证时，收费可能较为低廉，因此，有的国家也还在使用。由于这种信用证并没有给出口商提供付款的保证，目前许多国家都不采用，相反都在合同中明确买方应开立不可撤销的信用证（irrevocable L/C）。不可撤销信用证是指信用证一经开立，开证行如果未取得受益人及其他有关方的同意，则不得擅自撤销该信用证或修改其内容。从法律上看，不可撤销信用证的开立，意味着银行为受益人承担了绝对的付款责任。即使开证人破产或发生其他事情，只要受益人交付的单据符合要求，银行就必须按信用证的规定付款。所以说，受益人是得到了银行的付款保证。在信用证中未注明是否可撤销，应视为不可撤销信用证。

2）保兑与非保兑信用证。保兑（confirmed）是指一家银行开立的信用证，由另一家银行加以保证兑付的行为。经保兑的信用证称“保兑信用证”。开证行开出的信用证没有经另一家银行保兑的信用证统称“非保兑信用证”。经保兑的信用证意味着有两家银行向受益人负责，显然对受益人有利，可以说是一种最安全的信用证。按照银行惯例，保兑银行出面保兑其他银行的信用证时都要收取一定的保兑费，这当然增加了买方的负担。而买方则往往通过压低合同价格的办法，将之转嫁给出口商。因此，从出口商的角度看，只要安全收汇有保证，就不必在规定对方开立不可撤销信用证之后还要求保兑，以免在价格上吃亏。但如果交易的金额较大，对开证行的资信又不十分了解或国际金融市场动荡，也可以要求使用保兑信用证，以确保安全。

3）即期信用证与远期信用证。按付款期限的不同，信用证可分为即期信用证、远期信用证两大类：①即期信用证是指开证行或付款行收到符合信用证条款的跟单汇票或货运单据后，立即履行付款义务的信用证。进口商也须立刻偿付由开证行垫付的资金，赎出单据。这是进出口贸易结算中使用最普遍的一种信用证。②远期信用证是指开证行或其指定的付款行在收到符合信用证条款的跟单汇票或货运单据后，在规定的期限内保证付款的信用证。这种信用证有利于进口商融通资金。假远期信用证。信用证规定受益人开立远期汇票，由付款行负责贴现，并规定一切利息和费用由开证人承担。这种信用证对受益人来讲，实际上仍属即期收款，在信用证中有“假远期”（usance L/C payable at sight）条款。

4）可转让信用证和不可转让信用证。根据受益人对信用证的权利可否转让，分为可转让信用证和不可转让信用证：①可转让信用证（transferable L/C）是指受益人有权将信用证的全部或部分金额转让给一个或数个第三者，即第二受益人使用的信用证。只有明确注明“可转让”（transferable）字样的信用证方能转让，且只能转让一次。②不可转让信用证（untransferable L/C）是指受益人无权将信用证权利转让给他人使用的信用证。凡在信用证上没有注明“可转让”字样的信用证均为不可转让信用证，只限于受益人本人使用。

5）对背信用证和对开信用证。①对背信用证（back to back L/C）是指出口人在收到来证后，要求通知行以该证为基础，另开一张内容近似的新证给其供货人，这张新证即称为对背信用证。对背信用证的开立不是原证的转让，而是以原证为基础、原受益人为开证人的一笔新交易。原通知行成为新证的开证行，新受益人与原证无关。只有原受益人和新开证行了解这种事实。所以新受益人对之只是按一般信用证对待。对背信用证多数用于中间商转售他人货物或转换贸易的场合。目前，在两国或两个地区之间，由于种种原因，不能发生直接贸易的场合，也经常利用这种信用证。②对开信用证。对开信用证指两张信用证申请人互以对方为受益人而开立的信用证。两张信用证的金额相等或大体相等，可同时互开，也可先后开立。它多用于易货贸易、来料加

工和补偿贸易业务。

6）循环信用证。循环信用证（revolving L/C）指信用证被全部或部分使用后，其金额又恢复到原金额，可再次使用，直至达到规定的次数或规定的总金额为止。循环信用证一般用于分批交货的长期合同，目的是为了简化手续和减少开证押金。在按金额循环的信用证条件下，恢复到原金额的具体做法有以下三种：①自动式循环，每期用完一定金额后，不需等待开证行的通知到达，即可自动恢复到原金额；②非自动循环。每期用完一定金额后，必须等待开证行通知到达，信用证才能恢复到原金额使用；③半自动循环，每次用完一定金额后若干天内，开证行末提出停止循环使用的通知，自若干天起即可自动恢复至原金额。

7）预支信用证和备用信用证。①预支信用证。指开证行授权代付行(通知行)向受益人预付信用证金额的全部或一部分，由开证行保证偿还并负担利息，即开证行付款在前，受益人交单在后，与远期信用证相反。预支信用证凭出口人的光票付款，也有要求受益人附一份负责补交信用证规定单据的说明书，当货运单据交到后，付款行在付给剩余货款时，将扣除预支货款的利息。②备用信用证。备用信用证又称商业票据信用证、担保信用证。指开证行根据开证申请人的请求对受益人开立的承诺承担某项义务的凭证。即开证行保证在开证申请人未能履行其义务时，受益人只要凭备用信用证的规定并提交开证人违约证明，即可取得开证行的偿付。它是银行信用，对受益人来说是备用于开证人违约时，取得补偿的一种方式。

（2）对开证行的规定

信用证是一种银行信用，开证行的资信如何，对受益人有重要的意义，卖方往往要求在合同中对开证行作出规定。最常见的是规定“由卖方可以接受的银行开证。”也有的规定“由第一流的银行开证”，但什么是第一流的银行，却没有明确的定义，容易因理解不同发生分歧，这是应当注意的。

（3）对开证金额的规定

在一般交易中，通常要求开足额信用证，即信用证的金额应为合同的全部金额。例如，合同规定有溢短装条款，信用证金额也应有相应体现。

（4）信用证有效期和到期地点的规定

信用证的有效期，实际上就是开证行承诺付款的期限。超过有效期，银行即自动解除其付款承诺。为了使受益人在装船后能在合理的时间制单和办理议付的必要手续，一般都在合同中明确规定，信用证的有效期应在装船日期后若干天，如 20 天。

应该注意的是，信用证的到期地点与卖方可利用信用证的期限有密切的关系。目前，关于信用证的到期地点，基本上有两种规定办法：一是在出口地到期；一是在开证行所在地到期。如果是后者，受益人的单据就必须赶在到期日之前送达开证行。这无疑缩短了有效期的天数，对卖方不利，因此，卖方往往在合同中要求在出口地到期。

（九）货物的检验条款

商品检验指由商品检验机关对进出口商品的品质、数量、重量、包装、标记、产地、残损等进行查验分析与公证鉴定，并出具检验证明，检验条例主要内容包括：检验机构、检验权与复验权、检验与复验的时间与地点、检验标准与方法以及检验证书。

在国际贸易中，检验机构主要有官方检验机构、产品的生产或使用部门设立的检验机构以及由私人或同业协会开设的公证、鉴定行。检验权与复验权的归属以及检验与复验的时间、地点，在国际货物买卖中，通常由当事人在合同中约定。检验的标准和方法，在国际贸易实践中，通常采用以下方法：按买卖双方商定的标准方法、按生产国的标准和方法、按进口国的标准和方法、按国际标准或国际习惯的方法。检验证书是检验机构出具的证明商品品质数量等是否符合合同要求的书面文件，是买卖双方交接货物，议付货款，并据以进行索赔的重要法律文件，应按照合同的具体约定出具符合合同要求或某些国家特殊法律规定的检验证书。

（十）不可抗力条款

不可抗力条款是指合同订立以后发生的当事人订立合同时不能预见的、不能避免的、人力不可控制的意外事故，导致合同不能履行或不能按期履行，遭受不可抗力一方可由此免除责任，而对方无权要求赔偿。一般来说，不可抗力来自两个方面：自然条件和社会条件。前者，如水灾、旱灾、地震、海啸、泥石流等，后者，如战争、暴动、罢工、政府禁令等，不可抗力是一个有确切含义的法律概念，并不是所有的意外事故都可构成不可抗力，有时当事人会在合同中改变不可抗力概念通常的含义，因此需要在合同中定明双方公认的不可抗力事故。

（十一）仲裁条款

仲裁条款是双方当事人自愿将其争议提交第三者进行裁决的意愿表示，仲裁条款的主要内容有：仲裁机构、适用的仲裁程序规则、仲裁地点及裁决效力。在国际贸易实践中，仲裁机构、仲裁地点都由双方约定产生，仲裁程序规则一般由选择的仲裁机构决定，仲裁裁决的效力一般是一次性的、终局的，对双方都有约束力，凡订有仲裁协议的双方，不得向法院提起诉讼。

（十二）法律适用条款

国际货物买卖合同是在营业地分处不同国家的当事人之间订立的，由于各国政治、经济、法律制度不同，就产生了法律冲突和法律适用问题，当事人应当在合同中明确宣布合同适用哪国的法律。

二、合同的履行

买卖双方经过交易磋商、达成协议后要签订书面合同，作为约束双方权利和义务的依据。在国际贸易中，买卖合同一经依法有效成立，有关当事人必须履行合同规定的义务。所以，履行合同是当事人双方共同的责任。

（一）出口合同的履行

履行出口合同的程序，一般包括备货、催证、审证、改证、租船订舱、报关、报验、保险、装船、制单、结汇等工作。这些工作可概括为货（备货）、证（催证、审证、改证）、船（租船订舱、装船）、款（制单结汇）四个环节。

1. 备货工作

备货工作是进出口公司根据合同和信用证规定，向生产加工及仓储部门下达联系单（有些公司称其为加工通知单或信用证分析单等），要求有关部门按联系单的要求，对应交的货物进行清点、加工整理、刷制运输标志以及办理申报检验和领证等项工作。联系单是各个部门进行备货、出运、制单结汇的共同依据。

（1）备货

备货工作的内容，主要包括：筹备相应配套资金；按要求向生产、加工或仓储部门组织货源或催交货物；核实货物的加工、整理、包装和刷唛情况，并对货物进行验收和清点。在备货工作中，应注意以下几问题：

1）货物的品质、规格：应按合同的要求核实，必要时应进行加工整理，以保证货物的品质、规格与合同规定一致。

2）货物的数量：应保证满足合同或信用证对数量的要求，备货的数量应适当留有余地，以备装运时可能发生的调换和适应舱容之用。

3）货物的包装和唛头（运输标志）：应进行认真检查和核实，使之符合信用证的规定，并要做到对保护商品和适应运输的要求，如发现包装不良或破坏，应及时进行修理或换装，标志应按合同规定的式样刷制。

4）备货时间：应根据信用证规定，结合船期安排，以利于船货衔接。出口商在货物备妥后，还要根据约定条件或国家规定向商品检验机构申请对出口商品进行检验。经检验合格后，商检局签发检验合格证书，海关才予以放行。

（2）报验

凡属国家规定或合同规定必须经中国进出口商品检验局检验出证的商品，在货物备齐后，应向商品检验局申请检验，只有取得商检局发给的合格检验证书，海关才准放行。凡经检验不合格的货物，一律不得出口。

申请报验的手续是，凡需要法定检验出口的货物，应填制“出口报验的申请单”，向商检局办理证件取验手续。“出口报验申请单”的内容一般包括：品名、规格、数量（或重量）、包装、产地等项。如需有外文译文时，应注意中，外文内容一致。“申请单”还应附上合同信用证副本等有关单据，供商检局检验和发证时参考。

申请报验后，如出口公司发现“申请单”内容填写有误或因国外进口人修改信用证以致货物规格有变动时，应提出更改申请，并填写“更改申请单”，说明更改事项和更改原因。

货物经检验合格，即由商检局发给检验证书，进出口公司应在检验证书规定的有效期内将货物出运。检验证书的有效期：一般货物是从发证之日起两个月内有效；鲜果、鲜蛋类为两星期；植物检疫为三星期内有效；如超过有效期装运出口，应向商检局申请展期，并由商检局进行复验合格后才能出口。

2. 催证、审证、改证

在履行以信用证方式支付货款的合同时，催开、审核和修改信用证直接关系到我国对外政策的贯彻和收汇的安全，也是履行出口合同的重要工作。

（1）催证

如果在出口合同中买卖双方约定采用信用证方式，买方应严格按照合同的规定开立信用证，这是卖方履约的前提。但在实际业务中，有时国外进口商在市场发生变化或资金发生短缺的情况时，往往会拖延开证。对此，我们应催促对方迅速办理开证手续。特别是大宗商品交易或按买方要求而特制的商品交易，更应结合备货情况及时进行催证。必要时，也可请我国驻外机构或中国银行协助代为催证。

在正常情况下，买方信用证最少应在货物装运期前 15 天（有时也规定 30 天）开到卖方手中，但在实际业务中，国外客户在遇到市场发生变化或资金短缺时，往往拖延开证，因此，出口商应经常检查开证情况。

（2）审证

出口商在收到买方开来的信用证后，应对照销售合同并依据《跟单信用证统一惯例》进行审核。审证的基本原则是信用证的内容必须与销售合同的规定相一致，否则会直接影响出口商安全收汇和履行合同。

审核信用证是银行和外贸公司的共同职责，但他们在审核的范围和内容上各有侧重。银行审证的主要内容包括政治性、政策性审核；对开证银行、保兑行资信情况的审核以及为保证安全收汇，还要审核信用证是否有明确表示保证付款的责任文句、开证行的付款责任是否加列了“限制性”条款或其他“保留”条件等。外贸公司审核信用证时侧重审查信用证的内容是否与合同一致。审核的内容一般应包括以下几个方面：

1）政治性的审查：来证国家必须是与我国有经济往来的国家和地区，应拒绝接受与我国无往来关系的国家和地区的来证。来证各项内容应符合我国方针政策，不得有歧视性内容，否则应根据不同情况向开证行交涉。

2）开证银行资信的审查：为了保证安全收汇，对开证行所在国家的财政经济状况、开证行的资信、经营作风等必须进行审查，对于资信不佳的银行，应酌情采取适当措施。

3）对信用证的性质与开证行付款责任的审查：来证应标明“不可撤销”的字样。同时证内要载有开证保证付款的文句。对有些国家的来证，虽然注明有“不可撤销”的字样，但在证内对开证行付款责任方面加列“限制性”条款或“保留”条件的条款，受益人必须特别注意。如来证注明“以领到进口许可证后通知时方能生效”，电报来证注明“另函详”等类似文句，应在接到上述生效通知书或信用证详细条款后方能生效。

4）对信用证金额与货币的审查：信用证金额应与合同金额相一致。如果合同订有

溢短装条款，信用证金额还应包括溢短部分的金额。信用证金额中单价与总值要填写正确，大、小写并用。来证所采用的货币应与合同规定相一致。如来自与我国订有支付协定的国家，使用货币应与支付协定规定相符。

5）对商品的品质、规格、数量、包装等条款的审查：证中有关商品货名、规格、数量包装、单价等内容必须和合同规定相符，特别是要注意有无另外的特殊条款，应结合合同内容认真研究，做出能否接受或是否修改的决策。

6）对信用证规定的装运期、有效期和到期地点的审查：装运期必须与合同规定一致，例如，国外来证晚，无法按期装运，应及时电请国外买方延展装运期限。信用证有效期一般应与装运期有一定的合理间隔，以便在装运货物后有足够时间办理制单结、汇工作。关于信用证的到期地点，通常要求在中国境内到期，如信用证将到期地点规定在国外或国外银行的柜台等，我们不易掌握国外银行收到单据的确切日期，这不仅影响收汇时间，而且容易引起纠纷，故一般不宜接受。

7）对单据的审查：对于来证中要求提供的单据种类和份数及填制方法等，要进行仔细审核，如发现有不正常的规定，例如，要求商业发票或产地证明须由国外第三者签证以及提单上的目的港后面加上指定码头等字样，都应慎重对待。

8）对其他特殊条款的审查：在审证时，除对上述内容进行仔细审核外，有时信用证内加列许多特殊条款（special condition），如指定船籍、船龄等条款或不准在某个港口转船等，一般不应轻易接受，但若对本方无关紧要，并且也可办到，则也可酌情灵活掌握。

以上是审证过程中需要注意的几个主要方面，其中，前三点是银行审证的重点，进出口公司只作复核性审查。在实际工作中，可能还会遇到各种各样意想不到的问题。如果认真仔细地逐条审核来证条款之后，仍有把握不住的内容，一定要向经验丰富的业务人员及有关方面的专家咨询。因为任何疏漏都有可能影响到安全结汇。

（3）改证

对信用证进行了全面细致的审核以后，如果发现问题，应区别问题的性质，分别同银行、运输、保险、商检等有关部门研究，做出恰当妥善的处理。凡是属于不符合我国对外贸易方针政策，影响合同执行和安全收汇的情况，必须要求国外客户通过开证行进修改，并坚持在收到银行修改信用证通知书后才能对外发货，以免发生货物装出后而修改通知书未到的情况，造成本方工作上的被动和经济上的损失。在办理改证工作中，需要注意下面几个问题：

1）需要修改的各项内容，应做到一次向国外客户提出，尽量避免由于我们考虑不周而多次提出修改要求。否则，不仅增加双方的手续和费用，而且对外造成不良影响。

2）对不可撤销信用证中任何条款的修改，都必须在有关当事人全部同意后才能生效，这是各国银行公认的惯例。

3）对来证不符合规定的各种情况，还需做出具体分析，不一定坚持要求对方办理改证手续。只要来证内容不违反政策原则并能保证本方安全迅速收汇，我们也可以灵活掌握。

4）对于开证行根据客户申请发出的修改通知的内容，也要认真地进行审核，如发现修改后的内容仍不能接受时，应及时提请再次修改。

总之，对国外来证的审核和修改，是保证顺利履行合同和安全迅速收汇的必要前提，我们必须给予足够的重视，认真作好审证工作。

3. 租船、订舱和装运

当货物备妥，有关信用证经审核修改无误后，出口合同履行即进入到租船订舱和装船的阶段。各进出口公司在CIF或CFR合同下，还必须做好租船订舱工作，办理报关、投保等手续。当货物备妥，有关信用证经审核修改无误后，出口合同履行即进入到租船订舱和装船的阶段。

（1）租船订舱

租船与贸易成交一样，其一般程序是询租、报盘、还盘、接受和签约。在CIF或CFR条件下，租船订舱是卖方的主要职责之一。

如出口货物数量较大，需要整船载运的，则要对外办理租船手续；如出口货物数量不大，不需整船装运的，可由外运公司代为洽订班轮或租订部分舱位运输。

租船订舱的简单程序如下面所述：

1）进出口公司委托外运公司办理托运手续，填写托运单（shipping note），亦称“订舱委托书”递送外运公司作为订舱依据。

2）外运公司收到托运单后，审核托运单，确定装运船舶后，将托运单的配舱回单退回，并将全套装货单（shipping order）交给进出口公司填写，然后由外运公司代表进出口公司作为托运人向外轮代理公司办理货物托运手续。

3）货物经海关查验放行后，即由船长或大副签收“收货单”。收货单是船舶公司签发给托运人的表明货物已装妥的临时收据。托运人凭收货单向外轮代理公司交付运费并换取正式提单。

（2）报关

报关是指进出口货物装船出运前，向海关申报的手续。按照我国海关法规定：凡是进出国境的货物，必须经由设有海关的港口、车站、国际航空站进出，并由货物所有人向海关申报，经过海关放行后，货物才可提取或者装船出口。当前，我国的进出口公司在办理报关时，必须填写出口货物报关单，必要时还需提供出口合同副本、发票、装箱单、重量单、商品检验证书及其他有关证件，向海关申报出口。

（3）投保

凡是按CIF价格成交的出口合同，卖方在装船前，须及时向中国人民保险公司办理投保手续，填制投保单。出口商品的投保手续一般都是逐笔办理的。投保人在投保时应将货物名称、保额、运输路线、运输工具、开航日期、投保险别等一一列明。

由于我国进出口公司同中国人民保险公司的业务量较大，为简化手续，一般不填写投保单，而是利用出口货物明细单或货物出运分析单等替代投保单，保险公司接受投保，签发保险单或保险凭证。

从以上出口合同履行的环节可以看出，在出口合同履行过程中，货、证、船的衔接

是一项极其细致而复杂的工作。因此，进出口公司为做好出口合同的履行，必须加强对出口合同的科学管理，建立起能反映出口合同执行情况的进程管理制度，采取相应的管理措施，做好“四排”、“三平衡”的工作。“四排”是以买卖合同为对象，根据进程卡片反映的情况，其中包括信用证是否开到、货源能否落实，进行分析排队。并归纳为四类，即“有证有货、有证无货、无证有货、无证无货”，发现问题，及时解决。“三平衡”是指以信用证为对象，根据信用证规定的货物装船期和信用的有效期，结合货源和运输能力的具体情况，分别轻重缓急，力求做到证、货、船三方面的衔接和平衡。尽力避免交货期不准、拖延交货期或不交货等现象的产生。

4. 制单结汇

出口货物装出之后，进出口公司即应按照信用证的规定，正确缮制各种单据。在信用证规定的交单有效期内，递交银行办理议付结汇手续。

（1）结汇的方法

我国出口结汇的办法有三种：收妥结汇、押汇和定期结汇。

1）收妥结汇。收妥结汇又称收妥付款，是指议付行收到外贸公司的出口单证后，经审查无误，将单据寄交国外付款行索取货款，待收到付款行将货款拨入议付行账户通知书时，即按当时外汇牌价，折成人民币拨给外贸公司。

2）押汇。押汇又称买单结汇，是指议付行在审单无误的情况下，按信用证条款买入受益人（外贸公司）的汇票和单据，从票面金额中扣除从议付日到估计收到票款之日的利息，将余款按议付日外汇牌价折成人民币，拨给外贸公司。议付行向受益人垫付支付资金买入跟单汇票后，即成为汇票持有人，可凭票向付款行索取票款。

3）定期结汇。定期结汇是议付行根据向国外付款行索偿所需时间，预先确定一个固定的结汇期限，到期后主动将票款金额折成人民币拨付外贸公司。

（2）结汇的主要单据

结汇的主要单据有汇票、发票、提单、保险单、产地证明书、装箱单、重量单或检验证书等。在以信用证作为支付方式下，以上单据的缮制应严格按照信用证规定办理。随着网络技术的迅速发展，各国对传统的贸易程序和制单工作进行了不断改革，如使用EDI进行报关、商检等，以减少单据的重复录入，降低业务成本，加快贸易进程。

（3）索赔和理赔

在出口合同履行过程中，如因国外买方未按合同规定履行义务，致使我方遭受损失，可根据不同对象、不同原因以及损失大小，向对方提出索赔。在向国外提出索赔时，要本着实事求是的精神，尽可能通过友好协商的办法解决，做到既要维护本方的正当权益，又不影响双方的贸易关系。

如果本方交货的品质、数量、包装不符合合同的规定，在买方享有复验权的情况下，国外客户即使已经支付货款，本方仍可提出索赔。在处理索赔时，应注意下列两点：

1）要认真细致地审核国外买方提出的单证和出证机构的合法性。对其检验的标准和方法也都要一一核对，以防买方串通检验机构弄虚作假或国外的检验机构检验有误。

2）要认真作好调查研究，弄清事实，分清责任。为此，必须会同生产部门和运输部门对商品品质、包装、储存、摆货、运输等方面进行周密调查，然后把单证材料和实际情况结合起来，进行分析研究，查清货物发生损失的环节、原因，并确定责任属于何方。如果属于船运公司或保险公司的责任范围，由船运公司或保险公司处理；如确实属于卖方的责任，我们就应实事求是地予以赔偿。对国外商人提出的不合理要求，我们必须根据可靠的资料，予以拒绝。

（二）进口合同的履行

履行进口合同的主要环节是：开立信用证、租船订舱和装运、保险、审单和付汇、报关和接货、验收和拨交、进口索赔。

1. 开立信用证

进口合同签订后，按照合同规定填写开立信用证申请书向中国银行办理开证手续。信用证的内容就与合同条款一致，例如，品质规格、数量、价格、交货期、装货期、装运条件及装运单据等，应以合同为依据，并在信用证中一一作出规定。

信用证的开证时间，应按合同规定办理。如果合同规定在卖方确定交货期后开证，我们应在接到卖方上述通知后开证；如果合同规定在卖方领到出口许可证并支付履约保证金后开证，应在收到对方已领到许可证的通知或银行已收保证金后开证。

对方收到信用证后，如提出修改信用证的请求，经我方同意后，即可向银行办理改证手续。最常见的修改内容有展延装运期、信用证有效期和变更装运港口等。

2. 租船订舱和催装

FOB 价格条件下的进口合同，租船订舱应由买方负责。目前，我国进口货物的租船订舱工作统一委托外运公司办理。如果合同规定，卖方在交货前一定时期内应将预装日期通知我方。我方在接到上述通知后，应及时向外运公司办理租船订舱手续。在办妥租船订舱手续后，我们应按规定的期限通知对方船名及船期，以便对方备货装船。同时，我们还应随时了解和掌握卖方备货和装前的准备工作情况，注意催促对方按时装运。对数量大的货物进口，如果有必要亦可请我驻外机构就地了解、督促或派员前往出口地点检验监督。国外装船后，卖方应按合同规定的内容，用电报通知我方以便我方办理保险和接货等项手续。

3. 保险

FOB 或 CFR 价格条件下的进口合同，保险由买方办理。凡是进口货物由我国进出口分司委托中国对外贸易运输公司办理，并由外运公司同中国人民保险公司签订预约保险合同，其中对各种货物应保的险别作了具体规定。按照预约保险合同的规定，所有按 FOB 及 CFR 条件进口货物的保险，都由中国人民保险公司承保。因此，每批进口货物，在收到国外装船通知后，将船名、提单号、开船日期、商品名称、数量、装运港、目的

港等项内容通知保险公司，即作为已办妥保险手续。

4. 审单和付汇

中国银行收到国外寄来的汇票及单据后，对照信用证的规定，核对单据的份数和内容。如果内容无误，中国银行对国外付款。

同时进出口以使用人民币按照国家规定的有关折算的牌价向中国银行买汇赎单。进出口公司凭中国银行出具的“付款通知书”向用货部门进行结算。如果审核国外单据发现证、单不符时，要立即处理，要求国外改正或停止对外付款。

5. 报关和接货

进口货物到货后，由进出口公司或委托外运公司根据进口单据填写“进口货物报关单”向海关申报，并随附发票、提单及保险单。如果属法定检验的进口商品，还须随附商品检验证书。货、证经海关查验无误，才能放行。

进口货物运达港口卸货时，港务局要进行核对。如果发现短缺，应及时填制“短卸报告”交由船方签认，并根据短缺情况向船运公司发送索赔权的书面声明。卸货时，如发现残损，货物应存放于海关指定仓库，待保险公司会同商检局检验后做出处理。

6. 验收和拨交

进口货物须经商检局进行检验。如果有残损短缺，凭商检局出具的证书对外索赔。对于合同规定在卸货港检验的货物，已发现残损短缺有异状的货物或合同规定的索赔期即将满期的货物等，都需要在港口进行检验。

在办完上述手续后，进出口公司委托中国对外贸易运输公司提取货物并拨交给订货部门，外运公司以“进口物资代运发货通知书”通知订货部门在目的地办理收货手续。同时通知进出口公司代运手续已办理完毕。如订货部门不在港口，所有关税及运往内地费用由外运公司向进出口公司结算后，进出口公司再向订货部门结算货款。

7. 进口索赔

进口商品常因品质、数量、包装等不符合合同的规定，而需向有关方面提出索赔。根据造成损失原因的不同，进口索赔的对象主要有三个方面。

（1）向卖方索赔

凡属下列情况者，均可向卖方索赔。例如，原装数量不足；货物的品质、规格与合同规定不符；包装不良致使货物受损；未按期交货或拒不交货等。

（2）向轮船公司索赔

凡属下列情况者，均可向轮船公司索赔。例如，原装数量少于提单所载数量；提单是清洁提单，而货物有残缺情况，且属于船方过失所致；货物所受的损失，根据租船合约有关条款应由船方负责等。

（3）向保险公司索赔

凡属下列情况者，均可向保险公司索赔。例如由于自然灾害、意外事故或运输中其他事故的发生致使货物受损，并且属于承保险别范围以内的；凡轮船公司不予赔偿金额不足抵补损失的部分，并且属于承保范围内的。

（4）在进口业务中，办理对外索赔时一般应注意的事项

1）关于索赔证据：对外提出索赔需要提供证据，首先应制备索赔清单，随附商检局签发的检验证书、发票、装箱单、单副本；其次，对不同的索赔对象还要另附有关证件，向卖方索赔时，应在索赔证件中提出确切根据和理由，如是FOB或CFR合同，还须随附保险单一份；向轮船公司索赔时，须另附由船长及港务局理货员签证的理货报告，船长签证短卸或残损证明；向保险公司索赔时，须另附保险公司与买方的联合检验报告等。

2）关于索赔金额：索赔金额，除受损商品的价值外，有关的费用也可提出，如商品检验费、装卸费、银行手续费、仓租、利息等都可包括在索赔金额内，至于包括哪几项，应根据具体情况确定。

3）关于索赔期限：对外索赔必须在合同规定的索赔有效期限内提出，过期无效。如果商检工作可能需要更长的时间，可向对方要求延长索赔期限。

4）关于卖方的理赔责任：进口货物发生了损失，除属于轮船公司及保险公司的赔偿责任外，如属卖方必须直接承担的职责，应直接向卖方要求赔偿，防止卖方制造借口向其他方面推卸理赔责任。

目前，我们的进口索赔工作，属于船方和保险公司责任的由外运公司代办；属于卖方责任的由进出口公司直接办理。为了做好索赔工作，要求进出口公司、外运公司、订货部门、商检局等各有关单位密切协作，要做到检验结果正确，证据属实，理由充实，赔偿责任明确，并要及时向有关方面提出，力争把货物所受到的损失如数取得补偿。

阅读资料

进口涉及的费用

货物的进口成本＝进口合同的成本价＋进口费用

进口的费用包括很多内容，如果以FOB条件从国外装运为基础，有以下几项内容：

1）国外运输费用：从出口国港口、机构或边境到我国边境、港口、机场等的海、陆、空的运输费用。

2）运输保险费：上述运输途中的保险费用。

3）卸货费用：这类费用包括码头卸货费、起重机费、驳船费、码头建设费、码头仓租费等。

4）进口税货物在进口环节由海关征收（包括代征）的税种有：关税、产品税、增值税、工商统一税及地方附加税、盐税、进口调节税、对台贸易调节税、车辆购置附加费等。

- 关税：是货物在进口环节由海关征收的一个基本税种。关税的计算公式为

进口关税税额＝完税价格（合同的到岸价）×关税税率

- 产品税、增值税、工商统一税、地方附加税：都是在货物进口环节由海关代征的税种。

产品税、增值税和工商统一税三种税额的计算方法为

完税价格＝（到岸价格＋关税）/（1－税率）

应纳税额＝完税价格×税率

● 进口调节税是对国家限制进口的商品或其他原因加征的税种。其计算公式为

进口调节税税额＝到岸价格×进口调节税税率

● 车辆购置附加费：进口大、小客车、通用型载货汽车、越野车、客货两用车、摩托车、牵引车、半挂牵引车以及其他运输车，均由海关代征车辆购置附加费，费率是15%。其计算公式为

计费组合价格＝到岸价＋关税＋增值税

车辆购买附加费＝计费组合价格×15%。

上述各种税金均以人民币计征。

5）银行费用。我国进口贸易大多通过银行付款。银行要收取有关手续费，如开证费、结汇 手续费等。

6）进口商品的检验费和其他公证费。

7）报关提货费。

8）国内运输费。

9）利息支出。即从开证付款至收回货款之间所发生的利息。

10）外贸公司代理进口费。

11）其他费用，如杂费等。

（资料来源：http://nc.mofcom.gov.cn/news/4064597.html）

第三节　国际贸易结汇方式及信用证

一、国际贸易结汇概述

（1）结汇的概述

结汇是指外汇收入所有者将其外汇收入出售给外汇指定银行，外汇指定银行按一定汇率付给等值的本币的行为。结汇有强制结汇、意愿结汇和限额结汇等多种形式。强制结汇是指所有外汇收入必须卖给外汇指定银行，不允许保留外汇；意愿结汇是指外汇收入可以卖给外汇指定银行，也可以开立外汇账户保留，结汇与否由外汇收入所有者自己决定；限额结汇是指外汇收入在国家核定的数额内可不结汇，超过限额的必须卖给外汇指定银行。目前，我国主要实行的是强制结汇制，部分企业经批准实行限额结汇制；对境内居民个人实行意愿结汇制。

（2）结汇要求

国内单位取得以下外汇收入的必须结汇，不能保留外汇：①出口或者先支后收转货物及其他交易行为收入的外汇。其中用跟单信用证、保函和跟单托收方式结算的贸易出口外汇可以凭有效商业单据结汇，用汇款方式结算的贸易出口外汇持出口收汇核销单结汇；②境外贷款项下国际招标中标收入的外汇；③海关监管下境内经营免税商品收入的外汇；④交通运输（包括各种运输方式）及港口（含空港）、邮电（不包括国际汇兑款）、广告、咨询、展览、寄售、维修等行业以及为各类代理业务提供商品或者服务收入的外汇；⑤行政、司法机关收入的各项外汇规费、罚款等；⑥土地使用权、著作权、商标权、专利权、非专利技术、商誉等无形资产转让收入的外汇，但上述无形资产属于个人所有的，可不结汇；⑦境外投资企业汇回的外汇利润、对外经援项下收回的外汇和境外资产的外汇收入；⑧对外索赔收入的外汇、退回的外汇保证金等；⑨出租房地产和其他外汇资产收入的外汇；⑩保险机构受理外汇保险所得外汇收入；⑪取得《经营外汇业务许可证》的金融机构经营外汇业务的净收入；⑫国外捐赠、资助及援助收入的外汇；⑬国家外汇管理局规定的其他应当结汇的外汇；⑭外商投资企业经常项目下外汇收入可在外汇局核定的最高金额以内保留外汇，超出部分应当卖给外汇指定银行或者通过外汇调剂中心卖出。

2008 年 8 月国务院发布修订后的《中华人民共和国外汇管理条例》（以下简称新《条例》）。新《条例》取消了企业经常项目外汇收入强制结汇的要求，从而有助于减轻国家外汇储备的压力。原《条例》规定：境内机构的经常项目外汇收入应当卖给外汇指定银行或者经批准在外汇指定银行开立外汇账户。新《条例》取消了该强制性要求，境内机构可以保留外汇收入。同时，新《条例》取消外汇收入强制调回境内的要求，允许外汇收入存放境外。

新《条例》鼓励资本流出，简化对境外直接投资的行政审批程序，增设境外主体在境内筹资、境内主体对境外证券投资和衍生产品交易、境内主体对外提供商业贷款等的管理原则。

新《条例》大大加强对跨境资金流动的监测，建立国际收支应急保障制度。新《条例》要求经营项目外汇收支应具有真实和合法的交易基础，规范资本项目外汇收入结汇管理，要求资本项目外汇和结汇资金应按照批准的用途使用，增加对外汇资金非法流入、非法结汇和违法流向等行为的处罚规定。

二、国际贸易结汇方式

出口货物装出之后，进出口公司即应按照信用证的规定，正确缮制箱单、发票、提单、出口产地证明、出口结汇等单据。在信用证规定的交单有效期内，递交银行办理议付结汇手续。结汇方式是出口货物发货人或其代理通过银行收结外汇的方式。结汇方式代码分为汇付、托收、信用证和其他。其中汇付方式一般有电汇（telegraphic transfer，T/T）、票汇（demand draft，D/D）、信汇（mail transfer，M/T）等方式，由于电子化的高速发展，现在汇款主要使用电汇方式。

1. 汇付

汇付包括：①信汇，买方将货款交给进口地银行，由银行开具付款委托书，邮寄出口地银行，委托其向卖方付款；②电汇，进口地银行应买方申请，直接用电报发出付款委托书，委托出口地银行向卖方付款；③票汇，买方向进口地银行购买银行汇票转寄卖方，由卖方或其指定的人持票向出口地有关银行取款。

2. 托收

托收包括：①付款交单（D/P），指卖方托收时指示托收行，只有在买方付清货款时才交出单据；②承兑交单（D/A），指买方承兑汇票后即可取得单据，提取货物，待汇票到期时才付货款；③信用证（L/C），信用证是银行在买卖双方之间保证付款的凭证，银行根据买方的申请书，向卖方开出保证付款的信用证，即只要卖方提交符合信用证要求的单据，银行就保证付款；④经营性项目结汇对于境内机构等值 5 万美元（含 5 万美元）以下的贸易出口外汇收入，银行可以先予以办理结汇或入账，并在结汇水单或收账通知的出口收汇核销专用联注明相应的核销单编号。

对于境内机构等值 5 万美元以上的贸易出口外汇收入分别按以下规定办理结汇或入账，并在结汇水单或收账通知上注明相应的核销单编号。

1）以跟单信用证、保函或跟单托收方式结算的贸易出口收汇，银行凭上述结算方式规定的有效商业单据和出口单位提供的与出口业务相应的出口收汇核销单编号办理结汇或入账。

2）对于等值 5 万美元以上经外汇局确定为“结汇信得过企业”以汇款方式结算的贸易出口收汇，银行可先结汇或入账，事后凭收汇单位提供的加盖海关“验讫”章的出口收汇核销单正本核对。银行须自结汇或入账之日起 3 个工作日内，通知收汇单位到银行办理有关核对手续。收汇单位须持收汇凭证及加盖海关“验讫”章的出口收汇核销单正本，自结汇或入账之日起 30 个工作日内，到银行办理有关核对手续。

3）对于等值 5 万美元以上非“结汇信得过企业”以汇款方式结算的贸易出口收汇，凭加盖海关“验讫章”的出口收汇核销单正本办理结汇或入账。

4）出口项目下预收货款结汇或入账，银行凭经外汇局备案并盖有“预收货款章”的正本出口收汇核销单和出口合同办理.。

境内机构非贸易及单方面转移等其他经常项目下等值 2 万美元（含 2 万美元）以下的外汇收入，银行可以先予以办理结汇或入收。

对于境内机构等值 2 万美元以上的非贸易及单方面转移等其他经常项目下外汇收入，金额在等值 2 万美元以上 5 万美元（含 5 万美元）以下的，银行凭收汇单位提供的正本合同（协议）、发票等其他凭证办理结汇或入账；超过等值 5 万美元的，收汇单位应持合同（协议）、发票等其他凭证向外汇局申请，由外汇局审核真实性，银行凭外汇局的核准件为收汇单位办理结汇或入账手续。

对于先结汇或入账，事后核对的汇入汇款，银行办理结汇或入账后，不得出具结汇水单或收账通知，但应在结汇或入账时逐笔登记，收汇单位在规定期限内提供相应结汇凭证及加盖海关“验讫章”的出口收汇核销单正本并逐笔核实后，出具结汇水单或收账通知。

对于等值 5 万美元以上非“结汇信得过企业”的经营项目外汇收入，如收汇单位不能向银行或外汇局提供相应凭证，银行不得办理结汇，必须将原币划入银行暂收专户。

对于等值5万美元以上"结汇信得过企业"的经营项目外汇收入，如收汇单位事后不能按规定期限向银行提供相应凭证并办理有关核对手续的，银行应按当日汇率冲回原币划入银行暂收专户。

代理出口项下出口收汇，如委托方为有权保留外汇的境内机构，收款行收汇后可以凭代理方提供的正本委托代理协议，出口合同及委托方的《外商投资企业外汇登记证》或《外汇账户使用证》办理原币划转，并在结汇水单或收账通知上注明出口收汇核销单编号。如委托方为不得保留外汇的境内机构，未经外汇局批准其出口收汇不得原币划转，收款行按本办法结汇后将人民币划至委托方。

出口信用保险和其他出口货物保险所得的理赔款等，银行可凭出口收汇核销单结汇或入账，并出具有核销单编号的结汇水单或收账通知。

三、信用证

1. 信用证概述

（1）信用证当事人

信用证（letter of credit，L/C）作为一种由银行依照客户的要求和指示开立的有条件承诺付款的书面文件。信用证当事人有：①开证申请人（applicant），向银行申请开立信用证的人，在信用证中又称开证人（opener）；②开证行（opening/issuing bank），接受开证申请人的委托开立信用证的银行，它承担保证付款的责任；③通知行（advising/notifying bank），指受开证行的委托，将信用证转交出口人的银行，它只证明信用证的真实性，不承担其他义务；④受益人（beneficiaries），指信用证上所指定的有权使用该证的人，即出口人或实际供货人；⑤议付银行（negotiating bank），指愿意买入受益人交来跟单汇票的银行；⑥付款银行（paying/drawee bank），信用证上指定付款的银行，在多数情况下，付款行就是开证行。

（2）信用证的一般收付程序

信用证方式的一般收付程序包括：①开证申请人根据合同填写开证申请书并交纳押金或提供其他保证，请开证行开证；②开证行根据申请书内容，向受益人开出信用证并寄交出口人所在地通知行；③通知行核对印鉴无误后，将信用证交受益人；④受益人审核信用证内容与合同规定相符后，按信用证规定装运货物、备妥单据并开出汇票，在信用证有效期内，送议付行议付；⑤议付行按信用证条款审核单据无误后，把贷款垫付给受益人；⑥议付行将汇票和货运单据寄开证行或其特定的付款行索偿；⑦开证行核对单据无误后，付款给议付行；⑧开证行通知开证人付款赎单。

（3）信用证的主要内容

信用证的主要内容包括：①对信用证本身的说明，如其种类、性质、有效期及到期地点；②对货物的要求，根据合同进行描述；③对运输的要求；④对单据的要求，即货物单据、运输单据、保险单据及其他有关单证；⑤特殊要求；⑥开证行对受益人及汇票持有人保证付款的责任文句；⑦国外来证大多数均加注："除另有规定外，本证根据国

际商会《跟单信用证统一惯例（1993年修订）》即国际商会500号出版物（《UCP500》）办理"；⑧银行间电汇索偿条款（T/T reimbursement clause）。

（4）信用证的特点

信用证作为一种国际贸易普遍支付方式具有以下特点：①信用证是一种银行信用，《UCP500》规定：信用证是一项约定，按此约定，根据规定的单据在符合信用证条件的情况下，开证银行向受益人或其指定人进行付款、承兑或议付；②信用证是一种自足文件，《UCP500》规定：信用证与其可能依据的买卖合同或其他合同是相互独立的交易。即使信用证中提及该合同，银行也与该合同无关且不受其约束；③信用证是一种单据的买卖，《UCP500》规定：在信用证业务中，各有关方面处理的是单据，而不是与单据有关的货物、服务及其他行为。只要受益人或其指定人提交的单据表面上符合信用证规定，开证行就应承担付款、承兑或支付的责任。

2. 信用证的风险

信用证方式虽比较能为买卖双方所共同接受，但由于它所固有的独特性质（特别是它的机械的"严格一致"原则）常为不法商人行骗所利用，客观上也存在一系列的风险，从出口贸易业务的角度分析，出口方的风险主要有以下几个方面。

（1）在下列情况下，信用证方式比托收的风险还大

1）软条款信用证。软条款信用证是指开证行在信用证内列有货方不易办到或即使办到也会被开证行及客户借故拒付的条款，例如，在信用证中规定"检验证必须由国外某客户签字，并与开证行留存的字样相同"。由于货方并不知道留存在开证行的签字是何样，一旦该客户存心诈骗，将留存的字样更换或迟迟不把签字检验证寄回，将造成单证不符而遭拒付。

2）信用证中规定的特殊条款。要求寄提单或由议付行寄一份正本提单给国外某客户，如果照办，国外客户不用付款就可拿到提单提货，客户将货提走后，就能以质量等借口或在单证上找茬拒付。这一后果比托收方式还严重，因为在正常托收中，D/P 方式（付款交单）要客户将货款交银行后，才能拿到提单等货运单据；即使用D/A（承兑交单）方式，起码要由客户在汇票上"承兑"（作付款承诺）后，才能拿到提单进行提货，而用上述信用证方式，貌似银行开证可以太平无事了，其实潜存着极大的风险。

（2）进口商不依合同开证

买卖合同，其条款应与买卖合同严格一致。但实际上由于多种原因，进口商不依照合同开证，从而使合同的执行发生困难或者使出口商遭受额外的损失。最常见的是：进口商不按期开证或不开证（如在市场变化和外汇、进口管制严格的情形下）；进口商在信用证中增添一些对其有利的附加条款（如单方面提高保险险别、金额、变换目的港、更改包装等），以达到企图变更合同的目的；进口商在信用证中作出许多限制性的规定等。

（3）进口商故设障碍

进口商往往利用信用证“严格一致”的原则，蓄意在信用证中增添一些难以履行的条件或设置一些陷阱。例如，规定不确定，有字误以及条款内容相互矛盾的信用证。信用证上存在字误，如受益人名称、地址、装运船、地址、有效期限等打错字，不要以为是小错误，它们将直接影响要求提示的单据，有可能成为开证行拒付的理由。此外，信用证中规定禁止分批装运却又限定每批交货的期限，或既允许提示联运提单却又禁止转船，或者要求的保险的种类相互重叠等，这些无疑是相互矛盾的。

（4）进口商伪造信用证

进口商伪造信用证或窃取其他银行已印好的空白格式信用证，或者与已倒闭或濒临破产的银行的职员恶意串通开出信用证等寄与出口商，若未察觉，将导致出口商货款两空。所谓“伪造信用证诈骗”，是指进口商在提供假信用证的基础上，为获得出口方的信任，蓄意伪造国际大银行的保兑函，以达到骗取卖方大宗出口物的目的，例如，某银行曾收到一份由印度尼西亚雅加达亚欧美银行发出的要求纽约瑞士联合银行保兑的电开信用证，金额为600万美元，受益人为广东某外贸公司，出口货物是200万条干蛇皮，但查银行年鉴，没有该开证行的资料，稍后，又收到苏黎世瑞士联合银行的保兑函，但其两个签字中，仅有一个相似，另一个无法核对。此时，受益人称货已备妥，急待装运，以免误了装船期。为了慎重起见，该银行一方面劝阻受益人暂不出运，另一方面，抓紧与纽约瑞士联合银行和苏黎世瑞士联合银行联系查询，先后得到答复：“从没听说过开证行情况，也未保兑过这一信用证。”至此，可以确定，该证为伪造保兑信用证，诈骗分子企图凭证骗取我方出口货物。

又如，河南某外贸公司曾收到一份以英国标准麦加利银行伯明翰分行（STANDARD CHARTE-RED BANK ITD．BIRMINGHAM BRANCH，ENGLAND）名义开立的跟单信用证，金额为USD 37 200.00元，通知行为伦敦国民西敏寺银行（NATIONAL WESTLMB VSTER BANK LTD．LONDON）。因该证没有像往常一样经受益人当地银行通知，真实性未能确定，故该公司在发货前拿该证到某银行要求鉴别真伪。经银行专业人员审核，发现几点可疑之处：①信用证的格式很陈旧，信封无寄件人地址，且邮戳模糊不清，无法辨认从何地寄出；②信用证限制通知行——伦敦国民西敏寺银行议付，有违常规；③收单行的详细地址在银行年鉴上查无；④信用证的签名为印刷体，而非手签，且无法核对。

信用证要求货物空运至尼日利亚，而该国为诈骗案多发地。根据以上几点，银行初步判定该证为伪造信用证，后经与开证行总行联系查实，确是如此。从而避免了一起伪造信用证诈骗。

（5）进口商规定要求不易获得的单据的信用证

某特定人签字的单据，注明货物配船部位，装在船舱内的货柜提单或明确要求FOB可CFR条件下凭保险公司回执申请议付，这些对作为受益人的卖方来说根本无法履行或非卖方所能控制。例如，信用证规定，要求受益人提供由商检局出具品质和数量和价格检验证明的条款，根据中国商品检验局的规定，商检局只能出具品质和数量的检验证明，但

不能出具价格的检验证明。因此，非卖方所能获得，应及时要求买方通过银行修改，取消有关价格检验的词句。例如，我国对国外出口的陶瓷、散装矿石等，信用证规定瓷管需装单舱、散装矿石要求装单舱或不准装深柜，必须在提单上加注“不准装深柜”。在实际工作中固然应适当考虑收货人的要求，但不能作为一条规定列入信用证内，因为：①配舱是属船方的权力范围，只要承运人对货物不违反适当地、谨慎地装船配载原则，货主是不能干涉的；②船方配货是根据全船货物全盘考虑的，不可能由货主分别指定部位装船。

（6）信用证规定的要求与有关国家的法律规定不一或有关部门规章不一

实践中，卖方不可疏忽大意的是虽然信用证表面规定有利于己方的条件，但有关国家或地方的法律以及有关出单部门的规定，不允许信用证上的规定得以实现，因此，应预防、了解在先，适当时应据理力争，删除有关条款，不应受别国法律的约束。例如，国外开来的远期信用证中，规定利息或最终贴现费由买方负担，但到期付款，开证行又要求扣除利息所得税，因为根据有关国家或地方法律，对利息收入均苛征所得税。

知识拓展

巴黎国民银行根据法国《税法》第 125 条，擅自从付给受益人的利息中扣除了 30%的利息收入，而根据法国政府征收所得税的对象应是法国的企业和公民，而远期汇票是由我国出口公司融资，利息规定由买方负担利息，所以不应扣除利息所得税。此外，意大利、塞浦路斯等亦有类似规定，作为出口商应予充分考虑，电洽国外买方修改信用证中可能涉及扣除利息所得税的条款。

例如，国外开来的信用证规定，要求投保伦敦协会的保险和中国人民保险公司的保险条款，根据信用证要求投保伦敦协会的一切险（all risks）和中国人民保险公司的战争（war risks）条款，虽然这两种险别可以同时投保，但根据中国人民保险公司的规定，不能同时投保中外两个保险机构，只能取其一。因此，中方出口商应及时联系客户，删除其中一个机构，然后再投保。

（7）涂改信用证诈骗

进口商将过期失效的信用证刻意涂改，变更原证的金额，装船期和受益人名称，并直接邮寄或面交受益人，以骗取出口货物或诱使出口方向其开立信用证，骗取银行融资。例如，江苏某外贸公司曾收到一份由香港客商面交的信开信用证，金额为 318 万美元，当地中行审核后，发觉该证金额、装船期及受益人名称均有明显涂改痕迹，于是提醒受益人注意，并立即向开证行查询，最后查明此证是经客商涂改后，交给外贸公司，企图以此要求我方银行向其开出 630 万美元的信用证，以便在国外招摇撞骗。事实上，这是一份早已过期失效的旧信用证。幸亏我方银行警惕性高，才及时制止了这一起巨额信用证诈骗案。

（8）规定必须另行通知才能生效的信用证

如果信用证规定须进一步才能装船、装船日期另行通知、进口许可证需核准、货物样品经检验认可等，都可能造成因不通知而不了了之，致使卖方备货后，由于货价的上涨或下跌而受损失。

（9）规定要求的内容已非信用证交易实质

如果信用证规定必须在货物运至目的地后，货物经检验合格后或经外汇管理当局核准后才付款，或者规定以进口商承兑汇票为付款条件，如果买方不承兑，开证行就不负责任，这些已非信用证交易，对出口商也没有保障可言。

阅 读 资 料

电子转单注意事项

1. 出境电子转单

1）由产地检验检疫机构向出境检验检疫关系人以书面方式提供报检单号、转单号及密码等。

2）出境检验检疫关系人凭报检单号、转单号及密码等到出境口岸检验检疫机构申请《出境货物通关单》。

3）按《口岸查验管理规定》需核查货证的，出境检验检疫关系人应配合出境口岸检验检疫机构做好口岸查验工作。

2. 入境电子转单

1）由入境口岸检验检疫机构以书面方式向入境检验检疫关系人提供报检单号、转单号及密码等。

2）入境检验检疫关系人应凭报检单号、转单号及密码等，及时向目的地检验检疫机构申请实施检验检疫。

（资料来源：class.wtojob.com/class95_33021.shtml）

小 结

贸易术语是为适应国际贸易的特点，在长期的贸易实践中形成的一种贸易惯例。

国际贸易惯例是指在长期的国际贸易实践中所形成的具有普遍意义的一些习惯性做法与规定。《国际贸易术语解释通则》得到国际上多数国家的接受，是当前国际贸易中应用范围最广、影响最大的一种惯例，它既适用于各类运输，也适用于当前用EDI的方式交换单证的需要。

在《2000年通则》中，将全部13种贸易术语按不同贸易类别分成了E、F、C、D四组。在我国对外贸易中，经常使用的主要贸易术语为FOB、CFR和CIF三种。

在国际货物买卖合同中，除说明采用何种贸易术语成交外，还应就成交商品的名称、品质、数量、包装、价格、运输、保险、支付、检验、索赔和仲裁等交易条款作出明确具体的规定。

履行出口合同的程序，一般包括备货、催证、审证、改证、租船订舱、报关、报验、保险、装船、制单、结汇等工作。这些工作可概括为：货（备货）、证（催证、审证、改证）、船（租船订舱、装船）、款（制单结汇）四个环节。

结汇方式是出口货物发货人或其代理通过银行收结外汇的方式。结汇方式代码分为汇付、托收、信用证和其他。

案例分析

国际贸易合同案例

案例背景

某年我国某外贸公司出售一批核桃给数家英国客户，采用CIF术语，凭不可撤销即期信用证付款。由于销售核桃的销售季节性很强，到货的迟早，会直接影响货物的价格，因此，在合同中对到货时间作了以下规定："10月份自中国装运港装运，买方保证载货轮船于12月2日抵达英国目的港。如载货轮船迟于12月2日抵达目的港，在买方要求下，卖方必须同意取消合同，如货款已经收妥，则须退还买方。"合同订立后，我外贸公司于10月中旬将货物装船出口，凭信用证规定的装运单据（发票、提单、保险单）向银行收妥货款。不料，轮船在航运途中，主要机件损坏，无法继续航行。为保证如期抵达目的港，我外贸公司以重金租用大马力拖轮拖带该轮继续前进。但因途中又遇大风浪，致使该轮抵达目的港的时间，较合同的限定的最后日期晚了数小时。适遇核桃市价下跌，除个别客户提供外，多数客户要求取消合同。我外贸公司最终因这笔交易遭受重大经济损失。

讨论：

（1）我国某外贸公司与英国客户所签订的合同，是真正的CIF合同吗？

（2）关于问题（1）的结论是或不是，请说明理由。

案例解析

分析一：分析该案例中，合同条款规定卖方须保证货物抵达目的港的时间，这一规定与CIF术语的风险划分相矛盾，所以不是真正的合同。

分析二：合同中规定付款后买方在货物不能及时抵达目的港的情况下，应买方要求，须退款。

这一要求与付款条款的规定（凭不可撤销即期信用证付款）相矛盾，所以在履行合同时买方承担很大风险。

结论：我外贸公司应吸取这次贸易的教训，在今后交易中尽力避免制订此类不切实际合同。

（资料来源：www. tjbpi. com. cn/jpk/upfiles/20051082332
4…134K2005-10-8）

思考与练习

1．简述贸易术语的含义。

2．FOB、CFR和CIF有哪些基本义务及注意事项？

3．简述CIF贸易术语的变形。

4．简述托收中D/A的货运流程。

5．简述合同条款的主要内容。

6．简述履行出口合同的程序。

7．简述国际贸易结汇方式。

8．简述国际贸易结汇要求。

9．简述信用证的特点。

10．什么是信用证？简述信用证的使用流程。

第四章

国际海上货物运输

教学目标

通过本章学习，使同学们明确国际海上货运业务的相关内容，了解海上相关运输业务及流程等，能够掌握海运提单的填写和班轮运价的计算。

学习任务

通过这一章的学习，要达到以下几个目的：

- 了解班轮运输的特点；
- 掌握班轮运费的计算和提单的性质、种类；
- 掌握集装箱运输业务的各类装箱操作技巧及相关流程；
- 掌握海运提单的填写；
- 掌握租船运输的方式和内容。

导入案例

集装箱船的发展

1. 第一、二、三代集装箱船

20 世纪 60 年代，横穿太平洋、大西洋的 17 000～20 000 总吨集装箱船可装载 700～1000 标准箱（TEU）这是第一代集装箱船。

进入 20 世纪 70 年代，40 000～50 000 总吨集装箱船的集装箱装载数增加到 1800～2 000TEU，航速也由第一代的 23 节提高到 26～27 节，这个时期的集装箱船被称为第二代。

1973 年石油危机以来，第二代集装箱船被视为不经济船型的代表，故而被第三代集装箱船取代，这代船的航速降低至 20～22 节，但由于增大了船体尺寸，提高了运输效率，致使集装箱的装载数达到了 3 000TEU，因此，第三代船是高效节能型船。

2. 第四代集装箱船

20 世纪 80 年代后期，集装箱船的航速进一步提高，集装箱船大型化的限度则以能通过巴拿马运河为准绳，这一时期的集装箱船被称为第四代。第四代集装箱船集装箱装载总数增加到 4 400 个。由于采用了高强度钢，船舶重量减轻了 25%；大功率柴油机的研制，大大降低了燃料费；又由于船舶自动化程度的提高，减少了船员人数，集装箱船经济性进一步提高。

3. 第五代集装箱船

作为第五代集装箱船的先锋，德国船厂建造的5艘APLC-10型集装箱可装载4800TEU，这种集装箱船的船长：船宽之比为7：8，使船舶的复原力增大，被称为第五代集装箱船。

4. 第六代集装箱船

1996年春季竣工的Rehina Maersk集装箱船，最多可装载8000TEU。该型船已建造了6艘，人们说这个级别的集装箱船拉开了第六代集装箱船的序幕。

（资料来源：http://www. easipass. com/ytsce/zb/ytsce_jzx_01. htm）

第一节　国际海上货物运输业务

一、水路货物运输方式的特点

1. 水上运输

水路运输是利用船舶、排筏和其他浮运工具，在江、河、湖泊、人工水道以及海洋上运送旅客和货物的一种运输方式。它是我国综合运输体系中的重要组成部分，并且日益显示出它在国际贸易方面的巨大作用。

水路运输按其航行的区域，可以分为内河运输和海上运输（简称海运）。海运按航程的远近，又分为沿海运输、近洋运输和远洋运输。沿海运输是指利用船舶在我国沿海区域各地之间的运输。内河运输是指利用船舶、排筏和其他浮运工具，在江、河、湖泊、水库及人工水道上从事的运输。近洋运输是指在我国附近海域的运输。远洋运输通常是指除沿海运输、近洋运输以外所有的海上运输。前两者主要用于国内货物运输，后两者主要用于国际货物运输。

2. 水路运输的特点

（1）优点

1）运量大。水上运输，尤其是海运，可以利用天然的有利条件，通航能力几乎不受限制，实现大吨位、长距离的运输。因此，非常适合于大宗货物的运输。

2）成本低。地球3/4都是海洋，水上航道四通八达，投资少；另外，由于运量大，降低了单位货物的运输成本。因此，海洋运输成为国际贸易运输的主要方式。

（2）缺点

1）航行速度较慢。因船在水中航行阻力较大，技术上的原因使海运动力系统有限，不能像铁路那样用电气化，故运输速度较慢。

2）海上运输风险较大。海运全程都可能面临来自自然、人为、社会等各种各样风险的影响，使其安全性和准确性难以得到保障，故风险较大。

（3）现代水路运输的其他特点

1）船舶的专业化、大型化、高速化。

2）管理的制度化、统一化、科技化。

3）与其他运输方式的联合化、整体化、互补化。

4）集装箱成为主要的运输媒介。

总之，水路运输最适宜于承担具备以下特点的货物运输：①运量大；②运距长；③对时间要求不太紧；④运费负担能力相对较低的货运任务。

3. 海上危险的特点

遭遇海上危险的可能性大。这种可能性是全程的、随时随地的、多方面的。

海上危险造成的损失大。国际贸易中交易的数量大，因而常常每笔贸易的数额都十分巨大，一旦海上事故发生，损失十分惨重。

因此，为适应海上危险，各国纷纷建立了五种特殊制度：共同海损制度；海上保险制度；海上救助制度；承运人责任限制制度；船舶所有人限制制度。

4. 国际性特点

（1）船舶公司的业务经常对国际海运市场的依存性

海运业务量的大小直接取决于国际贸易量的大小，需求产生供给，所以，船舶公司的业务经营好坏与国际海运市场的总体供求关系息息相关。

（2）主要货运单证的国际通用性

为了促进国际贸易的发展，减少由于各国运输单证的不统一带来的手续和监管上的不便，提高国际货物运输的顺畅性，降低运输成本，各个与运输相关的国际组织，下大力气致力于从语言、格式、内容、编码等方面统一国际货物运输中的主要单据，并取得了丰硕的成果。发展到现阶段，主要货运单证都具有了国际通用性。

（3）适用法规的国际统一性

对于国际运输过程中赔偿责任的解释所适用的法规，各国之间若是不同，则对同一件事，买卖双方各有不同的解释，势必阻碍贸易的发展，只有统一的法规，才能以责任义务的划分等方面取得公平合理的、双方都认可的认识和解释。

二、国际海运组织

1. 国际海事组织

国际海事组织（International maritime Organization，MO）是联合国处理海上安全事务和发展海运技术方面的专门咨询机构之一，总部设在伦敦。MO 的前身是 1959 年 1 月成立的“政府间海事协商组织”（MCO），1982 年 5 月改用现名。

1）联合国成员国均为 MO 成员国。根据组织公约 1979 年修正案规定，理事会成员由原三类 24 个理事国增至三类 32 个理事国。1993 年 11 月召开的国际海事组织第 18 届大会，通过了对 MO 组织公约的又一个修正案，将理事国增至 40 个，包括：①10 个在国际航运服务方面有最大利害关系的国家；②10 个在国际海上贸易方面有最大利害关系

的国家；③20 个在航运方面有特别利害关系的国家或世界各主要地理区域的代表性国家。各类理事国的权利相当，可连选连任。截至 2000 年 3 月 21 日，国际海事组织共有 158 个成员国。

2）我国于 1973 年 3 月 1 日正式成为这个组织的成员，1975 年当选理事国，并曾当选多届第二类理事国。1999 年第二十一届大会上，我国当选 2000～2001 年第一类理事国。

3）宗旨。国际海事组织的宗旨和任务是促进各国间的航运技术合作，鼓励各国在促进海上安全、提高船舶航行效率、防止和控制船舶对海洋污染方面采用统一要求以及处理与上述事项有关的法律问题。国际海事组织设大会和理事会，以下设海上安全委员会、法律委员会、海上环境保护委员会、技术合作委员会、便利运输委员会和秘书处。大会为最高权力机构，每两年召开一次会议，其任务是选举理事国，制订工作计划和财务预算，讨论本组织职权范围内的技术和法律问题。大会休会期间，由理事国代表组成的理事会行使职权。理事会每年召开两次会议。

4）国际海事组织的主要工作。制订和修改有关海上安全、防止海洋受船舶污染、便利海上运输、提高航行效率及与之有关的海事责任方面的公约；交流上述有关方面的实际经验和海事报告；为成员国提供本组织所研究问题的情报和科技报告；利用联合国开发计划署等国际组织提供的经费和捐助国的捐款，为发展中国家提供一定的技术援助。

2. 波罗的海国际海事组织

波罗的海国际海事协会（Baltic and International Maritime Council，BMCO）成立于 1905 年，总部设在丹麦哥本哈根，原名波罗的海和白海公会，后来因其成员变成世界性的，于 1927 年改名 BMCO。BMCO 向本组织成员提供全世界港口和海运条件方面的免费情报服务、免费咨询服务、专题讲座及短期培训。成立的宗旨是联合船东和航运机构，在适当的时候采取一致行为促进航运业的发展，把不同的意见和违反工作惯例的情况通知本组织成员。

BMCO 在 1927 年时只有 20 个成员国，占当时商船队总吨位的 14%。目前，BMCO 有 110 个成员国，950 个船东，约有 11 800 条船接受它的服务。BMCO 吸收的人员和组织包括：船东、船舶买卖代理人、船东和船舶买卖协会、船舶代理商和承租商、延期停泊和防卫协会及航运联合会。

BMCO 的服务范围非常广泛，主要有以下几方面。

1）预防和解决争端：在现实中，许多本不必要的争端源于错误地使用一些单证，或单证本身不健全、不准确。如果使用 BMCO 的标准单证就可以防止争端的发生。BMCO 经常发表一些文章，免费给它的成员一些信息。当它的成员由于某些原因出差错时，可以通过它在海运业的地位来保护它的成员。

2）信息服务：作为 BMCO 的成员，能免费从 BMCO 的信息库得到港口和航运市场的信息。BMCO 已建立了 24 小时服务制，有港口情况、冰冻情况、运费率、航运市场报告、燃料价格以及 BMCO 修改过的某些条款。BMCO 平均每天收到来自世界各地的 150 多个咨询。

3）出版物：BMCO 周刊刊登最新加入该组织的成员名单和航运市场信息；BMCO 公告每年出六期，主要是介绍海运业的发展趋势和一些海事案例的判决。

三、国际海运船舶营运方式

1. 班轮运输

（1）班轮运输的概念

班轮运输（liner shipping），也称定期船运输，是指班轮公司将船舶按事先指定的船期表（liner schedule），在特定航线的各既定挂靠港口之间，经常地为非特定的众多货主提供规则的、反复的货物运输服务（transport service），并按运价本（tariff）或协议运价的规定计收运费的一种营运方式。

（2）班轮运输的特点

1）四固定：①航线；②挂靠港口；③船期表；④费率。

2）承运人与货主之间在货物装船之前通常不书面签订具有详细条款的运输合同。

3）杂货班轮运输中，通常在装卸货港的码头或仓库进行交接货物（另有约定除外）；集装箱班轮中，通常在装卸货港的堆场进行交接货物（另有约定除外）；而拼箱货交接通常在装卸货港的货运站进行。

4）班轮公司一般只负责装货、卸货、理舱在内的作业费；在杂货班轮运输中，不负责仓库至船边或船边至仓库的费用；在集装箱班轮运输中，只负责堆场至船边或船边至堆场的费用。

5）承运人与货主之间不规定装卸时间，也不计算滞期费和速遣费。

（3）杂货班轮运输的优点

1）能及时、迅速地将货物发送和运达目的港。

2）特别适应小批量零星件杂货对海上运输的需要。

3）能满足各种货物对海上运输的要求，并能较好地保证货运质量。

4）通常班轮公司都负责转运工作。

（4）集装箱班轮运输的优点

1）同杂货班轮运输的优点。

2）运输速度更快。

3）货运质量更高。

2. 租船运输

（1）租船运输的概念

租船运输（tramp shipping）又称不定期租船运输。这是相对定期船运输，即班轮运输而言的另一种船舶营运方式，没有班轮运输的四固定特性。

（2）租船运输的特点

1）根据租船合同组织运输。

2）国际租船市场行情影响租金或运费的高低。

3）船舶营运中的有关的费用分担取决于不同的租船方式，并在租船合同中说明。

4）租船运输主要适用于大宗货物的运输。

第二节　集装箱运输业务

一、集装箱的定义

集装箱（container）是指海、陆、空不同运输方式进行联运时用以装运货物的一种容器。香港称之为“货箱”。台湾称之为“货柜”。集装箱是用钢、铝、胶合板、玻璃钢或这些材料混合制成的，具有坚固、密封和可反复使用等优越性。对于集装箱的定义，历年来国内外专家学者存在一定分歧。目前中国、日本、美国、法国等有关国家，都全面引进了国际标准化组织的定义。

（1）国际标准化组织定义

国际标准化组织（ISO）对集装箱下的定义为集装箱是一种运输设备，应满足以下要求：

1）具有耐久性，其坚固强度足以反复使用。

2）便于商品运送而专门设计的，在一种或多种运输方式运输时无须中途换装。

3）设有便于装卸和搬运的装置，便于从一种运输方式转移到另一种运输方式。

4）设计时应注意到便于货物装满或卸空。

5）箱内容积为 1 立方米或 1 立方米以上。

（2）集装箱海关公约定义

1）全部或部分封闭而构成装载货物的空间。

2）具有耐久性，因其坚固能适合于重复使用。

3）经专门设计，便于以一种或多种运输方式运输货物，无须中途换装。

4）其设计便于操作，特别是在改变运输方式时便于操作。

5）其设计便于货物的装满和卸空。

6）箱内部容积在 1 立方米（约 35.32 立方英尺）及其以上。

集装箱包括有关型号集装箱所适用的附件和设备，而不包括车辆（车辆附件和设备）或包装。

（3）国际集装箱安全公约定义

1）具有耐久性，因其坚固能适合于重复使用。

2）经专门设计，便于以一种或多种运输方式运输货物而无须中途换装。

3）为了紧固和便于装卸，设有角件。

（4）四个外底角所构成的面积应满足下列条件之一

1）面积至少为 14 平方米（150 平方英尺）。

2）如顶部装有角件，则面积至少为 7 平方米（75 平方英尺）。

二、集装箱运输的优越性

集装箱班轮运输能在短短的二十多年间就基本上取代了杂货班轮运输，是由于其与传统的杂货运输方式相比具有以下优越性。

（1）提高装卸效率，减轻劳动强度

集装箱运输扩大了运输单元，规范了单元尺寸，为实现货物的装卸和搬运机械化提供了条件。机械化、乃至自动化的发展明显提高了货物装卸和搬运的效率。在提高装卸效率的同时，也降低了码头工人的体力劳动强度。机械化和自动化作业方式的采用，使工人只需从事一些辅助性的体力劳动工作，肩扛人挑的装卸搬运方式已成为历史。

（2）减少货损货差，提高货物运输的安全与质量

采用件杂货运输方式时，由于在运输和保管过程中货物不易保护，尽管也可采取一些措施，但货损货差情况仍较严重，特别是在运输环节多、品种复杂的情况下，货物的中途转运倒载，使货物混票以及被盗事故屡屡发生。采用集装箱运输方式后，由于采用强度较高、水密性较好的箱体对货物进行保护，因此货物在搬运、装卸和保管过程中不易损坏，不怕受潮，货物途中丢失的可能性大大降低，货物完好率大大提高。

（3）缩短货物的在途时间，加快车船的周转

集装箱化给港口和场站的货物装卸、堆码的机械化和自动化创造了条件，标准化的货物单元使装卸搬运动作变得简单和有规律，因此，在作业过程中能充分发挥装卸搬运机械设备的能力，便于实现自动控制的作业过程。机械化和自动化可以大大缩短车船在港站停留时间，加快货物的送达速度。另一方面，由于集装箱运输方式减少了运输中转环节，货物的交接手续简便，提高了运输服务质量。

（4）节省货物运输的包装，简化理货手续

集装箱箱体作为一种能反复使用的运输设备，能起到保护货物的作用，货物运输时的包装费用就可以降低。在运输场站，由于集装箱对环境要术不高，节省了场站在仓库方面的投资。此外，件杂货由于包装单元较小，形状各异，理货核对较为困难。而采用标准集装箱，理货时按整箱清点，可以节省时间，同时也节约了理货费用。

（5）减少货物运输费用

除了上述的节省船舶运输费用外，由于采用统一的货物单元，使换装环节设施的效能大大提高，从而降低了装卸成本。同时，采用集装箱方式，货物运输的安全性明显提高，使保险费用有所下降。

（6）推动包装的标准化

集装箱作为一种大型标准化运输设备的使用，促使商品包装进一步标准化。目前，中国的有关包装的国家标准已接近400个，这些标准大多采用或参照国际标准，并且许多包装标准与集装箱的标准相适应。

（7）有利于组织多种运输方式的联合运输

以前由于各种运输工具各自独立的发展，装载容积不统一，因此，传统的运输方式给货物的换装带来了困难。集装箱作为一种标准运输单元的出现，使各种运输工具的运

载尺寸向统一的满足集装箱运输需要的方向发展，任何一种运输方式如果对于这种趋势熟视无睹的话，它将很难融入到运输的大系统中去。因此，根据标准化的集装箱设计的各种运输工具将使运输工具之间的换装衔接变得更加便利。所以，集装箱运输有利于组织多种运输方式的联合运输，促进了运输合理化的发展。

三、集装箱的标准化

20 世纪初，各国、各地区和一些大企业根据自身需要，制造和发展了不同规格尺度和结构的集装箱，出现了公司标准、地区标准、国家标准等多种集装箱标准。随着集装箱运输方式在国际贸易中的普遍使用，这就迫切需要制定一套世界范围通用的国际标准。国际标准化组织在 1961 年成立了有关集装箱的专门委员会，104 技术委员会（ISO/TC104）负责集装箱的国际标准化工作。1964 年 7 月，ISO/TC104 颁布了世界上第一个集装箱规格尺寸的国际标准。考虑到当时的现状，最初制定的国际标准以三个系列作为基本尺寸，其中 I 系列用于国际运输，II 系列用于欧洲，III系列用于前苏联和东欧国家。随着集装箱国际标准的推行和被世界各国的普遍接受，II、III系列由于是地区性标准，不适应世界经济的发展需要，因此不再作为国际标准。

现行的集装箱国际标准 I 系列的四种箱型，即 A 型、B 型、C 型和 D 型。它们的规格尺寸如表 4-1 所示。为便于计算集装箱数量，通常把 20 英尺的集装箱作为换算标准箱，简称 TEU（twenty－foot equivalent unit），以此作为集装箱船载箱量、港口集装箱吞吐量、集装箱保有量等的计量单位。其相互关系为：40 英尺集装箱＝2TEU，30 英尺集装箱＝1.5TEU，20 英尺集装箱＝1TEU，10 英尺集装箱＝0.5TEU。另外，实践中人们有时将 40 英尺集装箱称为 FEU（forty-foot equivalent unit）。

表 4-1　国际第 I 系列集装箱规格尺寸和重量表

规格	箱型	长		宽		高		最大总重量	
		公制/毫米	英制/英尺	公制/毫米	英制/英尺	公制/毫米	英制/英尺	公斤	磅
40	1AAA	12 192	40	2 438	8'0"	2 896	9'6"	30 480	67 200
	1AA					2 591	8'6"		
	1A					2 438	8'0"		
	1AX					<2 438	<8'0"		
30	1BBB	9 125	29'11.25"	2 438	8'0"	2 896	9'6"	25 400	56 000
	1BB					2 591	8'6"		
	1B					2 438	8'0"		
	1BX					<2 438	<8'0"		
20	1CCC	6 058	19'10.5"	2 438	8'0"	2 591	8'6"	24 000	52 900
	1C					2 438	8'0"		
	1CX					<2 438	<8'0"		
10	1D	2 991	9'9.75"	2 438	8'0"	2 438	8'0"	10 160	22 400
	1DX					<2 438	<8'0"		

四、集装箱的尺寸

1. 按规格尺寸分

目前，国际上通常使用的干货集装箱又称干货货柜，有以下几种类别：外尺寸为20英尺×8英尺×8英尺6英寸，简称20尺货柜；外尺寸为40英尺×8英尺×8英尺6英寸，简称40尺货柜；近年较多使用的40英尺×8英尺×9英尺6英寸，简称40尺高柜。

1）20尺货柜：内容积为5.69米×2.13米×2.18米，配货毛重一般为17.5吨，体积为24～26立方米。

2）40尺货柜：内容积为11.8米×2.13米×2.18米，配货毛重一般为22吨，体积为54立方米。

3）40尺高柜：内容积为11.8米×2.13米×2.72米，配货毛重一般为22吨，体积为68立方米。

4）45尺高柜：内容积为13.58米×2.34米×2.71米，配货毛重一般为29吨，体积为86立方米。

5）20尺开顶柜：内容积为5.89米×2.32米×2.31米，配货毛重20吨，体积31.5立方米。

6）40尺开顶柜：内容积为12.01米×2.33米×2.15米，配货毛重30.4吨，体积65立方米。

7）20尺平底货柜：内容积为5.85米×2.23米×2.15米，配货毛重23吨，体积28立方米。

8）40尺平底货柜：内容积为12.05米×2.12米×I.96米，配货毛重36吨，体积50立方米。

2. 按使用用途分

（1）干货集装箱

干货集装箱（dry cargo container）又称杂货集装箱，这是一种通用集装箱，用以装载除液体货物、需要调节温度货物及特种货物以外的一般件杂货。这种集装箱使用范围极广，常用的有20英尺和40英尺两种，其结构特点是常为封闭式，一般在一端或侧面设有箱门。

（2）开顶集装箱

开顶集装箱（open top container）又称敞顶集装箱，这是一种没有刚性箱顶的集装箱，但有可折式顶梁支撑的帆布、塑料布或涂塑布制成的顶篷，其他构件与干货集装箱类似。开顶集装箱适用于装载较高的大型货物和需吊装的重货。

（3）台架式及平台式集装箱

台架式集装箱（platform based container）没有箱顶和侧壁，甚至有的连端壁也丢掉而只有底板和四个角柱的集装箱。

台架式集装箱有很多类型。它们的主要特点是：为了保持其纵向强度，箱底较厚。箱底的强度比普通集装箱大，而其内部高度则比一般集装箱低。在下侧和角柱上设有系环，可把装载的货物系紧。台架式集装箱没有水密性，怕水湿的货物不能装运，适合装载形状不一的货物。

台架式集装箱可分为：敞侧台架式、全骨架台架式、有完整固定端壁的台架式、无端仅有固定角柱和底板的台架式集装箱等。

平台式集装箱是仅有底板而无上部结构的一种集装箱。该集装箱装卸作业方便，适于装载长、重大件。

（4）通风集装箱

通风集装箱（ventilated container）一般在侧壁或端壁上设有通风孔，适于装载不需要冷冻而需通风、防止汗湿的货物，如水果、蔬菜等。如将通风孔关闭，可作为杂货集装箱使用。

（5）冷藏集装箱

冷藏集装箱（reefer container）是专为运输要求保持一定温度的冷冻货物或低温货物而设计的集装箱。它分为带有冷冻机的内藏式机械冷藏集装箱和没有冷冻机的外置式机械冷藏集装箱。适于装载肉类、水果等货物。冷藏集装箱造价较高，营运费用较高，使用中应注意冷冻装置的技术状态及箱内货物所需的温度。

（6）散货集装箱

散货集装箱（bulk container）除了有箱门外，在箱顶部还设有 2～3 个装货口，适于装载粉状或粒状货物。使用时要注意保持箱内清洁干净，两侧保持光滑，便于货物从箱门卸货。

（7）动物集装箱

动物集装箱（pen container）是一种专供装运牲畜的集装箱。为了实现良好的通风，箱壁用金属丝网制造，侧壁下方设有清扫口和排水口，并设有喂食装置。

（8）罐式集装箱

罐式集装箱（tank container）是一种专供装运液体货物而设置的集装箱，如酒类、油类及液状化工品等货物。它由罐体和箱体框架两部分组成，装货时货物由罐顶部装货孔进入，卸货时，则由排货孔流出或从顶部装货孔吸出。

（9）汽车集装箱

汽车集装箱（car container）是专为装运小型轿车而设计制造的集装箱。其结构特点是无侧壁，仅设有框架和箱底，可装载一层或两层小轿车。

由于集装箱在运输途中常受各种力的作用和环境的影响，因此集装箱的制造材料要有足够的刚度和强度，应尽量采用质量轻、强度高、耐用、维修保养费用低的材料，并且材料既要价格低廉，又要便于取得。

3. 按集装箱的制作材料分

（1）钢制集装箱

钢制集装箱的框架和箱壁板皆用钢材制成。最大优点是强度高、结构牢、焊接性和水密性好、价格低、易修理、不易损坏；主要缺点是自身重量大、抗腐蚀性差。

（2）铝制集装箱

铝制集装箱有两种：一种为钢架铝板；另一种仅框架两端用钢材，其余用铝材。主要优点是自身重量轻、不生锈、外表美观、弹性好、不易变形；主要缺点是造价高，受碰撞时易损坏。

（3）不锈钢制集装箱

一般多用不锈钢制作罐式集装箱。不锈钢制集装箱主要优点是强度高、不生锈、耐腐性好；缺点是投资大。

（4）玻璃钢制集装箱

玻璃钢制集装箱是在钢制框架上装上玻璃钢复合板构成的。主要优点是隔热性、防腐性和耐化学性均较好，强度大，刚性好，能承受较大压力，易清扫，修理简便，集装箱内容积较大等；主要缺点是自重较大，造价较高。

五、集装箱的标志

为了易于识别和便于国际流通，国际标准化组织规定了集装箱统一的标记代号。标记代号标于集装箱上，便于对集装箱进行识别、管理和信息传输。

1）箱主代码是表示集装箱所有人的代号，箱主代码用四个拉丁字母表示，前三位由箱主自己规定，第四个字母规定用 U（U 为国际标准中海运集装箱的代号）。例如，“COSU”表示此集装箱为中国远洋运输公司所有。国际流通中使用的集装箱箱主代码应向国际集装箱司登记，登记时不得与登记在先的箱主有重复。

2）序号和核对数字是集装箱和箱号，用六位阿拉伯数字表示，如数字不足六位时，在数字前补“0”，补足六位。

3）国名代码用三个拉丁字母表示，用以说明集装箱的登记国，如“RCX”即表示登记国为中华人民共和国。

4）规格尺寸和箱型代码。规格尺寸用两位阿拉伯数字表示，用以说明集装箱的尺寸情况，例如，“20”即为 20 英尺长，8 英尺高的集装箱。箱型代码用两位阿拉伯数字表示，用以说明集装箱的类型，如“30”即为冷冻集装箱。

5）最大总重量和箱重。最大总重量用 MAX GROSS XXXX（KG）表示集装箱的自重与最大载货量之和，它是一个常数，任何类型的集装箱装载货物后，都不能超过这一重量。集装箱的自重用 TARE XXX（KG）表示，是指集装箱的空箱重量。

例如，COSU 0012342

RCX2030

MAX GROSS：1234（Kg）TARE 382（Kg）

依照相关标志规定反映了如下集装箱的情况：

COSU——箱主代码，表示是中国远洋运输公司；

001234——顺序号、箱号；

2——核对数；

RCX——国际代码，表示中华人民共和国；

20——尺寸代码，表示 20 英尺长，8 英尺高；

30——箱型代码，表示冷冻集装箱；

GROSS：1234（Kg）——最大总重量 1 234（Kg）；

TARE 382（Kg）——空箱重量 382（Kg）。

六、集装箱的装载方式

1. 集装箱的选择与检查

目前，国际集装箱标准有很多种，选择哪种规格、哪种型号的集装箱对于集装箱运输能否顺利完成有重大的关系。

货主应根据航线和所经运输路线的具体情况以及货源、港口等条件来确定选择集装箱。一般来说，在货运量较少的航线上，选用集装箱的规格不宜太大。当然，还得视货物的密度，如在进出口货物中轻抛货较多，则用规格较大的集装箱为宜。

另外，在决定选用何种规格的集装箱时，还应考虑到与国外船公司、货主的合作问题。因为，在进行集装箱货物的国际多式联运中，很有可能与国外船公司进行箱子交换、互用。所以，最好选用国际上广泛使用的集装箱型号。此外，有些航线经常会发生由于两港之间货源的不平衡，从而造成大量集装箱的回空运输，为了解决空箱回运的问题，在货源不平衡的航线上也可考虑使用折叠式集装箱，以降低空箱回运时的舱容损失。

选用集装箱时，主要考虑的是根据货物的不同种类、性质、形状、包装、体积、重量以及运输要术，采用合适的箱子。首先，要考虑货物是否装得下，其次，再考虑在经济上是否合理，与货物所要求的运输条件是否符合。集装箱在装载货物之前，必须经过严格检查。有缺陷的集装箱，轻则导致货损，重则在运输、装卸过程中造成箱毁人亡事故。所以，对集装箱的检查是货物安全运输的基本条件之一。发货人、承运人、收货人以及其他关系人在相互交接时，除对箱子进行检查外，应以设备交接单等书面形式确认箱子交接时的状态。通常，对集装箱的检查应做到符合以下基本条件：①符合 ISO 标准；②四柱、六面、八角完好无损；③箱子各焊接部位牢固；④箱子内部清洁、干燥、无味、无尘；⑤不漏水、漏光；⑥具有合格检验证书。

对集装箱的检查包括以下几项。

1）外部检查：对箱子进行六面察看，外部是否有损伤、变形、破口等异样情况，如有即做出修理部位的标志。

2）内部检查：对箱子的内侧进行六面察看，是否漏水、漏光、有无污点、水迹等。

3）箱门检查：门的四周是否水密，门锁是否完整，箱门能否 270° 开启。

4）清洁检查：箱子内有无残留物、污染、锈蚀异味、水湿。如不符合要求，应予以清扫，甚至更换。

5）附属件的检查：对货物的加固环节，如板架式集装箱的支援、平板集装箱、敞棚集装箱上部延伸用加强结构等状态的检查。

2. 集装箱装箱的一般方式

随着集装箱运输的不断发展，不同种类、不同性质、不同包装的货物都有可能装入集装箱内进行运输。同时，从事集装箱运输的管理人员以及操作人员不断增多，为确保货运质量的安全，做好箱内货物的积载工作是很重要的。集装箱货物的现场装箱作业，通常有三种方法：全部用人力装箱；用叉式装卸车（铲车）搬进箱内再用人力堆装；全部用机械装箱，如货板（托盘）货用叉式装卸车在箱内堆装。这三种方式中，第三种方法最理想，装卸率最高，发生货损事故最少。但是，即使全部采用机械装箱，装载时如果忽视了货物特性和包装状态或由于操作不当等原因，往往也会发生货损事故，特别是在内陆地区装载的集装箱，由于装箱人不了解海上运输时集装箱的状态，其装载方法通常都不符合海上运输的要求，从而引起货损事故的发生。因此，我们要特别注意集装箱装箱时的一些注意事项。

集装箱装箱时应注意的事项大致有以下几点：

1）在货物装箱时，任何情况下箱内所装货物的重量都不能超过集装箱的最大装载量，集装箱的最大装货重量由集装箱的总重减去集装箱的自重求得，总重和自重一般都标在集装箱的箱门上。

2）每个集装箱的单位容重是一定的，因此，如箱内装载一种货物时，只要知道货物密度，就能断定是重货还是轻货。货物密度大于箱的单位容重的是重货，装载的货物以重量计算，反之货物密度小于箱的单位容重的是轻货，装载的货物以容积计算。及时区分这两种不同的情况，对提高装箱效率是很重要的。

3）在不同件杂货混装在同一箱内时，应根据货物的性质、重量、外包装的强度、货物的特性等情况，将货区分开。将包装牢固、重货装在箱子底部，包装不牢、轻货则装在箱子上部。

4）货物在箱子内的重量分布应均衡。如箱子某一部位装载的负荷过重，则有可能使箱子底部结构发生弯曲或脱开的危险。在吊机和其他机械作业时，箱子会发生倾斜，致使作业不能进行。此外，在陆上运输时，如存在上述情况，拖车前后轮的负荷因差异过大，也会在行驶中发生故障。

5）在进行货物堆码时，则应根据货物的包装强度，决定货物的堆码层数。另外，为使箱内下层货物不致被压坏，应在货物堆码之间垫入缓冲材料。货物与货物之间也应加隔板或隔垫材料，避免货物相互擦伤、沾湿、污损。缓冲材料和垫料应清洁、干燥。

6）货物的装载要严密整齐，货物之间不应留有空隙，这样不仅可充分利用箱内容积，也可防止货物相互碰撞而造成损坏。

7）在目的地掏箱时，由于对靠箱门附近的货物没有采取系固措施，曾发生过货物倒塌，造成货物损坏和人身伤亡的事故。因此，在装箱完毕，关箱前应采取措施，防止箱门附近货物的倒塌。

8）拼箱货在混装时应注意如下几点：①轻货要放在重货上面；②包装强度弱的货物要放在包装强度强的货物上面；③不同形状、包装的货物尽可能不装在一起；④液体

货要尽量放在其他货物下面；⑤从包装中会渗漏出灰尘、液体、潮气、臭气等的货物，最好不要与其他货混装在一起，如不得不混装时，就要用帆布、塑料薄膜或其他衬垫材料隔开；⑥带有尖角或突出部件的货物，要把尖角或突出部件保护起来，不使它损坏其他货物。

3. 危险货物的装箱方式

所谓危险货物是指具有引火爆炸或货物本身具有毒性、腐蚀性、氧化性并可能使人体的健康和财物遭受损害的运输对象的总称。装载这些货物的时候要了解目的港的有关规则，并且在装载的时候以及混装的时候针对不同的货物有严格的规定，装完以后还必须贴上相关的危险货物标志。

4. 冷冻货物的装箱方式

冷藏集装箱所装载的货物可分为冷却货物和冷冻货物两种。前者是指一般选定不冻结的温度或是货物表面有轻微结冻的温度来运输，其温度范围在11～-1°C，冷却货物的目的是为了维持货物的呼吸和防止箱内出汗；后者是指将货物冷冻起来运输，其温度范围通常在-11～-20°C。

对冷藏货物在运输途中应保持的温度，货主在托运时都应有指示，承运人则应严格遵照执行。双方都应保管好有关该票货物在运输途中所需要的文件，以便发生纠纷后解决就温度问题引起的争执时有据可依。

冷藏货在装箱前，对集装箱和货物都应进行检查，注意以下事项：①冷冻集装箱在装货过程中，冷冻机要停止运转；②在装货前，冷冻集装箱内使用的垫木和其他衬垫材料要预冷；要选用清洁卫生的衬垫材料，不让它污染货物；③不要使用纸、板等材料作衬垫，以免堵塞通风管和通风口；④装货后箱顶与货物顶部一定要留出空隙，使冷气能有效地流通；⑤必须注意到冷藏货要比普通杂货更容易滑动，也容易破损，因此对货物要加以固定，固定货物时可以用网等作衬垫材料，这样不会影响冷气的循环和流通；⑥严格禁止将已降低鲜度或变质发臭的货物装进箱内，以避免损坏其他正常货物。

5. 其他货物的装箱方式

除了成件包装货物以及危险货物之外，还有各式各样的货物采用不同的包装，所以在装箱时分别应该采用不同的方法。

（1）滚筒货的装箱操作

滚筒货分为卷盘货、滚筒货和滚动类货物，其中卷纸、卷钢、钢丝绳、电缆、盘元等属于卷盘货，而塑料薄膜、柏油纸、钢瓶等属于滚筒货，轮胎、瓦管等则均属于滚动类货物。总之这类货物有滚动的特性。滚动类货物装箱时一定要注意消除其滚动的特性，做到有效、合理地装载。具体在操作中要注意以下问题：

1）卷纸类货物的装载和固定操作。卷纸类货物原则上应竖装，并应保证卷纸两端的截面不受污损。只要把靠近箱门口的几个卷纸与内侧的几个卷纸用钢带捆在一起，并

用填充物将箱门口处的空隙填满，即可将货物固定。

2）盘元的装载和固定操作。盘元是一种只能用机械装载的重货，一般在箱底只能装一层。最好使用井字形的盘元架。大型盘元还可以用直板系板、夹件等在集装箱箱底进行固定。

3）电缆的装载和固定操作。电缆是绕在电缆盘上进行运输的，装载电缆盘时应注意箱底的局部强度问题。大型电缆盘在集装箱内只能装一层，一般使用支架以防止滚动。

4）卷钢的装载和固定操作。卷钢虽然也属于集中负荷的货物，但是热轧卷钢一般比电缆轻。装载卷钢时，一定要使货物之间互相贴紧，并装在集装箱的中央。对于重 3 吨左右的卷钢，除用钢丝绳或钢带通过箱内系环将卷钢系紧外，还应在卷钢之间用钢丝绳或钢带连接起来；对于重 5 吨左右的卷钢，还应再用方形木条加以固定。固定时通常使用钢丝绳，而不使用钢带，因为钢带容易断裂。

5）轮胎的装载和固定操作。普通卡车用的小型轮胎竖装、横装都可以。横装时比较稳定，不需要特别加以固定。大型轮胎一般以竖装为多，应根据轮胎的直径、厚度来研究其装载方法，并加以固定。

（2）桶装货的装箱操作

桶装货一般包括各种油类、液体和粉末类的化学制品、酒精、糖浆等，其包装形式有铁桶、木桶、塑料桶、胶合板桶和纸板桶等。除桶口在腰部的传统鼓形木桶外，桶装货在集装箱内均以桶口向上的竖立方式堆装。由于桶体呈圆柱形，故在箱内堆装和加固的方法均由其具体尺寸决定，使其与箱形尺寸相协调。

1）铁质桶的装载和固定操作。集装箱运输中以 0.25 立方米（55 加仑）的铁桶最为常见。这种铁桶在集装箱内可堆装两层，每一个 20 英尺型集装箱内一般可装 80 桶。装载时要求桶与桶之间要靠近，对于桶上有凸缘的铁桶，为了使桶与桶之间的凸缘错开，每隔一行要垫一块垫高板，装载第二层时同样要垫上垫高板，而不垫垫高板的这一行也要垫上胶合板，使上层的桶装载稳定。

2）木质桶的装载和固定操作。木桶一般呈鼓形，两端有铁箍，由于竖装时容易脱盖，故原则上要求横向装载。横装时在木桶的两端垫上木楔，木楔的高度要使桶中央能离开箱底，不让桶的腰部受力。

3）板桶的装载和固定操作。纸板桶的装载方法与铁桶相似，但其强度较弱，故在装箱时应注意不能使其翻倒而产生破损。装载时必须竖装，装载层数要根据桶的强度而定，有时要有一定限制，上下层之间一定要插入胶合板做衬垫，以便使负荷分散。

（3）各种车辆的装箱操作

集装箱内装载的车辆有小轿车、小型卡车、各种叉式装卸车、推土机、压路机和小型拖拉机等。杂货集装箱只能装一辆小轿车，因此箱内将产生很大的空隙。如果航线上有回空的冷冻集装箱或动物集装箱，则用来装小轿车比较理想，因为冷冻集装箱和动物集装箱的容积比较小，可以更有效地利用集装箱的箱容。而对于各种叉式装卸车、拖拉机、推土机及压路机等特种车辆的运输，通常采用板架集装箱来装载。

1）小型轿车和卡车的装载和固定操作。小轿车和卡车一般都采用密闭集装箱装载。

固定时，利用集装箱上的系环把车辆拉紧，然后再利用方形木条钉成井字形木框垫在车轮下面，防止车辆滚动，同时应在轮胎与箱底或木条接触的部分用纱布或破布加以衬垫，也可按货主要求，不垫方形木条，只用绳索拉紧即可。利用冷冻箱装箱时，可用箱底通风轨上的孔眼进行拉紧。

2）各种叉车的装卸和固定操作。装载叉式装卸车时，通常都把货叉取下后装在箱内。装箱时，在箱底要铺设衬垫；固定时，要用纱头或破布将橡胶轮胎保护起来，并在车轮下垫塞木楔或方形木条，最后要利用板架集装箱箱底的系环，用钢丝绳系紧。

3）推土机和压路机的装载和固定操作。推土机、压路机每台重量都很大，一般一个板架集装箱内只能装一台，通常都采用吊车从顶部装载，装载时必须注意车辆的履带是否在集装箱下侧梁上，因为铁与铁相接触，很容易产生滑动，所以箱底一定要衬垫厚木板。

4）拖拉机和其他车辆类货物的装载和固定操作。小型拖拉机横向装载时可使其装载量增加，但装载时也应注意集中负荷的问题，故箱底要进行衬垫，以分散其负荷，并要用方形木条、木楔以及钢丝绳等进行固定。

七、集装箱货物的交接

1. 集装箱交箱方式

集装箱货运分为整箱和拼箱两种，因而在交接方式上也有所不同。纵观当前国际上的做法，交接大致有以下四类。

1）整箱交，整箱接（FCL/FCL）。货主在工厂或仓库把装满货后的整箱交给承运人，收货人在目的地同样以整箱接货。换言之，承运人以整箱为单位负责交接。货物的装箱和拆箱均由货方负责。

2）拼箱交，拆箱接（LCL/LCL）。货主将不足整箱的小票托运货物在集装箱货运站或内陆转运站交给承运人，由承运人负责拼箱和装箱运到目的地货站或内陆转运站，由承运人负责拆箱，拆箱后，收货人凭单接货。货物的装箱和拆箱均由承运人负责。

3）整箱交，拆箱接（FCL/LCL）。货主在工厂或仓库把装满货后的整箱交给承运人，在目的地的集装箱货运站或内陆转运站由承运人负责拆箱，拆箱后，各收货人凭单接货。

4）拼箱交，整箱接（LCL/FCL）。货主将不足整箱的小票托运货物在集装箱货运站或内陆转运站交给承运人。由承运人分类调整，把同一收货人的货集中拼装成整箱，运到目的地后，承运人以整箱交，收货人以整箱接。

上述各种交接方式中，以整箱交、整箱接效果最好，也最能发挥集装箱的优越性。

2. 集装箱货物的交货地点

集装箱货物的交接，根据贸易条件所规定的交接地点不同一般分为：①门到门（door to door），从发货人工厂或仓库至收货人工厂或仓库；②门到场（door to CY），从发货人工厂或仓库至目的地或卸箱港的集装箱堆场；③门到站（door to CF），从发货人工厂或仓库至目的地或卸箱港的集装箱货运站；④场到门（CY to door），从起运地或装箱港的集装箱堆场至收货人工厂或仓库；⑤场到场（CY to CY），从起运地或装箱港的集装箱堆场至目的地或卸箱港的集装箱堆场；⑥场到站（CY to CFS），从起运地或装箱港的集装箱堆场至目的地或卸箱港的集装箱货运站；⑦站到门（CFS to door），从起运地或装箱港的集装箱货运站至收货人工厂或仓库；⑧站到场（CFS to CY），从起运地或装箱港的集装箱货运站至目的地或卸箱港的集装箱堆场；⑨站到站（CFS to CFS），从起运地或装箱港的集装箱货运站至目的地或卸箱港的集装箱货运站。

以上9种交接方式，进一步可归纳为以下四种方式：①门到门，这种运输方式的特征是，在整个运输过程中，完全是集装箱运输，并无货物运输，故最适宜于整箱交，整箱接；②门到场站，这种运输方式的特征是，由门到场站是集装箱运输，由场站到门是货物运输，故适宜于整箱交、拆箱接；③场站到门，这种运输方式的特征是，由门至场站是货物运输，由场站至门是集装箱运输，故适宜于拼箱交、整箱接；④场站到场站，这种运输方式的特征是，除中间一段为集装箱运输外，两端的内陆运输均为货物运输，故适宜于拼箱交、拆箱接。

八、国际海运集装箱进出口货运的程序

1. 集装箱出口货运的程序

1）订舱。发货人根据贸易合同或信用证条款的规定在货物托运之前的一定时间填制订舱单，向船公司或其代理人、或者是经营运输的其他有关承运人申请订舱。

2）接受托运申请。船公司或其代理人接受托运申请后，即着手编制订舱清单，然后分送集装箱码头堆场、集装箱货运站，以此办理空箱及货物的交接。

3）发放空箱。在整箱货运输下，空箱由发货人到集装箱码头堆场提取，拼箱货运输则由集装箱货运站负责提取。由发货人到集装箱码头堆场提取空箱时，发货人与集装箱码头应对空箱办理交接，并填制集装箱设备交接单。

4）出口报关。发货人负责向海关和有关检验检疫机构申请报关和报检。发货人应同时对出口货物和集装箱箱体向海关进行申报。

5）集装箱货的交接。拼箱货交接时，发货人将不足一整箱的货物交给集装箱货运站，并由货运站根据订舱清单的资料和对货主填写的场站收据，负责整理装箱，并制作装箱单。整箱货交接时，发货人自行负责装箱并加海关封志的整箱货，通过内陆运输运至集装箱码头堆场，并由码头堆场根据订舱清单，核对场站收据及装箱单，接受货物。

6）集装箱交接签证。集装箱码头堆场在验收货箱后，在场站收据上签收，并将签署的场站收据交还给发货人，由发货人以此向集装箱承运人换取提单。

7）换取提单。发货人凭场站收据，向负责集装箱运输的人或其代理人换取提单，去银行办理结汇。

8）装船。集装箱码头堆场或集装箱装卸作业区根据待装货箱的情况，制订装船计

划，等船舶靠岸后进行装船。

2. 集装箱进口货运的程序

1）寄送有关货运单证。船舶在装货港装货开船后，装货港船公司代理将有关单证邮寄给卸货港船公司代理或其他有关部门。

2）分发单证。卸货港船公司代理在收到有关货运单证后，首先对货运单证进行整理分类，然后将不同单证分发到与进口集装箱货物相关的部门，如集装箱码头、海关、检验部门、各代理公司等。

3）发出到货通知。船公司代理将船舶到港时间及有关情况及时通知有关收货人。发出到货通知的方式主要有信函、广告、电话。

4）签发提货单。收货人收到到货通知后，凭正本提单到船舶公司或其代理处换取由船舶公司或其代理签发的提货单。

5）办理提货手续。收货人凭船公司或其代理签发的提货单连同其他报关单证到海关办理集装箱货物进口报关手续。海关审核无误后，在提货单上加盖放行章，收货人凭海关放行的提货单到集装箱码头或货运站办理提货手续。

6）索赔与理赔。收货人在现场提货时，如发现有货损、货差现象，收货人应会同有关人员对货物残损情况做好记录，填制货物残损单。收货人凭货物残损单和其他单证向提单签发人提出索赔，集装箱运输经营人收到有关单证并调查核实后，在自己的责任范围内向收货人办理理赔。

第三节　班轮运输业务

一、班轮运输概述

国际海上运输与国际贸易是世界经济发展过程中紧密相连的有机统一体，它在国际航海贸易的长期发展过程中，逐渐从航海贸易活动中分离出来，成为独立的经济活动部门。为了与国际贸易过程中出现的不同贸易方式和不同贸易货物运输相适应，国际海上船舶营运也出现了不同方式。船舶的营运方式可分为两大类：班轮运输（也称为定期船运输）和租船运输（也称为不定期船运输）。

1. 基本概念

班轮运输中，通常会涉及班轮公司、船舶代理人、无船（公共）承运人、海上货运代理人、托运人和收货人等有关货物运输的关系人。

（1）班轮公司

班轮公司是指运用自己拥有或者自己经营的船舶，提供国际港口之间班轮运输服务，并依据法律规定设立的船舶运输企业，有时也被称为远洋公共承运人（ocean common carrier)。班轮公司应拥有自己的船期表、运价本、提单和其他运输单据。

在业务实践中，国际海上货运代理人应了解有关班轮公司的情况，以便在必要时选择适当的承运人。

（2）船舶代理人

船舶代理人是指接受船舶所有人、经营人或者承租人的委托，提供办理船舶进出港口手续、安排港口作业、接受订舱、代签提单、代收运费等服务，依据法律规定设立的运输辅助性企业。

由于国际船舶代理行业具有一定的独特性质，所以，各国在国际船舶代理行业大多制定了比较特别的规定。

（3）无船承运人

无船承运人也称无船公共承运人，是指以承运人身份接受托运人的货载，签发自己的提单或者其他运输单证，向托运人收取运费，通过班轮运输公司完成国际海上货物运输，承担承运人责任，并依据法律规定设立的提供国际海上货物运输服务的企业。

根据《中华人民共和国国际海运条例》的规定，在中国境内经营无船承运业务，应当在中国境内依法设立企业法人；经营无船承运业务，应当办理提单登记，并交纳保证金；无船承运人应有自己的运价本。

无船承运人可以与班轮公司订立协议运价（国外称为服务合同，service contract，S.C.）从中获得利益。但是，无船承运人不能从班轮公司那里获得佣金。国际货运代理企业在满足了市场准入条件后，可以成为无船承运人。

（4）海上货运代理人

国际海上货运代理人，也称远洋货运代理人（ocean freight forwarder），是指接受货主的委托，代表货主的利益，为货主办理有关国际海上货物运输相关事宜，并依据法律规定设立的提供国际海上货物运输代理服务的企业。

海上货运代理人除可以从货主那里获得代理服务报酬外，因其为班轮公司提供货载，所以还应从班轮公司那里获得奖励，即通常所说的“佣金”，但国际海上货运代理人通常无法与班轮公司订协议运价或S.C.。

（5）托运人

托运人，是指本人（或者委托他人以本人名义）或者委托他人为本人，与承运人订立海上货物运输合同的人；本人（或者委托他人以本人名义）或者委托他人为本人将货物交给与海上货物运输合同有关的承运人。

托运人可以与承运人订立协议运价，从而获得比较优惠的运价。但是，托运人无法从承运人那里获得“佣金”。如果承运人给托运人“佣金”，则将被视为给托运人“回扣”。

班轮运输中还会有收货人等关系人。

2. 船期表

制定班轮船期表（liner schedule）（如表4-2）是班轮运输组织营运中的一项重要内容。其主要内容包括：航线、船名、航次编号、始发港、中途港、终点港的港名、到达

和驶离各港的时间、其他有关的注意事项等。

表 4-2 班轮船期表

CEN/美国周班线				联系人：				电话：		
船名 VESSEL	航次 VOY	大连 DAL	新港 XN	青岛 QN	神户 KOB	温哥华 VCR	长滩 LGB	大连 DAL	新港 XN	青岛 QN
秀河 PRETTY R.	0070E /0071E	23-23 /05	24-25 /05	26-27 /05	29-29 /05	10-11 /6	14-15 /06	04-04 /07	05-06 /07	07-08 /07
荣河 HONOR R.	0079E /0080E	30-30 /05	31-01 /06	03-03 /06	05-05 /06	17-18 /06	21-22 /06	11-11 /07	12-13 /07	14-15 /07

通常，近洋班轮航线因航程短且挂港少，船公司能较好地掌握航区和挂靠港的条件以及港口装卸效率等实际状况，可以编制出时间准确的船期表，船舶可以严格按船期表规定的时间运行。远洋班轮航线航程长，挂港多，航区气象、海况复杂，船公司难以掌握可能发生的各种情况，在编制船期表时对船舶运行时间必然会留有余地。

二、班轮公会

1. 班轮公会的概念

班轮公会也称为航运公会，即俗称水脚公会，是指两家或两家以上在同一航线上经营班轮运输的船公司，为避免相互间的竞争，维护共同利益，通过在运价和其他经营活动方面签订协议而组成的国际航运垄断组织。

2. 班轮公会的产生

海上船舶运输同其他行业相比是极富有竞争性的，特别是自从船舶营运方式中出现了班轮运输以后，往往在同一条航线上同时存在几家甚至更多家的船公司经营班轮运输。在这种情况下，各船公司往往以降低运价的手段来开辟货源，争揽货载，从而造成班轮运输激烈的竞争局面，势必减少各个船公司的收入和动摇船公司的经营，甚至危及船舶公司的生存。因此，在 19 世纪后半叶，为了维护船公司的自身利益，避免造成无序经营而减少运费收入的不利局面，出现了同一航线上经营班轮运输的船公司组成的以垄断航线经营谋求超额利润为目的的班轮公会组织。1875 年由 P&I. B. I. 等专门经营英国至印度各港口班轮航线的 7 家英国船公司，在印度加尔各答成立了世界上第一个班轮公会，即加尔各答班轮公会。从此以后，班轮公会组织得到迅速发展，在世界各航线上都有以垄断航线经营为目的的班轮公会成立。在国际间的主要航线上成立的这种航运垄断组织，其主要业务是：①对班轮公会内部，通过采取制定协议费率（公会费率）、统一安排营运和统筹分配收入等措施，来限制和调节班轮公会内部会员相互间的竞争。②对班轮公会外部，通过采取延期回扣制、合同费率制和安排“战斗船”等措施来防止和对付来自公会外部的竞争，从而达到垄断航线货源、货载的目的。

班轮公会虽然最早由英国班轮公司创建，但其公会性质所具有的垄断性和排他性，是通过制定公会规则表现出来的，即对要求加入公会的其他班轮公司进行种种条件限制，甚至拒绝其他班轮公司的自由加入。并采取延期回扣制、"战斗船"和差别待遇等作为对外竞争手段来排挤、打击其竞争对手，来达到垄断经营航线的目的。这类性质的以欧洲船公司为主的班轮公会称为"封闭式公会"、而与之相反，以维护货主利益为主的美国，却认为延期回扣制和"战斗船"的做法不利于班轮运输的健康发展是有害的。并于 1920 年和 1936 年制定商船法及相关航运、法律法规，明文规定禁止以延期回扣制、"战斗船"和差别待遇等方式来进行垄断经营，而且规定在进出美国的航线上不允许建立"封闭式公会"来妨碍自由竞争，所有班轮公会都必须是可以自由加入或自由退出的，并以"合同费率制"取代"延期回扣制"。具有这类性质的班轮公会则称之为美国式的"开放式公会"。

3. 班轮公会行动守则公约

20 世纪 60 年代，许多发展中国家为了发展民族经济，维护国家权益，不断在国际经济领域同发达国家进行斗争，强烈要求改变旧的经济体系，建立新的国际经济秩序。特别是在国际航运领域，强烈反对发达国家垄断班轮公会，控制班轮运价，认为班轮公会制定班轮运价只有利于工业国而不利于原料出口国，有利于发达国家而不利于发展中国家，是极为不合理的。为了改变这种不合理的做法和不公平的现象，他们要求制定一个相应的国际公约来改变这种局面。根据这个要求，1972 年 4 月至 5 月间在智利的圣地亚哥召开的第三届联合国贸易和发展会上，"七十七国集团"提出了一个"班轮公会行动守则公约草案"。贸易和发展会议经过 1973 年 10 月和 1974 年 3 月的两届会议，于 1974 年 4 月 6 日在日内瓦制定并通过了"班轮公会行动守则公约"，该公约于 1983 年 10 月 6 日正式生效。

《联合国班轮公会行动守则公约》（以下简称《守则公约》）分七个部分共五十四条条文和一个附件，其主要内容有以下 7 个方面。

1）制定公约的目标和原则。《守则公约》的基本目标是："便利世界海洋货运的有秩序扩展；促进适应贸易需要的、定期的和有效率的班轮服务的发展；保证班轮航运的提供者和使用者之间的利益均衡"。为实现这个目标，应遵守的原则是：公会的各种办法不应对任何国家的船东、托运人或对外贸易有任何歧视；公会与托运人组织、托运人代表和托运人就共同关心的事项进行有意义的协商。

2）货载分配的准则。货载分配准则主要明确了在班轮公会服务的航线上，公会承揽的货载实行公摊制度，由贸易双方当事国会员航运公司各自承运 40%，其余 20%由第三国会员公司承运，这既维护了所有参加公会的航运公司在航次和货载安排上所应享有的权利，也维护了发展中国家船公司载运本国外贸货物的正当权利。这就是著名的 4∶4∶2 货载分配原则。

3）忠诚信约。忠诚信约是托运人与班轮公会会员之间的协议。规定了托运人和班轮公会的权利和义务。作为忠诚托运人应将其掌握的货物运输全部交由班轮公会会员公

司运输，而不得用规避、隐瞒或中间人的手法，违反忠诚信约，转移货物。如果违反约定，须按约定支付赔偿金或违约金，而班轮公会会员公司作为对忠诚信约的托运人的回报，将适用于该托运人的运费率规定在适用于其他托运人运费率的一定百分比之内。

4）协商及解决争议建立相应的机构。班轮公会应在广泛的范围内，就与托运人共同关心的问题，根据任何一方的请求随时举行协定，解决其争议。

5）费率。《守则公约》对班轮运输运费率规定为：运费率应当在商业上可行的范围内，尽量确定在最低水平上，同时应当使船东能有合理的盈利。对于运费率的调整问题，《守则公约》也相应作出规定：如果班轮公会要求全面提高运费率时，至少需在 5 个月前通知托运人或托运人组织。通知的内容应包括运费率提高的幅度，实行的日期以及提价的理由，以便托运人能有时间来考虑提价可能造成的影响和应采取的对策。《守则公约》同时还规定，两次提高费率的间隔时间不得少于 10 个月。

6）战斗船。《守则公约》明确规定禁止班轮公会为达到排除、防止或减少竞争的目的而使用“战斗船”与非公会船舶进行竞争的做法。

7）《守则公约》生效条件。《守则公约》规定生效条件为：其一是至少有 24 个国家参加；其二是参加的国家须有定期航线的班轮，其杂货船吨位须占世界杂货船吨位的 2%。并规定具备这两个生效条件之日起 6 个月后开始生效。这份在国际航运领域具有重大意义的公约，终于在 1983 年 10 月 6 日正式生效。我国于 1980 年 9 月 23 日批准加入这一国际公约，但是由于我国的国际航运企业没有参加任何一个班轮公会，因此，我国不涉及履行《守则公约》条款的任何具体义务。

三、班轮运价

（一）班轮运价概念

船公司或其他承运人在进行货物运输中，不可避免地要发生诸如船员工资、伙食、燃油、物料、港口装卸、修理、保险及公司管理费用等营运开支。为了维护和扩大再生产，还要计提折旧和获取一定利润。因此，船公司必须向货主收取运输费用，这种运输费用简称运费。运费的单位价格称为运价。通常所称的班轮运价，不是一个简单的价格全额，而是包括费率标准，计收办法，承托双方费用、风险及其划分等的综合概念。

班轮运价是班轮公司为运输货物向货主收取运费的价格。它具有以下特点：

1）班轮运价是按班轮公司事先公布的运价表和规定计收运费。它具有相对稳定性。

2）班轮运价包括货物从装货港船边（舷）或吊钩至目的港的船边（舷）或吊钩的全部运输费用。习惯上称为“船边至船边”（side to side）、“船舷至船舷”（rail to rail）或“吊钩至吊钩”（tackle to tackle）费用。

3）班轮运价中包括装卸费用，即货物由承运人负责装卸及配载。因此，货方对船舶的延滞或速遣不负责，也不享受奖励，即在班轮运输中，承托双方不涉及滞期和速遣的问题。

4）班轮公会或班轮公司一般都有自己的运价表，托运人采用班轮运输货物均需按运价表支付运费。因此，班轮运价属垄断性运价。

5）班轮运价由基本运费和附加费两部分组成。

随着班轮运输的发展，国际上班轮费用的划分界限还可延伸至码头仓库，即班轮公司在装货港码头或仓库接货，由此而发生的超出原装卸费用的部分，班轮公司可以附加费的形式向货方收取。这种附加费在装货港称码头收货费（terminal Receiving charge），在卸货港称交货费（delivery charge），或统称货物搬运费。

（二）班轮运价本

由于班轮运输货物票数多、件数杂、分属不同货主。因此，在班轮运输过程中，必须要求班轮公司针对不同货物按照一定办法事先制定出不同的班轮运价，并以运价本的形式对外公布。

1. 班轮运价本的种类

（1）按运价本的制定者来划分

1）班轮公会运价本。它是由班轮公会制定，运价较高，且所作的承运条件有利于船方的具有垄断性的运价本。班轮公会运价本为公会内的班轮公司所使用。

2）班轮公司运价本。它是由班轮公司自行制定并单独进行调整或修改的运价本。在制定、使用班轮运价本的过程中，货方可以提出意见，但解释权和决定权仅在班轮公司。

3）货方运价本。它是由货方制订，船方采用的运价本。一般来说，能够制订运价本的大多都是掌握有相当大数量，并能保证常年提供稳定货源的较大的货主，如中外运公司。

4）双边运价本。它是指由船、货双方共同协商制定、调整或修改并遵守执行的运价本。如《中外运公司第三号运价表》，是由作为货方的中国对外贸易运输公司与作为船方的一些国外侨资班轮公司商议制定的。

（2）按运价本的形式来划分

1）单项费率运价本。即将各种不同商品在不同航线上的基本费率同时列出，可直接查找出该商品在各条航线上相应的费率。

2）等级运价本。它是将全部商品划分成若干等级，每一等级的商品在不同航线或港口间都有一个基本费率。这种运价本都附有“商品分级表”和“等级费率表”，在计算运费时首先从“商品分级表”中查出商品等级，再从“等级费率表”中查找出该等级的费率，才能进行运费计算。

2. 运价本的内容

一般而言，运价本由以下主要内容组成：

1）有关说明及规定。主要是说明运价本的适用范围、计价货币、计价单位及其他有关规定。

2）有关港口规定及条款。把一些国家或地区的港口规定列入运价表内。

3）商品分级表。说明各种商品的分类等级和计费标准。

4）航线费率表。主要说明各类等级货物在各条航线上的基本运费率。

5）附加费率表。说明各种附加费及其计收的标准。

6）冷藏货费率表及活牲畜费率表。说明各种冷藏货物和活牲畜的计费标准及费率。

（三）计费标准

计费标准是指以容积、重量为计算运费的最基本的计费单位。也就是把货物分为容积货物和重量货物，按照其实际容积吨和重量吨来计算运费。计费标准主要有以下几种。

1）按货物重量计算。它是指按商品的重量“W”（weight）来计算该种商品的运费。一般以吨为计算单位，有时也以长吨或短吨作为计算单位。

2）按货物体积计算。它是指按货物的体积“M”（measurement）来计算运费。一般以立方米为计算单位，有时也以40立方英尺作为计算单位。

3）按货物毛重或体积计算。它是指该种货物应分别按其毛重或体积“W/M”作为计费吨，择大计算运费。

4）按货物FOB价“A.d Val”计算。它是指按照货物的FOB价格的一定百分比计算运费，即从价运费。按从价运费计算的一般都是高价货物。

5）按货物重量、体积或FOB价格（A.d Val or W/M）计算。它是指该种商品应分别按其FOB价格的百分比毛重和、体积择大计算运费。

（四）计费方法

1. 班轮运费的构成

班轮运费一般由基本运费和各种附加费构成。

（1）基本运费

在班轮运输航线上船舶定期或经常挂靠的港口称作“基本港”（base port），而在班轮航线上基本港之间所制定的运价称为基本运价或基本费率，它是计收班轮运输基本运费的基础。根据基本运价计算的运费就是基本运费，是构成班轮运输全程运费的主要部分。

（2）附加运费

附加费是班轮公司对承运一些需要特殊处理的货物时，或由于具体情况的变化而使营运费用增加，为了弥补损失而额外加收的费用。一般常见的附加费有以下几种：

1）超重附加费。超重附加费是指每件货物的毛重超过规定的重量时所增收的附加运费。这种超重货物在装卸、运输、积载等过程中会增加额外的营运支出，故班轮公司要加收超重附加费。

2）超长附加费。超长附加费是指货物的长度超过规定的长度时所增收的附加运费。该附加费是按长度计算，长度越长则附加费率越高。

3）直航附加费。直航附加费是指班轮公司应托运人的要求将其货物从装货港不需转船而直接运抵某一非基本港时所增收的附加运费。一般情况下，托运人要求直航的货物数量要达到一定数量以上，船方才可以安排船舶直航非基本港口，并按规定收取直航附加费。

4）转船附加费。转船附加费是指货物需在中途基本港换装另一船舶转运至目的港而增加的附加费。

5）港口附加费。港口附加费是指由于某些港口装卸效率低、费用高而增收的附加费。

6）燃油附加费。燃油附加费是指由于国际燃油价格上涨，而增加了船舶的燃油费用支出，班轮公司为了补偿燃油费用的增加而增收的附加费。

7）港口拥挤附加费。港口拥挤附加费是指由于港口拥挤而造成船舶抵港后需要长时间等泊，为了补偿因等泊而延误的船期所增收的附加费。该附加费变动性较大，即该费用随着港口拥挤程度的变化而调整。如港口恢复正常，即可取消。

班轮附加费因班轮运输的情况变化而不同，故名目繁多。除了以上各项附加费用外，还有绕航附加费、选卸港附加费、变更卸货港附加费、冰冻附加费等。

2. 班轮运费的计算

（1）基本公式

前面提到，班轮运价是由基本费率和附加费两部分构成，因而其计算公式如下：

1）如果附加费为绝对数值，则运费公式为

运费总额＝货运数量（重量或体积）×基本费率＋附加费

2）如果附加费按百分比计算，则运费公式为

运费总额＝货运数量（重量或体积）×基本费率×（1＋附加费百分比）

（2）计算步骤

在计算一笔运费时，应按下列步骤进行：①首先了解货物品名、译名、特性、包装、重量、尺码（是否超重、超长）、装卸港（是否需转船、选卸港）等；②根据货物的品名，从货物分级表中找出该货物的等级和计算标准，如属未列名货物，则参照性质相近货物的等级和计算标准计算；③已查知货物等级和计算标准后，再查找货物所属航线等级费率表，找出与货物等级相应的基本费率；④查找有无附加费，及其各种附加费的计算办法和费率；如果是从价运费，则按规定的百分比乘以 FOB 货值计算；⑤查到各种数据后，最后列式进行计算。

【例 3.1】 某轮从上海港装运 10 吨，共计 11 立方米的蛋制品去英国普利茅斯港，要求直航，求全部运费。

解： 1）查货物分级表知蛋制品为 12 级，计算标准为 W/M。

2）再从中国到欧洲地中海航线分级费率表查出 12 级货物的基本费率为 116 元/吨。

3）因该货物体积大于重量，所以运费吨应为 11 吨。

4）从附加费率表中查知普利茅斯港直航附加费每吨运费为 18 元，燃油附加费 35%。

5）代入计算公式可得：

运费总额＝11×[116×（1＋35%）＋18]＝1920.60（元）

【例 3.2】 广州出口到伦敦棉织品一批，毛重为 10 吨，尺码为 9.5 立方米，需经香港转船后，运往目的港。假定货物运费等级为 13 级，计费标准为 W/M，第一程运费每运费吨 25 美元，第二程运费每运费吨 140 美元，中转费每运费吨 7 美元，燃油附加费按基本运价的 10%计收，求该批货物的总运费。

解：该货物计费标准为 W/M，因该货物毛重大于体积，所以运费吨为 10 吨。

一程运费=10×[25×（1+10%）]＝275（美元）

中转费＝10×7＝70（美元）

二程运费＝10×[140×（1+10%）]＝1540（美元）

总运费＝275＋70＋1540＝1 885（美元）

故该批货物应付的运费总额为 1 885 美元。

（五）班轮运输业务的程序和手续

尽管班轮运输业务程序各国港口不尽相同，但基本环节大同小异。以下对出口和进口货物运输业务的一般程序分别予以介绍。

1. 海运出口货物班轮运输的程序

（1）签订贸易合同

买卖双方首先签订贸易合同，签订合同之后，双方必须根据合同的规定履行各自的义务。如果合同是以 CIF 或 CFR 术语，并以信用证为支付方式，买方有义务按时开信用证，卖方有义务按时备妥合同约定的货物并负责办理货物出口和运输手续。因此，贸易合同条款是办理货物运输工作的依据。

（2）信用证

信用证是买方通过银行，在一定条件下担保支付货款的文件，它与贸易合同虽是两个独立的文件，但它的条款必须符合贸易合同的规定。在信用证支付条件下，卖方必须根据信用证条款办理运输事宜。如果信用证未及时开到，卖方需要办理催证工作，因为无证装货，卖方无法进行结汇，信用证开到后，卖方需要认真细致地做好审证工作，其依据是贸易合同，如有任何不符，应立即通知买方修改。做好催证、审证和改证工作，对保证及时装运和安全结汇具有重要意义。

（3）备货

卖方根据贸易合同和信用证的规定要求，按时、按质、按量备妥合同约定的货物。必须注意，备货要符合合同和信用证规定的品质、数量、包装要求，包括打唛头标志，并要求货物装运时间必须符合规定的装运期和交货期等。

（4）办理出口手续

货物备妥后，卖方需办理货物出口的有关手续，如出口许可证、配额许可证、商检证书、危险品包装鉴定使用证书、出口货物报关单等。

（5）订舱配载

订舱配载是国际贸易运输中的重要环节，搞好这项工作，有利于提高履约率，扩大出口，促进国际贸易的发展。

订舱（home booking/space booking）是指发货人向班轮公司或其代理申请货物运输，洽订船舶舱位的行为。订舱的目的是发货人利用班轮运输，在贸易合同规定的装运期内，及时出运货物，保证履约，以保证货主在国际贸易中的信誉和地位。在具体订舱工作中，一般是卖方预先向班轮公司或其代理申报计划，之后在规定的时间内向班轮公司或其代理递交具体的订舱委托手续，俗称订舱单（booking note，B/N）。订舱单一般包括托运人名称、货物品名、包装标志号码、数量、重量、尺码、装卸港口、装运期限和特殊要求事项等。订舱单经船公司或其代理承诺并签字盖章后，订舱即告完成，承托双方的运输合同亦即告成立。

在我国对外贸易运输中，外运公司既是国内发货人的代理，同时也为班轮公司揽货。因此，外运公司不仅要做好出口货物的订舱工作，而且还要认真做好揽货工作。

船公司接受订舱并按订舱单的货物要求，配定合适船舶，称为配载，即决定使用某船舶装运货物。

（6）保险

货物配载后，托运人根据船名、船期、航线等有关事项向保险公司办理出口货物运输保险，并取得保险单。投保险别应根据贸易合同的规定办理，保险单的日期不得晚于提单的签发日期。若需买方投保则应及时发出装运通知。

（7）装运准备

根据订舱配载的要求，船公司在指定时间将船舶开抵指定港口受载。在船舶到港之前，船公司须做好下列装船准备工作：

1）船公司将所有订舱托运单按不同港口分别编出提单号，打上船名，并将所有订舱托运单上的内容打制成配船清单，并制出清洁提单。

2）将订舱托运单连同提单一起交船务代理签单，以便船务代理及时缮制载货清单（loading list）和画出积载草图（load plan）。

3）船公司在装船前或船舶到港前将所有货物集齐于港口，以便船舶到港后能及时装运。到港船舶必须保证适于货物装运，特殊情况下，应申请商检部门对船舶进行检验并出具适合装运的证明。

4）船舶到港后，大副和船务代理绘制正式积载图。

托运人（卖方）根据船公司签发的装货单（shipping order，S/O）正本，向海关办理报关手续。出口货物经海关验关放行后才允许装船，同时，货物应在船舶收货截止日期前送至指定地点，以便装船。

（8）装船

在班轮运输情况下，承托双方的责任界限一般是以船舷为界，即船公司的责任与风险是从装船开始的，装货前的货物责任和风险由托运人负责，因此装船是承托双方货物交接的分界线。但目前一般做法是由托运人将货送至船公司或其代理的码头仓库，然后由船公司集中装船，即便如此，仍不改变承托双方的责任关系，只不过由船公司代办从仓库至船边这段作业而已。

装货时，船方一般需指派理货公司，在我国是中国外轮理货总公司（China Ocean Shipping Tally Company，COSTACO），代表船公司的利益，负责现场理货，监督装船。理货内容包括所装货物的唛头、件数、包装状况、货名等是否与单证文件一致，并保证装船货物的质量，以维护船公司的利益。外运公司在装船时应派人员认真做好装船工作。现场工作又称监装。现场工作人员的职责是：装船过程中必须在现场；认真做好现场记录，熟悉积载图和货存位置；掌握装船进度，防止脱节；及时与有关方面联系，处理意外事故；维护货方利益，保证装船质量。

货物装船后，如实装数量等与理货单核对无误，船方即出具收到货物的单据，称为收货单，又称大副收据（mate's receipt，M/R）。托运人可凭收货单向船公司换取正式提单，运费一般在签发提单时预付。另外，在货物装船后，卖方应给买方发装船通知，告知实际装运数量、船名、装船日期和船舶预计离港日期，以便收货人在船舶抵港前做好接货准备工作；在 CFR 成交条件下，通知收货人及时投保。

（9）制单

卖方根据贸易合同和信用证规定要求备齐必要单证。一般需要的主要单证有：商务单据（包括发票、装箱单、汇票等）、运输单据（主要是提单）和保险单，其他单据则根据有关规定办理。

（10）结汇

卖方最后向银行提供全部必要单证，经银行审核无误后给予收单结汇，全部单证则由出口地银行转至买方开证行，由其通知买方（或收货人）付款赎单。

2. *海运进口货物班轮运输的程序*

（1）签订贸易合同

买卖双方签订贸易合同规定 FOB 术语，以信用证方式支付货款。根据惯例，卖方负责按合同规定的交货期将货物运至指定交货港口，买方负责安排货物运输工作。

（2）开立信用证

根据贸易合同，买方有义务通过银行及时开立以卖方为受益人的信用证。

（3）订舱

根据交货期和卖方备货通知，买方须办理订舱工作，一般委托代理代办，也可直接向船公司订舱，舱位订妥后，应尽早通知卖方船名、船期，以便卖方按船舶受载日期将货物交到指定装船地点。

在我国，订舱工作可由各进出口公司委托中国对外贸易运输（集团）总公司进行。

委托外运订舱时，外贸进口公司的责任是，催促卖方按合同规定的时间、地点交货，及时向中国对外贸易运输（集团）总公司提出订舱的委托，并在订妥舱位后通知卖方。中国对外贸易运输（集团）总公司的责任是，按照委托，及时组织舱位，合理分配货物积载，按时、按质、按量地实现货物运输。

（4）保险

根据卖方预计交货通知，买方应及时办理货物投保手续，通常采取预约保险的形式。

（5）审单

买方收到卖方通过银行转来的全套单证后，须逐一核对审查。与此同时，应密切掌握船舶动态并做好接货准备工作。

（6）报关

进口货物必须向海关办理报关手续，经海关查验放行，并照章纳税后，才能提货。

（7）提货

船公司原则上是凭提单在船边交货，实际上在船边提货已不多见了，多数是从船公司仓库或码头仓库提取货物，而且有的并不是直接凭提单提货。多数船公司规定提单持有人必须持提单先向船公司或其代理以提单换取提货单（delivery order，D/O）俗称小提单，收货人凭提货单才能从船公司仓库提取货物。

第四节　海运提单业务

一、海运提单概述

（一）海运提单的定义

海运提单（marine bill of lading or ocean bill of lading）简称为提单（bill of Lading，B/L），是国际贸易结算及国际海上货物运输尤其是班轮运输中的一种最重要的单据。也是承担海上货物运输任务的承运人或其代理人签发的表明承运人已接管货物并已将货物装上船舶，且按照提单条款规定的权利和义务、责任和免责运输货物、交付货物的单证。《海牙规则》和《维斯比规则》都没有给提单下定义，而《汉堡规则》根据提单在国际贸易和国际贸易运输中的作用概括了提单的定义：Bill of lading means a document which evidences a contract of carriage by sea and the taking over or loading of the goods by the carrier and by which the carrier undertakes to deliver the goods against surrender of the document. A provision in the document that the goods are to be delivered to the order of the document. A provision in the document that the goods are to be delivered to the order of a named person, or to order or to bearer, constitutes such an undertaking.

我国《海商法》借鉴了《汉堡规则》的定义，概括了提单的本质属性，即提单证明了承运人已接管货物或货物已装船，也证明了海上货物运输合同的成立和承运人据以交

付货物。《海商法》（1993 年 7 月 1 日施行）第 71 条规定："提单，是指用以证明海上货物运输合同和货物已经由承运人接收或者装船，以及承运人保证据以交付货物的单证。提单中载明的向记名人交付货物，或者按照指示人的指示交付货物，或者向提单持有人交付货物的条款，构成承运人据以交付货物的保证。"

（二）提单的作用和性质

1. 提单是证明承运人已接管货物和货物已装船的货物收据

一般情况下，对于已装船货物，在预付运费的情况下，只要托运人付清运费及其他费用，承运人应负有签发提单的义务，即签发"已装船提单"。但对于尚未装船的货物，只要货物已在承运人接管之下，应托运人的要求，也应负有签发"收货待运提单"的义务。提单一经签发，即可确认承运人已接管货物或表明承运人已将货物装上船舶。因此，提单不仅证明收到货物的种类、数量、标志、外表状况，而且还证明收到货物的时间，即货物装船时间的收据。

承运人一经签发提单，即意味着作为货物收据的提单，在法律效力上是指承运人已按照提单上记载内容收到货物的初步证据（又称为表面证据）。在提单上记载的内容与货物的实际情况（种类、数量、标志、外表状况等）不符时，只要承运人能充分举证，证明确实没有收到货物，或收到货物的实际情况与提单上的记载内容不相符，仍可否定提单的证据效力。但是，当提单被转让给包括收货人在内的善意第三者时，提单具有最终证据效力（也称为绝对证据），即承运人反证无效。即使提单上的记载有误，对于包括收货人在内的善意的第三者而言，承运人也要对此负责。

2. 提单是承运人保证凭以交付货物和可以转让的物权凭证

对于合法的提单持有人而言，他有权在目的港以提单来提取货物。只要承运人出于善意，凭提单发货，即使提单持有人不是真正货主，承运人也无责任。因此，在目的港用提单提取货物，凭借的是提单的物权凭证的性质。提单代表着货物，提单交换代表货物交接，即"交单即交货"

正是由于提单的物权凭证性质，在国际市场上提单才可以通过"背书"转让。提单的转让意味着提单所代表的物权随着提单的转让而转移以及提单所规定的权利和义务的转移；也意味着提单货物转移给合法的提单持有人。但是，提单的转让是受到时间限制的，即提单的转让必须在目的港，在承运人交付货物前才有效。提单持有人凭一份正本提单办理提货手续后，其余的两份提单也就失去了效力，提单就不能再转让了。

3. 提单是海上货物运输合同成立的证明

在班轮运输业务中，虽然没有"班轮运输合同"的法律文本存在，但并不意味着承、托双方的权利和义务、责任和免责就没有法律文件来规定、约束、限制，实际上班轮运输是通过以提单上印就的条款形式来规定、约束、限制，从而使提单成为法律承认的处理有关货物运输争议的依据，因此提单常被人们认为就是运输合同。但是，从严格的法律意义上来说，提单不具有作为经济合同的基本条件，这是因为：一方面提单不是承、托双方意思表达一致的产物，规定、约束、限制承、托双方的权利和义务、责任和免责的提单条款是由承运人单方面拟定的；另一方面提单是履行在前，签发在后，即早在签发提单之前，承运人就开始进行接受托运人托运货物和将货物装船的有关各项工作。因此，提单的签发只能证明承、托双方的这种委托与承运关系已经存在。与其说提单本身就是运输合同，还不如说提单只是运输合同成立的证明更为合适。

（三）提单的种类

随着航运业务的不断发展，提单的种类也日益增多，目前常见的有以下几种：

1. 基本种类

这类提单是指在正常情况下，符合法律要求所使用的提单。

（1）根据货物是否已装船分类

1）已装船提单（on Board B/L or shipped B/L）。它是指承运人已将整票货物全部装上指定的船舶后签发的提单。其特点是提单上除了载明其他通常事项外，还须注明载货船舶名称和货物实际装船完毕日期。

2）收货待运提单（received for shipment B/L）。收货待运提单简称为收妥待运提单或待装提单，是指承运人虽已收到货物但尚未装船，应托运人的要求而向其签发的提单。由于待运提单上没有明确的装船日期，又不注明载货船的船名，因此，在跟单信用证的支付方式下，银行一般都不接受这种提单。

（2）根据收货人抬头分类

1）记名提单（straight B/L）。它是指在提单“收货人”一栏内填上特定的收货人名称的提单。记名提单只能由提单上所指定的收货人提货，不得转让。

记名提单可以避免因转让而带来的风险，但也失去了其代表物权可转让流通的便利性。银行一般不愿意接受此种提单作为议付的单证。

记名提单一般只用于运送价值较高的货物、展览品及援外物资等。

2）不记名提单（open B/L；blank B/L；bearer B/L）。它是指在提单“收货人”一栏内记明应向提单持有人交付货物，如 to the bearer 或 to the holder,或不填写任何内容（空白）的提单。不记名提单无需背书即可转让。转让手续非常简便，但一旦遗失或被盗，货物很容易被他人提走。因此，这种提单在国际贸易中很少使用。

3）指示提单（order B/L）。它是指在提单“收货人”一栏内只填写“凭指示”（to order）或“凭某人指示”（to the order of ×××）字样的提单。指示提单经过背书人背书后可以转让，既避免了记名提单的僵硬，也避免了不记名提单的风险，所以是一种常用的提单。

（3）根据货物外表状况有无不良批注分类

1）清洁提单（clean B/L）。它是指货物装船时，表面状况良好，承运人在签发提单时未加上任何有关货物残损、包装不良或其他有碍于结汇的批注的提单。在正常情况下，

向银行办理结汇时，必须提交的是清洁提单。

2）不清洁提单（unclean B/L）。它是指承运人在提单上加注有货物及包装状况不良或存在缺陷，如水湿、油渍、污损、锈蚀等批注的提单。承运人通过批注，声明货物是在外表状况不良的情况下装船的，在目的港交付货物时，若发现货物损坏可归因于这些批注的范围，从而减轻或免除自己的赔偿责任。在正常情况下，银行拒绝以不清洁提单办理结汇。

需要说明的是，并不是所有经批注的提单均为不清洁提单。国际航运公会于 1951 年规定下列三种内容的批注不能视为不清洁：第一，没有说明货物或包装不令人满意，只批注“旧包装”、“旧箱”、“旧桶”等；第二，强调承运人对于货物或包装性质所引起的风险不负责任；第三，否认承运人知悉货物内容、重量、容积、质量或技术规格。这三项内容已被大多数国家和航运组织所接受。

实践中，当货物及包装状况不良或存在缺陷时，托运人会出具保函，并要求承运人签发清洁提单，以便能顺利结汇。由于这种做法掩盖了提单签发时的真实情况，承运人有可能会承担由此而产生的责任，所以使用保函时要视具体情情况而定。

（4）根据不同的运输方式分类

1）直达提单（direct B/L）。它是指由承运人签发的，货物从装货港装船后，中途不经过转船而直接运抵卸货港的提单。

2）转船提单（transhipment B/L or through B/L）。它是指在装货港装货的船舶不直接驶达货物的目的港，而要在中途港换装其他船舶运抵目的港，由承运人为这种货物运输所签发的提单。

3）多式联运提单（combined transport B/L；intermodal transport B/L；multimodal transport B/L）。它是指货物由海路、内河、铁路、公路和航空等两种以上不同运输工具共同完成全程运输时所签发的提单。这种提单主要用于集装箱运输。多式联运提单一般由承担海运区段运输的船公司签发。

（5）根据提单签发人不同分类

1）班轮公司提单（liner B/L）。它是指在班轮运输中，由班轮公司或其代理人所签发的提单。在集装箱班轮运输中，班轮公司通常为整箱货签发提单。

2）无船承运人提单（nvocc B/L）。它是指由无船承运人或其代理人所签发的提单。在集装箱班轮运输中，无船承运人通常为拼箱货签发提单，因为拼箱货是在集装箱货运站内装箱和拆箱，而货运站又大多有仓库，所以有人称其为仓提单（house B/L）。当然，无船承运人也可以为整箱货签发提单。

2. 特殊提单

这类提单是指在特殊情况下，可能是不符合法律规定或者对货运业务有一定影响时所使用的提单。这类提单也有多种情况。

（1）按商业习惯分类

1）倒签提单（anti-date B/L）。倒签提单是托运人从承运人处得到的以早于货物实际装船完毕的日期作为提单签发日期的提单。签发提单的日期早于货物实际装船完毕的日期，以符合信用证对装船日期的规定，便于在该信用证下结汇。由于倒填日期签发提单，所以称为“倒签提单”。承运人倒签提单的做法掩盖了真实的情况，因此要承担由此而产生的风险责任。

2）预借提单（advanced B/L）。它是指由于信用证规定的装运期或交单结汇期已到，而货物尚未装船或货物尚未装船完毕时，应托运人要求而由承运人或其代理人提前签发的已装船提单，即托运人为能及时结汇而从承运人处借用的已装船提单。预借提单和倒签提单同属一种性质，一般都是出口公司出于无奈和应急时采用的办法，为了防止意外，应尽量避免使用这两种提单。

3）顺签提单（post-date B/L）。它是指在货物装船完毕后，承运人应托运人的要求，以晚于该票货物实际装船完毕的日期作为提单签发日期的提单。由于顺填日期签发提单，所以称为“顺签提单”。

这种做法是为了符合合同关于装运期的规定，应托运人的要求而顺填日期签发的提单。承运人顺签提单的做法同样也掩盖了提单签发时的真实情况，因此也要承担由此而产生的风险责任。

4）舱面提单（on deck B/L）。它是指将货物积载于船舶露天甲板，并在提单上记载“on deck”字样的提单，也称甲板货提单。积载在船舱内的货物（舱内货 under deck cargo）比积载于舱面的货物所可能遇到的风险要小，所以承运人不得随意将货物积载于舱面运输。但是，按商业习惯允许装于舱面的货物、法律规定应装于舱面的货物、承运人与托运人协商同意装于舱面的货物可以装于舱面运输。另外，由于集装箱运输的特殊性，通常有 1/3 以上的货物要装于甲板，所以不论集装箱是否装于舱面，提单上一般不记载“On deck”或“Under deck”，商业上的这种做法已为有关各方当事人所接受。

5）过期提单（stale B/L）。它是指由于出口商在取得提单后未能及时到银行议付的提单。因不及时而过期，形成过期提单，也称滞期提单。根据《跟单信用证统一惯例》第 43 条的规定，在提单签发日期后 21 天才向银行提交的提单也属过期提单。

过期提单是商业习惯的一种提单，但它在运输合同下并不是无效提单；提单持有人仍可凭其要求承运人交付货物。

（2）其他特殊提单

1）并提单（omnibus B/L）。它是指应托运人要求，承运人将同一船舶装运的相同港口和货主的两票或以上货物合并签发的一套提单，即将不同装货单号下的货物合起来签发相同提单号的一套提单。

2）分提单（separate B/L）。它是指应托运人要求，承运人将属于同一装货单号下的货物分开，并分别签发的提单（多套提单），即将相同装货单号下的货物分开签发不同提单号的提单。

3）交换提单（switch B/L）。它是指在直达运输的条件下，应托运人要求，承运人同意在约定的中途港凭起运港签发的提单换发以该中途港为起运港的提单，并记载有在中途港收回本提单，另换发以中途港为起运港的提单或“switch B/L”字样的提单。

由于商业上的原因，为满足有关装货港的要求，托运人会要求承运人签发这种提单。签发交换提单的货物在中途港不换装其他船舶，而是由承运人收回原来签发的提单，再另签一套以该中途港为起运港的提单，承运人凭后者交付货物。

4）交接提单（memo B/L）。它是指由于货物转船、联运或其他原因，在不同承运人之间签发的不可转让、不是“物权凭证”的单证。交接提单只具有货物收据和备忘录的作用。

有时由于一票货物运输会由不同的承运人来运输或承运，为了便于管理，更是为了明确不同承运人之间的责任，就需要制作交接提单。

另外还有全式提单和简式提单、运费预付提单和运费到付提单、正本提单和副本提单等。

二、海运提单的内容

在国际海上货物运输过程中，一些大的航运公司为了切实保护自身利益，都独自制定自己的提单格式。这些提单格式尽管有所差别，但都是各大航运公司根据提单的有关国际公约制定的，因此，提单的内容大体相同，都分为正面内容和背面条款两部分。

（一）提单正面记载内容

提单的正面内容一般记载了有关货物和货物运输的事项，这些事项大多是各国有关提单的国内法规或国际公约规定必须记载的，也是从提单的法律效力和承运人的业务需要而必须记载的。我国 1993 年 7 月 1 日颁布实施的《海商法》第 73 条对提单正面必须记载的事项规定如下：

1）货物的名称、标志、包数或件数、重量或体积，危险品性质的说明。

2）承运人名称、主营业所和船舶名称。

3）托运人名称和收货人名称。

4）装货港和在装货港接收货物的日期。

5）卸货港。

6）多式联运提单增列接收货物地点和交付货物地点。

7）提单的签发日期、地点和份数。

8）运费支付。

9）承运人或其代表的签字。

在提单的正面记载事项中，有的是由托运人负责提供资料填写，如托运人、收货人、货物名称、标志和号码、件数、重量或体积等；有的是由承运人负责填写，如船名、装卸港、提单签发日期和地点等。而运费支付的方式、时间和地点则由贸易条款决定。但是无论如何，承运人和托运人都要对其所填写内容的真实性、准确性负责。提单缺少其中一项或者几项都不影响提单的性质。

（二）提单背面的印刷条款

在国际贸易运输过程中，承运人与托运人、收货人、受货人或提单持有人之间承运货物的权利与义务、责任与免责，主要是由提单背面条款来规定的。这些条款是解决他们之间的争议的法律依据，大多数船公司提单背面条款都包括下面内容：

1. 定义条款

定义条款（definition）主要对提单中有关用语的含义和范围作出明确规定。例如，对作为运输合同当事人一方的“货方”的含义和范围作出规定，将“货主”定义为“包括托运人、受货人、发货人、收货人、提单持有人和货物所有人”，而承运人一般指与托运人订有运输合同的船舶所有人或租船人。

2. 首要条款

首要条款（paramount clause）又称管辖权条款（Jurisdiction），是说明承运人按照自己的意志，规定提单所适用的法律依据，例如，发生纠纷时，应根据哪一国家法律解决争议。

3. 承运人责任和免责条款

承运人责任和免责条款（carrier’s responsibility an immunities clause）主要说明签发提单的承运人对货物运输应承担的责任及应享受的免责权利。由于提单的首要条款都规定了提单所适用的法规，故承运人的责任和免责一般是由其所依据的国际公约和各国海商法或海上货物运输法加以规定。如果首要条款规定《海牙规则》适用于本提单，则承运人的权利和义务以及赔偿责任和豁免都以《海牙规则》的规定为准。

（1）《海牙规则》关于承运人基本责任内容的规定

《海牙规则》关于承运人基本责任内容的规定可概括为两方面，即保证船舶适航责任和管理货物责任，这两方面的内容为：

1）关于船舶适航方面的责任，《海牙规则》规定承运人必须承担的责任是，在开航以前和开航当时谨慎处理，使船舶适航；妥善配备船员，装备船舶和配备供应品；使货舱、冷藏舱、冷气舱和该船其他载货处所适于并能安全收受、载运和保管货物。如果承运人在船舶开航前和开航当时没有做到谨慎处理，未能使船舶处于适航状况，所引起的货物损坏或灭失，承运人应当承担赔偿责任。所谓适航，在航运界没有一个绝对准确而明白的定义，一般可理解为适航是指船舶在各方面都能够满足预定航线或航线的特定区段的一般可预见的安全妥善的要求。具体而言，《海牙规则》对于船舶适航的基本要求为：①狭义的适航能力。即指承运人应使船舶在船体强度、结构、机器设备等各方面能抗御预定航线或预定航线区段中可能遇到的一般风险。此外由于船舶积载不当而危及船舶的航行安全时，也可认为船舶不适航。②航海能力。航海能力是指承运人为了使船舶能够完成预定航线或预定航线区段的要求，而应该适当地配备船员，适当地装备船舶和供应船舶，做好充分的人力和物质的准备。也就是要配备合格的船员，装备船舶航行所需要的各种通信装置和文件资料，供应船舶燃油、淡水等必需品。这里所谓的“适当”、主要是指根据具体情况作出具体的分析，对于不同航线不同季节要有不同的要求。例如，

配备船员，则要求承运人配备一定数量的船员，而且船员要具有符合国际海事组织（MO）所规定的专业技术资格证书。这是对配备船员的数量和对船员的业务与技能的要求。而且为了确保航行安全，还必须为船舶装备各种通讯信号装置、救生信号装置、航海图书资料以及供应燃料、物料、伙食等，特别是燃料的供应尤为重要，在考虑燃料等供应时，应在满足正常油耗的基础上还要根据本航次中的季节、风浪、燃油的质量等情况再增加一个安全系数即可。③适货能力。在《海牙规则》中，承运人应在开航以前和开航当时谨慎处理，使货舱、冷藏舱、冷气舱和该船其他载货处所适于并能安全收受、载运和保管货物，如果船舶缺乏这种能力，即不适航。这是对承运人在保证船舶适货能力方面所提出的具体要求。也就是说，船舶作为一个运送货物的浮动的仓库，就应该具备良好的货物储存运输条件。根据不同货物的特性和它们对运输条件的要求，使货舱满足不同货物储存的需要，便于接收、保管货物。例如，对于装运粮食，要做到适货的要求，必须经过熏舱、清扫，使货舱保持清洁、干燥、无虫鼠害；装运件杂货物应事先做好对货物的衬垫准备工作；而对于装运冷藏货物，除了货舱保持清洁外，还要使舱内温度符合冷藏货物的要求等。总之，适货侧重的是货舱能满足特定货物储存的需要。

2）关于管理货物方面的责任。《海牙规则》规定承运人应当妥善而谨慎地装载、操作、运送、保管、照料和卸下所运货物。也就是说从货物装载到卸载的各个工作环节中，承运人必须做到“妥善”和“谨慎”，尽到“妥善”和“谨慎”之责。一般而言，“妥善”是指要求船长、船员以及相关人员具备专业知识和技能，在装卸、积载等每一个运输环节中，建立一套良好的工作系统，以保证货物运输质量；而“谨慎”则是指考虑工作的认真程度，要求承运人及其代理人、雇员尽心尽力，否则，承运人对任何一个环节中发生的货损都必须负责。

（2）关于承运人的免责事项

由于提单的首要条款已明确规定提单所适用的法规，即以《海牙规则》或《维斯比规则》为提单适用法的条件下，承运人只要做到谨慎处理使船舶适航、管理货物和按照约定的、习惯的或地理的航线运输货物而没有无故绕航，并能举证已做到谨慎处理，没有过失责任，则承运人能够享受提单适用法规所规定的免责事项的权利。即《海牙规则》所规定的 17 项免责事项的权利，包括船长、船员在驾驶或管理船舶行为的过失；火灾；海上或其他通航水域的灾难；危险或意外事故；天灾；战争行为；公敌行为；政府依法扣押；检疫限制；托运人的过失；罢工、关厂、停工或劳动力受到限制；海上救助或企图救助人命或财产等 17 项免责事项。当船舶所载运的货物出现灭失或损坏时，只要承运人举证已做到妥善、谨慎和恪尽职守，则可以援用免责条款要求责任豁免。

4. 承运人责任期间条款

承运人责任期间条款（duration of liability）主要规定承运人对货物运输承担责任的开始和终止时间。即对货物灭失或损害承担赔偿责任的期间。由于大多数提单的首要条款规定《海牙规则》为其适用法规，因此，根据《海牙规则》规定承运人责任期间为“自货物装上船舶开始至卸离船舶为止”，也就是通常所说的有名的“钩至钩”原则，即具体指货物在装货港起吊时开始至在卸货港货物脱离吊钩时为止。但这种规定与普通班轮运输的“仓库收货、集中装船”和“集中卸货、仓库交付”的货物交接方法不相适应，特别是集装箱班轮运输中的场（CY），站（CFS），门（door）交接货物的方式不相适应。为此，为了争揽货载，一些船公司常将责任期间向两端延伸，并列记于提单条款中。针对这种实际情况并与之相适应，《汉堡规则》则将承运人的责任期间扩大到“包括在装货港，在运输途中以及在卸货港货物在承运人掌管下的全部时间”，这无疑延长了承运人的责任期间，加重了承运人的责任。

5. 包装和标志

一般情况下，货物应妥善包装，并涂刷清晰、正确的标志和在货物外表清楚地标明目的港，在交货时仍保持清楚，这是托运人的责任。如果因货物包装不良，标志欠缺、不清所造成的货物灭失、损坏或造成错装、错卸、混票，都应归属于托运人过失，承运人可以免责，而由托运人承担一切责任和费用。

6. 运费和其他费用条款

运费的支付方式主要有预付运费和到付运费两种，预付运费是指在货物装完船后签发提单前连同其他费用一起支付；到付运费则是指船舶抵达目的港时，卸货前或卸完货后交付货物前连同其他应付费用一起支付。无论哪一种支付方式，如果船、货或其中一项遭受任何灭失或损坏，均不退还或扣减运费。

7. 承运人赔偿责任限制条款

承运人赔偿责任限制条款（limit of liability）主要规定承运人对货物灭失或损坏负有赔偿责任时，对每件或每单位货物所应支付的最高赔偿全额。有关提单所适用的不同国家法律以及不同国际公约都有其对承运人赔偿责任限制的规定，即把承运人的赔偿责任限定在一定的水平上，既可以减轻承运人的责任，避免承运人承担不堪负担的赔偿；又可以防止承运人随意减轻其应承担的赔偿责任。例如，《海牙规则》规定承运人对每件或每单位货物的赔偿限额为 100 英镑，但海牙规则实施数十年来，在赔偿责任限额的规定方面也暴露出一些问题，如英镑不断贬值，引起货主的不满。在这样的情况下，《维斯比规则》对此作了必要的修改和补充，即从单一的每件或每单位货物的计算方法改为承运人赔偿责任限额为每件或每单位货物赔偿限额 10 000 金法郎或毛重每公斤 30 金法郎的双重计算方法，以其高者为准。《汉堡规则》采取了《维斯比规则》的赔偿限额双重计算方法，但提高了承运人的赔偿限额，即每件货物的赔偿限额为 835 特别提款权（SDR）或者每公斤 2.5 特别提款权（SDR），以高者为准。

8. 动植物和舱面货条款

《海牙规则》对货物的定义范围较为窄小，仅为一般普通货物，不包括动植物、舱面货。因此，承运人根据同托运人达成的协议或按航海习惯装载这些货物时，由于装运

的特殊风险造成的货物灭失或者损坏，承运人不负赔偿责任。

9. 危险品条款

危险品的装运必须依照有关海上危险品货物运输的规定进行妥善包装，制作标志和标签，并且还要出具其正式名称、性质以及应当采取的预防危害措施的书面说明。如果托运人未出具正确的书面说明或说明有误，或载运过程中该货物对于船舶人员或者其他货物构成实际危险时，承运人有权将其卸下、抛弃或销毁使之不能危害而不予赔偿。

10. 留置权条款

在未收到货方应交付的运费、空舱费、滞期费、共同海损分摊费以及其他与货物有关的费用时，承运人可行使扣留货物或任何有效单证的权利，并可有权拍卖货物以抵偿欠款，如仍不足以抵偿全部欠款，承运人仍可向货方收取差额。

11. 索赔通知和诉讼时效

索赔通知也可称为货物灭失或损害的情况下，收货人以书面形式向承运人或其代理人提出货损情况并保留索赔权利的书面声明。诉讼时效是指对索赔案件提起诉讼的最后期限。至于提出索赔通知时间及诉讼时效，应根据各个航运公司提单所适用的各国法律或有关国际公约来规定，但其规定是不完全一致的。但无论是各国法律还是有关国际公约都规定，在货物移交当时、移交前或移交后，所提出索赔通知的证据效力只是初步证据。即使收货人未能在规定时间内提交这种书面通知，也不影响收货人日后举证提出索赔的权利。对于诉讼时效，《海牙规则》明确规定为一年；《维斯比规则》对《海牙规则》规定的一年诉讼时效未作修改，仅作出经当事双方同意，可将这一期限加以延长的补充规定；而《汉堡规则》从收货人的利益考虑，将诉讼时效延长为两年。

此外，提单背面条款还有共同海损条款，自由转船条款，托运人错误申报条款，美国条款以及战争、冰冻、罢工等条款。

三、海运提单的使用

（一）提单的签发

1. 提单签发人

提单必须经签署才能产生效力。有权签发提单的人包括承运人本人、载货船舶船长和经承运人授权的代理人。

承运人与托运人订立海上货物运输合同，承运人是合同的当事人，当然有权签发提单。各国法律都承认载货船舶船长是承运人的当然代理人，而不必经过承运人的特别授权。代理人签发提单必须经承运人特别授权，否则代理人无权签发提单。

2. 提单的签发地点和日期

提单的签发地点应当是货物的装船港。提单签发日期应是货物实际装船完毕的日期，并且与大副签署的收货单签发的日期相一致。

货物装船完毕，大副应根据货物外表状况签署收货单，提单签发人应将收货单与提单记载的各项内容核对无误后签发提单，如收货单上有批注，则提单签发人就应如实转批在提单上。

集装箱班轮运输中，为了给承运人签发提单提供方便，实践中大多以船舶开航（sailing date）作为提单签发日期。但是，应该注意的是，sailing date 并不一定是 on board dare。

3. 提单的份数

提单有正本提单和副本提单之分，通常所说的提单都是指正本提单。副本提单只用于日常业务，不具有法律效力。

为了防止提单遗失、被窃或在转递过程中发生意外事故造成灭失，各国海商法和航运习惯都允许为一票货物签发一套多份正本提单，并且各份正本提单都具有同等效力，但其中一份提货后，其他各份自动失效。这样做的原因是：

1）使提单的合法受让人了解全套正本提单的份数，防止流失在外而引起的纠纷，保护提单受让人的利益；

2）信用证通常都规定必须以全套正本提单向银行办理结汇；

3）在变更卸货港交付货物时必须提交全套正本提单。

副本提单的份数视需要而定。虽然没有法律效力，不能据以提货，但却是装运港、中转港及目的港的代理人和载货船舶不可缺少的补充货运文件，副本提单可以补充舱单上不完整的内容和项目。

（二）提单的更正和补发

（1）提单的更正

1）提单签署前的更正。在实际业务中，提单通常是在托运人办妥托运手续后，货物装船前，在缮制有关货运单证的同时缮制的。在货物装船后，这种事先缮制的提单在下列原因下可能需要更正：①事先缮制的提单，与实际装载情况不符需要更正；②货物装船后，发现托运人申报材料的错误而需要更正；③信用证要求的条件有所改变；④由于其他原因，托运人提出更正提单内容的要求。

2）提单签署后的更正。货物已装船、提单已签署，托运人提出提单更正的要求，这时，承运人或其代理人要考虑各方面的关系，在不妨碍其他提单利害人利益、不影响承运人交货的前提下，征得有关方面同意，可以更改并收回原提单。因更改提单内容而引起的损失和费用，则应由提出更改要求的托运人负担。如果提出提单更改时船舶已开航，应电告船长作相应更改。

（2）提单的补发

如果提单签发后遗失，托运人提出补发提单，承运人会根据不同情况进行处理，一般是要求提供担保或者保证金，而且还要依照一定的法定程序将提单声明作废。《中华人民共和国海事诉讼特别程序法》第 100 条规定："提单等提货凭证持有人，因提货凭证失控或者灭失，可以向货物所在地海事法院申请公示催告。"

（三）提单的背书与转让

所谓背书，是转让人（背书人）在提单的背面写明或者不写明受让人并签名的手续。实践中，背书有记名背书、指示背书和不记名背书等几种方式。

（1）记名背书

记名背书，也称完全背书，是指背书人在提单背面写明被背书人（受让人）的名称，并由背书人签名的背书形式。经过记名背书的指示提单将成为记名提单性质的指示提单。

（2）指示背书

指示背书是指背书人在提单背面写明"凭×××指示"的字样，同时由背书人签名的背书形式。经过指示背书的指示提单还可以继续进行背书，但背书必须连续。

（3）不记名背书

不记名背书，也称空白背书，是指背书人在提单背面由自己签名，但不记载任何受让人的背书形式。经过不记名背书的指示提单将成为不记名提单性质的指示提单。

关于提单转让的规定为：记名提单，不得转让；不记名提单，无需背书，即可转让；指示提单，经过记名背书或者空白背书转让。所以，背书与转让是不同的。

（四）海运单

海运单是证明海上货物运输合同和货物已经由承运接管或装船以及承运人保证将货物交给指定收货人的一种不可转让的单证。

1. 海运单产生的背景

海运单与电放提单产生的根源是提单危机。提单是船方或其代理人在收到承运货物后签发给托运人的货物收据，是托运人与承运人之间运输契约的证明，法律上有物权证书的效用。提单自公元 1500 年问世以来，一直是国际海运中最重要的单据。但近些年来，其优势却频频遭到冲击，危机重重。20 世纪 80 年代以来，随着海运业的发展，集装箱运输广泛使用，高速船舶大量涌现，中途港大量减少，装卸设备不断改进，海运时间大大缩短。因此，经常会出现货到而提单未到的情形，收货人得不到提单正本，就会出现货等单的问题，从而引起延迟卸货或码头拥挤现象，尤其是近洋运输。货物大量滞留不仅给港口带来了压力，也给买方带来不便或增加了额外的费用，如担保提货的资金占用和仓储费等。在此情况下，海运单与电放提单便应运而生。

国际海事委员会于 1990 年 6 月颁布了《1990 年国际海事委员会海运单统一规则》，

进一步促进了海运单的发展。

我国由于种种原因尚未使用海运单，但却普遍使用与海运单作用相似的电放提单。电放提单虽然没有国际法规加以规范，但也在一定范围内广泛使用。

2. 海运单的作用

海运单具有两个作用：第一，它是承运人和托运人之间订立海上货物运输合同的证明；第二，它是承运人收到货物或者货物已经装船后签发给托运人的一份货物收据。

从以上海运单的作用上可以看出海运单只是一个流通的单据，它不能转让，不具有物权凭证的性质。海运单与提单比较来看虽然都是承运人向托运人签发的运输单证，二者在诸多方面存在着相同点，但作为两种不同的单据，又存在着相当大差别：

1）提单是货物收据、运输合同、物权凭证，海运单只具有货物收据和运输合同这两种性质，它不是物权凭证。

2）提单可以是指示抬头形式，通过背书流通转让；海运单是一种非流通性单据，海运单上标明了确定的收货人，不能转让流通。

3）海运单和提单都可以做成“已装船”（shipped on board）形式，也可以是“收妥备运”（received for shipment）形式。海运单的正面各栏目格式和缮制方法与海运单提单基本相同，只是海运单收货人栏不能做成指示性抬头应缮制确定的具体收货人。

4）提单的合法持有人和承运人凭提单提货和交货，海运单上的收货人并不出示海运单，仅凭提货通知或其身份证明提货，承运人凭收货人出示适当身份证明交付货物。

5）提单有全式和简式提单之分，而海运单是简式单证，背面不列详细货运条款，但载有一条可援用海运提单背面内容的条款。

6）海运单和记名提单（straight B/L），虽然都注明收货人，不作背书转让，但它们有着本质的不同，记名提单属于提单的一种，是物权凭证，持记名提单的收货人可以提货，却不能凭海运单提货。

3. 使用海运单的程序和好处

海运单的运行程序如下：①船公司签发海运单给托运人；②船公司在船舶到卸货港前向收货人发出到货通知；③收货人签署完到货通知并退还给船代理；④船代理据以签发提货单给收货人；⑤船抵港后，收货人凭提货单提货，船方查明收货人已将运费付清，办理结关手续，船方就可放货。

海运单仅涉及托运人、承运人、收货人三方，程序简单，操作方便，有利于货物的转移。首先，海运单是一种安全凭证，它不具有转让流通性，可避免单据遗失和伪造提单所产生的后果。然后，提货便捷、及时、节省费用，收货人提货无须出示海运单，这既解决了近途海运货到而提单未到的常见问题，又避免了延期提货所产生的滞期费、仓储费等。最后，海运单不是物权凭证，扩大海运单的使用，可以为今后推行 EDI 电子提单提供实践的依据和可能。

目前，海运单普遍应用于以下业务类型：①跨国公司的总分公司或相关的子公司间

的业务往来；②在赊销或双方以买方付款作为转移货物所有权的前提条件下，提单已失去其使用意义；③往来已久，充分信任，关系密切的贸易伙伴间的业务；④无资金风险的家用私人物品，商业价值的样品；⑤在短途海运的情况下，往往是货物先到而提单未到，宜采用海运单。

第五节　国际货运代理与租船业务

一、租船经纪人业务

1. 经纪合同的特征与经纪人法律地位

经纪合同是指经纪人按照委托人的要求，向委托人提供与第三人订约的机会或作为他们之间订约的媒介，为他们订约提供信息或进行介绍活动，由委托人向经纪人支付劳务报酬的合同。

经纪合同的特征是：

1）经纪人在经纪合同中处于中间介绍人的地位，他不代表任何一方，也不是合同一方的当事人，不介入委托人与第三人所签订的合同关系中。

2）经纪人是按照委托人的指示和要求进行业务活动的，但他既不是以委托人的名义和费用，也不是以自己的名义和费用来进行民事法律行为。

3）经纪合同的标的是劳务的信息，是依合同约定的所实施的中介服务行为。经纪人一般都有广泛的人际关系和广阔的信息资源网络，具备丰富的专业知识和高效率的办事能力。

4）经纪合同是劳务有偿合同，经纪合同经双方意思表示一致即成立，委托人与经纪人均享受权利、义务。当经纪人努力达成的合同成立时，经纪人即可取得相应的报酬，并且，在活动中所发生的费用，依照规定或约定，由委托人向经纪人支付。

经纪合同与代理合同是委托合同演变下相关的两种合同，故有许多相似之处，例如，均属于提供服务或劳务的合同，受委托人均需处理委托事务等。因此，许多国家的立法都明确规定，除经纪合同另有规定的外，可以沿用委托合同的规定。

经纪人最初是英美法的概念和制度，大陆法称居间人，我国译称居间、经纪、中间人。通常认为，经纪人在不同业务中产生的法律关系具有不同性质，不局限于特定的法律身份，是代理、委托、居间等多种身份的统一。

租船经纪人是经纪人家族的一个分支，具有海运专业的行业特点。当其从事船舶、货运代理行为时，为代理人或委托人身份；当更多从事缔结租船合同时，为居间人身份。因此，租船经纪人兼有代理、委托、居间人的特征，对租船经纪人从法律身份的定位不能受制于普通民商法。

我国目前没有专门对租船经纪人的经营资格立法，例如，对最低注册资金、从业人员资格等做出规范。从行业管理上看，对国际货运代理人从事租船业务没有限制，只要具备开展租船业务的专业人才和市场资源就可以做好租船业务。

租船经纪人有很强的行业特点并必须遵照一定的国际惯例。与一般的商品买卖或股票交易不同，租船经纪人就货物运输洽谈租船、订舱或包运等业务，除了运价的高低外，它还涉及货物的配载、船型选择、装卸港条件、航区特点、贸易合同对运输的特殊要求、运费的支付方式、延滞、速遣费率及计算方法、船方对货物的照料责任和免责等。期租合同下，还涉及交船、还船、燃油、租金支付等一系列复杂条件。

2. 租船经纪人在租船市场的作用

国际上的租船业务，几乎都是通过租船经纪人来进行的。租船经纪人主要提供以大宗散杂货为主的租船、揽货、订舱、船舶买卖、信息咨询等业务的中介服务。租船经纪人的业务范围无地域限制，其在全球范围向客户提供航运市场的船货信息，传递合同意向，促成运输合同的订立，并代为起草合同供双方当事人签署。因此，大部分租船经纪人都受过良好的专业培训，熟悉国内外航运业务，掌握国内外航运信息，具有较高的英语水平，并具有高尚的职业道德和敬业精神。

租船经纪人的作用主要表现为：①船舶市场的主要调节者；②为船东和租船人迅速有效地成交租船业务；③减轻船东和租船人大量租船事务性工作；④减少船东和租船人在租约中的责任风险。

3. 租船经纪人的业务成交方式

国际上，通过租船经纪人洽谈租船业务的方式主要有以下两种。

1）船舶所有人和租船人各自指定的经纪人洽谈具体业务。当代表双方利益的经纪人就租船业务所涉及的基本条件达成一致意向，且船舶所有人和租船人也表示可按这些条件成交的情况下，通常由任何一方的经纪人（一般由船舶所有人的经纪人），在成交后尽快根据双方同意选用的某种租船合同范本以及达成的条件和条款，制定完善的租船合同并代表本人在合同上签字（经纪人签订合同必须经本人事先授权），如另一方经纪人对所制订的租船合同条款无异议，也代表本人在合同上签字。

2）船舶所有人和租船人共同使用一个租船经纪人进行洽谈。在这种情况下，双方当事人往往在现场面谈。租船经纪人不代表任何一方，而只是引导双方当事人共同议定各项条件或条款，利用自己的知识和技能，尽可能促使谈判顺利进行，并最终签约。

4. 租船经纪人的义务和责任

经纪人代表船东或租船人洽谈租约，必须谨慎工作，恪尽职责，尽最大努力保护委托人的意向和利益。经纪人应尽的义务和责任如下。

（1）应当严格地按照委托人口头或书面授权范围行事

《合同法》第 399 条规定，“受托人应当按照委托人的指示处理委托事务。需要变更委托人指示的，应当经委托人同意；因情况紧急，难以和委托人取得联系的，受托

人应当妥善处理委托事务，在适当的时候应当将该情况及时报告委托人”。航运市场时刻在变化，同时它又是一个全球化的市场，租船人、船东、租船经纪人可能是在不同的国家和地区，也可能处在不同的时区。在很多情况下，为了能迅速反应（counter）租船人船东的报价，以节约时间和通讯成本，增加洽谈的成功率，委托人会给予经纪人一个很广泛的授权范围。在洽谈租船合同时，经纪人在此授权范围内具有很大的自由选择权，但决不能超出该授权范围，否则，租船经纪人应当承担由此给委托人造成的损失。

（2）应当及时、连续地向船东（和或租船人）提供真实可靠的信息

租船经纪人应当将租船市场行情、发展趋势预测、货载获得的可能性提供给船东（租船人）。尽最大能力掌握市场动态，传递询价订单。一旦经纪人获悉影响委托人谈判业务的信息，应当立即通知委托人，使之掌握谈判主动权。

经纪人不应当将委托人的信息有折扣地通知谈判对手，也不应当向自己的委托人隐瞒或通知假信息。如果觉得租约成交机会的可能性不大，或者是对对方的诚意、经营状况或偿付债务能力等有疑问，则不应催促委托人接受货载或租出船舶，而应当如实向委托人报告，否则会承担由此而引起的法律责任。为了避免责任，经纪人必须在邮件中明确说明他只是传递消息，任何信息都未经证实，例如，使用“租船人声称（charterer advise as followed）”这样的语言。否则，如果由于消息不实而产生纠纷，船东就会认定经纪人是信息的来源而导致经纪人对租船人的错误负责。

（3）应当杜绝各种错误的或内容不完整的询价

委托人通过租船经纪人订约的目的，就是为了借助他们的专业知识和经验减少差错，从而降低风险。租船经纪人也应当充分利用各种资源，防止在询价、谈判过程中出现各种差错。

（4）在租船合同洽谈过程中，应当积极投入到谈判中

经纪人应当积极参与谈判，向委托人忠告和推荐有关开价（offer）、还价（counter）、建议（proposal）、折中方案（compromises），同时应当尽可能收集谈判对手的活动和有关情报以确保委托人取得最佳谈判的地位。有些经纪人在委托人和对手之间仅仅传递信息、开价和还价，不做任何积极主动的判断和处理，这类经纪人被称为“邮筒经纪人（mailbox broker）”。

当获知询价的船东需要了解进一步的信息，以便考虑是否有谈判可能性时，一般会通知经纪人去做这些工作。若船东认为可以开始谈判询价中提及的货物或定期出租船舶，通常惯例是通知被授权的经纪人开始谈判。有时，某些经纪人迫不及待地想促成谈判，而催促委托人授权，这种做法并非一流经纪人所为。

（5）按照约定或惯例为当事人保守商业秘密

《合同法》第 60 条规定，“当事人应当遵循诚实信用原则，根据合同的性质、目的和交易习惯履行通知、协助、保密等义务。”在租船合同的谈判过程中，当事人会向经纪人透露一些商业上的信息，例如，买方或卖方的资料，这可能会成为商业秘密。如果经纪人泄漏了租船人的商业秘密并给租船人造成损失，则要承担相应的赔偿责任。

5. 租船经纪人业务操作程序

（1）接待、开发客户

租船经纪人一定要有自己的客户群，否则很难开展业务。他们一般通过打电话或上门访问的形式来接触客户（船东或是租船人），寻找货源或是船源。一般规模较大、经营时间较长、信誉良好的租船经纪公司在开发客户时比较容易被客户接受。

（2）询价

租船经纪人按照客户的指示将货源信息或船舶舱位信息整理后通过一定的渠道发送到市场上。一般较大的租船公司都有很广泛的网络，可以在极短的时间内将有关信息送到每一个潜在的船东或是其他经纪人那里。

（3）谈判

对收到的反馈信息进行筛选，然后进行初步接触，并将潜在的候选名单通知客户。初步接触后，按照客户的指示开始进行实质性谈判，对合同的具体条款，例如，运费、装卸时间等，尽量按照客户所提出的要求达成初步协议；如果无法达到客户的要求，应当及时通知委托人并向其提出自己的意见。达成初步协议后租船经纪人负责制订租船确认书（fixture note）。

（4）签订租船合同

编制租船确认书并得到双方当事人的确认后就可以制订租船合同了。租船人收到租船合同后若发现与原确认书内容有不符的地方，会及时通知经纪人予以改正；如果没有问题就可以签字。有些航次租约下的装货日期较近，往往还没有签订正式的租船合同，船舶就早已在装货港开始装货。实践中短航次的租船运输大多数情况下只要制订租船确认书就可以了，很少有人一定要求签订租船合同。但国内的大部分租船人还是要求签订租船合同，原因并非是担心船东会违约，而是为了能凭租船合同从银行换取外汇来支付运费以及作为出口退税的凭证。

（5）协助租船合同的履行

签订租船合同或编制租船确认书后，租船经纪人还要协助双方当事人履行合同。装船前，向船东询问船舶动态并通知租船人，以便租船人机动地安排货物，同港口协调；装船后协助船东计算运费并向租船人寄发运费发票；卸货完毕后计算是否产生滞期费和速遣费等。

6. 影响经纪人谈判地位的因素

影响经纪人谈判地位的因素有很多，下列三个是其中的主要因素。

（1）市场行情影响因素

在诸多因素之中，市场行情可列为影响谈判双方地位的首要因素。市场行情随着贸易货物和船舶运力的供求关系始终在波动，它对双方洽谈租金率或运费率以及各自责任、义务、权利和豁免等产生很大影响。例如，在航运市场景气时，船东的谈判地位就有可能好于租船人，此时，船东对租金率或运费率高低，租约范本选择，条款修

改、补充，讨价还价等的地位比租船人强硬得多。在这种情况下，租船人想加进某些补充条款保护自己利益可能就比较困难。而当航运市场成为租方市场时，租船人的谈判地位就大大优于船东。当然，另外还有一些其他因素决定谈判地位，如双方的知识及谈判技巧等。

（2）航运业组织结构的影响因素

航运业的组织形式对谈判双方的地位也能起影响作用。某些市场上（如粮食、煤炭、矿石等）的租船人在占有市场比例方面和经济实力上都处于优势地位，租船人在程租和期租市场上通过他们自己的组织力量拥有大量货源，他们的谈判地位具有优势。这种态势近年来正在上升。为了抗争，船东们组建合营公司，各船东把船租给这些合营公司，然后由这些公司统一经营，将船出租给货主（租船人）。这样，使得对每一条船的经营和管理变得多样化，便于安排，灵活性强。船型多样化，不论租船人提什么要求，可尽量给予满足。这些公司在谈判租约时的地位要比单一船东在洽谈同样业务时的地位有利得多。

（3）谈判者信誉因素

谈判中，影响当事人谈判地位，能否顺利成交的另一因素就是船东的信誉和经营能力，租船人同样如此。租船运输中，船东需要在租船市场树立良好的信誉。公司信誉好坏往往在世界上传播得很快。假如船东被人们称为“一流人物”或称“良好履约者”，就是说信誉很好，这在谈判中能容易得到租方信任，许多谈判细节容易解决，租约也容易成交。另外，公司的经营能力也影响公司声誉。船东提高声誉还反映在处理纠纷方面。当谈判或履约中出现纠纷，应本着良好的合作态度和灵活性妥善解决。若出现法律纠纷，船东应依照法律和国际惯例，运用良好的交际手段和技巧妥善处理和解决，以便得到租方赞赏。这样做无疑是提高了自己的信誉，创造了更多的业务机会。

7. 租船经纪人的佣金

当租船经纪人成功地为某项租船业务达成交易并缔结了租船合同，该租船经纪人有权取得一定的报酬。这种报酬称为经纪人佣金（broker’s commission brokerage），一般应由船舶所有人支付。如果船舶所有人没有使用租船经纪人，而由租船人指定的经纪人完成了租船业务，则由租船人支付经纪人的佣金。实际上，租船人支付的这笔佣金，通常是从船舶所有人那里获得的运费回扣佣金（address commission on freight）。

租船经纪人佣金的多少，是事先约定或在租船合同中确定的，因此没有统一的标准。根据租船实务惯例，经纪人佣金一般为运费总额的 1%～4%，最常见为1.25%～2.5%。原则上租船经纪人佣金也是按“无效果、无报酬”处理，即：如果所从事的租船业务最终没有成功地达成交易，租船经纪人就不能取得佣金。

在定期租船方式或光船租船方式下，如果合同在履行过程中被取消可能会使租船经纪人遭受一定的佣金损失（the loss of commission）。为此，租船合同中通常规定，应以某一特定的期限（如半年、1 年）的租金基数，作为佣金补偿给租船经纪人。

诚然，有时虽经租船经纪人不断努力，但仍不能达成租船交易。在这种情况下，虽然租船经纪人不能取得佣金，但可要求补偿其在整个租船业务过程中发生的成本开支（如电传费、电报费等）以及相应的劳务费。

二、租船运输方式

在租船实务中，由于承租人所要运输的货物可能是一次性的、单向的，也可能是长期的、 往返的，此外承租人有时并不是要运输自己的货物，而是租用船舶进行揽货运输，这样就产生了多种租船运输方式。

1. 航次租船

（1）航次租船的概念

航次租船（voyage charier）是以航程为基础的租船方式，又称程租船。根据我国《海商法》规定，程租船是指船舶所有人向承租人提供船舶或船舶的部分舱位，在指定的港口之间进行单项或往返的一个航次或几个航次用以运输指定货物的租船运输方式。船方必须按租船合同规定的航程完成货物运输任务，并负责船舶的运营管理及其在航行中的各项费用开支，承租人只负责货物的部分管理工作。

航次租船是租船市场上最活跃、最普遍的一种租船方式，对运费水平的波动最敏感。国际现货市场上成交的绝大多数货物通常都通过航次租船方式运输。

（2）航次租船的特点

1）以航次为基础，规定一定的航线或装卸港口以及装运的货物种类、名称、数量等。

2）船方负责船舶的运营管理及其在航行中的各项费用开支，包括船舶资本费用、固定营运费用和可变营运费用。

3）由托运人或承租人负责完成货物的组织、运费的支付，按货物装运数量计算的运费及相关费用。

4）采用无固定运费率，根据货物种类、数量、航线、装卸港条件以及租船市场行情等多种因素，综合考虑每吨货物的运费率，并按实际装船的货物数量或整船舱位包干计收运费。

5）航次租船合同中都规定了在港装卸货物的时间、装卸时间的计算方法、滞期和速遣以及滞留损失等，并计算滞期费和速遣费。

6）船方除对航行、驾驶、管理负责外，还应对货物运输负责。

7）船方和租方的权利义务和责任豁免，依据航次租船合同的规定。

（3）航次租船的形式

1）单航次租船。单航次租船（single trip or single voyage charter）是只租一个航次的租船，指船舶所有人负责将指定货物由一个港口运往另一个港口，货物运到目的港卸货完毕后，合同即告终止。

2）来回航次租船。来回航次租船（return trip or return voyage charter）是洽租往返航次的租船，指一艘船在完成一个单航次后，紧接着在上一航次的卸货港（或其附近港口）

装货，驶返原装货港（或其附近港口）卸货，货物卸毕合同即告终止。从实质上讲，一个来回航次租船包括了两个单航次租船。主要用于一个货主只有去程货载，另一个货主有回程货载时，两个货主联合起来向船舶所有人按来回航次租船，因为避免船舶所有人回程空航，在运价方面承租人可获得一定的优惠。

3）连续单航次租船。连续单航次租船（consecutive single voyage charter）是洽租连续完成几个单航次的租船。在这种一方式下，同一艘船舶在同方向、同航线上连续完成规定的两个或两个以上的单航次，合同才告结束。这种运输方式主要应用于某些货主拥有数量较大的货载，一个航次难以运完的情况下。连续单航次租船合同可按单航次签订若干个租船合同，也可以只签订一个租船合同。

4）连续往返航次租船（consecutive return voyage charter）。连续往返航次租船是洽租连续完成几个往返航次的租船。在这种方式下，被租船舶在相同两港之间连续完成两个以上往返航次的租船运输后，航次租船合同结束。由于货方很难同时拥有较大数量的去程和回程货载，这种运输方式在实际业务中较少出现。

2. 定期租船

（1）定期租船的概念

定期租船（time charter or period charter）又称期租船，是指船舶所有人提供一艘合同约定的特定船舶租给承租人使用一个时期。这种租船方式以约定使用的一段时间为限，这个时间可长可短，少则几个月，多则一两年。在这个期限内，承租人可以利用船舶的运载能力来安排运输货物，也可以用以从事班轮运输，以补充暂时的运力不足，还可以以航次租船的方式承揽第三者的货物，取得运费收入。当然，承租人还可以在租期内将船舶转租，以谋取租金差额收益。

（2）定期租船的特点

1）船舶所有人任命船长、配备船员并负担其工资，但船长应听从承租人的指挥，否则承租人有权要求船舶所有人予以撤换。

2）承租人负责船舶的营运调度，并负担船舶的燃料费、港口费、货物装卸费和运河通行费等与营运有关的费用，船舶所有人则负担船舶的折旧费、维修保养费、船用物料费、润滑油费以及船舶保险费等船舶维持费。

3）租金按船舶的载重吨、租期长短以及商定的租金率计算。

4）租船合同中订有交船和还船以及关于停租的规定。

5）在较长期的定期租船合同中常订有“自动递增条款”、以保护船舶所有人在租期内因部分费用上涨而造成盈利减少或发生亏损的损失。

定期租船实质上是一种租赁船舶财产用于货物运输的租船方式，被租船完全处于承租人的使用和控制下，所以，除因船舶不能处于适航状态外，其他情况所造成的营运风险一般均由承租人承担。

3. 光船租船

（1）光船租船的概念

光船租船（demise charter or bareboat charter）是一种比较特殊的租船方式，也是按一定的期限租船，但与期租不同的是船东不提供船员，仅将一条船交租船人使用，由租船人自行配备船员，负责船舶的经营管理和航行的各项事宜。在租赁期间，租船人实际上对船舶有着支配权和占有权。

（2）光船租船的特点

1）船舶所有人提供一艘适航空船，不负责船舶的运输。

2）船长和全部船员由承租人指派并听从承租人的指挥。

3）承租人以承运人身份负责船舶的经营与营运调度工作，并承担在租期内的时间损失，包括船期延误、修理等。

4）承租人负担除船舶资本费以外的全部固定和可变营运费。

5）以整船出租，租金按船舶的载重吨、租期和商定的租金率计算。

6）船舶的占有权从船舶交予承租人使用起，转移至承租人。

光船租船实质上是一种财产租赁方式，船舶所有人不具有承揽运输的责任。

4. 包运租船

（1）包运租船的概念

包运租船（contract of affreightment）是指船舶所有人向承租人提供一定吨位的运力，在确定的港口之间，按事先约定的时间、航次周期和每航次较为均等的运量，完成合同规定的全部货运量的租船方式。

这种租船方式是在连续单航次租船方式的基础上发展起来的，和连续单航次租船相比，一方面包运租船不要求一艘固定的船舶完成运输，船舶所有人在指定船舶上享有较大的自由；另一方面包运租船不要求船舶以一个接一个的航次完成运输，而是规定一个较长的时间，只要满足包运租船合同对于航次的要求，在这段时间内，船舶所有人可以灵活地安排运输，对于两个航次之间的时间，船舶所有人完全有权自由地安排一些额外的运输。

（2）包运租船的特点

1）包运租船合同中不确定某一船舶，仅规定租用船舶的船级、船龄和技术规范等。船舶所有人只需根据这些要求提供能够完成合同规定的每一航次货运量的运力。

2）租期的长短取决于运输货物的总运量及船舶的航次周期所需的时间。

3）运输需求的货物主要是运量较大的干散货或液体散装货物。承租人通常是货物贸易量较大的工矿企业、贸易机构、生产加工集团或大型国际石油公司。

4）航次中所产生的航行时间延误风险由船舶所有人承担，而对于船舶在港内装、卸货物期间所产生的延误，与航次租船相同，一般是通过合同中的“滞期条款”来处理，通常是由承租人承担船舶在港的时间损失。

5）运费按船舶实际装运货物的量及约定的运费费率计收，通常采用航次结算。

6）装卸费用的负担、责任划分一般与航次租船方式相同。

5. 航次期租

航次期租（daily charter）是建立在定期租船和航次租船基础上的一种边缘型的租船方式，又称为日租租船。其特点是没有明确的租期期限，而只确定了特定的航次。这种方式以完成航次运输为目的，按实际租用天数和约定的日租金率计算租金，费用和风险按期租方式处理。这种方式减少了船舶所有人因各种原因所造成的航次时间延长所带来的船期损失，而将风险转嫁给了承租人。

上述五种租船方式的区别主要体现在船舶所有人和承租人对船舶的支配权、占有权的不同上，从而也表现出在营运过程中承担的责任及风险不同。如与船员的雇佣关系、保证船舶适航的责任、对第三者的法律关系等方面都有所差异。而负担营运费用的差别则反映在租金水平上。

从船舶所有人对船舶的支配、占有程度的强弱来看，五种租船方式的排序为：包运租船、航次租船、航次期租、定期租船、光船租船。

承租人以上述任何一种租船方式租用船舶后，除非租船合同明确规定不允许承租人转租船舶与第三人外，承租人有权将租用船舶转租。

三、租船程序

租船业务实际上也是一种贸易行为，租船程序与商品贸易程序基本一致，同样需要租方和船方之间通过一定的形式提出自己的条件，经过反复商洽，最后达成租船交易。租船一般也要经过询盘、报盘、还盘、接受和签约等五个环节。

1. 洽租的基本程序

（1）询盘

询盘（inquiry）又称询租，它是报盘的前奏。其目的是让对方知道发盘人的意向和需要的大致情况，因此，除包括必须让对方知道的项目外，一般内容简单扼要。依发盘人的主体不同可划分为租船人的询盘和船方的询盘。

租船人的询盘就是租船人根据货运需要向租船经纪人或直接向船东发出租船单，使对方了解租方有什么货，需要什么船。目的是为货物运输寻找合适的船舶。程租询盘的主要内容一般包括：货种、名称、数量、包装、装卸港或交船地、受载期、装卸条件和对船舶或租船合同条款的特殊要求等。期租的询盘内容项目一般包括：船舶类型、载重吨、船龄、船籍、交船和还船地点、航行范围等。

船东询盘的目的是为船舶寻找合适的货载，其主要内容一般包括：船舶类型、船名、船籍、载重吨、船舶供租的位置和时间以及出租方式等。

（2）报盘

报盘（offer）又称报价。租船人或船舶所有人以询盘中的内容为基础，就租船业务涉及的主要条件，报给询盘方的做法称为报盘。在租船过程中，一般由船东首先报盘。租船人首先报盘的情况也有，但容易被认为急于要船，对租船人不利。

任何一方报盘时，都应考虑被对方接受的可能性。报盘的内容比询盘更细，包括了租船业务的所有主要条件，这些是达成交易后缔结租船合同的基础。

这些主要条件通常是指：对船舶技术规范和状况的要求；洽租方式和期限；运费或租金及支付条件；装卸港口或航行区域；装卸时间和装卸费用；交船时间和地点；货物的种类和数量；受载期与解约日；延滞与速遣；要求采用的租船合同范本等。

报盘有实盘和虚盘之分。实盘是指报盘中的条件不可改变，并在有效的时间内接受才算有效，否则无效。虚盘是有条件的报盘。这种报盘的有效性必须以满足某种条件为前提。例如，“以船未租出为条件”、“以货未订妥船为条件”、“以再确认为条件”、“以发货人接受船舶的受载期为条件”等。

（3）还盘

在接受对方报盘中部分条件的同时，提出自己不同意的条件就是还盘（counter offer）。在还盘时，先要仔细审查对方报盘的内容，看哪些可以接受，哪些需要修改，哪些需要补充，哪些需要删掉，哪些不清楚，都要明确提出。

在租船过程中，并非所有的报盘都要用还盘的形式作出答复。如果对方报价完全不能接受或者可以接受的很少，己方可以采用报盘方式来回答，要求对方还盘。

（4）接受

经过报盘、还盘多次的讨价还价，直到最后一次还盘的全部内容被双方接受（acceptance），就算成交。当然，有效地接受必须在发盘或还盘的时限之内。如时限已过，则接受必须等另一方再确认才生效。

在实际租船业务中，接受只是一种形式，它是一项租船业务成交的标志，因此，作出接受以后，所有各项洽租条件对双方当事人均有法律约束力，任何违反这些条件的行为，当事人必须承担违约责任。

（5）签订租船合同

正式的租约实际是在合同条款被双方接受后开始拟制的。租约通常缮制两份，签署后由当事人双方各持一份存档备查。签约有两种形式：一是租船人或船东自己签约；二是授权租船代理人来签约。租船代理人签约时，要说明：根据谁的授权，代表当事人谁签约，以及代理人的身份。如果代理人不表明身份，那就可能在发生法律问题时，被认为是当事人，而负有履行租约的责任。

2. 租船应注意的问题

1）租船时，对船东和租船代理人的资信和经营状况必须有深入的了解，以免上当受骗。在航运市场上诈骗和赖账案件时有发生，切不可贪图租价便宜，不要租用资信不好或身份不明的船东提供的船只。一般不要租用二船东以程租方式租进的转租船。

2）租船前必须熟悉贸易合同中的运输条款，使租船条款与贸易合同条款相衔接。在货源方面，要弄清货物名称、性质（是否易燃、易爆、易腐）、包装或散装、尺码及

其他情况；在交货方面，应弄清港口名称、装卸率、交货条件、备货通知期限及其他情况，以便选择合适的船舶和洽商有利的条款。

3）租船时，要重视船舶规范，挑选船龄较小、质量较好的船舶，一般不租超过 15 年的船舶。若要租用超龄船时，应由船东负担因租用超龄船所产生的货物额外保险费。

4）要弄清装卸港口的情况，包括地理位置，是海港还是河港、港口和泊位的水深、是否有潮水差、港口使用费、捐税费率、港口习惯做法及其他情况。

5）要严格遵守我国外交和航运政策的有关规定，并密切注意各种法规的变化。我们必须按照国轮优先，外轮为辅的原则安排外贸海上运输。且在租用外籍船时，首先要遵循国家有关政策，不租用外交政策不允许租用的国家的船舶；在航行区域方面，也不允许租船停靠这些国家的港口。

6）掌握租价要随行就市。报价前要熟悉和了解租船市场行情及其动态，了解与自己任务类似航线和货类的成交价，通过对比，对底盘有初步的估计，做到心中有数。

7）租船一般通过租船代理人或经纪人进行，他们在市场上有广泛的联系渠道和客户关系，可从中挑选合适的对象，对远离租船市场的租船人或船东，要有可靠的代理人或经纪人提供各种情况，发挥其特有的斡旋和调节作用，促进双方达成交易。同时还应充分利用船东之间、代理之间、市场之间的矛盾和差别，争取有利的租船条件。

四、航次租船运输

航次租船运输是通过签订航次租船合同（voyage charter party）来实现的，船舶所有人和租船人在开展航次租船运输时，必须履行航次租船合同规定的各自义务。因此，航次租船合同是一项详细记载双方当事人的权利和义务以及航次租船各项条件和条款的承诺性运输契约。

一般而言，航次租船运输所涉及的主要内容有如下几个方面。

1. 船舶的名称

由什么样的船舶完成航次租船合同所规定的运输任务，是双方当事人特别是租船人极其关心的问题。目前，对于具体船舶的确定，通常有如下办法可供当事人选择。

（1）指定船舶

所谓指定船舶（name of vessel），实际上就是在航次租船合同中明确地规定了船名，如“M/V SEABIRD”。一旦在合同中确定了船名，就必须由该艘船执行规定的航次运输任务。因而，对提供船舶的船舶所有人而言，在履行合同时，只能派遣合同中指定船名的这艘船，绝不能派遣另外的其他船舶，这是船舶所有人的一项合同义务，否则，被认为是违约行为（breach of contract）。对此，租船人有权取消合同并要求赔偿可能产生的一切损失。

（2）替代船舶

在实际中，为能顺利地履行合同以及避免因原指定船舶一旦发生意外事故而解除合同，通常在指定船名的情况下，在航次租船合同中订明一项“代替船条款”（substitute

clause），例如，“M/V SEABIRD ”OR“SUBSTITUTE AT OWNER SOPTION”。订立这项条款的意义在于当原指定船舶不能前往执行航次运输任务时由代替船来完成，因此，除非合同中另有明确的相反规定，该项“代替船条款”是有利于船舶所有人的一项选择权（an option），即船舶所有人完全有权根据实际情况对其有利与否，决定是否指派其他的船舶。

只有在指定船舶的情况下，才有可能在合同中订立这项代替船条款。一旦船舶所有人决定行使该项选择权，被派往的这艘船称为代替船。然而，对于船舶所有人来说，并非由于享有这项选择权，就可以任意指派船舶，所派往的代替船必须与合同规定的原指定船舶的标准相同（the same standard as the named vessel），如船型、船级、载重吨等。否则，即使船舶所有人行使了选择权，但由于代替船不符合航次租船合同对原指定船舶的要求，租船人届时可拒绝接受该艘代替船，并视具体情况取消合同。另外，当船舶所有人决定派代替船时，应在一个合理的时间内事先通知租船人。

在此，值得一提的是，如果合同中原指定船舶发生灭失（lost）或成为全损（total loss），船舶所有人就丧失了派代替船的选择权。因为，当原指定船舶发生灭失时，该项航次租船合同因受阻（frustrated）而自动取消（automatically eliminated），代替船选择权也随之消失。

（3）船舶待指定

通常，在缔结航次租船合同时指定船舶的情况较多，但有时因某些原因致使无法在航次租船合同中确定船名，双方当事人同意在开始执行航次租船合同前适当的时间，由船舶所有人指定具体船舶并将船名通知租船人，这便是船舶待指定（vessel to be named）。这实质上也是船舶所有人的一种选择船舶的权利（the owner's has exercised option to choose the vessel）。为防止船舶所有人利用这种权利任意地选择和派遣不符合租船人所要求的船舶，双方当事人必须在合同中明确规定待指定船舶的具体标准、性能及技术规范。这样，如果船舶所有人日后待指定船舶不符合合同的要求，租船人则有权拒绝接受，并因船舶所有人违约而解除合同和要求赔偿。

在船舶待指定的情况下，航次租船合同中不订立“代替船条款”。原因很简单，法律所承认的给予当事人的选择权只能行使一次，只要船舶所有人在开始执行合同时指定了船舶并将船名通知租船人，则被认为该船舶所有人业已行使了选择船舶的权利。因而，即使当指定后的船舶因种种原因（如前往装货港途中发生意外事故）不能执行航次租船运输任务时，船舶所有人也不可能另派代替船。所以船舶待指定的航次租船合同中一般无需订立“代替船条款”。

2. *船舶的载重能力*

船舶的载重能力是指实际可装载货物的最大数量，一般用载重量或立方容积（either the deadweight tonnage or the cubic capacity）来表示。船舶装载货物的实际数量是计算航次租船运费的依据。

由于在洽谈租船业务或缔结航次租船合同时，船舶所有人很难对船舶在航次过程中

所需的燃料、淡水和其他供应品的消耗量作出准确估计。因此，不能在合同中盲目地规定船舶所能装载货物的确切数量，最好是规定一个大概数量。国际上最常见的航次租船，通常规定船舶能够装载“大约×××吨货物，×%的增减数量由船长或船舶所有人选择”(about×××tons of deadweight it of cargo×% more or less at the owner's option)。这是航次租船合同中有关船舶装载货物的“数量增减条款”(the more less clause)，增减数量的百分比一般在 5%～10%的幅度之间，由双方当事人根据不同种类的货物在合同中予以确定。一旦在合同中确定了可以增减的百分比，船舶所有人完全有权在百分比范围内选择船舶。

实际上，通常在船舶正式开始装货之前，由船长根据船舶本航次所需燃料、淡水、食品等实际消耗量以及扣除船舶常数，通过具体计算后，以宣载(the declaration of cargo)的形式向租船人宣布船舶能装载货物的实际数量。为避免可能引起的不必要纠纷，不宜采用口头形式的宣载。无论是采用电传、电报或信函所作的书面宣载，一般都应包括下列几项内容：①船舶名称；②船舶的载重吨；③货物载重量；④燃料数量；⑤淡水数量；⑥船舶常数；⑦船长签名；⑧宣载日期。

如果船长或船舶所有人未在船舶正式开始装货之前进行宣载，则被认为自动放弃了合同中“数量增减条款”所赋予船舶所有人的货物数量选择权。对此，如果届时租船人提供装船的货物实际数量没有达到船舶载货能力的要求，船舶所有人不能向租船人主张由此而造成的亏舱损失赔偿，而只能按货物装船的实际数量计收运费。当然，如果船长或船舶所有人已进行了宣载，租船人不能按宣载数量提供装船货物，造成船舶载货能力得不到充分利用而产生亏舱，就构成了违约行为，除合同另有明文规定或属于租船人免责范围外，租船人必须承担亏舱损失。同样，当船舶所有人不能按宣载数量接收货物装船时（即宣载数量大于船舶实际载货能力），船舶所有人也必须承担违约责任，赔偿租船人可能蒙受的一切损失。

3. 船舶的位置、尽速派遣及绕航

（1）船舶的位置

在洽谈航次租船业务或订立航次租船合同时，船舶所有人应提供船舶目前的位置状况，例如，船舶正在某个港口卸货，船舶正在履行前一项租船合同或在营运中，船舶正在某个修船厂修船或在某个船厂建造等。提供船舶位置的准确情况（to provide correct information as to the position of the vessel）是船舶所有人的一项义务。租船人根据船舶所有人提供的情况，进行备货和安排货物装船出运的准备工作。因此，如果船舶所有人所提供的船舶的位置不准确，致使船舶发生延误，不能在合同规定的预期抵港时间内(expected time to arrive)抵达装货港装货，不论是故意行为还是过失行为，都构成违约，对此，租船人有权要求船舶所有人赔偿由此而造成的损失。

（2）船舶尽快派遣开往装货港

航次租船运输合同开始履行阶段，即预备航次（the preliminary voyage）阶段就开始了，船舶所有人应尽快派遣船舶开往合同指定或租船人选定的装货港。对于船舶所有人应尽速派遣船舶的义务，在航次租船合同中通常都有明确的规定，如“船舶必须尽速航行开往装货港”（the vessel must proceed with due dispatch to the loading）。一旦在合同中订有此类条款，就意味着船舶所有人已承诺按合同规定尽速派遣船舶。因此，除非合同中另有明确规定或属于船舶所有人免责的范围（如船舶在开往装货港的预备航次途中发生碰撞或因驾驶疏忽造成船舶搁浅等），否则，因船舶所有人没有尽速派遣船舶，并且为节省燃油指示船长减速航行，致使船舶发生延误而不能在合同规定的时间抵达装货港，该船舶所有人则被认为是违反了合同中承诺的保证性义务。据此，租船人有权提出损失赔偿。

（3）船舶的绕航

在尽速派遣船舶的前提下，船舶所有人必须从预备航次开始时，将船舶直接开往装货港。任何情况下，船舶所有人都不可安排船舶从事一个中间航次（an intermediary voyage），即在开往装货港途中改道航行或偏离正常航线去从事非合同中规定的运输任务或其他业务。因为，从预备航次的起始地点到合同中指定的装货港是契约航线（contractual route），船舶须按契约航线直接开往装货港，任何偏离该航线的行为都是非法的绕航行为（unlawful deviation），构成了根本性违约（the fundamental breach）。

船舶因非法绕航，会导致以下结果：

1）租船人解除合同。一旦船舶非法绕航，航次租船合同即告终止（once unlawfully deviated the voyage charter party ends）。

2）船舶所有人必须绝对并全部承担租船人由此而遭受的一切损害或损失（the owner is fully and absolutely liable for any subsequent damages or losses to the charterer）。

3）船东保赔协会的保险失效（P&L club coverage is voided）。

4）可能会丧失合同规定的免责权利。

4. 装卸港口或地区

在航次租船运输中，通常由租船人指定或选择装卸港，航次租船合同对此也有相应的规定。目前，国际上常采用以下三种规定方法：①明确指定具体的装货港和卸货港；②规定由租船人在某个区域内选择装货港和（或）卸货港；③规定某个特定的装卸泊位或地点。

正常情况下，租船人所指定的港口必须是能使船舶安全进出并装卸货物的安全港（the safe port），这是租船人的一项义务，即使在合同中没有清楚地用“安全”两字来表示，租船人也应承担提供安全港的义务。

航次租船合同对装卸港的规定中，一般都包括了两项条款：①安全港或安全泊位条款；②附近港条款。合同中的“附近港条款”一般这样规定：“船舶必须开往规定港口或所能安全抵达的附近地点……”（the vessel shall proceed to… port or so near there to as she may safely get）。

5. 货物的种类及数量

关于船舶航次运输的货物种类及数量，由租船人提出并规定在合同中，这是有利于

租船人的一项货物的选择权。然而，一旦在合同中确定了货物的种类及数量，租船人届时必须按合同的规定提供货物。所以，租船人在享有货物选择权的同时，也必须承担合同规定提供货物的义务。

（1）货物的种类

租船人从事航次租船的目的就是为了完成对其特定货物的运输。这种特定的货物已经规定在合同中，即已成为契约货物（the contractual cargo）。因此，船舶抵达装货港后，租船人只能按合同所确定的种类提供装船货物，而不能提供合同以外的其他非契约货物（the non contractual cargo）。否则，船舶所有人有权拒绝接收装船，并因租船人的严重违约行为而要求赔偿损失。

（2）货物的数量

前面已经提及，在航次租船运输的情况下，对船舶装运的货物一般确定大约数量或最多最少数量。租船人有义务按合同规定的数量范围，对船舶提供满载货物（a full and complete cargo）。

所谓满载货物是指船长宣载以后船舶所能实际装运的最大限度货物数量。因此，如果租船人不能提供船方所要求的满载货物，则被认为是违约行为。

所谓亏舱费实际上就是未装船货物的运费（freight on non delivered quantity）。在具体计算这部分亏舱费时，应减去船舶所有人方面节省的费用（less expenses saved on the part of the shipowner），如船舶所有人可能负担的货物装船费、税金、港口费等。

6. 受载期与解约日

受载期 period set by 与解约日（canceling date），是航次租船合同中一项比较重要的条款。受载期是指船舶必须抵达租船人指定或选择的装货港准备装货的预定期限。解约日是指船舶必须抵达租船人指定或选择的装货港并做好装货准备的最后期限。

通常，对受载期与解约日规定一个特定的期限，目前国际惯例一般为 10～15 天。船舶所有人必须在约定的受载期内，将船舶开到装货港并做好一切装货准备工作。如果船舶不能在规定的解约日前抵达装货港，租船人享有解除合同的选择权。

由于解除合同的选择权掌握在租船人手里，因此，对船舶所有人而言，即使明知船舶已不可能在合同规定的解约日之前抵达装货港，仍然有义务将船舶开往该港，而绝不能中途自行改航。否则，完全有可能承担更大的违约责任。

有关租船人行使解约权的时间，合同中一般以“质询条款”规定。例如，“如果租船人行使解除本合同的选择权，至少应在船舶预计抵达装货港之前 48 小时宣布”；“租船人应在解约日后 48 小时内决定是否解除合同”。双方当事人可根据实际情况在合同中用清楚的字眼明确租船人行使解约权的时间。

7. 装卸费用

航次租船运输所涉及的货物装卸费用由谁承担的问题，完全根据双方当事人在合同中规定的“装卸费用条款”来处理。常用的“装卸费用条款”有以下几种。

1）船舶所有人不负责货物装卸费用（FD 条款）。“FD”是英文“free in and out”的缩写。该项条款意味着，由租船人负责进行两港的货物装卸，包括雇用装卸工人及支付装卸费用。

2）船舶所有人负责货物装卸、理舱和平舱费用（FIOST 条款）。“FIOST”是英文“free in and out stowed and trimmed”的缩写。该项条款意味着，由租船人负责进行两港的货物装卸、理舱和平舱，包括雇用装卸工人及支付装卸、理舱和平舱费用。

3）班轮条款。班轮条款的英文除“liner term”外，有的合同中用“berth term”或“gross term”。由船舶所有人负责货物的装卸，包括在装、卸港雇用装卸工人及支付装卸费用，其装卸货物的责任与班轮运输方式下的船东责任相同。

4）船舶所有人负责装货费用，但不负责卸货费用（LI，FO 条款）。“LI，FO”是英文“liner in free out”的缩写。由船舶所有人负责在装货港雇用装卸工人、装货及支付装货费用，租船人负责在卸货港雇用装卸工人、卸货及支付卸货费用。

5）船舶所有人不负责货物装货费用，但负责卸货费用（FO，LI 条款）。“FO，LI”是英文“free out，liner in”的缩写。由租船人负责在装货港雇用装卸工人、装货及支付装货费用，船舶所有人负责在卸货港雇用装卸工人、卸货及支付卸货费用。

8. 装卸时间起算的条件

装卸时间究竟应该从什么时候开始计算，国际上普遍公认的原则是船舶必须具备以下条件。

（1）船舶必须已抵达合同中指定或租船人选择的港口或泊位

在“港口租船合同”情况下，船舶必须已抵达合同所指定或租船人选择的港口，即船舶进行货物装卸的区域，包括船舶等泊、被命令或被迫等泊的惯常地点，不管该地点离货物装卸区域的距离有多远。简单地说，船舶必须已抵达能够进行装卸作业或经常等泊的港口商业区（the commercial area of the port），才算是装卸时间。

在“泊位租船合同”情况下，船舶必须已抵达合同所确定的具体泊位或地点，即船舶进行货物装卸的特定地点。

（2）船舶必须已在各方面做好装卸货的准备

船舶抵达港口或泊位的同时，必须在各方面做好装卸货物的准备。这主要是指以下几个方面：

1）法律所要求的准备工作：船舶已通过了检疫；船舶已履行了海关手续。

2）实际所要求的准备工作：①船舶处于适航状态；②货舱能够适合装载契约货物，例如，货舱已通过检验、清洁，无虫、无味，冷藏舱的冷却温度符合装货要求，油舱的加热设施正常运转等；③船上的装卸索具已处于可随时使用的状态。

对于某些不影响货物正常装卸的准备工作，也可在装卸过程中进行。

（3）“装卸准备就绪通知书”已送交并被接受

“装卸准备就绪通知书”（简称“NOR”或“N/R”）是一份由船长或船方代理人在船舶抵港并做好一切准备工作后，由船长或其代表递交的声明：本船已准备就绪，以待装

卸货物的书面通知。

航次租船合同一般都规定："在递交和接受 N/R 某段时间后起算装卸时间"（Laytime shall be commenced after a certain period of tender and acceptance of N/R）。从递交和接受 N/R 到起算装卸时间如何确定，目前国际上对此无统一规定，完全由双方当事人在合同中约定。概括而言，经常采用以下三种规定：

1）递交和接受 N/R24 小时后起算装卸时间。

2）上午递交 N/R，于当日下午 2 点起算装卸时间。

3）不论在上午或下午递交 N/R，都从次日上午 8 点起算装卸时间。

船舶抵港后，应在当地的办公时间内（during the local office hours）递交 N/R.。因此，星期天或法定节假日不能递交 N/R。至于办公的具体时间，应根据各港的习惯规定。但是，如果合同中已明确规定了递交 N/R 的具体时间，船方则必须在合同规定的时间内送交 N/R。

9. 装卸时间的计算

一旦起算装卸时间，即进人对装卸时间的计算。根据国际航运惯例，在船舶进行装卸过程中，通常由船方代理详细地记录实际使用的装卸时间以及装卸作业中断时间和原因（例：某月某日从几点至几点装货；几点到几点因下雨停止装货），即做好"装卸时间事实记录"。装卸时间的计算，一般也是由船方代理负责完成。

国际上经常使用的与装卸时间有关的装卸时间例外条款主要有以下几种：

1）天气许可条款。对装卸货物期间由于坏天气原因使装卸作业中断的时间，根据本条款应在计算装卸时间时予以扣除。

2）星期日和节假日除外条款。对装卸货期间的星期日及港口所在地法定节假日，应在计算装卸时间时予以扣除。

3）坏天气工作日、星期日和节假日除外条款。该条款实际上综合了前述两项的概念，对装卸货期间的坏天气、星期日和港口所在地法定节假日，应在计算装卸时间时予以扣除。

4）星期日和节假日即使使用也属除外（even if used，SHEX）条款。如果在星期日和港口所在地的法定节假日进行了货物装卸，在计算所用实际装卸时间时，也应予以扣除。

5）星期日和节假日应予以计算（sundays and holidays included）条款。对装卸货期间的星期日及港口所在地的法定节假日，在计算装卸时间时，应作为装卸实际使用时间来计算。

6）星期日和节假日除外，除非使用应予计算（unless used，SHEX）条款。货物装卸期间，如果确实使用了星期日和港口所在地的法定节假日装卸货物，该星期日或节假日应作为装卸时间来计算。但是，如果没有使用的话，则不予计算。

7）星期日和节假日除外，除非使用了，以实际使用的时间作为装卸时间计算（unless used actual time used to count as laytime，SHEX）条款。对装卸期间本不予计算的星期日和港口所在地法定节假日，由于确实用于装卸而作为装卸时间来计算，但必须按实际使用时间予以计算。因此，这项条款较“SHINC”条款更具体明确、更完善。

另外，有的航次租船合同规定，“按港口习惯快速装卸”条款（customary quick despatch，“C、Q、D”条款），即租船人必须根据货物装卸的现实情况，尽可能快地装卸货物。由于这种规定方法没有明确具体装卸时间或装卸率，很容易在延滞和速遣问题上引起纠纷。一般观点以为，“C、Q、D”条款下不计算延滞和速遣。因此，船舶所有人应避免接受这种条款。

10. 延滞与速遣

在航次租船合同中规定允许装卸时间，主要是对租船人的约束。如果租船人所用的实际装卸时间超过了合同规定的允许使用时间，超过部分的时间为延滞时间或滞期时间（demurrage time），进人滞期的船舶称为延滞船舶（vessel on demurrage）。对此，租船人必须向船舶所有人支付超时罚金，以补偿船舶所有人因船舶发生延滞而遭受的损失，这种超时罚金称为延滞费（demurrage money）。

如果租船人所用的装卸时间少于合同规定的允许使用时间，节省部分的时间即为速遣时间（despatch time）。对此，租船人有权向船舶所有人主张速遣费（despatch money）。根据国际航运惯例，速遣费通常是延滞费的一半，除非合同另有明确规定。

11. 运费

多数情况下，航次租船的运费是根据船舶实际装运的货物数量和合同中确定的运费率来计算的，但有时也采用包运运费的计算方法。

如果合同规定运费应在货物运抵目的港时支付，习惯上称为到付运费（collect freight）一般有三种情况：①运费在交付货物时支付（freight payable on delivery of cargo）；②运费在卸货前支付（freight payable before discharging）；③运费在交付货物后交付（freight payable after delivery of cargo）。

在到付运费的情况下，船舶所有人必须将货物运送到合同规定或租船人选择的卸货港，才有权取得该项运费。如果在运输途中船舶和（或）货物灭失，船舶所有人就丧失了取得该项运费的权利。如果船舶因发生海损事故在中途卸下货物，除非由船舶所有人安排将货物继续运抵目的港，否则同样不能取得该项运费。如果在承运过程中部分货物发生灭失，运费应按比例扣除（freight is reduced in proportion）。

鉴于这些原因，到付运费对船舶所有人不利，运费的风险始终是由船舶所有人承担。这也是为什么在到付运费情况下，通常由船舶所有人向保险公司投保“运费险”（freight insurance）。

如果合同规定运费在装货港支付，习惯上称作预付运费（advance freight）。一般有两种情况：①运费在签发提单时支付（freight payable upon signing B/L）；②运费在货物装运若干天后支付（freight payable certain days after shipment）。

预付运费对船舶所有人有利，特别是当合同中订有“无论船舶和（或）货物是否灭

失，运费不予退还”（freight non returnable ship and/or cargo）这样的条款。对租船人来说，由于货物还未运抵目的港却已预付了运费，实际上存在一定的风险和利息损失。因此，在预付运费的情况下，运费的风险则由租船人承担，租船人通常向保险公司投保“CIF 险”。

作为合同的一方当事人，支付运费是租船人的一项义务。如果租船人没有按合同规定支付应该由其支付的运费，船舶所有人可行使留置权（lien），对租船人的货物实施留置。

知识拓展

基本港口和非基本港口

1）基本港口（base port）。它是运价表规定班轮公司的船一般要定期挂靠的港口。大多数为规模较大的口岸，港口设备条件比较好，货载多而稳定。规定为基本港口就不再限制货量。运往基本港口的货物一般均为直达运输，无需中途转船。但有时也因货量太少，船方决定中途转运，由船方自行安排，承担转船费用。按基本港口运费率向货方收取运费，不得加收转船附加费或直航附加费，并应签发直达提单。

2）非基本港口（non-base port）。凡基本港口以外的港口都称为非基本港口。非基本港口一般除按基本港口收费外，还需另外加收转船附加费。达到一定货量时则改为加收直航附加费。例如，新几内亚航线的侯尼阿腊港（HONIARA）便是所罗门群岛的基本港口，而基埃塔港（KIETA）则是非基本港口，运往基埃塔港口的货物运费率要在侯尼阿腊港运费率的基础上增加转船附加费 43.00 美元（USD）/FTl。

（资料来源：http：//info. shippingchina. com/czzn/index/detail/id/2816. html）

小　　结

本章介绍了国际海上运输业务的常见业务，具体内容包括：一是介绍了国际海上货物运输业务的基本知识，包括水路运输的特点及目前国际海运组织的班轮运输、租船运输两种海运上常用的船舶营运方式的概念、特点及有缺点；二是介绍了集装箱的定义、标准和尺寸、装载方式及集装箱进出口作业的程序；三是介绍了班轮运输业务中班轮运输费用计费标准方法、班轮运输工会组织等；四是介绍了海运提单业务中提单的性质、内容及使用方法；五是详细介绍了租船运输业务的运输方式、租船程序，重点介绍了航次租船运输。

案例分析

提单名称纠纷案

案例背景

H 进出口公司向泰国巴伐利亚有限公司出口一批电器电料，国外开来信用证有关条款规定：“100

case of Electric Goods and Materials, shipment from Chinese port to Bangkok, partial shipments and transshipment are prohibited. Full set clean on board bill of lading marked "Freight prepaid" to order of shipper endorsed to K.T. Bank notifying buyers."（电器电料100箱，从中国港口至曼谷。禁止分批装运和转运。全套清洁已装船海运提单，注明"运费预付"，发货人抬头背书K.T.银行，通知买方。）

H进出口公司接到上述信用证，经审查认为没有什么问题，即装集装箱运输，随后备妥各种单据向议付行交单议付。单到国外却被开证行拒付，其理由如下：

1）我信用证要求的是"清洁已装船的海运提单"（clean on board marine bill of lading），你们提交的却是"联合运输提单"（combined transport bill of lading）。

2）我信用证规定不许转运，但根据你们提单上的记载，显然货物是经过转运到曼谷港，故不符合信用证规定不许转运的要求。

以上两项单证不符，现我行无法付款，单据暂由我行代保管，速告单据处理意见。

H进口公司接到开证行上述拒付货款的意见后并审核留底单据，经研究认为开证行所提出的异议是故意挑剔，故作如下答复：

你×日电悉，关于第×××号信用证项下的单据，我们认为其所谓"不符点"是不存在的。

1）信用证虽然规定提交清洁已装船的海运提单，但你行可以接受联合运输提单，我联合运输提单上标明："This combined transport bill of lading issued subject to Uniform Rules For A Combined Transport Documents（Icc publication No. 298）."本联合运输提单是根据《联合运输单据统一规则》（国际商会第298号出版物）办理。根据该国际商会第298号出版物中《总则》规则1第1款规定："……即使与缔约双方按本规则规定进行货物联运的原来意图相反"。上述货物是按照单一运输方式承运的，本规则仍应适用，所以，联合运输提单也可以适用于港至港海运提单。同时《UCP500》第23条关于海运提单的规定中也没有提及信用证要求海运提单时银行可以不接受联合运输提单的说法，所以我们认为单证相符。

2）关于转运的问题，提请你行注意：我货物是由集装箱运输，《UCP500》第23条规定："即使信用证禁止转运，银行对下列单据予以接受：①对注明将发生转运者，只要提单证实有关货物已由集装箱、拖车或子母船运输，并且同一提单包括海运全程运输。……"根据上述条文规定，只要货物由集装箱运输，即使信用证规定禁止转运，银行也可以接受货物将转运的提单。因此我单证仍相符。

H进出口公司发出上述反驳意见，在一星期后又接到开证行通知，对方仍不同意接受单据：

你方×日电悉，关于第×××号单据，即使货物由集装箱运输可以接受转运提单，但也解决不了问题。信用证规定提交"已装船的海运提单"，我行收到你方单据是"联合运输提单"，单据名称相差甚远。我行审核单据的依据是单据表面上是否与我信用证相符。《UCP500》第十三条和十四条均强调单据表面上是否与信用证条款相符，如果单据表面与信用证条款不符，银行可以拒受单据。你方前次电文中强调依据国际商会第298号出版物《联合运输单据统一规则》，但我行不受其约束。我信用证明确规定："Except as otherwise expressly stated herein，this credit is subject to Uniform Customs and Practice for Documentary Credit（1993 Revision），International Chamber of Commerce，Publication No. 500"（除另有规定外，本证根据国际商会第500号出版物《跟单信用证统一惯例》1993年修订本办理）。《UCP500》强调银行接受单据主要依据是单证表面上相符，所以我无法接受以联合运输提单的名称代替已装上船的海运提单。单据仍无法接受。

H进出口公司对开证行的意见，组织有关人员与议付行共同研究后，作出如下反驳：

你×日电悉，第×××号单据关于你信用证规定提交"清洁已装船的海运提单"，我们仍然认为你行应接受"联合运输提单"。你行强调只受《UCP500》约束，但根据《UCP500》惯例第23条关于海运提单的规定："如果信用证要求港至港的海运提单，除非信用证另有规定，银行将接受下述单据而

不论其名称如何，a……b……c……d……”。该条文的意思也就是，虽然信用证要求海运提单，但是只要所提交的单据符合该条文的a、b、c、d四项规定精神，不管其单据名称如何叫法，银行都应接受其单据。换句话说，即使信用证要求海运提单，我单据名称是联合运输提单，只要我单据与条文中的a、b、c、d各项相符，银行也要接受其联合运输提单。现试将我提单的内容与该条文的a、b. c、d各项规定对照如下，看是否有抵触。

a项主要规定的内容如下：

1）要求表明承运人名称，其签字应由承运人或船长、其代理人签署。我提单已标明承运人名称，在签字处又标明是代表承运人的代理人（agents for the carrier）。

2）要求已装船的注明。我提单上已在“Laden on board the vessel”栏中注明已装上船的日期并签字。

3）要求注明信用证规定的装、卸港。我提单上装货港已注明信用证的港口：中国港大连，卸货港：曼谷。

4）要求提交全套正本份数。我提单正本一式三份已全部提交了。

5）要求记载全部条款或简式提单。我提单背面有全部承运人的条款。

6）要求未注明受租船合同约束或以风帆为动力。我提单也无此标明。

7）要求符合信用证其他规定。我提单其他方面均符合信用证其他规定。

b项规定是：条文只解释关于转运的含义（即规定什么叫做转运）。

c 项规定是：如果信用证未规定禁止转运……你信用证已规定禁止转运，所以本条文不适用我们情况。

d 项规定是：即使信用证规定禁止运转，银行应接受证实了货物由集装箱、拖车或子母船运输的提单，只要同一提单包括海运全程运输。我提单是由集装箱运输，所以应允许转运。这个意见已在前次电文中申述过了。

因此，你银行提出两项“不符点”是不存在的，你应按时付款。

最后，H进出口公司接到议付行通知，开证行已付款，而且议付行向开证行索取因迟付款的利息。至此结案。

案例解析

关于货物转运提单问题，根据《UPC500》第23条有关规定：如信用证要求提交港至港的海运提单，只要信用证未明确规定禁止转运，而且同一提单包括全程运输，银行可以接受注明货物将转运的提单。如果信用证规定禁止转运，但货物是由集装箱运输，而且同一提单包括海运全程运输，银行也可以接受将转运的提单。如果信用证禁止转运，提单上声明有承运人保留转运权者，银行也可以接受这样的提单。

从本案例的情况来看，信用证虽然规定禁止转运，但提单上证实的“Containerized”（集装箱装运），已符合上述条文规定，银行应接受这样的提单。开证行以此作为“不符点”的借口意欲拒付货款。H进出口公司准确地依据《UCP500》条文进行反驳，开证行无法再坚持不接受转运的意见，却又抓住联合运输提单问题作借口，坚持不接受单据。H进出口公司在第一次反驳意见中主要缺点就是反驳无力。信用证支付方式的法律依据，目前主要就是《UCP500》，而且国际上各银行开立信用证普遍声明本证受国际商会《UCP500》的约束。所以在信用证结算中发生纠纷，也应该以《UCP500》作为处理的依据。H 进出口公司第一次反驳中却依据《联合运输单据统一规则》的条文申述，显然无力，所以被开证行以“我行不受其约束”为理由，一句话给予否定了。对方反而以《UCP500》提出：银行只管单据表面上相符，信用证规定海运提单，提交联合运输提单，就是单证不符，坚持拒付货款。H 进出口公司最后组织有关人员与议付行共同研究对策，才准确地以《UCP500》第23条规定说服了对方。

本案例的联合运输提单。虽然其名称与信用证规定的海运提单不一致，但《UCP500》第23条已规定：不论其名称如何，只要所提交的单据符合该条中的a、b、c、d各项，银行就可以接受。H进出口公司提交的联合运输提单内容均符合条文中a、b、C、d各项，其实质就是符合了海运提单的内容，也就是单一的海运运输方式，只是单据上冠以“联合运输单据”的名称，银行是可以接受的。目前我国集装箱运输所用的提单，习惯使用“联合运输提单”。国际上不少承运人为了适应运输的需要和使用方便，在提单印上就了“Bill Of lading for combined transport or port-to-port-shipment”（港至港运输或联合运输提单），例如，DSR UNES就有这样的提单，使其一单两用，既可以用于港至港海洋运输，也可用于多式联合运输。

本案例说明，解决信用证项下单证纠纷，要完全以《UCP500》的惯例作为处理的依据。

（资料来源：魏彩慧. 2009. 国际贸易案例精选. 北京：中国纺织出版社）

思考与练习

1．常见的国际海运船舶营运方式是什么？其各自的优缺点有哪些？

2．集装箱按使用用途有哪些分类？

3．冷冻货物应如何装箱？

4．某轮从青岛港装运20吨，共计25立方米的棉织品去香港，要求直航。求全部运费。

5．什么是指示提单？

6．海运提单的作用有哪些？

7．什么是船舶待制定？

8. 水路货物运输方式的特点有哪些？

9. 班轮运价本包括哪些种类？

10. 租船运输的种类有哪些？

第五章

国际航空货运代理

教学目标

通过本章学习，使学生了解目前国际货物航空运输的特点，学会选择航空运输方式，并根据所学知识利用普通货物运价正确计算航空基本运费等。

学习任务

通过这一章的学习，要达到以下几个目的：

- 了解国际航空货物运输及代理的基本知识；
- 掌握国际航空运单的识别与填制；
- 掌握航空货物运价的计算；
- 熟悉国际航空货物代理业务流程。

导入案例

香港国际机场成为2005年全球最繁忙国际货运机场

国际机场协会（ACI）的最新统计数字显示，中国香港国际机场在2005年成功蝉联全球最繁忙国际货运机场，总货量报340万吨，货物总值约1570亿美元，远远超过第二位的韩国仁川国际机场的210万吨。至于国际客运方面，香港国际机场全球排名第五，亚洲排名仍为第一。

根据香港机管局披露的数字，去年机场的货源有84%来自中国内地，比率较2000年同期的69%，大幅飙升15个百分点，进一步显示香港空运业对内地市场依赖性不断深化。至于客源方面，香港国际机场去年有49%来自中国内地，比率则较2000年同期的42%增加了7个百分点，依赖内地的情况不断深化。

以实际航班货量的目的地和出发地计算，香港机场去年的货物只有10%来自或飞到中国内地，而占最大份额的是欧洲（20%），其次是东南亚（16%）、美国及加拿大（15%）、中国台湾（14%）、日本（11%）和其他（14%）。

香港国际机场具有自由港，可靠、连接广泛，充足的处理货物的能力，广泛应用信息技术，服务优质，货物处理效率高，综合成本竞争力强，5小时飞行时间可覆盖全球半数人口的地方以及空运费用具有竞争力的优势。

香港国际机场不断扩建新增航空货运设施，包括香港空运货站、亚洲空运中心、快递货运站、DHL中亚区枢纽中心等，其海运码头将机场与珠江三角洲17个港口连接起来，为货运人提供了一站式货运服务。

机场空运中心为客户提供货物仓储设施与物流服务，实际货运代理人在机场对货物进行集散处理。而机场商贸港则提供广泛的物流服务和供应链管理服务，如仓储管理、专业货物处理、订单处理及装箱服务。

香港国际机场在深圳建立空运货物集散物流中心，进一步稳定香港国际机场作为中国空运货物供应链主要整合者的角色。并建立了一条香港国际机场-苏州工业园快线，把其空运服务延伸至苏州工业园乃至整个长江三角洲。

香港国际机场因其便于使用及货运地勤服务出色，2005 年获得亚太航空货运协会颁发的“最便捷货运机场”的称号。

（资料来源：http：//kx. fjjt. gov. cn/Search. asp?Field=Title＆heyword=＆ClassID=3＆page=3）

第一节　国际航空货物运输概述

一、国际航空货物运输的概念及特点

（1）国际航空货物运输的概念

国际航空货物运输，是指一国的提供者向他国消费者提供航空飞行器运输货物并获取收入的活动。

（2）国际航空货物运输的特点

1）运送速度快。飞机的飞行时速大约在每小时 600～800 公里，比其他运输工具快得多，适合运输海鲜、活动物等鲜活易腐的商品。另外，产品的订单生产对交货时间要求比较严格，也需要航空运输来支持。

2）货物破损率低，安全性好。航空货运的地面操作比较严格，货物破损情况比较少，装上飞机后在空中也不易损坏，因此安全性较好。有些机械设备、精密仪器往往采用空运，以减少货物受损。

3）单位时间内空间跨度大。现有的宽体机一次可飞 7000 公里左右，从中国到美国西海岸只需 13 小时左右，是所有运输方式中单位时间内空间跨度最大的。

4）节约企业的相关费用。航空运输可以提高商品流通速度，节约仓储、保险费用和利息支出，加快企业资金周转，提高资金的利用率。

5）运价较高。由于航空运输技术要求高，运输成本大，因此运价较高，空运价格至少是海运价格的 10 倍。

6）载量有限。由于飞机载重容积的限制，航空货运的载量较少。如与海运船舶动辄几千只集装箱相比，空运货机的载重量有时只有一百多公吨。

7）易受天气影响。如遇到大风大雨有雾等恶劣天气，航班就没有保证。

二、国际航空货物运输组织

（1）国际民用航空组织

国际民用航空组织（International Civil Aviation Organization，ICAO）简称国际民航

组织，它是各国政府之间组成的国际航空运输机构，是联合国下属的专门机构。该组织根据《国际民用航空公约》于 1947 年 4 月 4 日成立，总部设在加拿大蒙特利尔，常设机构是理事会。我国 1974 年 2 月 15 日正式加人该组织，是理事国之一。

国际民用航空组织是负责国际航空运输的技术、航行及法规方面的机构，其宗旨和目的是发展国际航行的原则和技术，促进国际航空运输的规划和发展，具体任务有：①确保全世界民航事业安全和有秩序地发展；②满足全世界人民从航空事业中获取安全与经济的效用；③鼓励各国为发展国际民航事业的航路、航站及助航设备而努力；④鼓励为和平用途的航空器的设计与操作技术；⑤确保各缔约国的权利获得完全的尊重，并在国际民航方面获得平等的机会；⑥避免各缔约国间的差别待遇；⑦促进国际民用航空器的飞行安全；⑧促进各国和平交换空中通过权；⑨促进各国民航事业的全面发展。

（2）国际航空运输协会

国际航空运输协会（International Air Transport Association，IATA）简称国际航协，同国际民用航空组织不同，不是官方的组织，而是各国航空运输企业自愿联合组成的非政府性国际组织，在世界航空运输中起着重要的作用。IATA 成立于 1945 年，总部设在加拿大蒙特利尔，执行总部设在瑞士日内瓦，同时在日内瓦设有清算所，为各会员公司统一进行财务结算。

IATA 的宗旨是“为了世界人民的利益，促进安全、正常而经济的航空运输”、“对于直接或间接从事国际航空运输工作的各空运企业提供合作的途径”、“与国际民航组织以及其他国际组织通力合作”。因此，IATA 的主要工作包括。

1）运价协调工作。制定旅客票价和货物运费的运价规则，为各空运企业提供运价制定的基础。

2）运输服务。制定一整套的标准和措施，以便在客票、货运单和其他有关运输凭证以及对旅客、行李和货物的管理方面建立统一的程序。

3）代理人事务。制定代理标准协议，举行代理人培训。通过清算所，统一结算各会员间以及会员与非会员间联运业务账目，开发适用于客、货销售的航空公司与代理人结算的“开账与结算系统”（BSP）和“货运账目结算系统”（CASS）。

4）法律工作。为世界航空的平稳运作而设立出文件和程序的标准，如合同等；在国际航空立法中，表达承运人的观点。

5）技术规范工作。技术规范工作主要包括：航空电子和电信、工程环境、机场、简化手续及航空保安工作。

IATA 的会员分为正式会员和准会员。凡国际民航组织成员国的任一经营定期航班的空运企业，经其政府许可都可以成为该协会的成员。经营国际航班的航空运输企业为正式会员，只经营国内航班的航空运输企业为准会员。

（3）国际电讯协会

国际电讯协会（SITA）是世界航空运输企业领先的电信和信息技术解决方案的集成供应商。该协会成立于 1949 年，目前在全世界拥有 650 家航空公司会员，网络覆盖全球 180 个国家和地区，不仅为航空公司提供网络通信服务，还可提供共享系统，例如机场系统、行李查询系统、货运系统、国际票价系统等。

（4）国际货物发运人协会

国际货物发运人协会（International Federation of Freight Forwarders Association，FIATA）于 1926 年成立于维也纳。其目的是解决由于日益发展的国际货运代理业务所产生的问题。其会员不限于货运代理企业，还包括海关、船务代理、空运代理、仓库、卡车、集中托运等国际运输相关部门和企业。国际货物发运人协会由两年一届全会选出常委会主持日常工作，下设多个技术委员会，分别是：公共关系、运输和研究中心、法律单据和保险及铁路、公路、航空、海洋运输、多式联运、海关、职业训练和统计等。

其中航空运输委员会的主要任务是促进维护货运代理在航空货运方面的利益，以及协调在世界范围内各国货运代理协会的活动。

在 FIATA 的指导下，由各国筹建本国的货物发运人协会，成为该组织的成员。未成立发运人协会国家的各相关企业，可参加该协会的联系会员。

三、国际航空货物运输的基本条件

（1）航空站

航空站通称机场，是供飞机起飞、降落和停放及组织、保障飞行活动的场所。通常有跑道、滑行道和停机坪以及指挥调度、通信导航、气象观测、维护修理、油料器材储存、人员居住等建筑物和设备。航空站有公管与私管、军用与民用、国际与国内之分。国际航空站是指经政府核准对外开放，供国际航线的航空器起降营运，并配有海关、移民、检疫及卫生机构的航空站。国内航空站则仅供国内航线的航空器使用，除特殊情况经批准外，不准外国航空器使用。

航空站一般有以下建筑和设施：①跑、滑道，跑道是供航空器起降的重要设施，滑行道则是航空器在跑道与停机坪之间出入的道路；②停机坪是供航空器停留的场所；③指挥塔是航空器出入航空站的神经枢纽，其位置应能俯视各跑道二极端、滑行道及停机坪等航空器活动所及的地区，能有效的指挥与管制，维护飞航安全；④助航系统是辅助航空器安全飞行的设施，包括通信、气象、雷达、电子及目视助航设备；⑤输油系统用于航空器补充油料；⑥维护检修基地是航空器归航后，作例行检查及保养维修的场所，以维护飞行安全；⑦消防设备是指各种消防器械，以防航空器失事和失事后进行抢救之用；⑧货站为邻近跑滑道与公共区域，便于货物装卸与出入的场所；⑨航站大厦是民航运输各项作业的中枢；为了满足航空运输的现代化，适应大型宽体客货机和日益增加的客货运量，许多国家和地区不断进行机场的现代化建设。其中纽约、洛杉矶、旧金山、法兰克福、巴黎、伦敦、东京、香港等地的机场都建了现代化的导航设备和庞大的客货运中心，有的还兴建了专营货运的服务中心，停靠全货机的航空站。从装卸、存仓到分拨、报送等一整套货运服务都采用了现代化计算机控制，大大提高了货物的装卸和流转效率。

（2）航空器

航空器主要是飞机。飞机制造技术的发展日新月异，从小型机进入宽体机，从活塞式进入喷气式。现代飞机载量大，超音速，飞行高度可达万米以上，设备先进，安全性能强。

1）飞机的种类。飞机一般分为普通型和高载量型。同时，按航速分类又分为短途

型和洲际型。按用途分类又分为客机、货机和客货混合型。

2）飞机的舱位。机舱一般分为上舱和下舱。除全货机外，一般都是上舱装客舱下装货。下舱的空气调控一般分为两种，一种是在较新的飞机下舱有空气调控，可承运活动物等；另一种机型较陈旧的飞机，下舱没有空气调控，只能承运普通货物。在没有空气调控的机舱内，气温在起飞后一小时仍与地面气温相同，飞行三小时后，气温会降到10℃左右。B747、B707、DC-8、DC-10 全货机的主舱内与客机相同，气温保持在 18℃～24°C，湿度 5%～10%。货舱内一般不适宜低温度的动物、植物、古董等。

（3）航线

民航从事运输飞行，必须按照规定的线路进行，这种线路叫做航空交通线，简称航线。航线不仅确定了航行的方向、经停地点，还根据空中管理的需要，规定了航线的宽度和飞行的高度层，以维护空中交通秩序，保证飞行安全。

航线按飞机飞行的路线分为国内航线和国际航线。线路起降、经停点均在国内的称为国内航线。跨越本国国境，通达其他国家的航线称为国际航线。

飞机由始发站起飞，按照规定的航线经过经停站至终点站所做的运输飞行，称为航班。

（4）航空港

航空港为航空运输的经停点，又称航空站或机场，是供飞机起降、停放及组织保障飞行的场所。

近年来随着航空港功能的多样化，港内一般还配有商务、娱乐、货物集散中心，以满足往来旅客的需要，同时吸引周边地区的生产、消费。

航空港按照所处的位置不同，分为干线航空港和支线航空港。按业务范围不同，分为国际航空港和国内航空港。

国际航空港经政府核准，可以用来供国际航线的航空器起降营运。航空港内配有海关、移民、检疫和卫生机构。而国内航空港仅供国内航线的航空器使用。除特殊情况外不对外国航空器开放。

四、航空货物运输业的产生与发展

（1）国际航空货物运输业的产生与发展

航空运输的主要工具是航空飞机。飞机最初用于邮件运送，后来发展为载运旅客和货物，但仅限于特定的短程航线上，而且每次载重量仅为一二百千克。

民用航空飞机制造业始于 1920 年，当时德国的航空工程技术处于领先地位。在第二次世界大战中，德国制造了不少飞机投入战争，主要用于运送军火和军用物资，军用飞机制造和应用很快发展起来。1945 年，第二次世界大战结束后，有很多军用运输机转为民用运输。西方国家都大力发展航空工业，改进航空技术，增加航空设备，开辟国际航线，逐步形成了全球性的航空运输网。航空货运作为国际贸易运输的方式之一也随之产生和发展起来。

随着全球性的航空运输网的建立和战后国际贸易的迅速发展，航空运输作为国际贸易运输的一种方式越来越广泛地被采用，在国际贸易运输中所占的比重逐步增加。其中，在电子产品、计算机设备等高科技产品的进出口运输中，航空运输所占的比重最大。20世纪60年代以来，航空运输仍然以相当快的速度发展。从1962年至1971年，国际航空货物运输平均每年增长17%，几乎每四年增长一倍，这是世界航空货运史上增长最快的一段时间。20世纪70年代以后，由于石油危机引发的全球经济萧条，使得航空货运增长率有所减慢，但仍以每年10%左右的速度增长。1992～1997年，全球航空货运量年平均增长率为9.8%，超过同期全球经济、贸易增长速度。随着航空运输的发展，日常生活用品，如纺织品、食品等，使用空运方式的大大增加，适于航空运输的商品也越来越多。航空货物运输已经成为国际货运，特别是洲际货运的重要方式，成为现代物流管理者实现管理目标的重要手段。

随着航空工业技术的迅速发展，飞机的速度和载运能力不断提高，世界性的航空运输网络四通八达，航空货物运输业在整个国际贸易运输中的地位越来越重要。

（2）中国航空运输业发展概况

我国航空运输业起步较晚，民用航空事业直到新中国成立以后才开始发展起来。新中国民航业于1949年11月2日创立，1950年开始经营定期的航班业务，这标志着中国民航开始起步。

1950年，中国民航只有12架飞机，12条短程航线和40个简易机场，年运输总周转量仅为150多万吨千米，载客量1万人次，货邮运输量500多吨。1974年，中国民航开通国际航线，这是中国民航运输业的重大突破，它标志着中国民航开始进入国际航空运输发展的行列。改革开放以来，民航一直保持着较快的增长速度。

到1998年底，中国民航的航线总数已达1122条，其中国内航线983条，除中国台湾、香港、澳门地区外，全国31个省、市、自治区的主要城市（共130多个）都有定期航班飞行；国际和地区航线共131条，通往亚洲、欧洲、非洲、北美洲和大洋洲的34个国家和地区的64个城市，与80多个国家签订有航空运输协定；与近200家航空公司建立了业务联系；航线营运总里程达2183万千米；有定期航班通航机场143个，其中能起降波音737，A320等飞机的机场90个，能起降波音747等大型飞机的机场19个；对外开放机场37个，其中可起降波音767以上大型飞机的机场34个，我国航空运输网已成为世界航空运输网的有机组成部分。

进入21世纪以来，中国的航空运输业仍然保持高速发展。随着我国对外关系和国际贸易的发展，航空货物运输必将得到更大的发展。

五、航空货物运输相关当事人

在国际航空货物运输运作各环节中，所涉及的相关当事人主要有发货人、航空货运公司（代理人）、航空公司（承运人）、地面运输公司和收货人等。

（1）航空公司

航空公司又称承运人，它必须拥有飞机，从事航空运输（包括客运、货运）以及接受办理与其能力相适应的航空运输业务。其主要任务是把所接受委托运输的客、货，按指定要求从一机场运往另一机场。

（2）航空货运公司

航空货运公司又称空运代理人，其工作是整个航空货物运输链中不可或缺的一个重要环节。由于空运货物一般价值高、时间紧，如若处理不当，宜造成损失，因此货主往往委托空运代理人办理相关的手续事宜。

空运代理人主要从事航空货物在始发站交航空公司前的揽货、接货、报关、订舱及在目的地从航空公司处接货、报关或送货等一系列业务。这就需要空运代理人拥有相当广泛的产品知识，了解复杂的法律和所需的单证，熟悉货物运载的要求及航运中转点的手续以及有关货运管理、理赔、保险、报验、许可证、税收等多方面的知识，还必须及时掌握相关法规的变动要求。

根据 IATA 规定，空运代理人可从航空公司收取订舱佣金（5%）及运价回扣。按航空公司发布的运价费率代收发货交付运费，并向发货人收取所提供的相关服务的手续费。

（3）当事人责任划分

在航空货物运输中，各有关当事人的责任划分，如图 5-1 所示。

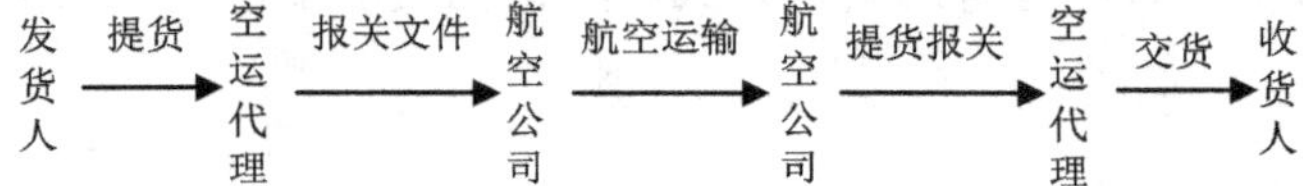

图 5-1　航空货运中各当事人责任划分

航空公司通过空运代理接揽货物，增加运量，延伸服务功能；空运代理则通过航空公司将货物按发货委托人旨意运送至收货人。这就是航空公司与收、发货人之间的联系的纽带。

第二节　国际航空货物运输经营方式

一、国际航空货运业务的分类

1. 班机运输

班机是指在固定航线上定期航行的航班。一般有固定的始发站、到达站和经停站。

目前，全货运航班只是由某些规模较大的专门的航空货运公司或一些业务范围较广的综合性航空公司在货运量较为集中的航线中开辟，一般的航空公司通常采用客货混用型飞机或利用客机腹舱，在搭乘旅客的同时承揽小批量货物运输。

班机运输由于有固定的航线、停靠港、航期，并在一定时间内有相对固定的收费标准，对进出口商而言，在贸易合同签署之前就可以预期货物的起运和到达时间、核算运费成本，合同的履行也较有保障，因此成为多数贸易商的首选航空货运方式。

但目前班机运输多采用客货混用机型或利用客机腹舱，航班以客运服务为主，货物舱位有限，不能满足大批量货物及时出运的要求，往往只能分批运输。同时，不同季节同一航线客运量及旅客行李量的变化也会直接影响货物装载的数量，航班计划的制订也是从客运的需要出发，使得班机运输在货物运输方面存在很大的局限性。班机运输具有下列特点：

1）迅速准确。由于班机具有固定航线、始发站、目的站、航期以及停靠站的特点。因此，国际间货物运输使用班机方式，能够准确、迅速地到达世界上各通航地点。

2）方便货主。收、发货人可以确切掌握货物起运和到达时间，特别是市场急需商品、鲜活易腐货物以及贵重货物的运送，使用班机方式对货主非常有利。

3）舱位有限。班机运输一般为客货混载，因而舱位有限，不能满足大批量货物的及时出运，往往需要分散分批运输。例如，三叉机的货舱只有1～2吨的舱位，波音707只有3～6吨，波音747SP只有8～10吨，不能满足大批量的货物及时出运，只能分期分批运输。近年来，有些航线上使用了波音747Combi可载货35吨，缓和了一些货运舱位的需要。但在旅游旺季，航空公司往往先满足旅客的要求，这样，货运舱位就不够了。因此，遇有大批量货物时，可考虑其他方式，如包机或部分包机，以保证货物安全迅速地运达。

2. 包机运输

由于班机运输形式下货物舱位有限，因此当货物批量较大时，包机运输就成为重要形式。按照包用飞机舱位的多少，包机运输通常可分为整机包机和部分包机。整机包机是指航空公司或包机代理公司按照合同中双方事先约定的条件和运价将整架飞机租给租机人，从一个或几个航空港装运货物至指定目的地的运输方式。部分包机则是指由几家航空货运代理公司或发货人联合包租一架飞机，或者由包机公司把一架飞机的舱位分别卖给几家航空货运代理公司的货物运输形式。部分包机适合于以上但货量不足整机的货物，在这种形式下货物运费较班机运输低，但由于需要等待其他货主备妥货物，因此运送时间要长。

包机运输满足了大批量货物出口运输的需要，同时包机运输的运费比班机运输低，且随国际市场供需情况的变化而变化，给包机人带来了潜在的利益。而与班机运输相比，包机运输可以由承租飞机的双方议定航程的起止点和中途停靠的航空港，因此更具灵活性。

但由于包机运输按往返路程计收费用，存在回程空放的风险；而且各国政府出于安全的需要，也为了维护本国航空公司的利益，在航权上对他国航空公司的飞机通过本国领空或降落本国领土往往大加限制，复杂繁琐的审批手续增加了包机运输的营运成本，因此，目前使用包机业务的地区并不多。

3. 集中托运

由于航空运价随货物重量递增而递减，许多大的代理人不再局限在仅仅作为航空公司的销售代理，为航空公司和货主提供桥梁和纽带的作用，而是开始向集中托运商转变。

集中托运商将多个托运人的货物集中起来作为一票货物交付给承运人，为赚取较低的运价而运输货物。货物到达目的站，由分拨代理商统一办理海关手续后，再分别将货物交付给不同的收货人。在集中托运的情况下，代理人可自己颁布分运单（House Air Waybill，HAWB），作为与发货人和收货人交接货物的凭证；而代理人把来自不同托运人的货物集中到一起，交给航空公司运输，代理人和航空公司之间也需要一个凭证，与分运单相对应，这个凭证就是主运单（master air waybill，MAWB）。

利用集中托运，虽然可以争取到较直接运输更低的运价，但值得注意的是，并不是所有的货物都可以办理集中托运。下列特殊货物不得以集中托运形式运输：贵重物品、活体动物、尸体、骨灰、外交信贷、危险物品。

航空公司制订按不同重量标准的多种运费，这样就可使航空货运代理公司把多个发货人那里的小件货物集中起来以后，使用航空公司比较合理的运价办理空运。一般来说，每批货物越多越重，按每千克或每磅收取的运费越低。

在我国民航货运运价表中 M 代表起码运价；N 代表 45 千克以下的运价；Q 代表 45 千克以上的运价。例如，有 10 批货物，每批 20 千克，发运至美国。若每批货物单独发运，按航空公司的运价，N 级为人民币 19.34 元/斤克，这 10 批货物的运费共为 3868 元。如果将该批货物集中起来，按 200 千克作为一笔货物发运，使用一张运单，Q 级为人民币 13.69 元/千克，运费为 2738 元，可节省 1130 元。

采用集中托运方式的空运，具有下列特点：

1）为了方便货主，降低成本，增加收入，航空货运代理公司一般利用航空公司的不同运价等级，组织集中托运方式来发运货物。

2）集中托运方式节省的运费，航空货运代理公司可以将其中的一部分返还给发货人，采用向发货人收取比直接向航空公司托运较低的运价，即按航空货运代理公司公布的集中托运运价向发货人收取费用，以鼓励发货人将货物委托航空货运代理公司承运，以此达到揽货目的；另一部分，由两地的代理公司，按一定标准分给收货人所在地的代理公司一定劳务费，其他部分作为自己的收益。

3）集中托运业务在国际航空运输中采用较多，它是航空货运代理公司的主要业务之一，也是赢利的主要手段。中国外运公司目前在北京、上海、广州等口岸开展此项业务。

4. 航空快递

航空快递是指从事快件运输的专业速递公司与航空公司合作，以最快的速度在发件人、机场、收件人之间递送货物的一种快速运输方式，快递运输紧紧抓住“迅速”、“安全”这两大要素来换取客户付出的较高运费。

按照服务的范围，国际航空快递运输的运作形式一般有三种：门到门服务（door to door），门到机场服务（door to airport），专人派送（courier on board）。门到门服务最简单、最方便，也是目前使用最多的一种快递运输方式。实际上，大多数航空货运代理公司都在经营着快递业务，即所谓的空运普货门到门服务。

航空快递与普通航空货物运输有许多相似之处，其基本程序和所需办理的手续相同，所需的运输单据和报关单证也基本一样，但是作为一项专门的业务，它又有其独到之处，其特点主要表现在下述几个方面：

1）快递公司有完善的快递网络。经营国际航空快件的大多为跨国公司，这些公司以独资或合资的形式将业务深入到世界各地，建立起全球网络，航空快件的传送基本上都是在跨国公司内部完成。国际航空货物运输则主要采用集中托运的形式，或直接由发货人委托航空货运代理人办理，货物到达目的地后再通过发货地航空货运代理的关系人代为转交货物到收货人的手中，业务中除涉及航空公司外，还要依靠航空代理人的协助。

2）以收运文件和小包裹为主。普通航空货物运输以收运进出口贸易货物为主，并且规定每件货物的最小体积不得小于50cm×10cm×20cm每票货物的最小重量不得小于0.5kg。而航空快递以收运快件文件和小包裹为主，收运时，一般都有最大重量和最大体积的限制。

3）特殊的单据。航空货运使用的是航空货运单，而航空快递也有自己独特的运输单据，即交付凭证（proof of delivery，POD），一般由发货人联、随货同行联、财务结算联、收货人签收联组成。

4）流程环节全程控制。快递运输自始至终在同一公司内部完成，各分公司操作规程相同，服务标准也基本相同，而且一般全程设有专人负责，交接环节少，因此更为安全可靠。

5）采用中心分拨理论。航空快件公司大多采用中心分拨理论或称转盘分拨理论组织起全球的网络（设立分拨中心 hub 统一管理），减少了中间环节，也使快件的流向简单清楚。

6）高度的信息化控制。从服务质量来看，航空快递在整个运输过程中都处于计算机的监控之下，每经历一个环节，都要在计算机中输入其状态，派送员将货送交收货人时，收货人需在 POD 交付联上签收，计算机操作员及时将派送信息输入计算机，反馈到发货方。全程信息处理及时、准确，查询方便，使收、发货人都感到安全可靠。

5. 陆空联运

陆空联运是指以包括空运在内的两种以上的运输方式结合的运输。陆空联运有三种，第一种是火车—飞机—卡车的联合运输（train-air-truck，TAT）；第二种是卡车—飞机的联合运输（truck-air，TA）；第三种是火车—飞机的联合运输（train-air，TA）。

我国空运出口货物经常采用联运方式。由于我国地域辽阔，用做国际航线的航空口岸只有北京、上海、广州等少数航空港，货运包机费用较高，联系手续也比较烦琐，因而内地空运出口货物一般采用陆空联运方式。在货量较大的情况，一般采用陆运方式与航空口岸相衔接，使用汽车或火车将货物运至航空口岸，然后再空运。因此，我国出口空运货物多采用 TA 方式。以联运方式出口货物时，既可在出口地报关，也可以将单证用空运快件方式事先寄到航空口岸报关。

我国目前开办的陆空联运是将货物用火车运至香港地区，然后，在香港经飞机空运

至中转地航空站，再用卡车运至目的地。整个运输时间，至欧洲一般在 15 天左右。由于香港至世界各地的货运包机和客货班机较多，货物出运快，运价也便宜，一般约为正常班机运费的 1/2 或 2/3。因此，从 1974 年开始，每年我国都有几百吨货物经香港陆空联运出口。

陆空联运货物在香港的收转人为中旅货运有限公司，该公司办理货物在香港的转运业务。发货人须在发货前将委托书或出口货物报关单寄送深圳外运分公司转交中旅货运有限公司，货物在发站装火车后，由外运分公司出具“运货物收据”结汇。

二、国际航空货运代理业务的流程

航空货物运输代理的业务流程对于货运代理从业人员非常重要，只有熟悉整套流程，才能监控货物运输的全过程，对突发事件进行有效处理，确保货物安全、及时送达收货人，从而更好地为客户服务。

国际航空货运代理的业务流程主要包括两大部分：出口业务流程和进口业务流程。出口业务流程的起点是接受客户委托，从发货人手中接货，终点是货交航空公司或代航空公司在机场进行地面操作业务的机场货运站；进口业务流程的起点是从航空公司或机场货运站接货，终点是货交收货人，如图 5-2 所示。

1. 出口运输代理业务流程

航空货物出口运输代理业务流程，是指航空货运代理公司从托运人手中接货，直到把货交给航空公司或机场货站这一过程中，对物流、信息流、单证流和资金流的控制和管理，所需通过的环节、办理的手续以及必备单证的准备。

空运出口运输代理业务主要包括以下环节：市场销售→委托运输→审核单证→预配舱→预订舱→接单接货→配舱→订舱→制单→报关报检→出仓单→提板箱与装货→签单→交接发运→航班跟踪→信息传递→费用结算，如图 5-2 所示。

（1）市场销售

市场销售在整个出口运输代理业务流程中处于核心地位，销售业绩的好坏直接影响着货运代理公司的生存与发展。货运代理市场竞争的日益加剧，使得对营销员的素质要求越来越高。营销员不仅要对本公司的业务范围与业务流程非常熟悉，而且知识面要广，信息交流要及时，在变化多端的市场面前，要能迅速地把握住时机，抢占先机。销售时，需及时向出口单位介绍本公司的代理业务范围、服务项目、各项收费标准，特别是运价优惠、服务优势等。

在货运代理公司与出口单位（发货人）就出口运输代理事宜达成协议后，一般需向发货人提供“国际货物托运书”作为委托书。对于长期出口或出口货量大的单位，货运代理公司一般都与之签订长期的代理协议。

（2）委托运输

发货人发货前，首先需要填写委托书，即货物托运书，并加盖公章，作为货主委托代理公司承办航空货物出口运输的依据。

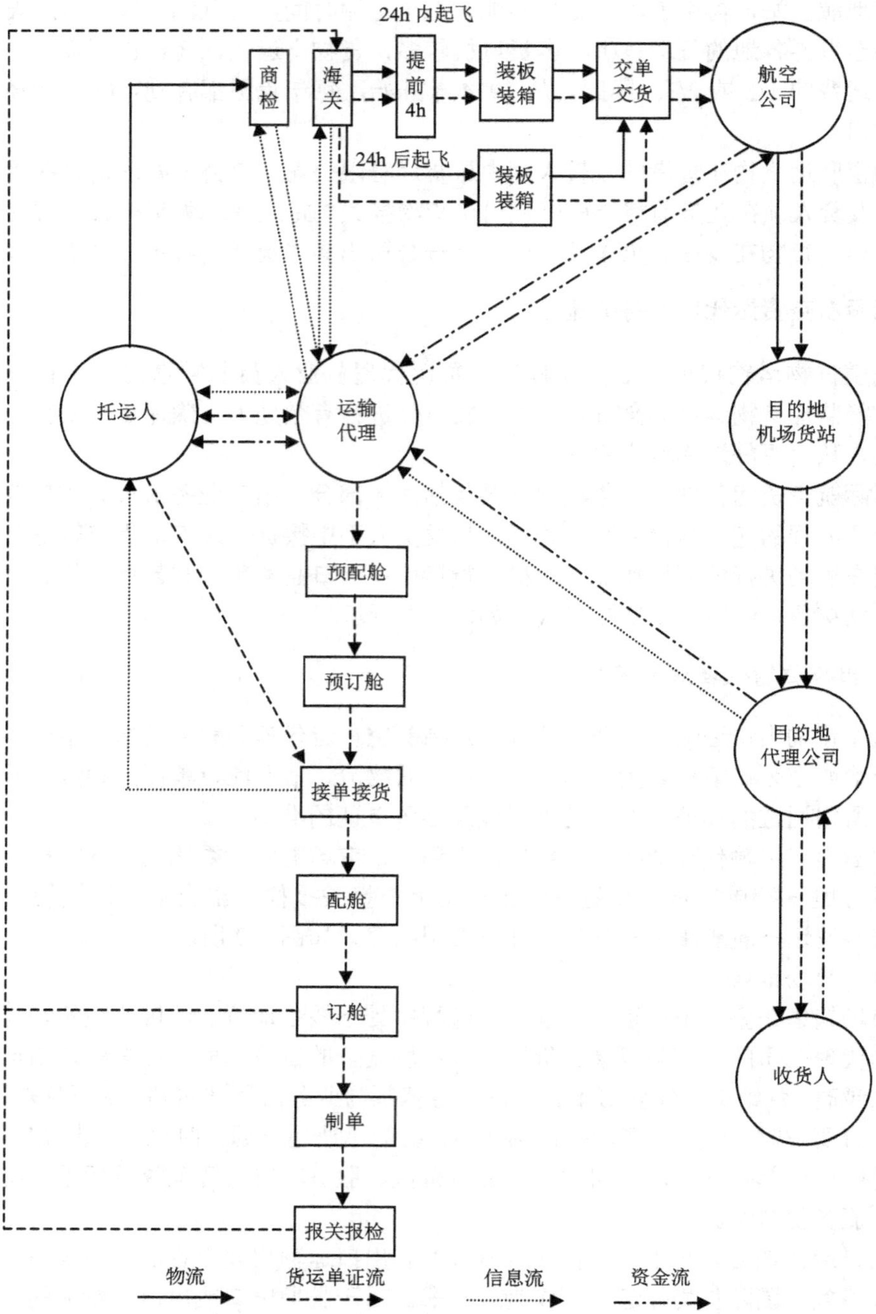

图 5-2 航空货物出口运输代理业务流程

托运书（shipper's letter of instruction，SLI）是托运人用于委托承运人或其代理人填开货运单的一种表单，其上列有填开货运单所需的各项内容，托运人必须逐项认真仔细

地填写。

（3）审核单证

代理人首先要对托运人填写的托运书进行审核，包括目的港名称或目的港所在城市名称、运费支付方式（预付还是到付）、货物毛重，收发货人姓名、地址、电话传真等。托运人签字处一定要有托运人签名或盖章。

审核的单证还应包括报关报检所必需的各项单证，如发票、装箱单、报关单、外汇核销单、出口许可证、商检证、进料床料加工核销本等。审核主要是清点单证是否齐全，检查其填写是否规范、正确。

（4）预配舱

货运代理人对所接受的委托进行汇总，依据各个客户报来的预报数据，计算出各航线的总件数、重量、体积，按照客户的出运要求和货物情况以及不同机型对板箱的重量和高度要求，制定预配舱方案，同时为每票货配上运单号。

（5）预订舱

代理人根据预配舱方案，按航班号、日期打印出总运单号、件数、重量、体积，向航空公司进行预订舱预订。

之所以称为预配舱、预订舱，是因为此时货物可能还没有进人仓库，客户的预报数据和实际数据会有所差，需要再做调整。

（6）接单接货

接单，是指代理人在订妥舱位后，从收货人手中接过已经审核确认的货物以及出口所必需的一切单证。

接货，是指代理人与货主进行空运出口货物的交接，并将货物运送到自己的海关监管仓库。

接货一般与接单同时进行。接货时应根据发票和装箱单清点货物，核对货物的数量、品名、合同号或唛头等是否与货运单据上所列一致，检查货物外包装是否符合运输要求，有无残损等。接货后，应检查货物是否贴有标记，同时给每件货物贴上标签。

1）标记。标记是指在货物外包装上由托运人书写的有关事项和记号，包括托运人、收货人的姓名、地址、联系电话、传真、合同号、操作注意事项等。

2）标签。根据标签的作用，可以分为识别标签、特种货物标签和操作标签。

识别标签标明货物的货运单号码、始发地、经停地、目的地、件数、重量等，按使用的不同，有挂签和贴签两种。

特种货物标签是说明特种货物性质的各类识别标志。按照特种货物种类的不同，分为活动物标签、危险品标签和鲜活易腐物品标签。

操作标签说明货物储运过程中的注意事项，如易碎品不得倒置，注意防潮等。

凡是特种货物必须贴特种货物标签，运输中需特殊处理的需贴上相应的操作指示标签，以保证货物运输的安全与质量。普通货物只需粘贴或悬挂识别标签，对于集中托运、有分运单的货物，除贴航空公司的识别标签外，还需贴一张代理公司出具的分标签。

（7）配舱

正式配舱时，所有需出运的货物都已入库。代理人需核对货物的实际件数、重量、体积与托运书上预报数量的差别，对预配舱方案进行修改，合理配载，低密度货物与高密度货物混运装载，制作正式的配舱单。

（8）订舱

依据配舱单，对所接收的空运货物正式向航空公司提出运输申请并订妥舱位。订舱需根据发货人的要求和货物本身的特点进行。一般而言，急件货物、大宗货物、鲜活易腐货物、危险品、贵重物品等，必须订妥舱位，而且尽量预订直达航班的舱位（运费相对较贵）；而对于非紧急的零散货物，可以预订转运航班的舱位（运费相对较低），甚至不事先订妥舱位。

订妥舱位后，航空公司签发舱位确认书（订舱单），同时给予集装器领取凭证，以备装货。

（9）制单

制单是指填制航空货运单，包括总运单和分运单。填制航空货运单是出口业务中最重要的环节，运单填写正确与否，直接关系到货物能否及时、准确地运达目的地。运单的填写应严格符合单货一致、单单一致的要求，有关货运单的详细内容和重要作用将在后面的章节中重点介绍。

（10）报关报检

报检，是指根据出口商品的种类和性质，按照进出口国家或地区的有关规定，对其进行商品检验、卫生检验、动植物检验等。

出口报关，是指发货人或其代理人在货物发运前，向出境地海关办理出口手续的过程。海关审单无误后，海关关员在总运单正本上加盖放行章，货物方可出仓发运。

（11）出仓单

正式的配舱单制定后就可着手编制出仓单。出口仓库依据出仓单制订出仓计划，安排货物出仓，与装板箱环节交接。

（12）提板箱与装货

货运代理凭航空公司出具的集装器领取凭证，向航空公司箱板管理部门申领板、箱及相应的塑料薄膜和网套。货运代理公司可以在自己的仓库、场地装板、装箱，也可在航空公司指定的场地装货。

（13）签单

航空货运单在盖好海关放行章后还需到航空公司签单，接受航空公司的再次审核，只有签单确认后才允许将单、货交给航空公司。

（14）交接发运

交接发运，是指货运代理人按订妥舱位的航班时间，依据航空公司的规定，向航空公司或机场货站交单、交货，由航空公司安排航空运输。

交单，是指将随机单据和应由承运人留存的单据交给航空公司。随机单据主要包括第二联航空运单正本、分运单、发票、装箱单以及品质鉴定书等。

交货，是指与航空公司办理与单据相符的货物的交接手续。航空公司审单验货后，将货物存入其出口仓库内，同时将单据交吨控部门，以备配载。

（15）航班跟踪

由于航空运输易受天气等因素的影响，在单、货交接给航空公司后，货运代理还需对航班、货物进行跟踪，以备及时处理各种不正常的运输情况。尤其是对于需中转的货物，代理人在货物出运后，应主动向航空公司了解联程航班的信息，确认中转情况。

（16）信息传递

在整个出口货物的操作过程中，代理人应及时将各种信息传递给发货人，做好信息服务。向其提供订舱信息、报关信息、货物的交接信息以及货物在运输过程中的跟踪信息。与此同时，在货物发运后，把应交发货人留存的单据包括第三联航空运单正本、盖有海关放行章的出口货物报关单、出口收汇核销单等）交付发货人。对于集中托运货物，还应将到货预告发给目的地代理，以便其做好接货与分拨处理准备。

（17）费用结算

出口代理工作完成后，货运代理公司需要与各相关方结算费用，主要涉及与发货人、承运人和国外代理人三方面的结算。

与发货人结算费用，即向发货人收取航空运费（运费预付情况）、地面运输费以及各种服务费和手续费。

与承运人结算费用，即向承运人支付航空运费，同时收取代理佣金。

与国外代理结算费用，包括国外代理收取并退还给发货方代理的到付运费以及发货方代理支付给国外代理的手续费及产生的其他相关费用。

2. 进口运输代理业务流程

航空货物进口运输代理业务流程，是指货运代理公司对于空运货物从入境到提取或转运，整个流程所需通过的环节，办理的手续以及准备相关单证的全过程。

进口代理业务大致包括以下环节：代理预报→接单接货→理货与仓储→理单→到货通知→制单→进口报关→收费与发货→送货与转运。

（1）代理预报

接收国外代理人在交货后发来的各项预报信息，包括运单、航班号、货物件数、重量、品名、收货人等，做好所有接单接货前的准备工作。

（2）接单接货

空运货物入境时，与货物有关的单据（运单、发票、装箱单等）也随机到达，运输工具及货物处于海关监管之下。航空公司的地面代理（机场货站）卸货后，将货物存入其海关监管仓库内，同时根据运单上的收货人及地址寄发取单、提货通知。若运单上的收货人（或通知人）为海关及民航总局共同认可的一级航空货运代理公司，则把运输单据及与之相关的货物交给该货运代理公司，货物将转入货运代理公司的海关监管仓库。

货运代理公司在与机场货站办理单、货交接手续时，应根据总运单及交接清单核对实际货物。若发现有单无货或有货无单的现象，应及时告知机场货站，进行查询处理。

若发现货物短缺、破损或其他异常情况，应向机场货站索要商务事故记录，作为与实际收货人处理索赔事宜的依据。

（3）理货与仓储

货运代理公司与机场货站办理完单、货交接手续后，即把货物短途运送至自行使用的监管仓库，组织理货与仓储。按照重货、轻货，单票货、混载货，危险品、贵重品、鲜活易腐品等分门别类，分别堆存、进仓。同时登记每票货的储存区号，输入计算机。

（4）理单

按照集中托运货物和单票直单货物，不同的发货代理，不同的实际收货人，收货人所在的特殊监管区域（如出口加工区、保税区等），运费预付与到付等进行单证分类。

集中托运货物需要把每票总运单项下的分运单分理出来，审核与到货情况是否一致，每份分运单对应的货物分别处理。单票直单货物则无需分拨。

（5）到货通知

单据分类整理好后，代理人应尽早、尽快、尽妥地给实际收货人寄发到货通知，告知其货物已到，提请货主配齐有关单证，速办报关、提货手续。

所谓尽早，是指到货后，普货在 24 小时以内要设法通知货主；而急件一般要求 2 小时内通知到货主。

所谓尽快，是指尽可能使用传真、电话通知收货人，单证若需要传递，尽可能使用特快专递，以缩短传递时间。

所谓尽妥，是指一种方式无法联系到收货人时，应不断尝试可能的各种方式，一星期内须保证以电函、信函等形式至少三次通知收货人。

（6）制单

制单即是依据运单、发票以及证明货物合法进口的有关批准文件，填制进口货物报关单。制单一般是在收到客户的回复及确认，并获得必备的批文和证明后进行。有批文存放在货运代理处的长期协作的客户单位以及不需批文和证明的客户单位，可直接制单。

（7）进口报关

进口报关，即向海关申报办理货物进口手续，是进口运输代理中最关键的环节。只有在向海关申报并经海关验放后，货物才能提出海关监管仓库。进口报关一般包括初审、审单、征税、验放四个环节。

（8）收费与发货

在办完进口报关报检手续后，货主即可凭盖有海关放行章、检验检疫章的进口提货单到货物所属监管仓库付费提货。货主提货前，应先结清相关费用（到付运费、垫付费、单证费、报关费、仓储费等）；对于长期合作的货主，一般都与货运代理公司签订有财务付费协议，按月或按季结账，可以先提货后付款。

（9）送货与转运

货运代理公司也可以接受客户的委托，在办理完相关手续后，通过送货上门或转运业务，直接把货物送达收货人手中。

办理转运业务有两种方式：一种是在办理完清关手续后转运；一种是不在进境地海关办理清关手续，而是办理转关及监管运输手续后，在另一设关地点办理进口海关手续。无论何种方式，均需由最终目的地的代理公司协助收取相关费用，同时应支付一定比例的代理佣金给该代理公司。

第三节 航空货运单

航空货物运输主要是物流和信息流，其中航空货运单承载了货物的最主要的信息，它直接决定了货物运输的准确性。

一、航空货运单的定义及作用

1. 货运单的定义

航空货运单（air waybill）是由托运人或者以托运人的名义填制，是托运人和承运人之间在承运人的航线上运输货物所订立合同的初步证明。

航空货运单包括有出票航空公司标志的航空货运单和无承运人任何标志的中性货运单。目前，我国使用的基本都是有各航空公司标志的货运单，由各公司自行印制。航空公司的标识部分包括：承运人名称、承运人总部地址、承运人的图案标志、承运人的票证代号（三位数字）以及包括检查位在内的货运单序号。

每本货运单都有一个货运单号码，它是查询货物运输情况的重要依据，也是组织运输必不可少的依据。货运单号码的前三位是航空公司的票证结算代码，直接确定航空货运单的所有人——出票航空公司。例如，国航——999，东航——781，南航——784。

一本货运单既可用于单程货物运输，也可用于联程货物运输。

2. 货运单使用的一般规定

（1）货运单不可转让

货运单仅作为货物航空运输的凭证，其所有权属于出票航空公司，不得通过背书等方式转让，这是其与海运提单的本质区别。

（2）货运单的有效期

货运单填开并经托运人（或其代理人）和承运人（或其代理人）签字后即开始生效。当货物运至目的地，收货人提取货物并在货运单的交付联上签字时，货运单作为运输凭证，其有效期宣告结束，但作为运输合同，其法律依据的有效期应为自运输停止之日起两年。

（3）同一张货运单上填开货物的限制

一张货运单只能用于一个托运人在同一时间、同一地点托运的由承运人承运的，运往同一目的地同一收货人的一件或多件货物。

集合运输货物的分运单应由集中托运人自行备制，不得使用承运人的货运单。

3. 货运单的构成

我国国际航空货运单由一式 12 联组成，1～3 联为正本，其背面印有运输契约条件，4～9 联为副本，10～12 联为额外副本。根据需要，可再增加额外副本。

按装订顺序，各联的分配见表 5-1。

表 5-1 国际航空货运单各联分配表

序号	名称			颜色
1	正本 3	Original3	（交托运人）	蓝色
2	副本 9	Copy9	（交代理人）	白色
3	正本 1	Original1	（交填开货运单的承运人或代理人）	绿色
4	正本 2	Original2	（交收货人）	粉红色
5	副本 4	Copy4	（提取货物收据）	黄色
6	副本 5	Copy5	（交目的地机场）	白色
7	副本 6	Copy6	（交第三承运人）	白色
8	副本 7	Copy7	（交第二承运人）	白色
9	副本 8	Copy8	（交第一承运人）	白色
10	额外副本 10	Extra Copy10	（供承运人使用）	白色
11	额外副本 11	Extra Copy11	（供承运人使用）	白色
12	额外副本 12	Extra Copy12	（供承运人使用）	白色

表中，正本 3 托运人联，货运单填开完毕后此联交给托运人作为托运货物及交付运费的收据，同时也是托运人和承运人签订运输契约的证明文件。

正本 1，填开货运单承运人联，交出票航空公司，作为财务部门运费计算的依据。

正本 2，收货人联，随货物运至最终目的地，在交付货物时，由最后承运人将此联交收货人留存。

其他各联的用途比较明确，只需参考货运单各联底部的说明。

4. 货运单的作用

作为主要货物运输文件的货运单具有以下作用：①是承运人与托运人之间缔结运输契约的书面证明；②是承运人收运货物的证明文件；③是运费结算凭证及运费收据；④是承运人发运、交付和联运货物的凭证；⑤是办理报关手续的证明文件；⑥是托运人要求承运人代办保险的证明。

5. 填开货运单的责任

根据《华沙公约》、《海牙议定书》和承运人运输条件的规定，货运单应由托运人填制。承运人或其代理人根据托运人的请求填写航空货运单，在没有相反证据的情况下，

应当视为代托运人填写，因此，托运人应当对货运单的真实性负责。由于货运单所填内容的不正确、不完全致使承运人或其他任何人遭受损失，托运人都应负责任。

托运人在承运人填开完毕的货运单上签字就代表托运人已接受货运单正本背面的合同条件和运输条件。

6. 货运单的限制

一张货运单只能用于一个托运人在同一时间、同一地点托运的由承运人承运的，运往同一目的地同一收货人的一件或多件货物。

货运单可以代表航空公司身份，该货运单由航空公司印制。货运单还可以不代表任何一个航空公司，因其不是由航空公司印制的。

货运单的右上端印有“不可转让”（not negotiable）字样，其意义是指航空货运单仅作为货物航空运输的凭证，所有权属于出票航空公司，与可以转让的海运提单恰恰相反。因此，任何 IATA 成员都不允许印制可以转让的航空货运单，货运单上的“不可转让”字样不可被删除或篡改。

7. 货运单号码

货运单号码是货运单不可缺少的重要组成部分，每本货运单都有一个号码，它直接确定航空货运单的所有人——出票航空公司，它是托运人、发货人或其代理人向承运人询问货物运输情况的重要依据，也是承运人在各个环节组织运输，例如订舱、配载、查询货物时必不可少的依据。

二、航空货运单的种类

在集中托运的情况下，存在着两种航空货运单，一种是主运单（master air waybill，MAWB），另一种是分运单（house air waybill，HAWB）。

（1）分运单

在进行集中托运时，代理人首先从各个托运人处收取货物，在收取货物时，需要给托运人一个凭证，这个凭证就是分运单。因此，分运单是代理人与托运人之间交接货物的凭证。

分运单由代理人自己印制颁布，不受航空公司的限制，但通常的格式还是按照航空公司主运单来制定。

分运单上托运人栏和收货人栏填写的都是真正的托运人和收货人。

（2）主运单

代理人把来自不同收货人的货物集中到一起向航空公司订舱，交给航空公司运输，代理人和航空公司之间也需要一个凭证，这个凭证就是主运单。主运单是代理人与承运人之间交接货物的凭证，也是承运人组织货物运输全过程的依据。

主运单只能由航空公司颁布，任何代理人都不得自行印制。

主运单上记载的货物托运人和收货人分别为始发地和目的地的代理人，即集中托运商和分拨代理商。

三、货运单的填制

1. 填制货运单的要求

货运单要求用英文打字机或计算机，以英文大写字母打印，各栏内容必须准确、清楚、齐全，不得随意涂改。

货运单已填内容在运输过程中需要修改时，必须在修改项目的近处盖章注明修改货运单的空运企业名称、地址和日期。修改货运单时，应将所有剩余的各联一同修改。

货运单的各栏目中，有些栏目印有阴影。其中，有标题的阴影栏目仅供承运人填写。没有标题的阴影栏目一般不需填写，除非承运人特殊需要。

2. 货运单各项栏目的填写说明

（1）货运单号码

货运单号码（the air waybill number）应清晰地印在货运单的左右上角以及右下角（中性货运单需自行填制），它包括以下内容：

1）航空公司的数字代号（1A airline code numbers）。

2）货运单序号及检验号（1B serial number）。

第八位数字是检验号，是前 7 位数字对 7 取模的结果，例如：131-1234 5675

（2）始发站机场

始发站机场填制始发站机场（airport of departure）的 IATA 三字代号（如果始发地机场名称不明确，可填制机场所在城市的 IATA 三字代号）。

（3）货运单所属承运人的名称和地址（IC）

货运单所属承运人的名称和地址（issuing carrier’s name and address）一般印有航空公司的标志、名称和地址。

（4）正本联说明（ID）

正本联说明（reference to original）无需填写。

（5）契约条件（IE）

契约条件（reference to conditions of contract）一般情况下无需填写，除非承运人需要。

（6）托运人栏

托运人栏需填写以下内容：

1）托运人姓名和地址（shipper’s name and address），填制托运人姓名（名称）、地址、国家（或国家二字代号）以及电话、传真、电传号码。

2）托运人账号（shipper’s account number），此栏不需填写，除非承运人需要。

（7）收货人栏

收货人栏需填写以下内容：

1）收货人姓名和地址（consignee's name and address），填制收货人姓名（名称）、地址、国家（或国家两字代号）以及收货人的电话号码、传真、电传号码。

2）收货人账号（consignee's account number），此栏仅供承运人使用，一般不需填写，除非最后的承运人需要。

（8）填开货运单的承运人的代理人栏

此栏需填写以下内容：

1）名称和城市（name and city），如 777-1234 5675。填制向承运人收取佣金的国际航协代理人的名称和所在机场或城市。

2）国际航协代号（agent's IATA code），代理人在非货账结算区（Non-CASS Areas），打印国际航协 7 位数字代号。

3）货物财务结算系统（CASS-Cargo accounts settlement system），一些航空公司为便于内部系统管理，要求其代理人在此处填制相应的代码。

4）账号（account No.），本栏一般不需填写，除非承运人需要。

（9）运输路线

此栏需填写以下内容：

1）始发站机场（airport of departure and requested routing）。此栏中应填制始发站机场或所在城市的全称。

2）运输路线和目的站（routing and destination）。

- 至（第一承运人）To（by first carrie）（11A），填制目的站机场或第一个转运点的 IATA 三字代号（当该城市有多个机场，不知道机场名称时，可用城市代号）。
- 由第一承运人 by first carrier（11B），填制第一承运人的名称（全称与 IATA 两字代号皆可）。
- 至（第二承运人）to（by second carrier）（11C），填制目的站机场或第二个转运点的 IATA 三字代号。
- 由第二承运人 by second carrier（11D），填制第二承运人的 IATA 两字代号。
- 至（第三承运人）to（by third carrier）（11E），填制目的站机场或第三转运点的 IATA 三字代号。
- 由（第三承运人）by third carrier（11F），填制第三承运人的 IATA 两字代号。

3）目的站机场（airport of destination）（18），填制最后承运人的目的地机场全称。

4）航班/日期 light/date——仅供承运人用（19A）（19B），本栏一般不需填写，除非参加运输各有关承运人需要。

（10）财务说明（10）

此栏填制有关财务说明事项。

付款方式为现金支票或其他方式。

（11）货币（12）

填制始发国的ISO（国际标准组织）的货币代号。

（12）运费代号（仅供承运人用）

本栏一般不需填写。

（13）运费

1）WT/VAL 航空运费（根据货物计费重量乘以适用的运价收取的运费）和声明的价值附加费的预付和到付（14A）（14B）。货运单上的（24A）（25A）或（24B）（25B）两项费用必须全部预付或全部到付。

2）Other（charges at origin）在始发站的其他费用预付和到付。（24A）（25A）

货运单上的（27A）（28A）或（27B）（28B）两项费用必须全部预付或全部到付。

（14）供运输用声明价值（declared value for carriage）（16）

打印托运人向货物运输声明的价值金额，如果托运人没有声明价值，此栏必须打印NVD字样。

（15）供海关用声明价值（17）

打印货物及通关时所需的商业价值全额，如果货物没有商业价值，此栏必须打印“NCV”字样。

（16）保险的金额（20）

如果承运人向托运人提供代办货物保险业务时，此栏打印托运人货物投保的金额；如果承运人不提供此项服务或托运人不要求投保时，此栏内必须打印“×××”符号。

（17）运输处理注意事项处填制相应的代码（21）

1）如果是危险货物，有两种情况，一种是需要附托运人危险品申报单的，则本栏内应打印“Dangerous goods as per attached shipper’s declaration”字样，对于要求装货机上的危险货物，还应再加上“Cargo air craft only”字样。另一种是属于不要求附危险品申报单的危险货物，则应打印“Shipper’s declaration not required”字样。

2）当一批货物中既有危险货物也有非危险货物时，应分别列明，危险货物必须列在第一项，此类货物要求托运人附危险品申报单，要求危险货物不是放射性物质且数量有限。

3）其他注意事项尽可能使用“货物交换电报程序”（CARGO-MP）中的代号和简语。例如：

——货物上的标志、号码以及包装方法；

——货运单所附文件，如托运人的动物证明书“shipper’s certification for live animal”，装箱单“packing list”，发票“invoice”等；

——除收货人外，另请通知人的姓名、地址、国家以及电话、电传或传真号码；

——货物所需要的特殊处理规定；

——海关规定等。

（18）货物运价细目（22A至22B）

一票货物中如果含有两种或两种以上不同运价类别计费的货物应分别填写。每填写

一项另起一行。如果含有危险品，则该危险货物应列在第一项。

1）件数/运价组合点（No. of pieces RCP）（22A）：①打印货物的件数；②如果使用非公布直达运价计算运费时，在件数的下面还应打印运价组合点城市的 IATA 三字代号。

2）毛重（gross weigh）（22B），适用于运价的货物实际毛重（以公斤为单位时可保留至小数后一位）。

3）重量单位（kg/lb）（22C），以公斤为单位用代号“K”；以磅为单位用代号“L”。

4）运价等级（rate class）（22D），根据需要打印下列代号：

M——最低运费（minimum charge）；

N——45 公斤以下（或 100 公斤以下）运价（normal rate）；

Q——45 公斤以上运价（quantity RATE）；

C——指定商品运价（specific commodity rate）；

R——等级货物附减运价（class rate reduction）；

S——等级货物附加运价（class rate surcharge）；

5）商品品名编号（commodity item No.）（22E）：①使用指定商品运价时，此栏打印指定商品代号（打印位置应与运价代号 C 保持水平）；②使用等级货物运价时，此栏打印附加或附减运价的比例（百分比）。

6）计费重量（chargeable weight）（22F），打印与运价相应的货物计费重量。

7）运价/运费（rate/charge）（22G）：①当使用最低运费时，此栏与运价代号“M”对应打印最低运费；②打印与运价代号“N”、“Q”、“C”等相应的运价；③当货物为等级货物时，此栏与运价代号“S”或“R”应打印附加或附减后的运价。

8）总计（22H）：①打印计费重量与适用运价相乘后的运费金额；②如果是最低运费或集装货物基本运费时，本栏与（22G）内金额相同。

9）货物品名和数量（the nature and quantity of goods）（22I）。本栏应按要求打印，尽可能地清楚、简明，以便涉及组织该批货物运输的所有工作人员能够一目了然。

10）总件数（22J），打印（22A）中各组货物的件数之和。

11）总毛重（22K），打印（22B）中各组货物毛重之和。

12）总计（22L），打印（22H）中各组货物运费之和。

13）一般不需打印，除非承运人需要，此栏内可打印服务代号（22Z）。

（19）其他费用（23）

1）打印始发站运输中发生的其他费用，按全部预付或全部到付。

2）作为到付的其他费用，应视为“代垫付款”，托运人应按代垫付款规定支付手续费，否则，对其他运费应办理到付业务。

3）“C”表示承运人收取的其他费用，“A”表示代理人收取的其他费用。例如，AWC 为承运人收取的货运单费，AWA 为代理人收取的货运单费。

（20）预付

1）预付运费（freight prepaid）（24A），打印货物计费重量计得的货物运费，与（22H）或（22L）中的金额一致。

2）预付声明价值附加费（valuation charge prepaid）（25A）。如果托运人向货物运输声明价值的话，此栏打印根据公式（声明价值－实际毛重×最高赔偿额）×0.5%计得的声明价值附加费金额。此项费用与（22H）或（22L）中货物运费一起必须全部预付或全部到付。

3）预付税款（prepaid）（26A），即打印适用的税款。此项费用与（22H）或（22L）中货物运费一起必须全部预付或全部到付。

4）预付的其他费用总额（total other prepaid charges），根据（23）内的其他费用打印。

5）无名称阴影栏目（29A），本栏不需打印，除非承运人需要。

6）预付总计（total prepaid），打印（24A）（25A）（26A）（27A）（28A）等栏有关预付款项之和。

（21）到付

1）到付运费（freight collected）（24B），打印货物计费重量计得的货物运费，与（22H）或（22L）中的金额一致。

2）到付声明价值附加费（valuation charge collect）（25B），如果托运人向货物运输声明价值的话，此栏打印根据公式声明价值一实际毛重×最高赔偿额）×0.5%计得的声明价值附加费全额。此项费用与（22H）或（22L）中货物运费一起必须全部预付或全部到付。

3）到付税款（collect tax）（26B），打印适用的税款。此项费用与（22H）或（22L）中货物运费一起必须全部预付或全部到付。

4）到付的其他费用总额（total other collect charges），根据（23）内的其他费用打印。

5）未命名栏（29B），本栏不需打印，除非承运人需要。

6）到付总计（total collect），打印（24B）（25B）（26B）（27B）（28B）等栏有关预付款项之和。

（22）托运人证明栏

托运人证明栏（shipper’s certification box）（31）打印托运人名称并令其在本栏内签字或盖章。

（23）承运人填写栏（carriers execution box）

1）填开日期（executed on date）（32A）。按日、月、年的顺序打印货运单的填开日期，如：“06SEP2006”。

2）填开地点（at place）（32B），打印机场或城市的全称或缩写。

3）填开货运单的承运人或其代理人签字（signature of issuing carrier or its agent）（32C），填开货运单的承运人或其代理人在本栏内签字。

（24）仅供承运人在目的站使用

仅供承运人在目的站使用（for carrier's use only at destination）为（33）。

（25）用目的国家货币付费

用目的国家货币付费（30A 至 33D）仅供承运人使用。

第四节　航空运价与运费

一、航空运输的运价和运费及特点

运价是承运人为运输货物对规定的重量单位或货物的价值所收取的费用。运费是根据适用运价所计得的托运人或收货人应当支付的每批货物的航空费用。航空运费主要由两方面组成，一是货物适用的运价，二是货物的计费重量。货物的计费重量需同时考虑体积重量和实际重量两个因素；同时又因航空货运的运价实行“递远递减”的原则，产生了重量等级运价，而重量等级运价的起码重量又影响了货物运费的计算；还有体积重量折让比例、淡旺季调价等。因此，航空货运的计费受多种因素影响。

航空运价和费用具有以下特点：①所报的运价是指从运输始发地机场到目的地机场的费用，不包括其他额外费用；②运价和费用一律用始发地的本国货币公布，运价是按每千克为单位计算的；③航空运单中的运价就是出具运单之日所适用的运价；④国际航空运费中航空公司按国际航空运输协会所划分的区制定费率收取。

二、航空运输区的划分

与其他运输方式不同的是，国际航空运输中运费的有关各项规章制度、运费水平都是由国际航协统一协调、制订的。在充分考虑了世界上各个不同国家、地区的社会经济、贸易发展水平后，国际航协将全球分成三个区域，简称为航协区（IATA traffic conference areas），每个航协区又分成几个亚区。由于航协区的划分依据是不同地区不同的经济、社会以及商业条件，因此和我们熟悉的世界行政区划有所不同。相关划分如下所述：

1）一区（TC1）为北起格陵兰岛，南至南极洲。主要包括南、北美洲及邻近岛屿，如格陵兰岛、百慕大、西印度洋及加勒比海群岛和夏威夷岛（中途岛）等。

2）二区（TC2）为北起北冰洋诸岛，南至南极洲。主要由欧洲大陆（包括俄罗斯的欧洲部分）及毗邻岛屿，包括冰岛、亚速尔群岛，非洲大陆及毗邻岛屿，亚洲的伊朗及伊朗以西的地区组成。主要包括三个亚区：欧洲区，包括欧洲国家和摩洛哥、阿尔及利亚、突尼斯三个非洲国家及土耳其（既包括欧洲部分，也包括亚洲部分）、俄罗斯（仅包括其欧洲部分）；非洲区，含非洲大多数国家和地区，但北部非洲的摩洛哥、阿尔及利亚、突尼斯和苏丹不包括在内；中东区，包括巴林、塞浦路斯、埃及、伊朗、伊拉克、以色列、约旦、科威特、黎巴嫩、阿曼、卡塔尔、沙特阿拉伯、苏丹、叙利亚、阿拉伯联合酋长国、也门等。

3）三区（TC3）为北起北冰洋，南至南极洲。主要指亚洲大陆及毗邻岛屿（已包括在二区的部分除外），澳大利亚、新西兰及毗邻岛屿，太平洋岛屿（已包括在一区的部分除外）。主要亚区有：南亚次大陆区，包括阿富汗、印度、巴基斯坦、斯里兰卡等南亚国家；东南亚区，包括中国（含港、澳、台）、蒙古、俄罗斯亚洲部分及土库曼斯坦等独联体国家、东南亚诸国、密克罗尼西亚等群岛地区；南太平洋洲区，包括澳大利亚、新西兰、所罗门群岛等；日本、朝鲜区，仅含日本和朝鲜。

三、计费重量

在计算一笔航空货物运输费用时，要考虑三个因素：计费重量、有关的运价和费用、货物的声明价值。

一架飞机所能装的货物是受飞机的载重量和舱容限制的。重量大体积小的货物，往往是受飞机的载重限制的，而舱容不能装满，结果就有多余的容积未能利用，但航空公司无法再装货；对于轻泡货和体积大的货物，往往会有载重量未达到额定限度而舱容已满的情况，结果就会产生有多余的载重量未能利用的情况。

根据上述情况，航空公司规定，在货物体积小、重量大的情况下，就将该批货物的实际毛重作为计算重量标准；在货物体积大、重量小的情况下，就以该批货物的“体积重量”作为计费重量标准，这样就可以避免飞机无法用来装货的载重量或容积造成的损失。

（1）实际重量

实际重量（actual weight）是指一批货物包括包装在内的实际总重量。凡重量大而体积相对小的货物用实际重量作为计费重量。具体界限是，每 6000 立方厘米或 366 立方英寸体积（个别地区使用 194 立方英寸，合 3179 立方厘米）的货物，其重量大于 1 磅（约 0. 454 千克）的称为重量货物。

具体计算时，当货物的实际重量以千克表示时，计费重量的最小单位为 0.5 千克。重量不足 0.5 千克的，按 0.5 千克计算；超过 0.5 千克但不足 1 千克的，按 1 千克计算。如货物重量为 100.1 千克，则计费重量为 100. 5 千克；货物重量为 100.6 千克，则计费重量为 101.0 千克。当货物的实际重量以磅表示时，计费重量的最小单位为 1 磅，不足 1 磅的按 1 磅计算。

（2）体积重量

体积重量（measurement weight）是对于体积大而重量相对小的轻泡货物而采用的一种计费重量标准，即凡 1 千克重量体积超过 6000 立方厘米或 366 立方英寸（个别地区为 7000 立方厘米或 427 立方英寸）以及 1 磅重量体积超过 166 立方英寸（个别地区使用 194 立方英寸）者，以体积重量作为计费重量。体积重量的计算方法是：

1）不考虑货物的几何形状，分别量出货物的最长、最宽和最高的部分，单位为厘米或英寸，测量数值的尾数四舍五入。

2）算出货物的体积。

3）将体积折算成千克（或磅）。

（3）体积与重量的确定

在确定计费重量时，应按照实际毛重和体积重量相比择高的原则进行。例如，一批货物的实际毛重是250千克，体积是1 908 900立方厘米，即可以从下面公式来确定计费重量：

1 908 900立方厘米÷6000立方厘米/千克= 318.15千克≈318.5千克

则计费重量为318.5千克。

（4）集中托运货物的计费重量

在做集中托运时，一批货物由几件不同的货物组成，有轻泡货也有重量货，其计费重量就采用整批货物的总毛重或总体积重量，按两者之中较高的一个计算。

四、国际航空运价

（一）公布直达运价

公布直达运价是指航空公司在运价本上直接注明货物由始发地机场运至目的地机场的航空运输的价格。

1. 公布直达运价的种类

（1）普通货物的运价

普通货物运价（general cargo rates）又称一般货物运价，它是为一般货物制定的，仅适用于计收一般普通货物的运价。也是航空货物运输中使用最为广泛的一种运价。任一货物，除含有贵重元素之外，按普通货物运价收取运费的货物，称为普通货物或一般货物。

普通货物运价，通常针对所承运货物数量的不同，规定几个计费重量分界点（breakpoints）。一般以45千克作为重量分界点，将普通货物运价分为45千克（或100磅）以下的普通货物运价，运价类别代号为Q（quantity rate）；45千克（或100磅）和45千克（或100磅）以上的普通货物运价，运价类别代号为Q（quantity rate）。45千克以上的普通货物运价低于45千克以下的普通货物运价。另外，根据航线货流量的不同，为了获得更多的货运协议，世界上许多地区的航空公司对更高的重量点又进一步公布更低的运价。例如，100千克、200千克、300千克、500千克，甚至1000千克和1500千克等各档运价。所托运的货物越多，则每千克收取的运价越低。

货物的运费一般是以货物的实际毛重量或体积重量乘以相对应重量等级的运价计得的。但由于对较高的重量等级提供较低的运价，因此，一批40千克重的货物按

45千克以下的普通货物运价所计收的运费，可能反而高于一批45千克重的货物按45千克以上的一般货物运价所计收的运费。所以，当一个较高的起码重量能够提供较低的运费时，则可使用较高的起码重量作为计费重量，并使用较高的计费重量分界点的费率计收运价。这个原则也适用于那些以一般货物运价加或减一个百分比的等级运价。

例如，对一件290千克的普通货物，作从北京到运至伦敦计算运费的比较：

若用45千克以上运价计算，则为

26.6元/千克×290千克＝7714（元）

若用较高一级重量分界点计算，则为

24.3元/千克×300千克＝7290（元）

两者比较取其低者，故该件货物可按300千克以上运价计得的运费7290元收取。

（2）等级货物运价

等级货物运价（clas targo rates），是指规定地区或地区间的指定等级的货物所适用的运价。等级货物运价通常是在普通货物运价（GCR）的基础上增加或减少一定百分比所构成的。换言之，等级货物运价实际上就是对某种特定的商品或货物在普通货物运价的基础上进行提价或优惠的价格。

等级货物运价大致分为两种：一是等级运价加价（surcharged rates），用S表示，适用商品包括活动物（live animals）、贵重物品（valuable cargo）、尸体（human remains）。这些物品的运价是在普通货物运价的基础上增加一定的百分比。二是等级运价减价（reduce surcharged rates），用R表示，适用商品包括报纸（newspaper）、杂志（magazine）、书籍（books）等出版物以及作为货物托运的行李。这些物品的运价是在普通货物运价的基础上减少一定的百分比。

（3）特种货物运价

特种货物运价（specific commodity rates）又称指定商品运价，是指自指定的始发地至指定的目的地而公布的适用于特定商品、特定品名的低于普通货物运价的某些指定商品的运价。特种商品运价是由参加国际航空运输协会的航空公司，根据在一定航线上有经常性特种商品运输的发货人的要求或者为促进某地区的某种货物的运输，向国际航空运输协会提出申请，经同意后而制定的。制定特种商品运价的主要目的是向发货人提供一个具有竞争性的运价，以便鼓励发货人使用航空公司的运力。

国际航空运输协会公布特种商品运价时，将货物划分为以下各品类：

1）0001～0999食用动物和植物产品。

2）1000～1999活动物和非食用动物及植物产品。

3）2000～2999纺织品、纤维及其制品。

4）3000～3999金属及其制品，但不包括机械、车辆和电器设备。

5）4000～4999机械、车辆和电器设备。

6）5000～5999非金属矿物质及其制品。

7）6000～6999 化工产品及相关产品。

8）7000～7999 纸张、芦苇、橡胶和木材及其制品。

9）8000～8999 科学和专业精密仪器、器械及其零配件。

10）9000～9999 其他货物。

其中每一组又细分为 10 个小组，每个小组再细分，这样几乎所有的商品都有一个对应的组号，较详细地解释了各种商品。

特种货物运价是给予在特定的始发站和到达站的航线上运输特种货物的一个特别的运价。公布特种货物运价时，同时公布起码重量。特种货物运价往往低于普通货物的运价。例如，由中国民航与日本航空公司商定，北京（BJS）至东京（TYO）的普通货物运价和特种货物运价如表 5-2 所示。

表 5-2 北京至东京的航空货物运价

指定商品运价编号（Iterm）	使用相对应运价的最低重量限额（Min weight）/kg	运输始发地货币表示的运价或最低运费（Local curr）/CNY
	M	90.00
	N	23.23
	45	17.44
0003	100	11.26
0300	500	10.46
0300	1 000	9.65
0670	100	10.27
……	……	……
6000	100	10.27
9999	45	11.63

由以上运价表可以看出，特种货物运价往往低于普通货物运价。

（4）起码运费

起码运费（minimum charges）是航空公司承运一批货物所能接受的最低运费，是不论货物的重量或体积大小，在两点之间运输一批货物应收取的最低金额。起码运费的类别代号为 M。它是航空公司在考虑办理一批货物，即使是一笔很小的货物，所必须产生的固定费用而制定的。一批货物运费的计算，是由货物的计费重量乘以所适用的运价，但不管使用哪一种运价，所计算出来的运费都不能低于公布的起码运费。当计算出的运费少于起码运费时，则以起码运费计收。

不同的国家和地区有不同的起码运费。我国民航的起码运费是按货物从始发港到目的港之间的普通货物运价 5 千克运费为基础或根据民航和其他国外航空公司洽谈同意的起码运费征收的。

2. 公布直达运价的使用及特点

1）除起码运费外，公布的直达运价都以千克或磅为单位。

2）航空运费计算时，如果遇到几种运价均可适用，选择的顺序是：首先使用特种货物运价，其次是等级货物运价，最后是普通货物运价。

3）承运货物的计费重量可以是货物的实际重量或者是体积重量，以高者为准；如果某一运价要求有最低运量，而无论货物的实际重量或者是体积重量都不能达到要求时，以最低运量为计费重量。

4）如按特种货物运价、等级货物运价和普通货物运价计算的货物的运费均少于起码运费，则应按起码运费计收。

5）公布的直达运价是一个机场至另一个机场的运价，而且只适用于单一方向。

6）公布的直达运价仅指基本运费，不包含仓储等附加费。

7）运价的货币单位一般以起运地当地货币单位为准，费率以承运人或其授权的代理人签发航空运单的时间为准。

（二）非公布直达航空货物运价

在 TACT rates 中，如果货物的始发地至目的地之间没有公布的直达运价时，可以采用比例运价或分段相加运价的办法，组成最低的全程运价，这些统称为组合非公布直达运价。

（1）比例运价

货物的始发地和目的地之间无公布直达运价时，可采用比例运价与已知的公布直达运价相加构成非公布直达运价。比例运价可在 TACT rates 第二部分或《ABC 航空货运指南》中查到。

在利用比例运价时，普通货物运价的比例运价只能与普通货物运价相加，特种货物运价、集装设备的比例运价也只能与同类型的直达运价相加，不能混用。此外，也可以用比例运价加直达运价或用直达运价加比例运价，还可以在计算中使用两个比例运价，但这两个比例运价不可连续使用。再则，采用不同的运价构成点组成的公布直达运价，应取其较低者作为货物的运价；采用比例运价构成的公布直达运价可作为等级货物运价的基础。只有国际运输才可使用比例运价。

（2）分段相加运价

如果从货物始发地到目的地之间无公布的直达运价，同时也不可能采用比例运价构成全程运价时，可以在货物始发地和目的地之间选择较合适的运价计算点，分别找到始发地至该点及该点至目的地的运价，按分段运价相加的办法，组成最低的全程运价，这种运价叫做分段相加运价。

在采用分段运价相加组成全程运价时，可以选择几个不同的运价计算点，对构成的分段相加运价进行比较，取其最低者使用。如果各段运价适用的计费重量不同，计算运费时应在货运单运价栏内分别填写。采用分段相加的方式组成的非公布直达运价可作为等级货物运价的基础。当国内运价和国际运价相加时，国际运价的规定同样适用于相加后全程运价。

（三）航空附加费

1. 声明价值附加费

航空运输的承运人与其他提供服务的行业一样，都要向货主承担一定程度的责任。根据《华沙公约》规定，对由于承运人的失职而造成的货物损坏、丢失或延误等所承担的责任，其最高合同金额为每千克毛重 20 美元或 9.07 英镑，或者是同等价值的当地货币。

如果货物的价值毛重每千克超过 20 美元时，就增加了承运人的责任。在这种情况下，如果发货人要求在货损货差时全额赔偿，则发货人在交运货物时，就应向承运人声明货物的价值，并向承运人另付一笔费用，这笔费用为声明价值附加费，一般按声明价值的 0.4%～0.5%收取，并与航空货物运费一同支付。如果发货人不办理声明价格，则需在有关栏内填上 NVD（no value declared）字样。

声明价值附加费的计算方法为

声明价值附加费＝（整批货物的声明价值－20.00 美元/千克×货物毛重）×声明价值附加费费率

其中，声明价值附加费的费率通常为 0.5%。

大多数航空公司在规定声明价值附加费费率的同时，还要规定声明价值附加费的最低收费标准。如果根据上述公式计算出来的声明价值附加费低于航空公司的最低收费标准，则航空公司也要按照最低收费标准向托运人收取声明价值附加费。

例如，有从北京运至东京的银元一批，毛重 25.0 千克，托运人声明价值是人民币 15 000.00 元。

那么，声明价值附加费的计算如下：（1 美元按人民币 6.97 元折算）

声明价值附加费＝（15 000.00 元人民币－20.00 美元×6.97 元人民币/美元×25.0 千克）×0.5%＝57.575（元人民币）

需要注意的是，即使在发货人声明价值后，承运人的责任增加了，也不能代表货物的保险。因此，发货人最好还是将所承运的货物投保全部运输险。

2. 其他附加费

其他附加费包括制单费、货到付款附加费、提货费等，一般只有在承运人、航空货运代理人或集中托运人提供服务时才收取。

知识拓展

中国国际航空公司“货物提取须知”

1. 货物提取

货物到达目的站后，中国国际航空股份有限公司货运部门根据货运单所列收货人姓名、地址用到货通知单或电话通知收货人提货。收货人凭单位介绍信、到货通知单或货运单收货人联和本人有效身份证件（如居民身份证、护照、军官证、士兵证、文职军人证、户口簿等），到“国航股份”指定的提货地点办理提货手续。如收货人委托他人提货时，须凭到货通知单或货运单收货人联和货运单指定的收货人以及被委托人的居民身份证或其他有效身份证件提货。收货人应在提货前自行办妥海关、检疫等项手续，并付清相关费用（如到付运费、保管费等）。

2. 保管期限与保管费

普通货物：自发出到货通知的次日起免费保管三日（分批到达的普通货物免费保管期限，从最后一批货物的到货通知发出次日算起）。超过免费保管期限的，按货物的计费重量，每日每千克收取保管费 0.10 元，保管期不足一日按一日计算。每份货运单最低收取保管费 500 元。

凡需冷藏的鲜活易腐、低温、冷冻物品，自航班到达后，免费保管 6 小时，超过 6 小时的，按货物的计费重量，每日每千克收取保管费 0.50 元，保管期不足一日按一日计算。每份货运单最低收取保管费 1000 元。

（资料来源：王智强. 2004. 新编国际货运代理实务. 北京：对外经济贸易大学出版社）

小　　结

本章介绍了国际货物运输中的航空运输，航空运输主要包括班机、包机、集中托运、陆空联运、航空速递业务以及货到付款；介绍了运输方式的定义、特点以及适用范围。

本章重点介绍了航空运单，包括航空运单的作用、分类和内容，其中内容属于航空运单的重要部分。

本章还重点介绍了国际货物航空运输程序以及航空运价和费用的问题，特别要注意在各种不同的情况下，其运费的计价以及采用的费率标准。

案例分析

国际航空货运转委托代理案例

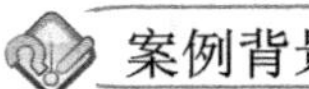

原告：甲公司

被告：乙公司

第三人：丙公司

20××年 9 月 17 日，第三人丙公司委托被告乙公司空运女式毛棉套装 665 箱至美国纽约 SRK 公司，并填具货运委托书。被告接受第三人委托和收取第三人提供的货物出口单证后，并经第三人同意，于 9 月 23 日委托原告甲公司按第三人要求空运第三人货物，并将第三人的委托书转交原告。原告接受委托，于当日以代理人身份出具中国国际航空公司 999-90404112 航空货运单。该航空货运单注明：托运人为第三人丙公司，收货人为 SRK 公司，由上海至纽约，承运人为中国国际航空公司（CA），航班 CA9009，日期 9 月 24 日，件数 665 箱，收费重量 7834 公斤，收费费率为 30.69 元/公斤等。同日，被告向第三人出具代理提单，除收费重量和收费币种不同外，其他主要内容与航空货运单相同。9 月 24 日，原告以代理人名义出具代理提单，并向被告出具报价通知单，以总计 7798 公斤和每公斤 24 元的

收费费率计算运费，被告认可原告报价，并承诺在货物出运后20天内给付运费。原告办理了货物出口报关手续，并将航空货运单、代理提单及发票交与被告，但未通知第三人。被告亦未将转托事宜告知第三人。货物运到以后，已被收货人收取。货物出运后，被告未能按约给付原告代理运费人民币187 152元。被告与第三人约定的代理费用大于应付给原告的费用、第三人亦未向任何人支付运费。此后，原告因催讨无果，遂诉诸法院。

另外，被告经工商行政管理机关核准的经营范围是航空票务货运代理业务和运输咨询服务及快递服务。但被告未能取得中华人民共和国国际货物运输代理企业认可证书和航空运输销售代理业务经营批准证书。

原告甲公司向上海市某人民法院提起诉讼，诉称：被告委托第三人空运货物女式毛棉套装665箱至美国纽约，接受委托后，按被告要求完成了货运代理业务，共计发生代理运费人民币187 152元。但被告和第三人均未给付代理运费，故要求判令被告和第三人给付其代理运费人民币187 152元，偿还滞纳金人民币8889.72元。

第三人丙公司称：其确实委托被告空运货物，但并未确认被告的转委托行为。其与原告之间无法律关系，故不同意原告请求。

法院经审理认为：根据我国民用航空运输销售代理管理的有关规定，从事国际航空货物运输销售代理的企业，必须取得中华人民共和国国际货物运输代理企业认可证书和航空运输销售代理业务经营批准证书。被告未取得上述二证，在不具备经营国际航空运输销售代理业务的能力和资格的情况下，接受第三人委托，从事国际航空货运的代理行为，且未经第三人同意，擅自转托原告代理，事后又未告知第三人，亦未取得第三人确认，故被告的代理及转托行为均属无效，造成无效的责任在被告。合同无效，即不具有法律约束力。鉴于货物已由原告垫付了运费运至日的港，并被提取，被告应赔偿原告已垫付的运费及应得代理收益的损失，并支付相应利息。虽然合同无效，但原告代理运输的货物系第三人委托运输的货物，第三人是实际受益人，且未付任何运费，故第三人应对原告的损失负连带偿付责任。被告与第三人提出的申辩理由，证据不足，不予采信。依照《中华人民共和国民法通则》判决如下：

（1）被告乙公司应赔偿原告甲公司航空货运代理费用损失人民币187 152元，于判决生效之日起10日内付清。

（2）被告乙公司应支付原告甲公司自20××年10月6日起至判决生效之日止人民币187 152元的银行活期存款利息，于判决生效之日起10日内付清。

（3）第三人丙公司对以上第一项负连带责任。

案例解析

本案例是由国际航空货物运输代理引起的纠纷，当事人争议的焦点是委托、代理及转托行为是否有效，运输代理费用应由谁承担。

国际货物运输代理是指接受进出口货物收货人或发货人的委托，以委托人的名义或者以自己的名义，为委托人办理国际货物运输及相关业务并收取服务报酬的行为。国际货物运输代理业作为特殊行业，须经原外经贸部批准，取得中华人民共和国国际货物运输代理企业认可证书；而国际航空货物运输代理企业还须经中国民航总局批准，取得航空运输销售代理业务经营批准证书。未经上述主管部门批准，从事国际航空货物运输代理经营活动，即为非法代理。

国际航空货物运输代理是一种服务性行为，具有其特殊性。当货物运输的事实发生后，如果代理行为无效，便无法恢复原状，无效行为的法律后果直接表现为赔偿责任。所以，在原告接受被告转托后，原告因实施货物运输代理行为所垫付的运杂费及应收的代理报酬应由被告予以赔偿。而第三人作为货物运输的托运人，在实施委托后，对货物空运本身没有异议，货物运抵目的港后又被提取，故第三人负有给付货物运输相关费用的义务。尽管第三人未确认被告的转托行为，但是，原告的代理行为并不违法，且第三人与被告双方原约定的代理费用大于原告的损失，因此，法院判决第三人应对原告的损失负连带责任是完全正确的。

依代理关系的特征，无论是直接代理，还是转委托代理，实施代理行为的主体应以被代理人名义从事民事活动，被代理人对代理人的代理行为承担民事责任。本案原告接受转委托代理第三人托运货物亦是如此，故其以代理人身份出具的航空运输企业航空货运单上的托运人必为第三人。这样，因原告的代理行为，使第三人成为运输合同中的支付运费义务人，又成为代理合同中支付代理费用的义务人，所以，本案例中运费（代理运费）的支付义务人应为第三人，而不为被告。

（资料来源：陈志刚. 2008. 国际货运代理与报关实务. 北京：清华大学出版社，北京交通大学出版社）

思考与练习

1. 航空货运有哪种方式？各种方式的定义、特点以及所适用的范围是什么？
2. 简述航空速递业务与邮递业务的区别。
3. 航空主运单与分运单有什么区别？
4. 航空货运价有哪些种类？如何选择使用运价？
5. 如何办理进出口的货物运输？
6. 航空运单的内容是什么？

第六章

国际陆上货运代理

教学目标

通过本章的学习，使学生掌握国际铁路和公路货物运输的基本知识，掌握国际铁路、公路货物运输的程序及运输费用的计算，并对澳门及香港地区铁路货物运输知识和国际铁路货物联运等内容进行深入理解。

学习任务

通过这一章的学习，要达到以下几个目的：

- 了解国际公路运输的业务流程，掌握国际公路运输的类别及特点；
- 掌握国际铁路运输联运费用的计算与核收方法。

导入案例

中印边境——重开丝绸之路古道

2006年，中国和印度重新开放了连接西藏日喀则地区亚东县与印度锡金段的乃堆拉山口，恢复了中断44年的边贸通道。这将促进中国西藏和内地通往南亚陆路大通道的形成，大幅度降低运输成本。而以前，中印贸易90%以上需要通过海运，西藏的外贸主要在天津港吞吐，现在走乃堆拉山口，拉萨经亚东至加尔各答的距离可以缩短1200公里。

同时，青藏铁路的全线通车，加强了西藏与全国各地的联系，也使中国与印度、尼泊尔等东南亚国家的经贸通路联系更为紧密。

中国国家开发银行云南省分行向云南保山至缅甸密支那公路建设项目提供1.8亿人民币。这条公路始建于1942年，原为抗日战争时期著名的“史迪威公路”的一部分。近年来，随着经济的发展，原等级较低的公路已不适应发展的需求，沿线丰富的矿产资源及下一步计划建设的中印输油管线都使重修公路显得非常迫切，并且具有重大的经济意义。

这条国际道路的修建，有利于中国与南亚、东南亚近30亿人口的两大区域对接，形成巨大的人流、物流、信息流，是云南打造通向南亚、东南亚国际大通道的主要组成部分。

（资料来源：http：//world. people. com. cn/GB/1029/42354/4565308. html）

第一节　国际公路货物运输

随着我国对外贸易的日益扩大，许多陆路口岸相继开通，涉外公路运输量大幅度提高，成为我国对外贸易工作中不可缺少的组成部分。

一、公路运输的基本概念

公路运输（road transportation）是现代运输的主要方式之一，同时，也是构成陆上运输的两个基本运输方式之一。公路运输既是一个独立的运输体系，又是连接铁路车站、港口和机场集散物资的重要手段，是连接铁路运输、水路运输和航空运输起端和末端不可缺少的运输方式。公路运输一般是以汽车作为运载工具，所以它实际是公路汽车运输。

国际公路货物运输是指国际货物借助一定的运载工具，沿着公路作跨及两个或两个以上国家或地区的移动过程。公路联运贸易进出口是指借助运载工具，沿口岸公路两国之间的移动，以实现货物的贸易交接，并根据国家的法律、法规完成货物的报关、报检、报验、纳税等一切相关手续。它是国际公路联运的重要组成部分，是为保障国际公路联运顺利畅通的重要服务环节，是一个国家公路运输结束到另一个国家公路运输的开始，它是国际公路联运运输的重要枢纽。

二、公路货物运输的特点

货物运输可采用公路、铁路、水路、空运、管道运输等多种方式，与这些运输方式相比较，汽车运输有以下几个方面的特点。

1. 汽车运输的优越性

（1）适应性强

汽车运输具有车辆形式多样、技术性能各异、受地理和气候条件限制较小、运行范围较广等特点。因此，与其他运输方式相比，汽车运输有较强的适应性，这种适应性恰好可以弥补其他运输方式的不足。

（2）具有灵活性

汽车运输单位运量小，既易于集中，也易于分散，调度灵活，突击性强，能提供及时有效的服务。

（3）直达性能好，可以实行门到门服务

水运、铁路、民航运输只能直达港站，两头都需要汽车为其集疏，装卸环节多。只有汽车运输能够做到取货接客上门，送货送客到家，实现门到门的直达运输，中间不需要倒载换装，极为方便。

（4）运输速度较快，便于周转流通

短途运输是汽车运输特有的优势，短途货运批量小，时间紧，要求急，对装卸机具

和场地要求不高，最宜采用汽车运输，其他运输方式难以替代。

（5）投资少，见效快

汽车结构比较简单，驾驶技术比较容易掌握，设备和资金转移的自由度大，具有投资少、见效快、利润高、投资回收期短等特点；地区、单位、个人均可兴办，便于吸收社会闲散资金集中使用。

（6）可以广泛参与联合运输

汽车运输是沟通铁路、水运、航空和管道运输的有效方式，可以为其他运输方式分流，缓解其他运输方式运力不足造成的紧张局面，特别是在开展现代国际集装箱多式联运中具有独特的优势。汽车拖挂的集装箱，既可以直接开上滚装船，也可以直接开上滚装火车的底盘，通过水路和铁路到达终点，再进行公路运输，直到把货物交到收货人手中。

汽车运输具有诸多的优越性，但是，也有它的局限性。

2. 汽车运输的局限性

（1）运价较高

汽车运输的运价相对较高，在一定程度上竞争力弱于铁路和水运。

（2）载重量较小

它不适应大宗货物运输的要求。

（3）平均运程较短

它的持续性较差。

三、汽车货物运输的类别

1. 整批货物运输

托运人一次托运的货物，其计费重量在 3 吨以上或不足 3 吨，但按其性质、体积、形状等需要由一辆汽车运输。

2. 零担货物运输

零担货物运输指托运人一次托运的货物，其计费重量在 3 吨及 3 吨以下。零担货物运输按其性质和运输要求不同，可分为普通零担货物和特种零担货物。普通零担货物是指《公路价规》中列名的并适于零担汽车运输的一等、二等、三等普通货物。特种零担货物分长、大、笨重零担货物，危险、贵重零担货物以及特种鲜活零担货物等。

按件托运的零担货物，单件体积一般不得小于 0.01 立方米（单件重量超过 10 千克的除外）；货物长度、宽度、高度分别不得小于 3.5 米、1.5 米和 1.3 米。

3. 特种货物运输

同普通货物相比，特种货物运输是指被运输货物本身的性质特殊，在装卸、储存、运送过程中有特殊要求，以保证货物完整无损及安全性。一般需要以大型汽车或挂车（核

定吨位为 40 吨及以上的）以及罐装车、冷藏车、保温车等车辆运输，这种货物运输又分为长、大、笨重货物运输，贵重货物运输，鲜活易腐货物运输和危险货物运输四种。每种又分为若干类，各类运输都有不同的要求和不同的运输方法。

（1）危险货物运输

主要包括：爆炸品、压缩气体和液化气体、易燃气体、易燃固体、自燃物品和遇湿易燃物品、氧化剂和有机过氧化物、毒害品和感染性物品、放射性物品、腐蚀品。

（2）大型物件运输

大型物件，按其外形尺寸和重量（含包装和支撑架）分成四级，凡达到下列标准之一者均为大型物件。

1）一级大型物件的标准：①长度大于 14 米（含 14 米）小于 20 米；②宽度大于 35 米（含 35 米）小于 45 米；③高度大于 3 米（含 3 米）小于 38 米；④重量大于 20 吨（含 20 吨）小于 100 吨。

2）二级大型物件的标准：①长度大于 20 米（含 20 米）小于 30 米；②宽度大于 45 米（含 45 米）小于 55 米；③高度大于 38 米（含 38 米）小于 44 米；④重量大于 100 吨（含 100 吨）小于 200 吨。

3）三级大型物件的标准：①长度大于 30 米（含 30 米）小于 40 米；②宽度大于 55 米（含 55 米）小于 6 米；③高度大于 44 米（含 44 米）小于 5 米；④重量大于 200 吨（含 200）小于 300 吨。

4）四级大型物件的标准：①长度在 40 米及以上；②宽度在 6 米及以上。

4. 集装箱汽车运输

集装运输又称为成组运输或规格化运输，是指以集装单位为运输单位的货物运输。组成集装单位货物的形式通常有四种：①按照一定的要求或规格捆扎而成的集装单位，如带钢、棉包等；②以集装袋、集装网为单位的集装单位，通常用来盛装件杂货；③以集装箱为单位的集装单元；④以托盘为单位的集装单位。

集装运输已成为一种普遍使用的货运形式，它能减少货物在整个运输过程中的损失，提高运输质量，有利于组织搬运装卸机械化作业以及不同运输方式之间的货物联运。集装运输的主要形式是托盘运输和集装箱运输。

5. 包车货物运输

包车货物运输是指把车辆包给托运人安排使用的货物运输方式。包车货运通常有两种形式：①计程包车，即运费按货物运输里程结算；②计时包车，指按包车时间结算运费。

计时运输主要适用于以下情况：不易计算货物重量、运距；货物性质、道路条件限制车辆不能按正常速度运行；装卸次数频繁或时间过长；需托运人自行确定车辆开停时间；40 吨及以上大型汽车及挂车运输。

四、国际汽车运输的特点

国际汽车运输除具有上述一般汽车运输的特点外，又具有自身的特点，主要表现在以下几个方面。

（1）政治性强

国际汽车运输质量的优劣，不仅关系着客户的切身利益，而且直接影响到国家的声誉以及国与国之间、民族与民族之间的关系，因而对车辆装备、人员素质、运输质量等各运输环节都提出了严格要求。

（2）政策性强

国际汽车运输必须严格执行双方就运输路线、班次、时间、货物类别、起讫点、运输单证等事项签订的协议，严格遵守国家（地区）的出入境管理规定及对方国家的法律。因此政策性比较强。

（3）纵横关系复杂

国际汽车运输的中间环节多。在运输过程中，根据不同货物的贸易特点，可能涉及代理商、港口、船舶公司、工厂、仓库等业主，以及海关、商检、卫检、动植检、边检、保险公司等部门和国家有关主管部门，因此，组织工作难度大，纵横关系比较复杂。

（4）时间性强，风险较大

国际市场上商品竞争十分激烈，贸易机会稍纵即逝；商品运输路线长、环节多、不确定因素出现率高，一旦误期，将造成很大损失，发生交通事故也较国内难以处理，因此，要求国际汽车运输人员必须加强时间观念，提高预见性，并应具有较丰富的实务经验。

五、国际汽车货物运输业务

国际汽车货物运输业务按其工作性质不同，大致可分为以下六类。

（1）出口物资的集港（站）运输

集港运输是指出口商品由产地至外贸中转仓库；由中转仓库至港口仓库；由港口仓库至船边（铁路专用线或航空港收货点）的运输。

（2）货物的疏港（站）运输

疏港运输是指按出口货物代理人的委托，将进口货物由港（站）送达指定交货地点。

（3）国际多式联运的首末段运输

国际多式联运的首末段运输是指国际多式联运国内段的运输，即将出口货物由内陆装箱点装运至出运港（站）；将进口货物由港（站）运至最终交货地的运输。

（4）边境公路过境运输

经向海关申请办理指定车辆、驾驶员和过境路线，在海关规定的地点停留，接受海关监管和检查，按有关规定办理报验、完税、放行后运达目的地的运输。

（5）特种货物运输

超限笨重货物、危险品、鲜活商品等的运输，要使用专门车辆并向有关管理部门办理准运证方得起运。

（6）“浮动公路”运输

“浮动公路”运输，即利用一段水运衔接两段陆运，衔接方式采用将车辆开上船舶，以整车货载完成这一段水运，到达另一港口后，车辆开下继续利用船运的联合运输形式。浮动公路运输又称车辆渡船方式，这种联合运输的特点是在陆运与水运之间，不需将货物从一种运输工具上卸下再转换到另一种运输工具上，而仍利用原来的车辆作为货物载体。其优点是两种运输工具之间有效衔接，运输方式转换速度快，而且在转换时，不触碰货物，因而有利于减少或防止货损，也是一种现代运输方式。

六、国际公路货物运输实务

1. 国际公路运输的主要任务

1）将出口商品由产地集中到外贸仓库。

2）将出口商品由外贸储存库运至发运点仓库。

3）将出口商品由发运点仓库运至港口前方仓库或直接运至港口、车站、机场。

4）将集装箱货物由交货点通过公路运输至车站装上火车或运至港口装船，即承担国际多式联运的第一段运输。

5）进口货物的疏运，送货上门。

6）边境贸易的直达货物运输等。

2. 公路货物运输合同的签订

（1）公路货物运输合同的确认

1）公路货物运输合同以签发运单来确认。运单对发、收货人和承运人都具有法律效力，也是贸易进出口货物通关、交接的重要凭证。运单不正规或运单丢失不影响运输合同的成立。

2）发货人根据货物运输的需要与承运人签订定期或一次性运输合同。运单均视为运输合同成立的凭证。当待装货物在不同车内、装有不同种类货物或数票货物，发货人或承运人有权要求对使用的每辆车、每种货物或每票货物分别签发运单。

3）公路货物运输合同自双方当事人签字或盖章时成立。当事人采用信件、数据电文等形式订立合同的，可以要求签订确认书，签订确认书时合同成立。

（2）国际汽车联运货物运单的组成

国际汽车联运货物运单为一式三份，均应有发货人和承运人的签字或盖章。一份交付发货人；一份跟随货物同行，作为货物通关、交接的凭证；一份由承运人留存。

运单的内容共计 22 个栏目，填写时要求用钢笔、圆珠笔清楚填写，或者打印，或者盖戳记。1～12 栏以及 16 栏由发货人填写；18 栏和 20 栏由收货人填写，其他由承运人填写。运单应至少包括下列 16 项内容：①运单的签发日期和地点；②发货人的名称和地址；③承运人的名称和地址；④货物接管地点、日期以及指定的交货地点；⑤收货人的名称和地址；⑥货物品名和包装方法，如属危险货物，应说明其基本性质；⑦货物

件数、特征标志和号码；⑧货物毛重或以其他方式表示的量化指标；⑨与运输有关的费用（运费、附加费、关税和从签订合同到交货期间发生的费用）；⑩办理海关手续和其他手续所必需的托运人的通知；⑪是否允许转运的说明；⑫发货人负责支付的费用；⑬货物价值；⑭发货人关于货物保险给予承运人的指示；⑮交付承运人的单据清单；⑯运输起止期限等。

3. 发货人在发运货物时应做的工作

1）发运货物的名称、性质、件数、体积、重量、包装方式等，应与运单记载的内容相符，不得夹带、隐瞒与运单记载不符的其他货物。需办理准运或审批、检验等手续的货物，发货人应将有关单证交承运人并随货物同行。

2）货物的包装必须符合货物运输的要求，没有约定或者约定不明确的，可以协议补充。对出口货物的包装必须符合出口货物的要求，并有中外文对照的标记、唛头。对包装方式不能达成协议的，按通用的方式包装，没有通用方式的，应在保证运输、搬运装卸作业安全和货物完好的原则下进行包装。发货人应根据货物性质和运输要求，按国家规定及国际要求正确使用运输标志和包装储运图示标志。

3）运输途中需要饲养、照料的动物、植物、尖端精密产品、稀有珍贵物品、文物等，发货人必须派人押运。大型特型笨重货物、危险货物、贵重物品等是否派人押运，由承运人与发货人根据实际情况约定。除上述货物外，发货人要求押运时，需经承运人同意。

4）押运人员的姓名及必要的情况应填在运单上，不能随意换人顶替。押运人员每车一个，免费乘车，如承运人同意增加押运人员，应付费乘车。

押运人员必须熟悉所运货物的性质、掌握在途的照料方法。其责任是对货物的交接与管理，及时处理运输过程中出现的异常情况，并应向汽车驾驶人员声明。有押运人员时，运输途中发生的货损、货差，承运人不负损失赔偿责任。

4. 货物的保险与保价运输

货物保险，采取自愿原则，由发货人自行确定。发货人向保险公司投保，也可委托承运人代办。

货物保价运输是按保价货物办理承运手续，在发生货物赔偿时，按发货人声明价格及货物损坏程度予以赔偿。发货人一张运单发运的货物只能选择保价或不保价。发货人选择货物保价运输时，申报的货物价值不得超过货物本身的实际价值，保价运输为全程保价，按一定比例收取保价费。

5. 货物的承运与交接

1）承运人应根据所承运货物的情况，合理安排运输车辆，货物的装载重量以车辆额定吨位为限，轻泡货物以折算重量装载，不得超过车辆额定吨位和有关长、宽、高的装载规定（车货总长不得超过 18 米，车货总宽不得超过 2.5 米，车货总高从地面起不得超过 4 米，集装箱车货总高度不得超过 4.2 米）。

2）承运人应与发货人约定路线或承运人依照发货人确定的路线运输，如有变动必须通知发货人，并按最后确定的路线运输。承运人未按约定路线运输所增加的运输费用，发货人或收货人均可以拒绝支付。

3）运输期限由承运人和发货人共同约定后应在运单上注明，承运人应在约定的时间内将货物运达。零担货物按批准的班期时限运达，快件货物按规定的期限运达。

4）承运货物的交接：①承运人在管理货物时，应根据运单记载货物名称、数量、包装方式等，核对无误后方可办理交接手续。发现与运单填写不符或可能危及运输安全的，不得办理交接手续。对货物运输、交接所需的文件资料应核对是否齐全、是否与运单记载相符。如果缺少必需的交接资料，应向发货人提出或催办并可拒绝起运。②整批货物运抵目的地前，承运人应当及时通知收货人做好接货准备，涉外运输应由发货人通知收货人货物抵达目的地的时间；零担货物运达目的地后，应在 24 小时内向收货人发出到货通知或按发货人的指示及时将货物交给收货人。③承运人和发货人双方应当履行交接手续，包装货物采取件交件收；集装箱及其他施封的货物凭封志交接；散装货物原则上要磅交磅收或采取承运人和发货人协商的交接方式交接，交接后双方应在有关单证上签字。④货物运达约定地点后，收货人应凭有效单证接收货物，无故拒收货物，应赔偿承运人因此造成的损失。涉外运输如发生上述情况，应由发货人解决并赔偿承运人的损失。⑤货物交接时，承运人和发货人对货物的重量和内容有质疑，均可提出查验与复磅，查验和复磅的费用由责任方承担。

6. 运输合同的变更和解除

（1）允许变更和解除的情况

1）由于不可抗力使运输合同无法履行。

2）由于合同当事人一方原因，在合同约定的期限内无法履行运输合同。

3）合同当事人违约，使合同的履行成为不可能或不必要。

4）经合同的当事人双方协商同意解除或变更，且由承运人提出解除运输合同的，应退还已收运费。

（2）发货人变更

在承运人未将货物交付收货人之前，发货人可以要求承运人终止运输、返还货物、变更到达地或者将货物交付给其他收货人，但应当赔偿承运人因此受到的损失。

（3）不可抗力情况下的变更和解除

货物运输过程中，因不可抗力造成道路阻塞导致运输阻滞，承运人应及时与发货人联系，协商处理，发生货物装卸、接运和保管的费用应作如下处理：

1）接运时，货物装卸、接运费用由发货人负担，承运人收取已完成运输里程的运费，退回未完成运输里程的运费。

2）回运时，收取已完成运输里程的运费，回程运费免收。

3）发货人要求绕道行驶改变到达地点时，收取实际运输里程的运费。

4）货物在受阻处存放，保管费用由发货人负担。

（4）收货人逾期提货

货物运达目的地后，承运人知道收货人的，应及时通知收货人，收货人逾期提货的，应当向承运人支付保管等费用。收货人不明或收货人无正当理由拒绝受领货物的，依照《合同法》第 101 条的规定，承运人可以提存货物。

第二节　国际铁路货物运输

铁路运输已经有 150 多年的历史。铁路运输与其他运输方式比较，具有运量大、速度快、安全可靠、运输成本低、运输准确性和连续性强、受气候影响较小等一系列特点，是国民经济的大动脉，联系着工业和农业，城市和乡村，内地和沿海，国内和国际。截至 2003 年，我国营运铁路已达 73 万公里，居世界第三位。我国经由铁路运输的进出口货量，仅次于海洋运输而居于第二位。铁路运输在我国对外贸易中起着非常重要的作用。

一、国际铁路货物联运概述

1. 概述

国际铁路货物联运是指在两个或两个以上国家之间进行铁路货物运输时只使用一份统一的国际联运票据，由一国铁路向另一国铁路移交货物时，无需发、收货人参加，铁路当局对全程运输负连带责任的一种运输方式。

参加国际联运的国家分两个集团，一是有 32 个国家参加并签订有《国际铁路货物运送公约》的“货约”集团，另一个是曾有 12 个国家参加并签订有《国际铁路货物联运协定》的“货协”集团。“货协”国家自 20 世纪 80 年代末由于前苏联和东欧各国政体发生变化而解体，但铁路联运业务并未终止，原“货协”的许多运作上的制度，因无新的规章替代故仍被沿用，不过由于各国铁路的收费标准不一，报价困难，故 1991 年 6 月在华沙由保加利亚、中国、朝鲜、蒙古、罗马尼亚和前苏联制定了《关于统一过境运价规程的协约》，该协约决定在国际铁路货物过境运输中采取《统一过境运价规程》，（以下简称《统一货价》）。《统一货价》不再从属于《国际货协》，具有独立的法律地位，新《统一货价》是在原《国际货协》的统一货价基础上修改补充制定的，其中的费率由原来的按卢布计价改按以瑞士法郎计价。我国铁路从 1991 年 9 月 1 日起即执行上述新规定。

2. 国际铁路联运的范围

国际铁路联运既适用于原“货协”国家之间的货物运输，也适用于原“货协”至“货约”国家之间的顺向或反向的货物运输。在我国国内凡可办理铁路货运的车站都可接受国际铁路货物联运。

3. 联运的托运类别

（1）根据货量、体积不同划分

1）整车货。指用一张运单托运并需要单独车辆运送的货物；

2）零担货。指用一张运单托运，但货量未超过 5000 公斤，且体积不需单独车辆运送的货物。

3）集装箱、托盘和货捆。凡货容超过 3 立方米、总重量达 2.5～5 吨和货容为 1~3 立方米，总重量未超过 25 吨的货物应采用集装箱托运。对于托盘、货捆的托运我国尚未办理联运。

（2）根据运送速度不同划分

1）快运。整车货每昼夜 320/运价公里，零担货每昼夜 200/运价公里。

2）慢运。整车货每昼夜 200/运价公里，零担货每昼夜 150/运价公里。

3）随旅客列车挂运。整车货每昼夜 420/运价公里。

二、国际铁路货物联运实务

1. 出口货物托运程序

1）发货人（出口单位）或货代向铁路车站填报铁路运单一式五联。第一联为“运单正本”，它随货走，到达终点站时连同第五联和货物一并交收货人；第二联为“运行报单”，亦随货走，是铁路办理货物交接、清算运送费用、统计运量和收入的原始凭证，由铁路车站留存；第三联为“运单副本”，由始发站盖章后交发货人，凭以办理货款结算和索赔用；第四联为货物交付单，随货走，由终点站铁路车站留存；第五联为“到达通知单”，由终点站随货物交收货人。

2）始发站审核运单和有无批准的用车计划，如无问题便在运单上签署货物进站日期或装车日期，以表示接受托运。

3）发货人按照规定的日期将货物运往车站或指定的货位。

4）车站根据运单查对货物，如无问题，待装车后由始发站在运单上加盖承运日期戳，负责发运。对棚车、保温车、罐车必须施封，由发货人装车的由发货人施封，由铁路装车的由铁路施封。铅封内容有站名、封志号、年、月、日。

5）对零担货物，发货人无需事先申报用车计划，但必须事先向始发站申请托运。车站受理后，发货人按指定日期将货物运到车站或指定货位，经查验、过磅后交铁路部门保管，车站在运单上加盖承运日期戳，负责发送。

2. 联运出口货物在国境站的交接程序

1）国境站接到国内前方站的列车到达预报后，应该立即通知国际联运交接所，该所受站长直接领导，负责下述工作：①办理货物、车辆和运送用具的交接和换装工作；②办理各种交接的手续，检查运送票据和编制商务记录；③处理交接中发生的各种问题；

④计算有关费用；⑤联系和组织与邻国货车衔接事宜。

2）列车进站后由铁路会同海关接车，海关负责对列车监管和检查，未经海关许可，列车不准移动、解体或调离，车上人员亦不得离开。铁路负责将随车带交的票据送交接所。

3）交接所内有铁路、海关、商检、动植检、卫检、边检、外运等单位联合办公，实行流水作业。铁路负责整理、翻译运送票据，编制货物和车辆交接单；外运负责审核货运单证，纠正错发、错运及单证上的差错并办理报关、报验手续；海关查验货、证是否相符和是否符合有关政策法令，如无问题则负责放行。最后由相邻两国的铁路双方办理具体的货物和车辆的交接手续并签署交接证件。

3. 出口货物的交付

在货物到达终点站后，由该站通知收货人领取货物。在收货人付清一切应付的运送费用后，铁路将第一、五联运单交收货人，凭以清点货物，收货人在领取货物时应在运单第二联上填写领取日期并加盖收货戳记。收货人只有在货物损坏或腐烂变质、全部或部分丧失原有用途时才可拒收。

4. 进口货物国际联运的程序

（1）确定货物到达站

国内订货部门应提出确切的到达站的车站名称和到达铁路局的名称，除个别单位在国境站设有机构外，均不得以本国国境站或换装站为到达站，也不得以对方国境站为到达站。

（2）必须注明货物经由的国境站

注明货物经由的国境站名称。即注明是经二连还是满洲里或阿拉山口进境。

（3）正确编制货物的运输标志

各部门对外订货签约时必须按照原外经贸部的统一规定编制运输标志，不得颠倒顺序和增加内容，否则会造成错发、错运事故。例如：①1996 年中国机械进出口总公司受邮电部委托以第 003 号合同向法国订购计算机，其运输标志应为：96MKE-47003CF。②1996 年中国船舶工业公司受北京市物资局委托代向英国订购船用设备，合同号为 005，其运输标志应为：96GMRT/382005CE。上述标志中的“96”是订货年度代号；“M”、“GM”是进口单位代号；“KE”、“RT”是收货人代号；“47”、“382”是商品代号；“003”、“005”是进口合同的顺序编号；“CF”、“CE”是贸易国别的代号；间隔号“-”、“/”，前者用于由外贸公司代购的进口商品，后者用于由工贸公司代购的进口商品。

（4）向国境站外运机构寄送合同资料

进口单位对外签订合同应及时将合同的中文副本、附件、补充协议书、变更申请书、确认函电、交货清单等寄送国境站外运机构，在这些资料中要有：合同号、订货号、品名、规格、数量、单价、经由国境站、到达铁路局、到站、唛头、包装及运输条件等内容。事后如有某种变更事项也应及时将变更资料抄送至外运机构。

（5）进口货物在国境的交接

进口货物列车到达国境站后，由铁路会同海关接车，双方铁路根据列车长提供的货物交接单办理交接，海关对货物执行监管。

国境站交接所的内部分工是：

1）铁路负责签办交接证件，在交接过程中，如发现有残缺应进行详细记载，以作为铁路双方签署商务记录的原始依据。翻译货运单据，组织货物换装和继续发运。

2）外运负责根据进口合同资料对运单及其它所有货运票据进行核对，如无问题便制作进口货物报关单向海关办理进口报关。

3）海关根据报关单查验货物，在单、证、货相符的情况下签字放行。换装后的车辆按流向编组向内地运输。

（6）分拨与分运

对于小额订货，国外发货人集中托运、以我国国境站为到站、外运机构为收货人的和国外铁路将零担货物合装整车发运至我国国境站的，外运在接货后应负责办理分拨、分运业务。在分拨、分运中发现有货损、货差情况，如属于铁路责任应找铁路出具商务记录，如属于发货人责任，应及时通知有关进口单位向发货人索赔。

（7）进口货物的交付

铁路到站向收货人发到货通知；收货人接到通知后向铁路付清运送费用后，铁路将运单和货物交给收货人；收货人在取货时应在“运行报单”上加盖收货戳记。

5. 货损事故的索赔与时效

铁路对国际联运货物从承运起至到站交付货物时止，对货物全部或部分灭失、损坏或逾期运达所造成的损失应承担责任。

发货人或收货人向铁路索赔时必须提供下列文件：

1）货物全部灭失时，如由发货人索赔应提供运单副本；如由收货人索赔应提供运单或运单副本。

2）货物部分灭失、毁损或腐坏时，发货人或收货人都应提供运单和铁路交给收货人的商务记录。

3）货物逾期到达，收货人索赔时应提供运单。

4）铁路多收运送费用时，发货人或收货人都应按其已交付的运费提出索赔金额并须提供运单。在我国，发货人可不提供运单，但收货人必须提供运单。

索赔时效：关于运送费用和损失的索赔应在 9 个月内提出；关于逾期运达的索赔应在 2 个月内提出。自提出索赔之日起，铁路必须在 180 天内给予审理并答复索赔人。凡超过时效的索赔则无效并不得提出诉讼。

三、国际铁路货物联运的费用计算和核收

国际铁路货物联运运送费用的计算和核收，必须遵循《国际货协》、《统一货价》和中华人民共和国铁道部《铁路货物运价规则》（以下简称《国内价规》）的规定。联运货

物运送费用包括货物运费、押运人乘车费、杂费和其他费用。

1. 运送费用核收的规定

（1）参加国际货协各铁路间运送费用核收的原则

1）发送路的运送费用——在发站向发货人或根据发送路国现行规定核收。

2）到达路的运送费用——在到站向收货人或根据到达路国现行规定核收。

3）过境路的运送费用——按《统一货价》在发站向发货人或在到站向收货人核收。

（2）国际货协铁路与非国际货协铁路间运送费用核收的规定

1）发送路和到达路的运送费用与国际货协各铁路间的相同。

2）过境路的运送费用，则按下列规定计收。参加国际货协并实行《统一货价》各过境路的运送费用，在发站向发货人（相反方向运送则在到站向收货人）核收；但办理转发送国家铁路的运送费用，可以在发站向发货人或在到站向收货人核收。

过境非国际货协铁路的运送费用，在到站向收货人（相反方向运送则在发站向发货人）核收。

在港口站所发生的杂费和其他费用任何情况下，都在这些港口站向发货人或收货人的代理人核收。

2. 国际铁路货物联运国内段运送费用的计算

根据《国际货协》的规定，我国通过国际铁路联运的进出口货物，其国内段运送费用的核收应按照我国《铁路货物运价规则》进行计算。运费计算的程序及公式如下：

1）根据货物运价里程表确定从发站至到站的运价里程。

2）根据运单上填写的货物品名查找货物品名检查表，确定适用的运价号。

3）根据运价里程和运价号在货物运价率表中查出相应的运价率。

4）按《铁路货物运价规则》确定的计费重量与该批货物适用的运价率相乘，算出该批货物的运费，即

$$运费=[（发到基价+运行基价）\times 运价里程]\times 计费重量$$

3. 国际铁路货物联运过境运费的计算

国际铁路货物联运过境运费是按照《统一货价》的规定计算的。其运费计算的程序及公式如下：

1）根据运单记载的应通过的国境站，在《统一货价》过境里程表中分别找出货物所通过的各个国家的过境里程。

2）根据货物品名，查阅《统一货价》中的通用货物品名表，确定所运货物应适用的运价等级。

3）根据货物运价等级和各过境路的运送里程，在《统一货价》中找符合该批货物的运价率。

4）《统一货价》对过境货物运费的计算是以慢运整车货物的运费额为基础的，即基

本运费额，其他种别的货物运费，则在基本运费额的基础上分别乘以不同的加成率。

四、对我国香港、澳门地区铁路货物的运输

（一）对香港的铁路运输

1. 特点

对香港的铁路运输是由大陆段和港九段两部分铁路运输组成，其特点为“两票运输，租车过轨”。也就是出口单位在发送地车站将货物托运至深圳北站，收货人为深圳外运公司。货车到达深圳北站后，由深圳外运公司作为各地出口单位的代理向铁路租车过轨，交付租车费（租金从车到深圳之日起至车从香港返回深圳之日止，按车上标定的吨位，每天每吨若干元人民币）并办理出口报关等手续。经海关放行过轨后，由香港的“中国旅行社有限公司”（以下简称中旅）作为深圳外运公司在港代理，由其在港段罗湖车站向港九铁路另行起票托运至九龙，货到九龙站后由中旅负责卸货并交收货人。

2. 出口程序

1）出口单位或货代（一般都是当地的外运公司）向当地铁路办理托运后，均凭托运地外运公司签发的“承运货物收据”（cargo receipt）向银行办理结汇。

2）出口单位或货代均应委托深圳外运公司为收货人办理接货、出口报关（如发货地有条件也可在发货地办理出口报关）、租车过轨等中转手续。

3）出口单位或货代必须事先将有关单证，如做港货物委托书、出口许可证、出口报关单、商检证、商业发票、装箱单或重量单等寄给深圳外运，货物装车后应及时拍发起运电报以便深圳外运公司办理中转。如单证不全，有差错，拍发起运电报不及时或发生货物破损、变质、被盗等情况，货车便不能过轨。

4）凡具备过轨手续的货车，由深圳外运公司向海关办理出口报关，经海关审单无误后即会同联检单位对过轨货车进行联检，联检无问题的由海关、边检站共同在“出口货车组成单”上签字放行。

5）放行后的货车由铁路运到深圳北站以南1公里与港段罗湖站连接处，然后由罗湖站验收并托运过境。过境后由中旅向港段海关报关，并在罗湖站办理起票，港段承运后，即将过轨货车送到九龙站，由中旅负责卸车并将货物分别交付给各个收货人。

3. 进口程序

从香港进口货物的运输，自 1980 年 5 月 1 日起，凡属外贸进口物资、来料加工、补偿贸易、装配业务、合作生产、合作办厂以及代理外商加工生产的货物，均可利用回空车辆从深圳陆运进口。但对危险品、超重超限货物、需要保温车装运的鲜冻货物及需要检疫报验的货物，必须事先与深圳外运公司、中旅等有关单位商定后才能办理。

（1）办理委托的手续

国内有关部门与客户签约后，凡须通过铁路由深圳进口的货物应先将合同副本寄深

圳外运公司，对来料加工、补偿贸易、装配业务、合作生产等除寄合同副本外，还要寄上级主管机关的批准文件。与此同时，订货部门或收货人应通知香港发货人向香港“中旅”办理委托发送手续。

香港委托人须填写委托书一式四份并应随附发票四份、装箱单四份、合同副本两份、有关证明的复印件四份以及其他必要的单证送交“中旅”。“中旅”应于货物进口前三天将上述有关单证送交深圳外运公司，以便深圳外运公司办理进口报关手续。货物办要进境手续后再由深圳外运公司代办国内段的铁路运输。

（2）货物进口的方式

1）在九龙装整车的货物或拼装同一到站的零担货物，均经深圳原车过轨并由深圳外运公司托运至内地目的站。

2）在九龙站（铁路包裹物件）托运的，在罗湖桥由“中旅”与深圳外运公司办理交接，并由深圳外运公司就地分拨并以包裹、零担、邮件等方式运往内地各目的地。

（二）对澳门的铁路运输

出口单位或货代在发送车站将货物托运至广州，整车到广州南站新风码头 42 道专用线。零担到广州南站，危险品零担到广州吉山站，集装箱和快件到广州车站，收货人均为广东省外运公司，货到广州后由广东省外运公司办理水路中转将货物运往澳门，货到澳门由南光集团运输部负责接货并交付收货人。

知识拓展

一、国际铁路组织

1. 铁路合作组织

铁路合作组织简称铁组，原为政府部门间的组织，现为政府、企业混合型组织，成立于 1956 年 6 月，其宗旨是发展亚欧间铁路联运，总部设在华沙。

2. 国际铁路联盟

国际铁路联盟简称铁盟，主要是欧洲一些国家的铁路机构和部分其他洲的铁路机构及有关组织参加的非政府性铁路联合组织。成立于 1922 年 12 月，总部设在巴黎，其宗旨是推动国际铁路运输的发展，改进铁路技术装备和运营方法，实现铁路建筑物和设备的技术标准的统一。

其他的国际铁路组织还有国际铁路协会、国际铁路大士联合会、欧洲铁路共同体等。

二、我国的磁悬浮列车

磁悬浮列车的原理并不深奥。它是运用磁铁“同性相斥，异性相吸”的性质，使磁铁具有抗拒地心引力的能力，即“碰性悬浮”。磁悬浮高速列车是当今世界上最快的地面文通工具，具有爬坡能力强、低污染等特点。

上海磁悬浮列车专线西起上海地铁 2 号线的龙阳路站，东至上海浦东国际机场，专线全长 29.863 公里。设计最大时速 430 公里/小时。由中德两国合作开发的世界第一条磁悬浮运线 2001 年 3 月 1 日在浦东挖下第一铲，2002 年 12 月 31 日全线试运行，2003 年 1 月 4 日正式开始商业运营。这是世界第一条商业运营的磁悬浮专线。这列当今世界上最酷的列车，带车头的车厢长27.196米，宽3.7米。中间的车厢长24.768米，14分钟内能在上海市区和浦东机场之间打个来回。置身其中，您将亲身体验到这架“陆地客机”所带来的奇异感受。

（资料来源：张炳达. 2006. 国际货运代理实物. 上海：立信会计出版社）

小　结

本章从两方面介绍了国际陆上货运代理方面的知识：首先介绍了国际公路货物运输，包括公路货物运输的基本概念及特点、国际汽车运输的特点、汽车货物运输类别及国际汽车货物运输业务的内容和国际公路货物运输的相关事务知识；然后介绍了国际铁路运输，包括国际铁路货物联运的基本知识和货物联运实务，并重点介绍了国际铁路货物联运费用的计算和核收，且对香港、澳门地区铁路货物的运输进行了较深入的介绍。

案例分析

国际铁路货运代理合同纠纷案

要点提示：本案粮油公司和运输公司在履行合同的过程中均存在不同程度的问题。从俄罗斯铁路方面的态度及货协的规定可以看出，未及时支付运费是造成货物滞留的最根本原因。在导致运费迟延交付的原因上，运输公司是存在过失的。运输公司一直未将俄罗斯运费上涨的情况通知粮油公司。因运价未能协商一致，导致在货物运抵到站时，没有立即通知粮油公司具体的运费金额，从而无法摆脱自己的过失责任。

案例背景

一、基本案情

1995年2月8日，粮油公司食品进出口公司（以下简称粮油公司）与莫斯科国家对外贸易经济公司食品国外贸易公司（以下简称全俄食品）签订 33 500吨冻猪肉的出口合同，约定交货方式为DDU莫斯科到站。1995年2月6日，中国某运输公司（以下简称运输公司）同粮油公司签订了一份委托代理协议。协议约定：粮油公司委托运输公司全权办理甲方15 000吨冻猪肉以国际铁路联运方式自满洲里后贝加尔口岸向莫斯科的国外段运输业务。国际铁路联运手续由粮油公司在发货站办理，国内段运费由粮油公司自行向发货站结算。运输公司负责同外方代理结算国外段费用。运费标准每吨217美元，包括口岸报关、商检费。粮油公司应当在每批货物发货时向运输公司支付该批货物的全部运费。粮油公司负责根据运输公司的要求缮制运输单据，并负责出具商检报关及动植物检疫需要的有关文件，运输公司不对因单证填写不当及报关资料不全而引起的任何不良后果负责，粮油公司应当在发车后两个工作日内先以传真后以快递方式向运输公司提供国际联运单副本（第三联）的复印件。运输公司应当在换装后7日内将口岸换装信息以书面形式通知粮油公司。运输公司通过国外代理为货物的运输通畅提供保障并努力保障货物在运输过程中的完整。

合同订立后，粮油公司于1995年2月20日至28日组织发运6列货物，货物顺利抵达目的地，双方运费已结清无争议。

1995年3月20日起至5月2日，粮油公司又陆续组织发运了11列货物。但粮油公司并未按照委托代理协议的要求，在发车后两个工作日内先以传真后以快递的方式向运输公司提供国际联运单副本的复印件。直至4月14日至4月18日，运单才陆续传真给运输公司，但仍有两列从未通知。至5月14日已有10列货物运抵到站，6月9日最后一列货物也运抵到站。在此期间，发生了以下事件：

1）4月1日开始，俄罗斯铁路当局上调运价，运输公司在4月1日以后多次以传真的方式同俄罗斯代理协商运价。但运输公司一直没有正式通知粮油公司俄罗斯境内的运费发生变化。

2）4月25日，粮油公司通知运输公司，有两列货物因无随车单证，并且其中一列商检证书全无，导致收货人无法报关。

3）5月4日，全俄食品通知粮油公司，因运单第20栏空白，导致铁路向收货人收取过境运费，认为粮油公司违反了贸易合同，并以运费未付为理由拒收货物。

4）5月11日，运输公司驻莫斯科代表处以传真方式向运输公司汇报了同俄罗斯代理联系的情况。其中提到，俄罗斯代理多次同运输公司联系协商新的运价，但均未得到确认，所以无法将货物交给货主。

5）5月16日，全俄食品致函俄罗斯代理，表示拒收货物。并称：莫斯科铁路车站只有在货物通关后和在移交订货人或变更到站后，方可开列车辆滞留费和铁路运费账单。由于中方违反合同条件，故我们无法及时处理货物，并不能办理通关手续……由于关税提高以及从其他处能够得到更加优惠的猪肉，我司的全部订货人均拒收货物。

6）5月16日，俄罗斯代理致函运输公司，提到4月1日以后俄罗斯运价发生变化，运输公司同俄罗斯代理一直没有就运价达成一致。4月1日以后到达的11列货物产生滞留，不知由谁支付运费。同时俄罗斯代理表示最主要的问题还在于收货人因货价高为由拒收货物。

7）5月17日，运输公司驻莫斯科代表处以传真的方式向运输公司汇报了16日俄罗斯代理函件中的主要内容。

8）5月17日，粮油公司致函运输公司因运费和滞车费未付导致全俄食品销售困难并拒绝提货。

9）5月17日，运输公司向俄罗斯代理确认了运费及滞车费。

10）5月22日，俄罗斯代理致函运输公司，提出货物滞留车站的原因有：由于运输公司在4月19日才通知发货信息，造成代理未能及时安排俄罗斯境内的运输。但最主要的原因是全俄食品因销售的原因拒收货物。

11）5月24日，运输公司收到俄罗斯代理发来的583 354美元（包括运费及滞车费）的账单以及粮油公司支付运费400 600美元的确认。

12）5月25日，运输公司收到粮油公司支付的400 600美元的运费及滞车费。

13）5月26日，运输公司代表粮油公司支付运费及滞车费共583 354美元。俄罗斯铁路在收到上述费用后，即放行了大部分的货物，全俄食品也接受了货物。

14）5月31日，全俄食品称还有204 780美元的滞车费需要支付，上次在计算的时候遗漏了。原因是5月1日起政府规定的铁路滞车费提高了9.6倍，但铁路局在5月下旬才得到通知。

15）粮油公司拒绝支付204 780美元的滞车费，运输公司也没有支付。故俄罗斯铁路留置了其中3列的货物，变卖后冲抵滞车费。

1996年3月18日，粮油公司以运输公司未按照委托代理协议的约定及时支付运费，而导致粮油公司的货物灭失为由，向四川省成都市铁路运输中级人民法院提出诉讼，要求运输公司赔偿货物损失、利息损失及出口退税损失，共计人民币800余万元。

二、处理结果

从以上的介绍可以看出，本案的情况比较复杂，粮油公司和运输公司在履行合同的过程中均存在不同程度的瑕疵。但比较起来，运输公司的处境更为不利。运输公司为了争取时间取得更多的证据，在实体答辩之前，先从程序方面进行抗辩，提出了管辖权异议和反诉请求。

1. 管辖权异议

提出管辖权异议的理由主要是：

（1）运输公司和粮油公司属于委托代理关系。根据委托代理协议的约定，运输公司是国外段的运费结算代理。国外段是自贝加尔口岸至莫斯科。

（2）根据《民事诉讼法》第二十四条规定，因合同纠纷提起的诉讼，由被告住所地或者合同履行地人民法院管辖。所以，四川的法院是没有权利受理本案的。因此，很不幸，不幸管辖权异议先后被四川省铁路运输中级法院和四川省高级人民法院先后驳回。运输公司又申诉至最高人民法院，最终最高法院支持了运输公司的观点，将本案移送至哈尔滨铁路运输中级法院审理。

2. 反诉请求

在提出管辖权异议的同时，运输公司以粮油公司运单填写错误及部分随车单证丢失造成全俄食品借故拒收，延迟受领货物而产生迟付运费和滞车费为由，要求粮油公司自行承担责任，并返还运输公司代垫的滞车费 292 293 美元。

3. 审理情况

在一审、二审、三审中，运输公司提出的抗辩理由主要有：

1）粮油公司运单填写错误造成铁路向收货人收取运费，导致滞车。

2）收货人因冻肉市场价格下跌，迟延办理领货手续，导致滞车。

3）粮油公司按照货物销售价格索赔不妥。运输公司认为，货物的销售价格属于一种预期利益，该利益是否能够实现是存在风险的，至少包括买方的付款风险、卖方的收汇风险等，而粮油公司的实际损失应当是其购入该批货物的金额。

4）粮油公司索赔出口退税不妥。政府对出口退税实行严格的监管制度，影响退税的因素很多。

5）本案中运费上涨属于情势变更，根据《民法通则》的规定，应当按照公平合理的原则，分担相应责任。

6）导致本案货物灭失的直接原因是最后的 204 780 美元的滞车费未付。而此笔滞车费的产生也是由于俄罗斯将滞车费提高 9.6 倍所致，同样属于情势变更。而粮油公司却没有及时采取措施避免损失，而是一味地放任货物被拍卖的结果出现。根据《民法通则》第一百一十四条的规定，当事人没有及时采取措施致使损失扩大的，无权就扩大的损失要求赔偿。

但各级法院并没有采纳运输公司的观点，法院认为：三列货物被变卖是由于运输公司未能及时与俄罗斯代理就新运价达成协议造成运费无人支付产生滞车费所致。因此运输公司应对未全面履行代理义务而给粮油公司造成的损失负责。运输公司提出的通知不及时、全俄食品拒绝接货、运单填制错误均不是货物滞留的根本原因。另外，由于货物被变卖，粮油公司未能实现贸易合同的利益属于实际损失，粮油公司的货物开有增值税发票，符合退税条件，税款损失应予认定。

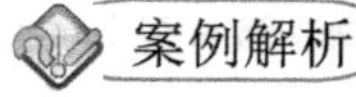

案例解析

一、法律分析

在本案中，各当事人的法律地位和权利义务分析如下。

1. 粮油公司和运输公司——委托代理关系

根据双方之间的委托代理协议的约定，粮油公司是被代理人，运输公司是代理人。运输公司的代

理权限为：以粮油公司的名义从贝加尔口岸向莫斯科发运15 000吨冻猪肉，负责同外方代理结算国外段的运输费用。根据我国法律的相关规定，代理人在代理权限的范围内以被代理人的名义所作出的行为，其后果由被代理人承担。代理人不履行职责而给被代理人造成损害的，应当承担民事责任。

2. 运输公司与俄罗斯代理——转委托关系

根据粮油公司和运输公司之间的委托代理协议的约定，运输公司应当通过国外代理为货物的运输通畅提供保障，并努力保障货物在运输过程中的完整。由此可以看出，粮油公司对运输公司将国外段业务再行委托国外代理运作是知晓的，并表示同意。因此运输公司与俄罗斯代理之间构成转委托的关系。俄罗斯代理也是粮油公司的代理人，在代理权限范围内进行的行为由粮油公司承担法律责任。

3. 粮油公司与俄罗斯铁路——托运人与承运人之间的运输合同关系

根据本案中运输所涉及的国际铁路联运运单及口岸换装后俄罗斯境内的铁路运单显示：粮油公司是托运人，俄罗斯铁路是承运人。粮油公司、俄罗斯铁路以及收货人之间的权利义务由《国际货协》进行规定。

4. 粮油公司同全俄食品——买卖关系

粮油公司是卖方，全俄食品是买方。根据DDU莫斯科到站的约定，粮油公司负责货物运抵莫斯科所需要的费用，包括运费。

从以上法律关系上分析，粮油公司负责将货物运抵莫斯科，并负责货物运输过程中需要的全部费用。运输公司及俄罗斯代理作为粮油公司的代理人，负责代理粮油公司支付国外段的运费及相关费用。俄罗斯铁路是本案货物的承运人。根据国际货协的规定，为保证核收运送合同中一切费用，铁路具有货物留置权。在本案中，俄罗斯铁路为了要收取20多万美元的滞车费而留置了3列的货物。那么造成滞车的真正原因究竟是什么呢？究竟是谁的责任造成滞车，将直接影响各方当事人责任的分摊。

从各当事方往来的传真可以看出，造成滞车的原因有以下几个方面：

1）运费支付延误。根据委托代理协议的约定，粮油公司应当在每批货物发货时向运输公司支付该批货物的全部运费。但在实际操作中，是由运输公司开具运费发票，粮油公司依票付款，由于4月1日后俄罗斯境内的运价大幅上涨，运输公司一直同俄罗斯代理就运价进行协商。5月17日才最终确认了运费，5月26日实际支付运费。根据国际货协的规定，必须在运费付清之后才能提货。从当事各方大量的往来传真可以看出，货物抵达到站后，由于没有人支付运费或者确认支付运费，致使俄罗斯铁路扣留货物。

2）粮油公司运单填写不当。《国际货协》第十五条规定，如发货人未负担任何一个过境铁路的运送费用，则应在运单"由发货人负担运送费用的过境铁路名称"栏内填写"无"字。发货人所未负担的过境铁路运送费用，即认为已转由收货人支付，并应到站向收货人核收。而粮油公司并未按照运输公司的要求填写运单第20栏（即上述过境铁路的运送费用的负担方式），造成第20栏空白，以至俄罗斯铁路向收货人提出运费要求。而且从5月4日全俄食品通知粮油公司的文件中，也可以看出运单填写错误是造成收货人拒收货物的原因。由于收货人拒收货物，也导致了货物长时间滞留到达站，产生大量滞车费。因此，根据委托代理协议的规定，运输公司不对因单证填写不当及报关资料不全而引起的任何不良后果负责，因单证不当造成的责任应由粮油公司自行承担。

3）全俄食品因市场下滑拒收货物。从5月16日，全俄食品的函件中可以看出，由于可以以更优惠的价格从其他渠道得到货物，全俄食品提出拒收货物的要求。全俄食品不积极办理接货手续，也是造成货物滞留车站的原因之一。

4）粮油公司通知迟晚，造成国外段运输安排延后，以致俄罗斯境内的到站交接货手续安排混乱。

以上几个原因共同作用造成了货物在到站长期滞留。但从俄罗斯铁路方面的态度及货协的规定可以看出，未及时支付运费是造成货物滞留的最根本原因。根据买卖双方贸易合同的约定，运费由粮油公司支付。根据委托代理协议的约定，粮油公司应当在每批货物发货时向运输公司支付该批货物的全部运费。但在实际操作中，每次都是由运输公司开具运费发票，粮油公司依票付款。双方一直对这种习惯做法没有提出异议。由于运输公司一直同俄罗斯代理协商新的运价，因此直到5月24日才通知粮油公司付款。而且对运输公司更为不利的是，运输公司将同俄罗斯代理、运输公司莫斯科代表处的往来传真都披露给了粮油公司，其中5月11日、17日的传真均提到由于未协商确定运价，造成铁路方面不知由谁负担运费，以致货物滞留车站。在粮油公司的起诉状中，也以此作为运输公司代理行为延误、疏忽的主要证据。

当然，粮油公司运单填写错误及两列随车单证丢失，属于粮油公司自身的过错，应当对由此产生的损失承担责任。但运单填写错误及部分单证丢失究竟对货物滞留产生了多大程度的影响，证明起来是非常困难的。毕竟事实上，在实际支付了运费和滞车费后，铁路当局放行了货物，收货人也接收了货物。

二、经验教训

综观本案，造成粮油公司损失的根本原因是运费未付，导致货物滞留进而产生滞留费。虽然粮油公司、收货人的行为也有一定的瑕疵，但并不是造成损失的根本原因。毕竟实际上在运费和滞车费支付后，俄罗斯铁路并没有因为运单填写的问题不放货，收货人也没有拒收货物。而在导致运费延迟交付的原因上，运输公司是存在过失的。运输公司一直未将俄罗斯运费上涨的情况通知粮油公司，因运价未能协商一致，导致在货物运抵到站时，没有立即通知粮油公司具体的运费金额。从本案中，我们可以总结出来一些经验教训，在日后遇到类似的情况时，希望能够有所借鉴。

1. 作为代理人，在履行代理事项时，及时通知被代理人代理事项的进展情况

在本案中运输公司如果及时将运费上涨的情况通知粮油公司，及时取得粮油公司对新运价的认可，将大大降低运输公司的责任。在与被代理人进行沟通时，要注意采用书面方式，一方面可以降低双方在某些问题上理解的差异，另一方面可以在日后发生纠纷的时候作为证据分清双方责任。

2. 应当及时采取措施避免损失扩大

运输公司作为专业的货运代理公司，应当很清楚不付运费的严重后果。在权衡这种严重后果和自身获利大小后，我认为比较明智的选择是及时通知粮油公司运费上涨的实际情况，取得粮油公司对新运费的认可。在粮油公司没有及时确认新运费的情况下，为了避免货物被留置，运输公司应当代垫运费后再向粮油公司收取。

3. 在操作中严格按照协议的约定进行

本案的委托代理协议明确约定，运费标准每吨217美元，包括口岸报关、商检费。粮油公司应当在每批货物发货时向运输公司支付该批货物的全部运费。如果运输公司在粮油公司发运货物的时候就要求其支付运费的话，相信货物的损失是可以避免的。

4. 从事境外业务时要特别留心当地政策的变化

委托代理协议签订在2月底，运费大幅上涨于4月1日。如果运输公司仔细了解俄罗斯铁路市场的情况的话，相信可以知道运费在近期上涨的消息。如果提前知道这一情况，及早做准备，无疑对各方都是有利的。

5. 在发生或者可能发生纠纷时，避免对方得到对自己不利的证据

本案中，运输公司将同俄罗斯代理、运输公司莫斯科代表处的往来传真都披露给了粮油公司，其中5月11日、17日的传真均提到由于未协商确定运价，造成铁路方面不知由谁负担运费，以致货物滞留车站。粮油公司以此作为运输公司代理行为延误疏忽的主要证据，而法院也是据此认定运输公司未及时确认并支付运费是导致粮油公司损失的直接原因。

6. 在自己处于不利的地位时，充分利用各种诉讼程序和权利，从而争取时间收集证据

在本案中，运输公司在收到法院的传票和诉状后，没有急于进行实体答辩，而是在分析局面后，

决定首先采取管辖权异议。管辖权异议是当事人的一项重要的诉讼权利。凡是当事人认为受诉的人民法院对案件没有管辖权的，都有权向受诉的人民法院以书面或者口头的方式提出异议。在提出管辖权异议的时候应该注意以下几个问题：在合法期间内提出。管辖权异议应当在法院受理案件之后，在提交答辩状期间内提出，否则无效。受诉人民法院认为异议成立的，应当将案件移送至有管辖权的法院审理；受诉人民法院认为异议不成立的，则裁定驳回。当事人对裁定可以提起上诉，二审法院作出的裁定是终审裁定。如果当事人不服二审法院的终审裁定，有权向二审法院，或者上一级法院或者最高法院提出再审申请，但再审不影响裁定的执行。

在进行实体抗辩以外，其他常用的抗辩理由还包括诉讼时效。诉讼时效是权利人在法定期间内不向人民法院或仲裁机关请求保护民事财产权利，就丧失了请求人民法院依诉讼程序强制义务人履行义务的权利的法律制度。诉讼时效期间届满后，权利人丧失的是胜诉权，而不是起诉权，也不是权利本身。权利人仍然可以向人民法院提起诉讼，仍然可以接受义务人履行义务，而且义务人在履行完毕后不得以已过时效为由要求返还。一般的诉讼时效为两年。特殊的时效期间有：《海商法》规定向承运人主张权利的时效期间为一年；出租人向承租人要求租金及赔偿的时效期间为一年。另外，由于各国对时效期间的规定不尽相同，所以还需要注意合同适用法律。如英国法律就规定时效期间为六年。

7. 在处理特殊货物（如危险品、冷冻货、鲜活货物）时要特别注意

特殊货物是指对包装、运输有特殊要求的货物。常见的特殊货物有危险品、冷冻货、鲜活货。特殊货物会加大承运人的风险，因此一般合同中都会对承运人的责任加以限制，并加大托运人的义务。常见的条款有：对于危险品，一般是托运人应当将货物的品质、运输方式等书面告知承运人，并负责妥善包装。承运人在运输过程中可以视情况自行处置货物，而无须赔偿。对于危险品在运输过程中给承运人造成的损失，托运人应当负责赔偿。对于冷冻货，应该注意约定由谁负责提供适当的运输工具并负责装卸，在运输过程中应当保证的运输条件是什么样的；在目的地的交货方式，无人提货或者提货不符合要求时如何处置货物。对于鲜活货，要特别注意约定货物的运输条件、交货方式等，避免货物在运输过程中出现变质，或者在目的地因无人提货造成货物灭失。作为承运人或者托运人的代理人时，在代理特殊货物时，应该将货物的特殊品质、运输条件等与被代理人进行沟通，在货物运输过程中出现任何问题都应当及时向被代理人通报，要求被代理人给予书面指示。

8. 目前国际铁路联运的操作情况

根据我们对相关业务部门的咨询，目前国际铁路联运的操作同 1995 年有了差别，特别是在价款支付方面。目前用铁路联运方式进行运输的，均填写统一的联运运单。各国的铁路局是各段运输的承运人。在货物起运的时候，需要向铁路局先行支付在起运国境内的运费，否则货物不安排出运。在货物运到下一国境内前，需要再先行支付下一国境内的运费，以此换取下一国的运输代码，否则不能入境。因此在现在的国际铁路联运输业务中不会出现货物运抵目的地而无人支付运费的情况。

但在现在的国际铁路联运业务中同样存在新的风险，风险的大小主要取决于运输公司在国际铁路联运业务中的身份。目前运输公司主要以两种身份出现。

1）运单上列名的托运人。在这种情况下，运输公司会同真正的货主另行签订运输合同，在运输合同中运输公司作为承运人承诺运输，真正的货主是托运人，承诺支付运费。而在联运运单中，运输公司是托运人，承担支付运费及其他运单和法律规定的托运人责任。在这种背对背的合同中，运输公司为了降低自身的风险，最安全的做法是收到货主的运费后再向铁路方面办理联运托运，同时在设计运输合同条款时，将运输公司作为托运人向承运人承担的责任转嫁到货主身上。但是目前由于市场竞争的激烈，为了取得更多的市场份额，运输公司往往不得不接受为货主代垫运费的要求。这样一来，运输公司从货主那里回收运费的风险就大大增加了。当然留置货物是一种有效追讨运费的手段，但风险往往也很大。一方面留置的费用（仓储费、卸货费）往往很高。另一方面货物的所有权不明朗，容

易侵犯第三人的利益。因此在实践中很少采用留置货物的方法。最经济而又有效的方法是事前对客户（货主）进行评估，尽量争取有实力的客户，同时尽量减少代垫的金额，在发生纠纷时，注意保留书面证据，及时采取法律手段。

2）纯粹的代理人。运输公司与货主签订代理合同，运输公司作为货主的货运代理人，以货主的名义为其安排运输，收取代理费。在国际联运运单上货主是托运人。在这种情况下，只要运输公司认真履行了代理职责，风险相对来说是比较小的。

（资料来源：顾丽亚. 2008. 国际货运代理. 上海：华东师范大学出版社）

思考与练习

1．什么是货物的疏港运输？

2．简述铁路运输的特点及其在我国对外贸易货物运输中的作用。

3．什么是国际铁路货物联运？

4．对香港地区的铁路运输有什么特点？其进出口程序有哪些？

5. 汽车货物运输有哪些种类？

6. 发货人在发运货物时应做的工作包括哪些？

7. 简述国际铁路联运出口货物交接的一般程序。

第七章

国际多式联运业务

教学目标

在国际贸易中，货物从一国运至另一国目的港，往往要经历海上运输和陆路运输，这种运输方式属于国际多式联运。在国际多式联运中，当事人的责任如何界定，是国际贸易中重要的一项内容。本章主要介绍国际多式联运的基本理论知识。

学习任务

通过这一章内容的学习，要达到以下几个目的：

- 了解国际多式联运的含义、特点、种类；
- 了解国际多式联运经营人的含义、特征及其应具备的条件；
- 掌握国际多式联运业务与程序；
- 掌握现有国际公约、国内法律法规对多式联运经营人、各种运输方式承运人有关运输责任、诉讼时效等方面的基本规定。

导入案例

多式联运中集装箱货损的确定

2005年11月18日，滨吉公司与我国台湾物敏公司签订了进口5套自动切割机床的贸易合同，交货方式为FOB美国西海岸，目的地为江城。2005年12月24日，买方滨吉公司就运输的冷水机组向人保江城公司投保一切险，保险责任期间为“仓至仓条款”。同年12月27日，原告东方海外公司从美国西雅图港以国际多式联运方式运输了装载于三个集装箱的冷水机组经大连到江城。原告签发了空白指示提单，发货人为台湾物敏公司，收货人为滨吉公司。货物到达大连港后，2006年1月11日，原告与被告中外运辽宁公司约定，原告支付被告陆路直通运费、短驳运费和开道车费用等共计12 367元，将提单下的货物交由被告陆路运输至目的地江城。但事实上，被告并没有亲自运输，而由辽华公司实际运输，被告向辽华公司汇付了10 859元运费。同年1月21日，货到目的地后，收货人发现3个集装箱破损，货物严重损坏。收货人依据货物保险合同向人保江城公司索赔，保险公司赔付后取得代位求偿权，向原告进行追偿。原告与保险公司达成了和解协议，已向保险公司作出35万美元的赔偿。之后，原告根据货物在大连港卸船时的理货单记载“集装箱和货物完好”，以及集装箱发放/设备交接单（出场联和进场联）对比显示的“集装箱出堆场完好，运达目的地破损”，认为被告在陆路运输中存在过错，要求被告支付其偿付给保险公司的35万美元及利息损失。大连海事法院经审理认为，涉案货物从美国运至中国江城，经过了海运和陆路运输，运输方式属于国际多式联运。原告是多式联运的全程承运人，也即多式联运经营人，其与被告之间订立的合同应属国际多式联运的陆路运输合同，合同有效成立，被告应按约全面适当地履行运输义务。涉案两个集装箱货物的损坏发生在大连至江城的陆路运输区段，故被告应对货物在其责任期间内的损失承担赔偿责任。买方也即收货人滨吉公司与人保江城公司之间的保险合同依法成立有效，货损属于货物运输保险单下的保险事故范畴，保险公司对涉案货损进行赔付符合情理和法律规定。原告作为多式联运全程承运人对保险公司承担赔偿责任后有权就其所受的损失向作为陆路运输承运人的被告进行追偿。据此，判决被告向原告赔偿35万美元及其利息损失。由此可见，作为贸易当事人必须掌握国际多式联运相关理论知识。

（资料来源：www. snet. com. cn/41/2005_9_13/2_41_113244）

在国际贸易中，货物从一国运至另一国目的港，往往要经历经海运和陆路运输，这种运输方式属于国际多式联运。在国际多式联运中，当事人的责任如何界定，是国际贸易中重要的一项内容。

第一节　国际多式联运概述

一、国际多式联运的概念及条件

1. 国际多式联运的概念

国际多式联运是指按照多式联运合同，以至少两种不同运输方式，由多式联运经营人负责将货物从一国境内接受货物地点运到另一国境内指定地点交付货物的一种国际运输方式。国际贸易货物从一地到他国的另一地的运输组织形式主要有分段运输、同一运输方式的换装联运和多式联运三种。国际多式联运是运输组织技术的发展和革新，也是集装箱运输的高级组织形式。与分段联运相比，多式联运不仅仅是不同运输工具进行的联合运输，更重要的是在全程运输中只有一份运输合同，由多式联运经营人作为合同承运人统一组织全程运输，负责将货物从接货地运往交货地。因此，多式联运在本质上不同于分段联运，它是一种体现整体性的高效率的联运组织形式。

2. 多式联运的基本条件

（1）必须订立多式联运合同

在多式联运中，多式联运经营人必须与托运人订立多式联运合同。所谓多式联运合同是指多式联运经营人凭其收取全程运费，使用两种或两种以上不同运输工具，负责组织完成货物全程运输的合同。在分段联运中，托运人必须与不同运输区段承运人分别订立不同合同，而在多式联运中，无论实际运输有几个区段，也无论有几种不同运输方式，均只需订立一份合同——多式联运合同。托运人只与多式联运经营人有业务和法律上的关系，至于各区段实际承运人，托运人不与他们发生任何业务和法律上的关系。

（2）必须由多式联运经营人对全程运输负责

按照多式联运合同，多式联运经营人必须对从接货地至交货地的全程运输负责，货物在全程运输中的任何实际运输区段的灭失损害以及延误交付，均由多式联运经营人以本人身份直接负责赔偿，尽管多式联运经营人可向事故实际区段承运人追偿，但这毫不能改变多式联运经营人作为多式联运合同当事人的身份。

（3）必须是两种或两种以上不同运输方式组成的连贯运输

多式联运是至少两种不同运输方式的连贯运输，如海—铁、海—公、海—空联运等。因此判断一个联运是否为多式联运，不同运输方式的组成是一个重要因素。例如，目前许多船舶公司开展的海—海联运，由契约承运人签发全程联运提单，对全段运输负责，通过一程船、二程船的接力形式，将货物从起运港运至最终目的地，但这种联运只是使用一种运输方式的海—海联运，不属多式联运的范畴。

（4）必须是国际间的货物运输

多式联运所承运的货物必须是从一国境内接管货物的地点运至另一国境内指定交付货物的地点，是一种国际间的货物运输，这有别于同一国境内采用不同运输方式组成的联合运输。

（5）必须签发多式联运单据

多式联运经营人作为多式联运的总负责人，在接管货物后必须签发多式联运单据，从发货地直至收货地，一单到底，发货人凭多式联运单据向银行结汇，收货人凭多式联运单据向多式联运经营人或其代理人提领货物。因此，多式联运单据一经签发，表明多式联运经营人已收到托运人的货物并对货物的全程运输开始负有责任。多式联运单据的签发，同时也证明了多式联运合同，即托运人和多式联运经营人是在多式联运合同下进行货物的交接和多式联运单据签发的。此外，多式联运单据一经签发，多式联运经营人应保证将货物运至另一国指定交付地，并将货物交付指明的收货人或多式联运单据的持有人。

（6）必须是单一的运费率

海运、铁路、公路以及航空各种单一运输方式的成本不同。因而其运费率也不同，在多式联运中，尽管组成多式联运的各运输区段运费率不同，但托运人与多式联运经营人订立的多式联运全程中的运费率是单一的，即以一种运费率结算从接货地至交货地的全程运输费用，从而大大简化和方便了货物运费的计算。

二、国际多式联运运输的程序

（1）接受托运申请，订立多式联运合同

多式联运经营人根据货主提出的托运申请和自己的运输线路等情况，判定是否接受该托运申请，发货人或其代理人根据双方就货物的交接方式、时间、地点、付费方式等达成协议并填写场站收据，并把其送至多式联运经营人进行编号，多式联运经营人编号后留下货物托运联，将其他联交还给发货人或其代理人。

（2）空箱的发放，提取及运送

多式联运中使用的集装箱一般由多式联运经营人提供。这些集装箱的来源可能有三种情况：一种是多式联运经营人自己购置使用的集装箱，二是向借箱公司租用的集装箱，三是由全程运输中的某一分运人提供，如果双方协议由发货人自行装箱，则多式联运经营人、租箱公司或分运人应签发提箱单交给发货人或其代理人，由他们在规定日期到指定的堆场提箱并自行将空箱托运到货物装箱地点，准备装货。

（3）出口报关

若多式联运从港口开始，则在港口报关；若从内陆地区开始，则应在附近内陆地海关办理报关出口事宜。一般由发货人或其代理人办理，也可委托多式联运经营人代为办理，报关时应提供场站收据、装箱单、出口许可证等有关单据和文件。

（4）货物装箱及接受货物

若是发货人自行装箱，发货人或其代理人提取空箱后在自己的工厂和仓库组织装箱，装箱工作一般要在报关后进行，并请海关派员到装箱地点监装和办理加封事宜，如需理货，还应请理货人员现场理货并与其共同制作装箱单。

对于由货主自行装箱的整箱货物，发货人应负责将货物运至双方协议规定的地点，多式联运经营人或其代表在指定地点接受货物。如果是拼箱货，则由多式联运经营人在指定的货运站接收货物，验收货物后，代表多式联运经营人接收货物的人应在场站收据正本上签章并将其交给发货人或其代理人。

（5）订舱及安排货物运送

多式联运经营人在合同订立后，应立即制订该合同涉及的集装箱货物的运输计划，该计划应包括货物的运输路线、区段的划分，各区段实际承运人的选择，确定各区间衔接地点的到达以及起运时间等内容。

这里所说的订舱泛指多式联运经营人要按照运输计划安排确定各区段的运输工具，与选定的各实际了承运人订立各区段的分运合同，这些合同的订立由多式联运经营人本人或委托的代理人办理，也可请前一区段的实际承运人作为向后一区段的实际承运人订舱。

货物运输计划的安排必须科学并留有余地，工作中应相互联系，根据实际情况调整计划，避免彼此脱节。

（6）办理保险

在发货人方面，应投保货物运输保险，该保险由发货人自行办理或由发货人承担费用而由多式联运经营人代为办理，货物运输保险可以是全程投保，也可以是分段投保。在多式联运经营人方面，应投保货物责任险和集装箱保险，由多式联运经营人或其代理人向保险公司办理或以其他形式办理。

（7）签发多式联运提单，组织完成货物的全程运输

多式联运经营人的代表收取货物后，多式联运经营人应向发货人签发多式联运提单，在把提单交给发货人之前，应注意按双方议定的付费方式、内容及数量向发货人收取全部应付费用。

多式联运经营人有完成和组织完成全程运输的责任和义务，在接受货物后，要组织各区段实际承运人，各派出机构及代表人共同协调工作，完成全程运输中各区段之间的衔接工作，并做好运输过程中所涉及的各种服务性工作和运输单据、文件及有关信息等

组织和协调工作。

（8）运输过程中的海关业务

按惯例，国际多式联运的全程运输均应视为国际货物运输，因此，该环节工作主要包括货物及集装箱进口国的通关手续，进口国内陆段保税运输手续及结关等内容，如果陆上运输要通过其他国家海关和内陆运输线路时，还应包括这些海关的通关及保税运输手续。

如果货物在目的港交付，则结关应在港口所在地海关进行，如果在内陆地交货，则应在口岸办理保税运输手续，海关加封后方可运往内陆目的地，然后在内陆海关办理结关手续。

（9）货物支付

当货物运往目的地后，由目的地代理通知收货人提货，收货人需凭多式联运提单提货，多式联运经营人或其代理人需按合同规定，收取收货人应付的全部费用，收回提单签发提货单，提货人凭提货单到指定堆场和地点提取货物。

如果是整箱提货，则收货人要负责至掏箱地点的运输，并在货物掏出后将集装箱运回指定的堆场，此时，运输合同终止。

（10）货运事故处理

如果全程运输中发生了货物丢损害和运输延误，无论能否确定损害发生的区段，发(收)货人均可向多式联运经营人提出索赔。多式联运经营人根据提单条款及双方协议确定责任并作出赔偿，如能确定事故发生的区段和实际责任者，可向其进一步索赔。如不能确定事故发生的区段，一般按在海运段发生处理。如果已对货物及责任投保，则存在要求保险公司赔偿和向保险公司进一步追索问题，如果受损人和责任人之间不能取得一致，则需要通过在诉讼时效内提起诉讼和仲裁来解决。

三、国际多式联运的货物托运和交接方式

（1）货物托运

多式联运经营人根据托运人的委托安排运输路线，进行订舱（或订车）委载，办理接货、仓储、装箱，再将集装箱发往实际承运人指定的场站备运。起运后，由实际承运人向多式联运经营人签发提单或运单（提单上的发货人为多式联运经营人，收货人及通知方应为多式联运经营人的国外分支机构或其代理），同时由多式联运经营人向托运人签发多式联运提单（多式联运提单上的收货人和发货人是真正的、实际的收货人和发货人，通知方则是目的港或最终交货地的收货人或该收货人的代理人）。根据托运人的要求，既可签发可转让也可签发不可转让的多式联运提单，如属前者，收货人一栏采用指示抬头；如属后者，收货人一栏列明收货人名称，并注明不可转让。托运人凭此办理结汇。

（2）交接方式

国际多式联运下的集装箱交接方式与一般集装箱运输相同，也是四类九种方式。

（3）多式联运单据

多式联运单据是由多式联运经营人签发的提单，在提单上列明发货港和卸货港、收货地和交货地、最终目的地以及前段运输工具名称等。

四、国际多式联运的发展、现状与影响

多式联运可以追溯到 20 世纪初，当时由于船队规模的迅速发展，国际班轮航线相继开辟，为海运与陆运的连接提供了方便。例如，远东的货主将货物装上班轮，运往美国西海岸港口再装上铁路直达列车，直接到达美国中部或东部交货。这种联运的方式利用了海运班轮运输和铁路直达运输的优点，与过巴拿马运河的单一海运方式相比，缩短了运输距离，也节省了运输时间和运输成本。然而这种海陆联运还不是真正的多式联运，而只是一种分段联运，在全程联运中没有一个经营人对全程运输负责，而是海运与陆运的分段协作，各自签发自己的运输单据，并对自己的运输区段负责。

第二次世界大战后西方各国尤其是美国经济迅速恢复，并很快进入一个快速的经济增长期，产业界的机械化和大规模化生产的革新很快涉及运输业。出现了油品运输、散货运输的大型化、专业化生产。特别是 20 世纪 50 年代中叶被誉为第三次运输革命的集装箱运输，其高效率、高质量、高效益的优越性越来越被世界各国认同和看好，从而在短短的 10 年间从集装箱运输的发展地美国走向全世界，掀起了一个国际化的集装箱运输热潮。从历史看，尽管在集装箱运输以前也有极为少数的多式联运，即由一个总的经营人签发全程联运提单并对全程运输负责，但由于件杂货运输装卸运输效率低下，货损货差以及被偷盗率大，加上多式联运运距远、时间长、不确定因素多，所以经营多式联的风险极大。因此，在集装箱运输产业以前多式联运很难也很少开展。

集装箱运输的产生并在全世界迅速发展，为现代多式联运的发展打下良好的基础。20 世纪 60 年代末，美国率先开展了多式联运，取得了显著的经济效果，受到货主的欢迎。随后，发达国家在集装箱运输技术臻于完善的情况下，针对货主市场的需要，纷纷开展了以集装箱运输为基础的多式联运。目前，发达国家在集装箱运输中，多式联运已占有较大比例，例如，美国进出口量占 80%的西海岸，多式联运的比例已达 50%以上。广大发展中国家在开展集装箱运输的同时也认识到多式联运的优越性和发展趋势，纷纷进行多式联运的尝试，例如，我国随着集装箱运输的快速发展，在 1997 年颁布了第一部多式联运的法规《国际集装箱多式联运管理规则》，为我国的多式联运提供了良好的发展基础。

国际多式联运的形成与发展，无疑会给世界各国带来重要影响与积极作用。首先，它不仅有力地促进了国际贸易和货物的流通，同时，它也适应了全球经济一体化和世界经济资源优化配置的需要，推动了产业结构、服务形态和企业经营的变革。其次，多式联运不仅推动了科技进步和各种运输方式的技术革命和设备革新，大大地提高了设备和设施的营运能力、生产效率和成本效益，而且，也推动了信息、条形码技术的发展，如 EDI、条形码技术的广泛应用和互联网络的形成，使贸易和货运业务程序与操作大大简化，业务成本大大节约。再次，多式联运的发展，为综合物流的形成与发展奠定了基础。综合物流的发展，反过来也进一步促进和推动了多式联运的发展。最后，国际多式联运使贸易商得到更安全、快速、优质、价廉的货运服务，从而使进出口产品、原料、部件的存货成本得到有效控制。

知识拓展

多式联运的发展趋势

多式联运作为一种现代运输先进的组织方式，在世界范围内发展十分迅速。综观当今世界多式联运的发展，呈现以下趋势。

1. 多式联运经营人向多元化方向发展

作为多式联运经营人，其前身大多是大型国际货代或大型船公司，为了扩大服务范围，提高服务质量，已开始从单一的货代或海运业务向多元化方向发展。例如，一些国际货代除传统的货运代理业务外，还以贸易商的身份从事国际贸易业务，以无船承运人身份承接运输业务和多式联运业务，成为多种业务的联合体。又如，一些船公司在传统的海运业务的基础上，不断向陆上业务拓展，参与代理业、陆运服务业的经营，并组织多式联运，呈现了多元化发展的趋势。

2. 多式联运的业务范围不断扩大

为了开展多式联运的需要，多式联运经营人不断把业务向海外扩张，在世界各地物资集散地，建立分支机构或代理网点，扩充并完善其服务网络，为货主提供更大的服务空间。在当今全球经济一体化的形式下，尤其是跨国公司在世界范围内资源优化配置的需求下，多式联运已从发达国家向发展中国家渗透，其业务范围呈现不断扩大的趋势。

3. 多式联运向现代物流领域拓展

运输是现代物流结构体系中不可缺少的一个重要环节，以集装箱运输为基础的多式联运，在现代物流中已越来越呈现其独特的优势，不仅是现代物流不可缺少多式联运，而且许多多式联运经营人已充分认识到现代物流在当今世界经济中的重要性，纷纷加入或经营现代物流业。例如，作为当今多式联运经营人主体的船公司，世界排名前20位的大船公司，如马士基、长荣、韩进、中远、中海等，都已进军物流业，成为现代物流的一支重要力量。

（资料来源：http：//wenda. tianya. cn/wenda/thread?tid=546b32c3a7&21d2c）

五、国际多式联运枢纽与网络点

国际多式联运是一票货物通过两种以上载运工具完成从出口地到进口地全程运输的货运活动。它具有辐射性和网络型运输的基本特点与要求。因此，发挥多式联运的作用与整体功能，提高多式联运的营运效率，必须十分重视连接不同运输方式的枢纽和网络点的协调和配合。所谓“枢纽”，这里是指能够承接来自各个方向、不同运输方式和不同目的地的货物，经过整理、分类、保管、重新组合对货物进行联运及其业务处理，保证联运货物完好交接和换装转运等综合功能的陆上场所。主要包括：承接和转运来自海上货物的登陆港、转运港，承接空运货物的着陆港以及铁路编组站与公路集散地。所谓“网络点”，这里是指配合货物多式联运并能接受和处理联运货物和相关业务事宜的公共点。具体包括：码头、货运集散、货箱调度与拼拆箱的场站、货物交接点等。货运代理人的业务运作也主要集中在这些枢纽和网络点，从而使不同运输方式顺利衔接，多式联运功能链顺利运转。

多式联运需要有网络的支持，特别是货物的门到门运输，网络起着重要的作用。网络点是形成网络的基本条件。良好的货运进出口环境、宽松的政策、符合国际多式联运货运监管的制度、合理和具有竞争力的价格水平；具有能掌握现代多式联运方式和不同运输方式的技术、业务，以及懂经营、精管理，能组织和协调辖区内各项工作的专门人才。网络点的功能与要求多式联运需要有网络的支持，特别是货物的门到门运输，网络起着重要的作用。网络点是形成网络的基本条件。

多式联运的网络点包括内陆货站。内陆货站与集装箱码头内的货运站，在设置、功能与作用上也不完全一样。内陆货站有其特定的含义与功能。首先，它设立在陆域内地、较好地理位置，经济、贸易发达和集中的地点，并有多式联运网线相连接，形成多式联运网络的组成部分。例如，原联邦德国在法兰克福、曼海姆、路德维希等离海的内陆地方都建有内陆货站，用快速专列把它们与汉堡、不来梅等港口联系起来进行多式联运货物的快速运送。其次，集散货物的功能，即把那些不成箱的零担出口货物在内地货站经拼箱公司拼装成箱后进行出运或中转，或者货物进口后安排拆箱、分拨、转运与交付业务。有的内陆货站且有整箱货接收、交付、安排储存和转运的功能。再则，内陆货运站除了具有回收、保管、检验和维修集装箱的功能，有的还具有集装箱运输机械保管和维护的功能，以及为了便于开展业务，也代办报关和保险手续。例如，英国重要的工业城市如伦敦、伯明翰、曼彻斯特、利兹、格拉斯哥等由班轮公司、铁路公司、港务局和内陆其他联运单位参与建设的具有保税功能的内陆货站，对进出口及中转货物进行海关监管和代办报关手续。在美国，把上述功能的内陆货运站称为中转站，它们原先大多由铁路公司建立和经营，并为铁路货运集散和中转服务，经过多式联运及其运输网的发展，这些中转站的功能从铁路货运站单一功能自然转变成能为多式联运货物服务的多功能货站。

六、国际多式联运的优越性

国际多式联运是一种比区段运输高级的运输组织形式，20 世纪 60 年代未美国首先试办多式联运业务，受到货主的欢迎。随后，国际多式联运在北美、欧洲和远东地区开始采用；20 世纪 80 年代，国际多式联运已逐步在发展中国家实行。目前，国际多式联运已成为一种新型的重要的国际集装箱运输方式，受到国际航运界的普遍重视。1980 年 5 月在日内瓦召开的联合国国际多式联运公约会议上产生了《联合国国际多式联运公约》。该公约将在 30 个国家批准和加入一年后生效。它的生效将对今后国际多式联运的发展产生积极的影响。

国际多式联运是今后国际运输发展的方向，这是因为，开展国际集装箱多式联运具有许多优越性，主要表现在以下几个方面。

（1）简化托运、结算及理赔手续，节省人力、物力和有关费用

在国际多式联运方式下，无论货物运输距离有多远，由几种运输方式共同完成，也不论运输途中货物经过多少次转换，所有一切运输事项均由多式联运经营人负责办理。而托运人只需办理一次托运，订立一份运输合同，支付一次费用，办理一次保险，从而省去托运人办理托运手续的许多不便。同时，由于多式联运采用一份货运单证，

统一计费，因而也可简化制单和结算手续，节省人力和物力，此外，一旦运输过程中发生货损货差，由多式联运经营人对全程运输负责，从而也可简化理赔手续，减少理赔费用。

（2）缩短货物运输时间，减少库存，降低货损货差事故，提高货运质量

在国际多式联运方式下，各个运输环节和各种运输工具之间配合密切，衔接紧凑，货物所到之处中转迅速及时，大大减少货物的在途停留时间，从而从根本上保证了货物安全、迅速、准确、及时地运抵目的地，因而也相应地降低了货物的库存量和库存成本。同时，多式联运是通过集装箱为运输单元进行直达运输，尽管货运途中需经多次转换，但由于使用专业机械装卸，因而货损货差事故大为减少，从而在很大程度上提高了货物的运输质量。

（3）降低运输成本，节省各种支出

由于多式联运可实行门到门运输，因此对货主来说，在货物交由第一承运人以后即可取得货运单证，并据以结汇，从而提前了结汇时间。这不仅有利于加速货物占用资金的周转，而且可以减少利息的支出。此外，由于货物是在集装箱内进行运输的，因此从某种意义上来看，可相应地节省货物的包装、理货和保险等费用的支出。

（4）提高运输管理水平，实现运输合理化

对于区段运输而言，由于各种运输方式的经营人各自为政，自成体系，因而其经营业务范围受到限制，货运量相应也有限。而一旦由不同的运经营人共同参与多式联运，经营的范围可以大大扩展，同时可以最大限度地发挥其现有设备作用，选择最佳运输线路组织合理化运输。

（5）其他作用

从政府的角度来看，发展国际多式联运具有以下重要意义：有利于加强政府部门对整个货物运输链的监督与管理；保证本国在整个货物运输过程中获得较大的运费收入配比例；有助于引进新的先进运输技术；减少外汇支出；改善本国基础设施的利用状况；通过国家的宏观调控与指导职能，保证使用对环境破坏最小的运输方式达到保护本国生态环境的目的。

简言之，国际多式联运的优点是责任统一，手续简便；运输时间缩短，货运质量提高，中途无须拆箱倒载；节省运杂费、利息支出。（如货物装上运输工具即可结汇，提前 7～10 天结汇，减少利息开支）。但也应注意的如下问题，例如，所运货物应适合集装箱运输，装运港和目的港应有集装箱航线和装卸设备，装箱点和启运点应可以办理海关手续等。

阅读资料

我国国际多式联运发展中的问题

1. 基础设备设施尚需改进和完善

多式联运通常以集装箱为运输单元，将不同的运输方式有机地组合在一起，构成连续的、综合的一体化货物运输链。由于该运输链通常是集装箱化的，因此，对船舶、港口、铁路、公路、机场、集装箱分拨中心等基础设备设施，都提出了比较高的要求。然而，我国、尤其

是长江流域内陆地区的集装箱装卸设备技术水平低，致使集装箱港、站的作业效率低、能力难以发挥。而且，集装箱运输工具也比较落后，铁路、公路专用车辆和内河专用船舶较少，特别是长江干线的集装箱船舶多为旧船改造和部分通用驳船，吨位偏小，运输效率和效益都难以提高。

2. 高科技水平不足

随着信息通信技术的不断发展，人们已经认识到需要一个统一的信息平台来支持多式联运系统的正常运营。多式联运系统涉及各种运输方式、众多的经营者及消费者，由于用户需求的快速变化及各种技术的不断进步，没有一个坚实的信息化基础将不可能实现多式联运的目标。尽管我国的多式联运系统信息化建设已经初步开展，在一些港口和枢纽站已建立起实用的 EDI 系统，但是，目前该系统的发展还很不平衡，而且并没有普遍应用。另外，我国多式联运系统还没有引进先进的货物全程在线跟踪技术，港口、船公司、查验单位也没有实现数据信息共享，造成了各环节上的信息传递滞后。

3. 管理部门之间缺乏协调合作

长期以来，我国按照运输方式进行分部门管理，水运和公路运输由交通部管理，民航由民航总局管理，铁路由铁道部管理。这样，部门之间的权利和责任就有了交叉和重复，缺乏有效的合作与协调，产生了多头管理和缺乏统一管理并存的实际状况。在这种对多式联运采取分段运输的管理模式下，自然不能很好地规划和建设运输链中衔接不同运输方式的运输节点，不能很好的形成多式联运的网络系统。只要这种结构性的问题不解决，货物运输的效率就会受到抑制。

4. 缺乏统一的多式联运法规及政策

要实现高效的多式联运系统，统一的标准是必不可缺的。因为运输设备尺寸的差异，数据交换格式的不同等都会引起多式联运系统的效率低下。同时，运输模式的日益变化要求有统一的、通用的各种软、硬件标准，以支持多式联运在不同国家、地区、方式之间有效地进行。然而，目前我国尚无统一的多式联运管理机构，各主管部门受行业和利益限制，缺乏对多式联运的全盘考虑，制定的有关集装箱运输和监管的法规相互矛盾，难以协调，跨部门、跨行业执行相当困难，不能对多式联运市场进行有效的法制管理。

同时，我国目前国际多式联运存在着费用项目繁多、价格体系不统一的问题。因为集装箱是按照新线新价、优质优价的政策制定价格水平，而件杂货运输有的还是国家计划价，因此，集装箱运输价格有时明显高于件杂散货价格。这样就使我国内陆相当一部分适箱货在沿海港口拆装箱后以件杂货方式进行运输，不利于集装箱运输的开展。另外，长江流域集装箱运输中存在着环节多、收费名目多、重复查验、重复收费等现象。目前，我国多式联运全程价格不稳定，透明度较小，难以实现国际多式联运的一次收费要求。

5. 欠缺对国际多式联运发展的鼓励政策

由于多式联运全程实行单一的运输费率，价格较高，因此贸易双方处于成本考虑，有时不愿采取国际多式联运的方式进行货物运输。尽管近年来，国家及地方政府在基础设施方面制定了一些鼓励发展集装箱运输的政策，但是对于多式联运这种高效的运输组织方式，还需在价格、税收与补贴、开发与研究、信息发布和市场宣传等方面给予鼓励和扶持。特别是长江流域多式联运正处于发展的初级阶段，更需要国家在政策上予以扶持，尤其是要鼓励充分利用长江水道开展集装箱多式联运，节约资源、降低成本、保护环境。

（资料来源：郝鑫浩. 2008. 我国国际多式联运发展中的问题. 合作经济与科技，2：337）

第二节　国际多式联运经营人

一、国际多式联运经营人简述

1. 多式联运经营人的定义

经营人（combined transport operator，CTO）指其本人或通过其代理同托运人订立多式联运合同的人。可是实际承运人，也可是无船承运人（non-vessel operating carrier, NVOC）。多式联运是一项极其复杂的国际间货物运输的系统工程，涉及面广，环境复杂，必须有一个总负责人按照多式联运合同，进行全程运输的组织、安排、衔接和协调等管理工作，这个总负责人就是多式联运经营人。已通过的《联合国国际货物多式联运公约》对多式联运经营人所下的定义是："多式联运经营人是指其本人或通过其代表订立多式联运合同的任何人，他是事主，而不是发货人的代理人或代表，也不是参加多式联运承运人的代理人或代表，并且负有履行合同的责任。"

从上述定义可以看出，多式联运经营人是订立多式联运合同并负有履行合同责任的人。由于多式联运是在国际间使用多种不同运输工具共同完成，不可能有一个多式联运经营人拥有全部运输工具，承担全部运输，因此在订立合同后，多式联运经营人往往把部分运输区段或全部运输区段的运输任务委托各区段实际承运人去完成，自己并不参加某区段实际的运输或不参加任何区段的实际运输。这种多式联运经营人与各区段实际承运人订立的分运输合同，不能改变多式联运经营人在多式联运合同中当事人的身份，各区段承运人只对多式联运经营人负责，而多式联运经营人必须对多式联运合同负责。

2. 多式联运经营人应具备的条件

当多式联运经营人从发货人那里接管货物时起，其对多式联运合同的责任即开始，他必须按照合同，把货物从一国境内的接货地安全、完好、及时地运至另一国境内指定的交货地，如果货物在全程运输过程任何区段发生的过失、损害或延误交付，多式联运经营人均以本人身份直接向货主进行赔偿，即使货物的灭失、损害是某区段实际承运人灭失所致。因此，作为多式联运主体的多式联运经营人，应具备以下一些必要条件。

（1）订立多式联运合同

多式联运经营人必须与托运人订立多式联运合同，并据以收取全程运费，同时负责履行合同。根据多式联运的定义，在合同中应至少使用两种不同运输工具连贯地完成国际间的货物运输。

（2）接货后即签发多式联运单据

多式联运经营人或其代表从发货人手中接管货物时，即签发多式联运单据，并对所接管的货物开始负有责任。

（3）按合同规定将货物交指定的收货人或多式联运单据持有人

多式联运经营人应承担合同规定的与运输和其他服务有关的责任，如组织不同运输工具的运输和转运，办理过境国的海关手续，货物在运输全程中的保管、照料等，并保证将货物交给多式联运单据指定的收货人或多式联运单据的持有人。

（4）有足够的赔偿能力

对多式联运全程运输中所发生的货物过失、损害或延误交付，多式联运经营人应首先负责对货主进行直接赔偿。因此，多式联运经营人必须有足够的赔偿能力。当然，如果货损事故为实际区段承运人的过失所致，多式联运经营人在直接赔偿后拥有向其追偿的权利。

（5）有相应的技术能力

多式联运经营人应具备与多式联运所需的相应的技术能力，包括多式联运必须的业务网点和专业技术人员，并保证对自己签发的多式联运单据的流通性，并作为有价证券在经济上有令人信服的担保程度。

3. 多式联运经营人一般性的责任和义务

1）从掌管货物时起至交付货物时止，负责从事或以他自己的名义组织货物联运工作，包括这种联运所需要的一切服务工作，并在本规则所规定的范围内，承担这种联运和服务工作的责任。

2）对于他们的代理人或雇佣人员的行为和不行为尤如这种行为和不行为是他自身的那样，承担责任，如果这些代理人或雇佣人员是在他们职责内行事。

3）对于他所使用的为其履行以联运单证作为证明的合同而提供服务的任何其他人的行为和不行为，承担责任。

4）负责从事或组织为确保货物交付所必需的一切工作。

5）对于从他掌管货物到交付货物期间发生的关于货物灭失或损害，承担本规则规定范围内的责任，并负责支付规则规定的有关这种灭失或损害的赔偿金。

6）承担在规则规定范围内关于延迟交货的责任，并负责支付该规则所规定的赔偿金。

二、国际多式联运经营人的责任范围与责任期间

（一）国际多式联运责任制

1. 国际多式联运责任制的类型

对多式联运经营人赔偿责任的分析，首先必须确定责任制（liability regime），即其应承担的责任范围。在目前的国际集装箱多式联运中，经营人所负的责任范围主要有以下两种类型。

（1）统一责任制

统一责任制（uniform liability system），又称同一责任制，就是多式联运经营人对货主负有不分区段的统一原则责任，也就是说经营人在整个运输中都使用同一责任向货主负责。即经营人对全程运输中货物的灭失、损坏或延期交付负全部责任，无论事故责任是明显的，还是隐蔽的，是发生在海运段，还是发生在内陆运输段，均按一个统一原则由多式联运经营人统一按约定的限额进行赔偿。但如果多式联运经营人已尽了最大努力仍无法避免的或确实证明是货主的故意行为过失等原因所造成的灭失或损坏，经营人则可免责。

统一责任制是一种科学、合理、手续简化的责任制度。但这种责任制对联运经营人来说责任负担较重，因此目前在世界范围内采用还不够广泛。

（2）网状责任制

网状责任制（network liability system），又称混合责任制，就是多式联运经营人对货主承担的全部责任局限在各个运输部门规定的责任范围内，也就是由经营人对集装箱的全程运输负责，而对货物的灭失、损坏或延期交付的赔偿，则根据各运输方式所适用的法律规定进行处理，如海上区段按《海牙规则》处理，铁路区段按《国际铁路运输公约》处理，公路区段按《国际公路货物运输公约》处理，航空区段按《华沙公约》处理。在不适用上述国际法时，则按相应的国内法规处理。同时，赔偿限额也是按各区段的国际法或国内法的规定进行赔偿，对不明区段的货物隐蔽损失，或作为海上区段按《海牙规则》处理，或按双方约定的原则处理。

网状责任制是介于全程运输负责制和分段运输负责制这两种负责制之间的一种责任制，故又称混合责任制。也就是该责任制在责任范围方面与统一责任制相同，而在赔偿限额方面则与区段运输形式下的分段负责制相同。

2. 我国采用的网状责任制

目前，国际上大多采用的就是网状责任制。我国自“国际集装箱运输系统（多式联运）工业性试验”项目以来发展建立的多式联运责任制采用的也是网状责任制。

知识拓展

我国发展和采用网状责任制有以下有利之处：

1）与国际商会1975年修订的《联合运输单证统一规则》有关精神相一致，也与大多数航运发达国家采用的责任形式相同。

2）我国各运输区段如海上、公路、铁路等均有成熟的运输管理法规可以遵循，采用网状责任制，各运输区段所适用的法规可保持不变。

3）相对于统一责任制而言，网状责任制减轻了多式联运经营人的风险责任，对保护刚刚起步的我国多式联运经营人的积极性，保证我国多式联运业务顺利、健康地发展具有积极意义。

但是从国际多式联运发展来考虑，网状责任制并不理想，易在责任轻重、赔偿限额高低等方面产生分歧。因此，随着我国国际多式联运的不断发展与完善，统一责任制应更为符合多式联运的要求。

（资料来源：http：//blog. shippingchina. com/article-htm-uid-4012-itemid-22977. html）

3. 国际多式联运公约采用的责任形式

联合国国际货物多式联运公约对于多式联运经营人的责任制形式采用了“修正统一责任制”(modiried uniform liability system)，排除了“网状责任制”。根据这一责任形式，多式联运经营人对货损的处理，不管是否能确定造成货损的实际运输区段，都将适用本公约的规定。但是，多式联运公约又作了这样的规定，如果货物的灭失或损坏发生于多式联运的某一特定区段，而对这一区段适用的一项国际公约或强制性国家法律规定的赔偿责任限额高于本公约规定的赔偿责任限额，则多式联运经营人对这种灭失或损坏的赔偿，应按照该国际公约或强制性国家法律予以确走。显然，该规定却又是完全的网状责任制形式。根据这一规定，一旦发生货物的灭失或损坏，多式联运经营人对货损的赔偿首先要依据所适用的法律规定来确定所适用的责任制形式。

多式联运公约中采用的这种责任形式，使国际多式联运中出现了双层赔偿责任关系，即多式联运经营人与货主（托运人）之间的赔偿责任关系以及多式联运经营人与其分包人之间的赔偿责任关系。前者的赔偿责任关系受制于多式联运公约的规定。由于多式联运公约的强制性，这一规定中多式联运经营人不能放弃或降低赔偿责任限制，也不能将自己承担的责任转嫁货主。而对多式联运经营人与其分包人的赔偿责任，多式联运公约并未作任何规定，这在国际多式联运中极易产生纠纷。如海运方面至今采用的是“不完全过失责任制”，航空方面则采用“完全过失责任制”，而陆路运输方面无论是公路，还是铁路均采用“严格责任制”。在上述几种责任制中，海上承运人的责任最轻。

由于多式联运公约采用了统一责任制，下列情况将不适用于该公约的规定：

1）凡属于单一运输方式下合同的货物接送业务。

2）对于公约缔约国与非缔约国之间所发生的有关多式联运的诉讼，如两国均受同一其他公约的制约，该缔约国法院则适用该其他公约的规定。

3）国际公路货物运输公约和国际铁路货物运输公约第二条规定的货物运输，不能视为国际多式联运。

（二）国际多式联运经营人的责任期间

责任期间(period of responsibility)是指行为人履行义务、承担责任在时间上的范围。不言而喻，承运人责任期间的长短，也在一定程度上体现了承运人承担义务的多少和责任的轻重。

1. 单一运输公约下承运人的责任期间

对于海上承运人的责任期间，根据《海牙规则》的规定，承运人的责任期间是“自货物装上船时起至卸下船时止”这一段时间。就是说货物的灭失或损坏是在该期间产生的，才适用《海牙规则》。然而，由于人们对“装上船”和“卸下船”的理解存在差异，因而《海牙规则》的这一规定不是很明确。

例如，在使用船上起重机的情况下，货物装上船至少可以有以下四种理解：货物被

吊离地面、货物被吊过船舷、货物被吊至甲板上或与舱口围垂直的舱底、货物被放妥在预定的积载位置上。从中可以发现，根据每一种理解，承运人责任期间开始的时间是不同的。至于卸货，也不同程度地存在一些不同的理解。

基于上述情况，提单条款必须定出一个精确的时间，作为承运人责任期间的开始与结束，而大多数船舶公司的提单，都以“钩到钩”作为承运人的责任期间。

“钩到钩原则”（tackle to tackle）规定，在使用装运船舶起重机起吊货物时，对于货物的风险，承运人只在货物被吊离地面时起至货物被吊离船落地时止这一段时间内负责。由于“钩到钩原则”所表示的责任期间在《海牙规则》规定的范围内，因此这样的规定是有效的。当然，在不使用船上起重机时，就可不以此原则来确定承运人的责任期间。一般规定，在使用岸上起重机的情况下，承运人的责任期间为船舷至船舷；在使用驳船装卸时，承运人的责任期间为货物被吊上钩起至全部货物被卸至驳船上止；石油和散货运输如使用管道和输送带，承运人的责任期间为：货物被输送至管道或输送带的入舱口起至货物被送到船舶与管道或输送带的最后一个接点止。

对于责任期间以外发生的货损货差，可由承托双方在合同上自由约定。因此，《海牙规则》进一步规定：“对货物没有装上船或货物已从船上卸下后，承运人的权利、义务不受本规则的限制，承托双方自由协商，即使其责任或权利大于本规则，也为法律所许可”。

值得注意的是，《海牙规则》中所规定的承运人的责任期间并非绝对的，还要受有些国家国内法的规定和港口惯例的约束。这是因为《海牙规则》对于承运人责任期间的规定是较为有利于承运人的，因而有些国家为了保护货主的利益，以法律、港口规章或惯例的形式，要求承运人负更多的责任。鉴于港口所在国法律对提单的强制适用，承运人就不得不承担这种责任。当然，承运人可以与港口、仓储经营人订立合同，对于他们的过失造成的货物损失保留追偿的权利。

1978 年通过的《汉堡规则》则延长了承运人的责任期间，《汉堡规则》规定：“承运人对货物的负责时间包括货物在装船港、运输途中和卸船港承运人掌握的整个期间”。也就是说，从收到货物时起到交付货物时止。当然，收货和交货都有区域限制，在港口以外收交货物的，就不能以此收交为责任期间的开始和结束。《汉堡规则》的这一规定，突破了《海牙规则》对承运人的最低责任期间，向装卸前后两个方向发展，在一定程度上加重了承运人的责任。

对于承运人接受和交付货物的方式，《汉堡规则》规定，承运人可以按通常的方式从托运人或其代表处接受货物，也可依照法律或规章，从海关或港口当局处接受货物；在交付货物方面，承运人可以把货物交给收货人，也可依照法律或规章，把货物交给有关当局或第三人。如果收货人提货延迟，承运人将货物置于收货人的支配之下便无责任。通常，在将货物交给港口当局、并向收货人发出通知后，货物即可被认为已处于收货人的支配之下。

根据《汉堡规则》的规定，无论货物的灭失或损坏发生在哪一区域，只要是在承运人掌管期间发生的，收货人均可向承运人提出赔偿要求，即使是实际上的货物灭失或损坏并非属于承运人的责任。当然，这并不排除承运人向有关责任人行使追偿的权利。

至于其他国际货物运输公约，如国际公路货物运输公约（CMR）、国际铁路货物运输公约（CIM）、国际航空货物运输公约（华沙公约）等对承运人责任期间的规定，与《汉堡规则》的规定大体相同，即承运人的责任期间为：从承运人接管货物时起至交付货物后止，差别主要在于接管和交付货物的方式与地点。由于在货物运输实务中，接管和交付货物的方式涉及实际责任期间的长短和风险的大小，因此各货运公司通常都在其章程、运输条件中予以明确。

2. 国际多式联运公约对承运人责任期间的规定

联合国国际货物多式联运公约根据集装箱运输下，货物在货主仓库、工厂以及集装箱货运站、码头堆场进行交接的特点，仿照《汉堡规则》，对多式联运经营人规定的责任期间是："多式联运经营人对于货物的责任期间，自其接管货物时起至交付货物时止"。

依照多式联运公约条款的规定，多式联运经营人接管货物有两种形式：

1）从托运人或其代表处接管货物，这是最常用、最普遍的规定方式。

2）根据接管货物地点适用的法律或规章，货物必须交其运输的管理当局或其他第三方，这是一种特殊的规定。

在第二种接管货物的方式中，有一点应予以注意，即使多式联运公约规定多式联运经营人的责任从接管货物时开始，但在从港口当局手中接受货物的情况下，如货物的灭失或损坏是在当局保管期间发生的，多式联运经营人可以不负责任。

多式联运公约对交付货物规定的形式有三种：

1）将货物交给收货人。

2）如果收货人不向多式联运经营人提取货物，则按多式联运的合同或按照交货地点适用的法律或特定行业惯例，将货物置于收货人支配之下。

3）将货物交给根据交货地点适用法律或规章必须向其交付的当局或其他第三方。

在收货人不向多式联运经营人提取货物的情况下，多式联运经营人可按上述第二、三种交货形式交货，责任即告终止。在实践中，经常会发生这种情况，如收货人并不急需该批货物，为了节省仓储费用；又如市场价格下跌，在运费到付的情况下，都有可能造成收货人延迟提货。因此，多式联运公约的这种规定不仅是必要的，也是合理的。

三、国际多式联运经营人的赔偿责任

1. 多式联运经营人为其受雇人、代理人和其他人所负的赔偿责任

国际多式联运是由多式联运经营人将货物从一国境内接管货物的地点运至另一国境内指定地点交付货物。这里重要的是必须订立多式联运合同。由于多式联运全过程要通过各种代理人、实际承运人等共同来完成，因而各有关方之间的法律关系十分复杂。其中，既有多式联运经营人与托运人之间的合同关系，又有多式联运经营人与其受雇人之间的雇佣关系、与其代理人之间的代理关系、与分包承运人之间的承托关系，以及托

运人、收货人与多式联运经营人及其受雇人、代理人、分包人之间可能发生的侵权行为关系。对于如此错综复杂，且权利、义务又各不相同的法律关系，应掌握一点，即多式联运下的法律结构是调整多式联运经营人与托运人之间的合同关系的，而其他法律关系都附着在这一合同关系上，并比照这一合同关系统一其权利和义务。

根据联合国多式联运公约的有关规定，多式联运合同的一方是多式联运经营人，包括其本人或通过其代表订立多式联运合同的任何人，他是事主，而不是托运人的代理人或代表，也不是参加多式联运的承运人的代理人或代表，并且，负有履行合同的责任。多式联运合同的另一方是托运人，这也是指其本人或通过其代理与多式联运经营人订立多式联运合同的任何人。多式联运经营人和他的受雇人、代理人和分包人的关系都适用代理关系，货物交由他们掌管应视为与交给多式联运经营人掌管具有相同效力。所以，多式联运公约规定：多式联运经营人应对他的受雇人或代理人在其受雇范围内行事时的行为或不行为负赔偿责任，或对他为履行多式联运合同而使用其服务的任何其他人在履行合同的范围内行事时的行为或不行为负赔偿责任，亦如他本人的行为或不行为。

同样，虽然托运人和收货人与多式联运经营人的代理人、受雇人没有合同关系，但可依据侵权行为提起拆讼。不过，在这种诉讼中，经营人的代理人、受雇人可享受与经营人同样的辩护理由和责任限制。这样，既有利于货主与承运人之间行使追偿的权利，又使承运人一方得到应有的保护，而且，也保障了以各种形式起诉都能得到同一法律效果，达到法律的统一性和公正性。

2. 多式联运经营人的赔偿责任基础

对承运人赔偿责任的基础，目前，各单一运输公约的规定不一，但大致可分为过失责任制和严格责任制两种。严格责任制是指排除了不可抗力等有限的免责事由外，不论有无过失，承运人对于货物的灭失或损坏均负责赔偿。国际铁路货运公约、公路货运公约等都采用了该种责任制。过失责任制是当承运人和其受雇人在有过失时负赔偿责任。这种责任制为《海牙规则》和 1929 年的《华沙航空公约》所采用。但海运过失责任制并不是完全过失，它附有一部分除外规定，如航行过失（船舶碰撞、触礁、搁浅），1978 年通过的汉堡规则则实行过失推定原则，这才实现了较完整的过失责任制。

多式联运公约对多式联运经营人规定的赔偿责任基础包括：

1）多式联运经营人对于货物的灭失、损坏和延迟交付所引起的损失，如果造成灭失、损坏或延迟交付的事故发生于货物由其掌管期间，应负赔偿责任，除非多式联运经营人证明其本人、受雇人、代理人或其他人为避免事故的产生及其后果已采取一切符合要求的措施。

2）货物未在明确议定的时间交付，或者如无此种协议，未在按照具体情况对一个勤奋的多式联运经营人所能合理要求的时间内交付，即为延迟交付。

3）如果货物未在按照条款确定的交货日期届满后连续 90 日内交付，索赔人即可认为这批货物已灭失。

从上述规定可以看出，多式联运公约在赔偿责任基础上仿照了《汉堡规则》也实行的推定过失责任制。

此外，如果货物的灭失、损坏或延迟交付是由多式联运经营人、受雇人、代理人或有关其他人的过失或疏忽与另一原因结合而产生的，根据多式联运公约规定，多式联运经营人仅对灭失、损坏或延迟交货可以归之于此种过失或疏忽的限度内负赔偿责任。但公约同时指出：多式联运经营人必须证明不属于此种过失或疏忽的灭失、损坏或延迟交货的部分。

在国际货物运输中，一般的国际货运公约对延迟交货均有相应的规定。如铁路货运公约、公路货运公约、华沙航空货运公约等，对延迟交货的规定较明确。但有的对此则无明确规定。如海上运输，由于影响海上运输的因素很多，较难确定在什么情况下构成延迟交货，因而，《海牙规则》对延迟交货未作任何规定。相形之下，国际多式联运公约的规定是明确的。

在运输实务中，延迟交货的情况一旦发生，收货人通常会采取以下处理办法：

1）接受货物，再提出由于延迟交货而引起的损失赔偿。

2）拒收货物，并提出全部赔偿要求。

在上述第一种情况下，收货人提出的仅是由于运输延误而引起的损失赔偿。如由于延误造成工厂停工、停产、市场价格下跌等引起的损失以及由于延迟交货使收货人积压资金而产生的损失。第二种情况的发生通常是指延迟交货超过多式联运公约规定的期限，即超过“确定的交货日期届满后连续 90 日”仍未交货，收货人则视该货物已经灭失。对此，收货人必须以书面形式通知多式联运经营人，否则，多式联运经营人对延迟交货造成的损失不予赔偿。

3. 多式联运经营人的赔偿责任限制

在现有的国际货运公约中，对于承运人的赔偿责任限制（limitation of liability）采用的赔偿标准都不尽相同。《海牙规则》采用的是单一标准的赔偿方法，即只对每一件或每一货运单位负责，而不对毛重每千克负责。这种规定方法在实际应用中存在较大缺陷，不符合国际贸易和运输业发展的需要。为此，1968 年制订的《维斯比规则》将双重标准的赔偿方法列入公约，即既对每一件或每一货运单位负责，又对毛重每千克货物负责。同时，对集装箱、托盘或类似的成组工具在集装或成组时的赔偿也作了规定，1978 年制订的《汉堡规则》也采用了这种赔偿方法。

国际多式联运公约仿照了《汉堡规则》的规定，也将这种双重赔偿标准列入了公约中。区别是，多式联运公约不仅规定了双重标准的赔偿方法，同时也规定了单一标准的赔偿方法。

多式联运公约按国际惯例规定多式联运经营人和托运人之间可订立协议，制定高于公约规定的经营人的赔偿限额。在没有这种协议的情况下，多式联运经营人按下列赔偿标准赔偿：例如，在国际多式联运中包括了海上或内河运输，也就是在构成海陆、海空等运输方式时，多式联运经营人对每一件或每一货运单位的赔偿按 920 个特别提款权（SDR），或毛重每千克 2.75 个特别提款权，两者以较高者为准。

关于对集装箱货物的赔偿，多式联运公约基本上采用了《维斯比规则》规定的办法。因此，当根据上述赔偿标准计算集装箱货物的较高限额时，公约规定应适用以下规则：

1）如果货物是采用集装箱、托盘或类似的装运工具集装，经多式联运单证列明装在这种装运工具中的件数或货运单位数应视为计算限额的件数或货运单位数。否则，这种装运工具中的货物视为一个货运单位；

2）如果装运工具本身灭失或损坏，而该装运工具并非为多式联运经营人所有或提供，则应视为一个单独的货运单位。

多式联运公约的这一赔偿标准中还包括了延迟交付赔偿限额的计算方法。根据公约的规定，不管多式联运是否包括海上或内河运输，经营人对延迟交货造成损失所负的赔偿责任限额，相当于被延迟交付的货物应付运费的 2.5 倍，但不得超过多式联运合同规定的应付运费的总额。同时，延迟赔偿或延迟与损失综合赔偿的限额，不能超过货物全损时经营人赔偿的最高额。

4. 多式联运经营人的赔偿标准

目前绝大多数国家的多式联运经营人采用网状责任制，与网状责任制有关的各运输区段国际货运公约以及国际多式联运公约所规定的赔偿标准（即责任限额）如表 7-1 所示。

表 7-1　各运输区段国际货运公约赔偿标准与国际多式公约责任限额（SDR）

公约名称	每件（每单位） 责任限额	毛重（每公斤） 责任限额	备注
海牙规则	161		
汉堡规则	835	2.50	
维斯比规则	680	2.04	
国际公路货运公约		8.33	
国际铁路货运公约		16.67	
华沙公约		17.00	
多式联运公约	920	2.75、8.33	毛重每公斤 2.75SDR 包括海上或内河运输，8.33SDR 不包括海上或内河运输

注：SDR 是国际货币基金组织特别提款权。

维斯比规则、汉堡规则以及国际多式联运公约均规定了两种责任限额，这是因为这三个国际公约的通过均在出现集装箱运输以后，而在集装箱运输方式下，如果仍以每件或每单位责任限额赔偿，可能会对货主造成很大不利，特别是在未列出箱内货物件数的情况下，集装箱内所有的货物只视为一件，采用两种责任限额并择大赔偿，有利于在集装箱运输方式下保护货主的利益。

第三节　国际多式联运单证与计费业务

一、国际多式联运单据的定义与主要内容

1. 多式联运单据的定义

《汉堡规则》中对提单所下的定义与多式联运公约对单据所下的定义是一致的，即“提单是指用以证明海上运输合同和承运人接受或装载货物，以及承运人保证据以交付货物的凭证单据中关于货物应按记名人或不记名人的指示交付给提单持有人的规定，便是这一保证。”可见，多式联运单据和提单作用相同，既是多式联运合同的证明，也是多式联运经营人收到货物的收据和凭其交货的凭证。表面上多式联运单据和联运提单相仿，但多式联运承运人对全程负责，而联运提单承运人只对自己执行的一段负责；多式联运单据由多式联运承运人签发，包括全程运输，但多种运输方式中，可以不包含海洋运输，联运提单由船公司签发，包括海洋运输在内的全程运输。

在多式联运方式下，多式联运经营人在接管货物时，应由本人或其代理人签发多式联运单据。在多式联运中，虽然一票货物由多种不同运输方式、多个实际区段承运人共同完成运输，但从接货地至交货地使用一张货运单证——多式联运单据。

知识拓展

1997 年 10 月 1 日我国实施的《国际集装箱多式联运管理规则》对多式联运单据的定义是：多式联运单据是指证明多式联运合同以及证明多式联运经营人接管货物并负责按合同条款交付货物的单据。

（资料来源：http：//hi. baidu. com. /euroland/blog/item/a708e406c7227ccb7a894767. html）

从上述定义可知，多式联运单据与海运提单作用相似：①两者都是多式联运合同的证明；②两者都是多式联运经营人收到货物的收据；③两者都是是收货人据以提货的物权凭证。

2. 多式联运单据的主要内容

多式联运单据是发货人、多式联运经营人、收货人等当事人货物交接的凭证，多式联运单据的内容应准确、完整，其主要内容有：①货物的名称、种类、件数、重量、尺寸、包装等；②多式联运经营人的名称和主要经营场所；③发货人、收货人的名称；④多式联运经营人接管货物的地点、日期；⑤多式联运经营人交付货物的地点和约定的时间或期限；⑥表示多式联运为可转让或不可转让的声明；⑦多式联运经营人或其授权人的签字；⑧有关运费支付的说明；⑨有关运输方式和运输线路的说明；⑩在不违反多式联运单据签发国法律的前提下，双方同意列入的其他事项。

多式联运单据一般都列入上述内容，但如果缺少其中一项或几项，只要所缺少的内容不影响货物运输和当事人的利益，多式联运单据仍具有法律效力。

3. 多式联运单据的格式

由于《联合国国际货物多式联运公约》至今没有生效，因此没有可适用的国际公约，现在多式联运中使用的单证，在商业上是通过订立合同产生的，同时，还有一些组织制定的标准格式，除联合国外，波罗的海国际航运公会（BIMCO）和国际货运代理人协会联合会（FIATA ATA）也制定了多式联合单据的格式。

（1）Combidoc

它是由 BIMCO 制定的，通常为经营船舶的多式联运经营人所使用并得到了国际商会的认可。

（2）FIATA 多式联运提单

它由 FIATA 制定的，供作为多式联运经营人的货运代理企业使用。

（3）Multidoc（MTO）

它是由 UNCTAD 为便于《联合国国际货物多式联运公约》得以实施而制定的，它并入了《联合国国际货物多式联运公约》中责任制定的规定。

二、国际多式联运单证业务

（1）订立多式联运合同

国际多式联运经营人以契约承运人的名义与托运人签订国际多式联运合同。托运人应根据货物运输的需要及时托运和备货，并准备各种出口所需的单证，也就是根据货物买卖合同和信用证的要求进行备货，根据信用证或买卖合同对货物所规定的要求，申请检验和出证，制作单证，单证有贸易单证和运输单证，报关，然后向多式联运经营人托运。

（2）出运地货物交接

托运人根据多式联运合同的规定，应及时将所托运的货物交至指定的地点。托运人还应办理其他相关的手续，通常由多式联运经营人提供集装箱，发货人可以自己装箱，也可以委托多式联运经营人代为装箱。

多式联运经营人对货物的状况等进行检验，在确认无误后接受货物，多式联运经营人根据具体运输计划和所采用的运输方式，签发多式联运单据。

（3）多式联运经营人安排货物运输

国际多式联运经营人按托运人的托运要求安排运输线路，订舱配载、接货、安排内陆运输仓储、装箱，将装妥的集装箱运至实际承运人指定的堆场或港口堆场装运，实际承运人向多式联运经营人签发提单或运单。货物装上运输工具后，国际多式联运经营人应随时注意货物的流转并将有关信息和单证及时交目的地。

（4）目的地交接货物

货物运抵目的地后，由多式联运经营人或其代理人将货物交给收货人。

在货物运抵目的地时，多式联运经营人通常应通知收货人做好提货准备，并办理货物的出口手续，当收货人出具了多式联运单据或其他有效证明，并支付了到付的费用后，就可以办理货物的交接手续，将货物交付给收货人。

三、国际多式联运单证的种类

国际多式联运中使用的单证较多，但根据其用途可以分为两大类：一类是进出口运输所需要和办理运输有关业务的单证。如多式联运提单、各区段的运单、提单、提箱单、设备交接单、装箱单、场站收据、交货记录等；另一类是向各口岸监管部门申报所使用的单证，如商业发票、进出口许可证、商检、卫生检疫证明、合同副本、信用证副本等。其中，主要单证有以下几种。

1. 集装箱运输相关单证

1）设备交接单是集装箱进出港区、场站时，用箱人、运箱人与管箱人或其代理人之间交接集装箱及设备的凭证，兼有管箱人发放集装箱凭证的作用。分进场和出场两种。

2）装箱单是集装箱货物运输条件下，记载箱内所装货物详细情况的唯一单证。该单证由负责装箱的人填写并签字。如需理货时，由装箱人和理货员共同制作、签字，每箱一份。

3）场站收据是多式联运经营人或其代理人签发，证明已经收到托运货物并对货物开始负有责任的凭证。发货人可据此向多式联运经营人或代理人换取多式联运提单。该单证是一份复合单证，在我国有 7 联、10 联、12 联三种，是集装箱货物托运的主要单证。

4）交货记录是承运人把箱、货交付给收货人，双方共同签署，以证明货物已经交付，承运人对货物责任已告终止的单证。该单证也是复合单证，共有 5 联，是集装箱在目的地交付时的主要单证。

2. 多式联运提单

《联合国国际货物多式联运公约》对多式联运单证所下的定义：“多式联运单证是指证明多式联运合同及证明多式联运经营人接管货物并负责按合同条款交付货物的单据”。在实践中一般称为多式联运提单，它是发货人与多式联运经营人订立的国际货物多式联运合同的证明；它是多式联运经营人接管货物的证明和收据；它是收货人提取货物和多式联运经营人交付货物的凭证；它是货物所有权的证明，可以用来结汇、流通和抵押等。

在多式联运中，主要的单证即国际多式联运提单。按国际多式联运公约规定和在目前实际运作中，多式联运提单的种类，按是否可转让的原则可分为两大类：可转让提单和不可转让提单。而可转让提单又可分为按指示交付和向持票人交付两类。

（1）指示提单

指示提单（order B/L）是指在正面收货人一栏中载明“由某人指示”（order of ××

×）或“指示”（order）字样的多式联运提单。通常对于前者规定可以是发货人指示（order of shipper）或银行指示（order of bank），后者一般视为发货指示。不论是哪一种形式，指示人通常以背书的形式确定收货人，具体分为记名背书（special indorsement，即指示人在提单背面书写被背书人的背书）和空白背书（indorsement in blank，即指示人在提单背面只签署自己的姓名，而不写明被背书人的背书）。对于记名背书提单，经营人或其代表在目的地交付货物时应把货物交给被背书人或其进一步指示的收货人。对于空白背书的提单，应将货物交给出示提单的人（同不记名提单）。

两种指示提单均需要指示人背书后才能转让，实现提单的流通。如果指示人不作任何背书，则意味着指示人保留对货物的所有权，只有指示人本人才有提货权。

指示提单是目前在多式联运中被实际使用最多的可转让提单。

（2）不记名提单

不记名提单（bearer B/L）又称空白提单（blank B/L），是指在正面收货人栏不写明具体收货人或由某人指示，通常只注明“持有人”（bearer）或“交持有人”（to bearer）字样的多式联运提单。对于不记名提单，经营人或其代表应将货物交给持有提单的人。不记名提单的转让不需要背书即可进行，因此这种提单具有很强的流通性，但也给货物买卖双方带来很大的风险，所以在实践中极少采用。

（3）记名提单

记名提单（straight B/L）是指正面收货人一栏中载明作为收货人的特定人（或公司）的提单，一般不能发生转让流通（在有些国家规定可经背书或司法部门批准后转让）。由于这种提单流通性差，在实践中较少采用，仅在贵重物品、个人赠送品、展览品等货物运输中使用。

3. 多式联运提单的签发

多式联运经营人在收到货物后，凭发货人提交的收货收据签发多式联运提单，并应根据发货人的要求，可签发可转让或不可转让提单中的任何一种。签发提单前应向发货人收取合同规定和应由其负责的全部费用。

多式联运经营人在签发多式联运提单时，应注意以下事项：

1）如签发可转让多式联运提单，应在收货人栏列明按指示交付或向持票人交付。如签发不可转让提单，应列明收货人的名称。

2）提单上的通知人一般是在目的港或最终交货地点，由收货人指定代理人。

3）对签发正本提单的数量一般没有规定，但如发货人要求签发一份以上的正本时，应在每份正本提单上应注明正本份数。

4）如签发任何副本（应要求），每份副本均应注明“不可转让副本”字样，副本提单不具有提单的法律效力。

5）签发一套一份以上的正本可转让提单时，各正本提单具有同样的法律效力，多式联运经营人或其代理人如已按其中的一份正本交货，便已履行交货责任，其他提单自动失效。

6）多式联运提单应由多式联运经营人或经他授权人签字。如不违背所在国法律，签字可以是手签，手签笔迹的印、盖章、符号或用任何其他机械或电子仪器打出。

7）如果多式联运经营人或其代表在接受货物时，对货物的实际情况和提单中所注明的货物的种类、标志、数量、重量或包件数等有怀疑，但又无适当方法进行核对、检查时，可以在提单中作出保留，注明不符之处和怀疑根据。但为了保证提单的清洁，也可按习惯做法处理。

8）经发货人同意，可以用任何机械或其他方式保存《联合国国际货物多式联运公约》规定的多式联运提单应列明的事项，签发不可转让提单。在这种情况下多式联运经营人在接管货物后，应交给发货人一份可以阅读的单据，该单据应载有此种方式记录的所有事项。根据《联合国国际货物多式联运公约》规定这份单据应视为多式联运单据，《联合国国际货物多式联运公约》中的这项规定主要是为适应电子单证的使用而设置的。

多式联运提单一般在经营人收到货物后签发。由于联运的货物主要是集装箱货物，因而经营人接受货物的地点可能是集装箱码头、内陆堆场、集装箱货运站和发货人的工厂或仓库。由于接受货物地点不同，提单签发的时间、地点及联运经营人承担的责任也有较大区别。在各处签发提单的日期中，一般应是提单签发时的日期。如果应发货人要求填写其他日期(如提前则称为倒签提单)，多式联运经营人要承担较大风险。

4. 多式联运单据的证据效力与保留

多式联运单据一经签发，除非多式联运经营人在单据上作了保留，否则多式联运单据是：①多式联运经营人收到货物的初步证据；②多式联运经营人对货物的责任已经开始；③可转让的多式联运单据对善意的第三方是最终证据，多式联运经营人提出的相反证据无效。

如果多式联运经营人或其代表在接收货物时，对于货物的品种、数量、包装、重量等内容有合理的怀疑，而又无合适方法进行核对或检查时，多式联运经营人或其代表可在多式联运单据作出保留，注明不符的地方、怀疑的根据等。反之，如果多式联运经营人或其代表在接收货物时未在多式联运单据上作出任何批注，则应视为他所接收的货物外表状况良好，并应在同样状态下将货物交付收货人。

四、国际多式联运运价的制定

作为国际多式联运经营人的两种主要类型，无船承运人和有船承运人在很多方面具有不同的特征。然而，从多式联运运价表的内容与结构来讲，这两种多式联运经营人却并无大的区别。任何一个多式联运经营人，在制定多式联运运价表之前，首先必须确定出具体的经营线路，并就有关各运输区段的各单一运输方式作好安排，在此基础上，依据各单一运输方式的运输成本及其他有关运杂费，估算出各条营运线路的实际成本，从而制定出一个真正合理的多式联运运价表。

国际集装箱多式联运运价表从结构上讲，可采用以下两种形式：①城市间的门到门

费率。这种费率结构可以是以整箱货或拼箱货为计费单位的货物等级费率，也可以是按TEU或FEU计费的包箱费率。这是一种真正意义上的多式联运运价。②形式与海运运价表相似，是港到港间费率加上内陆运费率。这种费率结构形式较为灵活，但从竞争的角度来看，由对于这种形式将海运运价与内陆运价分开，因而对于竞争不利。

在多式联运运价分为海运运价和内陆运价两部分的情况下，应注意运价表的内陆运价部分必须包括这样一些内容：①一般性条款，如关税及清关费用、货物的包装、无效运输以及更改运输线路与方向等；②公路、铁路及内河运输的装箱时间及延滞费；③额外服务及附加费的计收，如因货主原因而使用有关设备等。

内陆运价应真实反映各种运输方式的成本状况及因采用集装箱运输而增加的成本项目。同时，在确定内陆运价时，既要考虑集装箱的装载能力，也要考虑运输工具的承载能力。这在有些时候会发生货主与承运人相互冲突的情况。例如，由于集装箱载重能力或内容积的限制，承运人在运输集装箱货物时不能达到运输工具的允许最大承载能力，进而给承运人造成一定的亏载损失。

由于目前国际集装箱多式联运运价的制定倾向于只限定在特定的一些运输线路上，即从海港到内陆消费中心或生产中心，因此，在制定内陆运价时可以考虑在不影响整个费率结构及其水平的情况下，采用较为优惠的内陆集装箱运输费率，对处于区位劣势的港口给予一定的补偿，从而提高这些港口的竞争力，促进这些港口腹地的国际集装箱多式联运的发展。

根据国际集装箱运输市场运价的变化及时调整费率水平，确保国际集装箱多式联运运价始终处于一种最新的状态，是多式联运经营人的一项十分重要的任务。通常，内陆运费率及有关费用的变化，相比海上运费率要频繁得多。因此，当内陆运费率及有关费用发生变化时，多式联运运价必须尽快作出相应的变化。

如果内陆运输成本上升而多式联运运价仍保持在原有的水平，那么，多式联运经营人的盈利就会减少。相反，如果内陆运输费用降低，而多式联运运价不相应降低，多式联运经营人的竞争地位就会受影响。

为充分发挥国际集装箱多式联运的优越性，国际多式联运运价应该比分段运输的运价对货主更具有吸引力，而绝对不能是各单一运输方式运费率的简单相加，因为这将使得多式联运经营人毫无竞争力可言。众所周知，运输时间和运输成本是与多式联运经营人竞争力密切相关的两个因素。对于组织、管理水平较高的多式联运经营人来说，运输时间是比较容易控制的。因此，重要的是如何降低运输成本。

目前，多式联运经营人，主要是无船承运人大多采用所谓的“集并运输”（consolidation）方式来减少运输成本。集并运输有时也称为“组装化运输”（groupage），它是指作为货运代理人的无船承运人将起运地几个发货人运往同一目的地的小批量、不足一箱的货物汇集起来，拼装成整箱货托运。货物运往目的地后，由当地“集并运输”代理人将它们分别交付各个收货人。其主要目的是从海上承运人较低的整箱货运费率中获益，从而降低海上运输成本。多式联运经营人降低海上运输成本的另一个途径是采用前述的运量折扣费率（TVC）形式，通过与海上承运人签订TVC合同，获取较低的海运运费率。此外，多式联运经营人还可以通过向非班轮公会会员船舶公司托运货物的方式来降低海运成本，因为相比之下，非会员船舶公司的费率水平通常要比会员船舶公司的低。

除海上运输外，国际集装箱多式联运经营人也可采用类似的方法来降低内陆运输（包括航空运输）成本，如采用运量折扣费率。此外，还可以通过加强与公路、铁路等内陆运输承运人之间的相互合作，获得较低的优惠费率。实际上，这种有效的合作对双方都是有利的。对于公路或铁路运输承运人来说，由于采用集装箱运输，车辆在一定时期内完成的周转次数比散件运输要多。或者说，运输同样数量的货物，采用集装箱运输所需的车辆数量要少，因而可以减少公路或铁路运输承运人的资本成本。

五、国际多式联运的计费方式

如前所述，国际集装箱多式联运全程运费是由多式联运经营人向货主一次计收。目前，多式联运运费计收方式主要有单一运费制和分段运费制两种。

（1）按单一运费制计算运费

单一运费制是指集装箱从托运到交付，所有运输区段均按照一个相同的运费率计算全程运费。在西伯利亚大陆桥（SLB）运输中采用的就是这种计费方式。前苏联从 1986 年起修订了原来的 7 级费率，采用了不分货种的以箱为计费单位的 FAK 统一费率。陆桥运输开办初期，从日本任何一个港口到布列斯特（前苏联西部边境站）的费率为：385 卢布/TEU，陆桥运输的运费比班轮公会的海运运费低 20%～30%。

（2）按分段运费制计算运费

分段运费制是按照组成多式联运的各运输区段，分别计算海运、陆运（铁路、汽车）、空运及港站等各项费用，然后合计为多式联运的全程运费，由多式联运经营人向货主一次计收。各运输区段的费用，由多式联运经营人与各区段的实际承运人分别结算。目前大部分多式联运的全程运费均采用这种计费方式，例如，欧洲到澳大利亚的国际集装箱多式联运，日本到欧洲内陆或北美内陆的国际集装箱多式联运等。

六、国际多式联运运费结构及其计算

1. 多式联运运费的基本结构

多式联运已突破传统海运“港—港”的范围，而向两岸延伸，因此多式联运运费的基本结构，除包括海运段外，还包括一端内陆或两端内陆的运费，如图 7-1 所示。

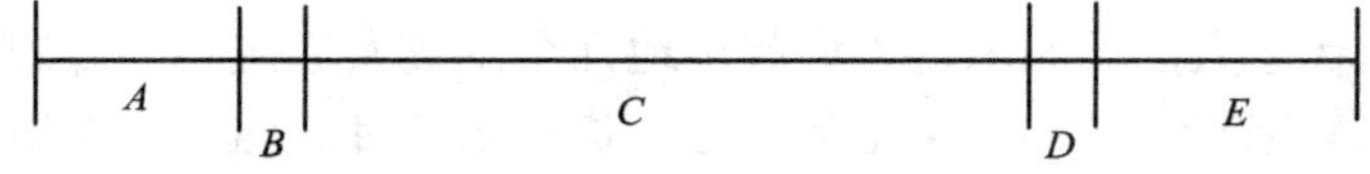

图 7-1　多式联运的运费结构

图中：A 是内陆运输费，主要是公路运费、铁路运费或内河运费，包括拖运费、储

仓费、转运费、服务费等；B 是码头装卸包干费。集装箱班轮通常与挂靠港订立集装箱装卸包干费；C 是海运费。包括基本运费和附加运费；D 是码头装卸包干费。同 B；E 是内陆运输费，同 A。

2. 公路运费计算

公路费计算公式为

公路运费＝基本运费＋附加运费

其中，基本运费是指公路运输中的拖运费，按箱型、箱尺寸和运距计算；附加运费是指在公路运输中发生的其他费用，如车辆延滞费、上下车费、人工延滞费、辅助装卸费以及其他附加费等。

公路运费的计算方式主要有计程运费、计时包车运费、包箱运费和短程运费。

3. 铁路运费计算

铁路运费计算公式为

铁路运费＝基本运费＋附加运费

其中，基本运费是指铁路运输中的拖运费，按箱型、箱尺寸和运距计算；附加运费是指办理铁路运输而发生的有关附加费用，如送取费、暂存费、换装费、代理费、新路费以及集装箱建设基金等。

4. 海运运费计算

海运运费计算公式为

海运运费＝基本运费＋附加运费

其中，基本运费是指任何一种货物运输收取的最基本的运费，是海运运费的主要组成部分，包括船舶的折旧、租金、燃油费、修理费、港口使用费、管理费和职工工资等；附加运费是指在海运过程中货物的特殊处理费用，如转船费、起重费、选港费、更改目的港费等，此外还包括受国际经济和国际贸易影响所产生的成本费用，如油价上涨、被迫绕航、汇率变动、港口拥挤等。

在集装箱海运中，为简化运费计算，班轮公司通常采用包箱费率的计算方法，并公布不同航线的运价。

5. 码头装卸包干费计算

在件杂货运输方式下，码头装卸费是按件以体积或重量计收的，在集装箱运输方式下，如仍以这种方法计收，一是计费十分繁杂，二是在整箱运输的方式下承运人对箱内货物种类不详，故世界各国港口大多采用集装箱装卸包干形式，按箱计收装卸包干费。

（1）装卸包干的作业内容

1）进口作业：拆除一般加固→卸船→水平运输至堆场→重箱堆存→重箱装车→空箱卸车，空箱堆存。

2）出口作业：空箱装车→重箱卸车→重箱堆存→水平运输至船边→装船一进行一般加固。

（2）装卸包干费的规定

我国交通部对外贸港口集装箱装卸包干费的规定如表 7-2 所示。

表 7-2　交通部集装箱收费规定

单位：元（人民币）

集装箱类型	20 英尺	40 英尺
一般货物集装箱	422.50	638.30
空箱	294.10	444.10
烈危集装箱	467.90	702.00
冷藏重箱	497.90	702.00
冷藏空箱	324.10	486.10

1）装卸包干费为固定费收，如减少包干作业的环节，仍按包干费计收，如增加包干作业以外的环节，则另行收费。

2）非国际标准集装箱、特种货物集装箱的装卸包干费由港航双方面议，但最高不超过相应国际标准箱费收的一倍。

3）沿海各主要港口的装卸包干费可在 20% 幅度内实行优惠，由港航双方商定，并报交通部、国家计委和当地省级价格主管部门备案。

6. 多式联运运费

多式联运的计算公式为

多式联运运费＝基本运费＋附加运费

其中，基本运费是指两种或两种以上不同运输方式的运费，在包括海运的多式联运中，由于海运费通常已包含码头装卸包干费，故不另外收取。附加运费是指多式联运全程运输中基本运费外的其他费用，如中转费、过境费、仓储费以及有关的单证、服务费等。应该指出的是，按《联合国国际货物多式联运公约》多式联运应采用单一运费率，实际计费可以分段累加计收，也可根据分段累加的总费用换算出单一运费率。

第四节　国际多式联运业务流程

一、国际多式联运的组织形式

如前所述，国际多式联运是采用两种或两种以上不同运输方式进行联运的运输组织形式。这里所指的至少两种运输方式可以是：海陆，陆空，海空等。这与一般的海海，陆陆，空空等形式的联运有着本质的区别。后者虽也是联运，但仍是同一种运输工具之间的运输方式。众所周知，各种运输方式均有自身的优点与不足。一般来说，水路运输

具有运量大，成本低的优点；公路运输则具有机动灵活，便于实现货物门到门运输的特点，铁路运输的主要优点是不受气候影响，可深入内陆和横贯内陆实现货物长距离的准时运输；而航空运输的主要优点是可实现货物的快速运输。由于国际多式联运严格规定必须采用两种和两种以上的运输方式进行联运，因此这种运输组织形式可综合利用各种运输方式的优点，充分体现社会化大生产大交通的特点。

根据《联合国国际货物多运式联运公约》的定义，从运输方式的组成看，多式联运必须是两种或两种以上不同运输方式组成的连贯运输。按这种方法分类，理论上多式联运有海—铁、海—空、海—公、铁—公、铁—空、公—空、海—铁—海、公—海—空等共 11 种类型，但由于当今国际运箱中海运占绝大多数的比例，因此目前多式联运主要有海—铁、海—空以及江—海三种类型。

（1）海—铁多式联运

海—铁包括海—铁—海多式联运，是当今多式联运的主要类型，特别是利用大陆桥开展海—铁或海—铁—海多式联运。所谓大陆桥（land bridge）是指大陆两端的港口之间，不通过跨洋过运河的海运，而是通过横贯大陆的铁路，把货物从一端港口运至另一端港口，人们形象地把这种跨接大陆两端连接海运的铁路，称为大陆桥。利用大陆桥进行海—铁—海多式联运，比单一海运可缩短运输距离，节省运输时间和运输成本。例如，从日本至鹿特丹利用西伯利亚大陆桥的海一铁多式联运，比经苏伊士运河的全海承运缩短距离约 7000 公里，节省时间和运费 20%左右，经济效益十分显著。当今世界主要有三座大陆桥，即位于欧亚大陆的第一欧亚大陆桥（即西伯利亚大陆桥）、第二欧亚大陆桥（即中国大陆桥）和位于北美大陆的北美大陆桥（主要为美国大陆桥）。

（2）海—空多式联运

海—空多式联运结合海运运量大、成本低和空运速度快、时间要求紧的特点，能对不同运量和不同运输时间要求的货物进行有机结合。随着世界商品技术含量的不断提高，并向轻、小、精、薄方向发展以及跨国公司对及时运输的需求，发达国家已出现采用大型飞机进行国际标准集装箱（空水陆联运集装箱）的海—空多式联运方式。目前世界上海一空多式联运主要线路是远东至欧洲的联运，占海—空联运总运量的 50%以上。该运输线路的西行线是远东通过海运至美西港口，如温哥华、西雅图、洛杉矶等，再通过空运至欧洲的目的地，东行线主要通过海参崴、香港等港口，再通过空运中转至欧洲目的地。另一条主要海一空联运线是远东至中南美，即远东海运至美西的温哥华、洛杉矶等港口，再转空运至中南美内陆目的地。随着世界范围内物流业的兴起，一些大型国际配送中心根据资料预测用户的货物需求量，通过运输成本低廉的海运事先取得货物，然后根据用户的订单采取空运，可在 24 小时内完成交货。

（3）江—海多式联运

江—海多式联运把海运和内河运输连接起来，既可充分发挥海运量大、成本低的优点，又可发挥内河运输价廉、灵活的优点，能方便地把货物运至内河水系的广大地区。目前世界范围最典型的江—海联运是利用欧洲国际内河水道莱茵河，在数千公里的沿岸，一些重要的工商业中心都通水路，建设了设备设施先进的高效率内河集装箱码头，开辟了各内陆工商业中心到鹿特丹、安特卫普等海港频繁的定班船，一方面保证了运输时间，另一方面大大缩短了货物在海港的滞留时间，方便而又高效。我国也利用长江、珠江开展了不同形式的江—海联运，取得了明显的经济效益。

二、国际陆路和陆桥货物运输

陆桥是指把海与海连接起来横贯陆域的通道，即货物从远东去欧洲，可以海运过太平洋登陆北美西岸经铁路专列横穿美国大陆后再从东岸下船海运去欧洲。从而，为远东、日本等地区和国家向欧洲的货物运输提供了一条捷径。诸如此类横贯地球陆域的陆桥运输，又称大陆桥运输。大陆桥运输是国际集装箱多式联运的一种特殊形式。

目前，世界范围内有重要影响的陆桥，主要有横贯北美连接太平洋与大西洋的北美陆上快速通道即北美大陆桥，以及横贯亚欧大陆连接太平洋和欧洲相关海域的陆上快速通道，包括西伯利亚大陆桥和新亚欧大陆桥。此外，还有连接南太平洋与南大西洋的南美陆运通道以及印度南亚大陆桥。这两座陆桥横贯南美和印度半岛。陆桥联运，可以实现缩短货物运送距离，节省货物运输时间，提高货物送达速度，保证货运时效性和及时性的要求；通过与陆桥相连的铁路和公路运输网，可以使国际贸易货物实现门到门的运输以及货运的“一条龙”服务；通过与陆桥相连的铁路、公路和内河运输网，可以实现边远、内陆纵深地区与海外和国际间的货物交换，促进边远和内陆纵深地区的经济发展；具有较好的经济性。因此，作为货运代理人应充分利用陆桥的条件和优势，开发陆桥联运业务，以进一步拓展经营活动的范围。

1. 大陆桥运输

（1）北美大陆桥

它是指利用横贯美国东西岸的铁路主干线，实现自远东、日本到欧洲的海——陆——海联运的主要陆桥通道。采用这条通道，比海运经苏伊士运河的路线，距离短，同时通过这一陆桥，可以使远东和日本货物以海陆联运方式迅速贯入美国发达的铁路和公路运输网并直接运抵美国东部和中部各内陆交货点。所以，这座大陆桥对北美东西部和内陆地区的进出口贸易具有重要的意义，在全美的经济发展中起着举足轻重的作用。

（2）西伯利亚大陆桥

该大陆桥主要利用途经俄罗斯西伯利亚与欧洲、中东可连接的铁路，把来自远东、日本等的海运货物经陆运进行（或反向）输送的陆上通道。这座陆桥的东端起点是日本，经海参崴登陆连接西伯利亚铁路主干线，直至欧洲波罗的海沿岸的圣彼得堡、里加、塔林或黑海沿岸的日丹诺夫、伊里切斯克等港口，经换装船舶由海运接送货物至北欧、西欧、巴尔干等地区与国家或换装集卡由公路至德国、瑞士、奥地利等国。大陆桥的东端，使用者已由日本发展到韩国、菲律宾、东南亚各国和我国香港、台湾地区等客户。在西端，已扩展到中西亚和中东地区各国。我国境内经东北满洲里可以直接与俄罗斯的西伯利亚枢纽铁路相连。货物去欧洲，走这座陆桥比船舶经苏伊士运河，

运距明显缩短。

（3）新欧亚大陆桥

新欧亚大陆桥，也称欧亚第二大陆桥。该大陆桥东起中国的连云港，西至荷兰鹿特丹港，全长 10837 公里，其中在中国境内 4143 公里，途径中国，哈萨克斯坦，俄罗斯、白俄罗斯、波兰，德国和荷兰 7 个国家，可辐射到 30 多个国家和地区。1990 年 9 月，中国铁路与哈萨克铁路在德鲁日巴站正式接轨，标志着该大陆桥的贯通。1991 年 7 月 20 日开办了新疆—哈萨克斯坦的临时边贸货物运输。1992 年 12 月 1 日由连云港发出首列国际集装箱联送"东方特别快车"，经陇海、兰新铁路，西出边境站阿拉山口，分别运送至阿拉图、莫斯科、圣彼得堡等地，标志着该大陆桥运输的正式开办。近年来，该大陆桥运量逐年增长，并具有巨大的发展潜力。

2. 小陆桥运输

（1）小陆桥运输的概念

所谓小陆桥运输（mini-land-bridge transport，MLB）是指远东海运至美西港口再转运铁路将货物运至美东或加勒比海沿海地区交货的一种海—铁多式联运方式。

（2）使用 MLB 运输方式应注意的问题

MLB 运输的前身为大陆桥运输，所不同的是，大陆桥运输是把美国横贯东西的铁路作为"桥梁"，组成海—铁—海多式联运，而小陆桥运输仅为海—铁多式联运。按照国际多式联运的要求，其适用的贸易术语应为 FCA、CPT 或 CIP，目前我国出口企业仍沿用 FOB、CFR、CIP 贸易术语，但要注意使用这三个海运贸易术语时，应按照 FCA、CPT、CIP 买卖双方的责任、费用及其风险责任划分的要求。同时，在贸易合同、信用证以及多式联运单据中注明"MLB"字样。

3. OCP 运物

OCP（overland common point）译为内陆公共点，美国中部和西部约占三分之二的本土均为 OCP 地区。所谓 OCP 运输，是指远东通过海运至美西港口，再转运铁路将货物运至 OCP 地区目的地交货的一种海—铁分段联运方式。与过巴拿马运河，绕加勒比海至美东港口，再通过陆运运至美国东部或中部地区交货相比，OCP 运输可缩短运输距离、节省运输时间和运输成本，是一种较为合理的运输方式。

由于 OCP 运输不是真正的多式联运，因此托运人必须分别与海运和铁路承运人订立运输合同，通过接力方式将货物运至目的地。对我国出口企业而言，以 CFR 或 CIF 贸易术语成交的合同，其责任和费用终止于美西港口，同时在买卖合同、信用证以及运输单证中均应注明"OCP"字样，以便顺利结汇。

4. IPI 运输

IPT 运输（interior point intermodal）意为内陆公共点多式联运。所谓 IPI 运输，是指远东海运至美西港口，再转运铁路将货物运至 OCP 地区指定目的地交货的一种海—铁多式联运。IPI 运输与 MLB 运输都是海—铁多式联运，其主要区别是交货地有所不同；IPI 运输和 OPC 运输的运输线路和交货地相同，其主要区别是 IPI 运输是海—铁多式联运，而 OCP 运输是海—铁分段联运。同样，对我国出口企业来说采用 IPI 运输时也应尽量选用 FCA、CPT 或 CIP 贸易术语，并在贸易合同、信用证和多式联运单据上注明“IPI”字样。

知识拓展

目前，美国是我国第一大贸易国，从我国运往美国内地的集装箱货物很大一部分采用海—铁联运或多式联运方式，主要有 OCP 运物、MLB 运输和 IPI 运输。

（资料来源：http：//hi. baidu. com/euroland/blog/item/738ab227df2584118b82a160. html）

三、多式联运的一般业务流程

多式联运是一种现代化的综合运输，涉及面广，环节众多，环境繁杂，因此其业务流程也十分繁杂。一般而言，多式联运经营人从事多式联运业务时，大致经过以下业务环节：接受多式联运申请—订立多式联运合同—空箱发放、提取及运输—出口报关—货物装箱及接受货物—向实际承运人订舱及安排货物运送—办理货物保险—签发多式联运提单，组织完成货物的全程运输—办理运输过程中的海关业务—货物交付—货物事故处理等。

下面简要介绍多式联运的一般业务流程。

1. 多式联运合同的订立

多式联运必须订立合同，合同是规范托承双方权利、义务以及解决争议的基本法律文件。多式联运合同主要内容有：托运人，收货人，多式联运经营人，货物的名称、包装、件数、重量、尺寸等情况，接货的地点和时间，交货的地点和约定的时间，不同运输方式的组成和运输线路，货物交接方式以及托承双方的责任和义务，解决争议的途径和方法等。

2. 多式联运计划的编制

多式联运计划总的要求。

（1）合理性

要求运输线路短、各区段运输工具安全可靠、运输时间能保证、不同运输方式之间良好衔接，从而保证货物从一国境内接货地安全及时地运到另一国境内的交货地。

（2）经济性

在保证货运质量的前提下，尽可能节省总成本费用，以提高经济效益。

（3）不可变性

在计划中应充分考虑各种因素，留有必要的余地，除不可抗力外，计划一般不能随意改变。

在完成多式联运计划编制后，多式联运经营人还应及时将计划发给沿线各环节的代理人，使之提前做好接货、运输、转关或交货等准备工作。

3. 接货装运

按照多式联运合同，在约定的时间、地点，由多式联运经营人或其代理人从发货人手中接管货物，并按合同要求装上第一程运输工具发运。按托承双方议定的交接方式，凡在 DOOR 或 CY 交接的，由发货人负责装箱计数施封和办理出口清关手续，在箱体外表状况良好、封志完整状态下，将货物整箱交多式联运经营人或其代理人；凡在 CFS 交接的，由发货人负责办理出口清关手续，将货物散件交多式联运经营人或其代理人，由后者负责拼箱计数施封后装运发送。

4. 多式联运单据的签发

多式联运经营人接管货物在运费预付情况下收取全程运费后，即签发多式联运单据，表明多式联运对全程联运开始负有责任。对多式联运合同当事人来说，多式联运单据是多式联运经营人收到货物的证据，是合同的证明，也是货物的物权凭证，多式联运经营人按多式联运单据指明的收货人或被指示的收货人交付货物，收货人凭多式联运单据提领货物。在货物装运发送后，多式联运经营人还应将多式联运单据副本以及第一程运输的有关运输单证及时寄往第一程的目的地（港）的代理人，以便做好接货、转关和转运的准备。

5. 运输保险

由于多式联运运距长、环节多、风险大，为避免可能发生的货运事故，多式联运经营人还可以向保险公司投保。尽管多式联运经营人有责任限额保护条款，但对多式联运经营人的疏忽、过失、侵权将丧失责任限额保护的权利，承担很大的赔偿金额的风险，为避免较大的损失，多式联运经营人通常向保险公司投保货物责任险和集装箱险，以防范巨额赔偿风险。

6. 转关手续

多式联运若在全程运输中经第三国，应由多式联运经营人或其代理人负责办理过境转关手续，对“国际集装箱海关公约”缔约国之间，转关手续已相当简化，通常只提交相应的转关文件，如过境货物申报单、多式联运单据、过境国运输区段单证等，并提交必要的担保和费用，过境国海关可不开箱检查，只作记录而予以放行。

7. 全程运输的协调管理

（1）不同运输方式之间的转运

国际多式联运是以至少两种不同运输方式组成的连贯运输，不同运输方式之间的转运衔接，是保证运输连贯性、及时性的关键。由于运输工具、装卸设备设施、转运点的选择以及各国的规定和标准不同，因此，多式联运经营人或其代理人事前应有充分的了解，以便根据各种不同具体情况和要求实现快速顺利的转运。

（2）各运输区段的单证传递

多式联运经营人作为全程运输的总负责人，通常要与各运输区段实际承运人订立分运输合同，在运输区段发送地以托运人的身份托运货物，在运输区段的目的地又以收货人的身份提领货物。为了保证各运输区段货物运输的顺利进行，多式联运经营人或其代理人在托运货物后要将有关运输单证及时寄给区段目的地代理人。同时，如该实际运输区段不是最后一程运输，多式联运经营人的代理人在做好接货准备的同时，还要做好下一程运输的托运准备。

（3）货物的跟踪

为了保证货物在多式联运全程运输中的安全，多式联运经营人要及时跟踪货物的运输状况，例如，通过电报、电传、EDI、Internet 网在各结点的代理人之间传递货物信息，必要时还可通过 GPS 进行实时控制。

8. 交付货物

按多式联运合同规定，货物到达指定交货地后，由多式联运经营人或其代理人将货物交多式联运单据指明的收货人或按指示交指定的收货人，即告完成全程运输任务。交货地代理人应在货物到达前向收货人发出到货通知，以便收货人及时做好提货准备。对于 FCL 交货的，例如，CY 条款，货物卸船，收货人办妥进口清关手续后，委托集装箱码头整箱交货；如 DOOR 交货的，则由公路运输至收货人的工厂或仓库交货，交接双方以箱体外表状况良好、封志完整为条件。对于 LCL 交货的，交货地为合同指定的集装箱货运站，由集装箱货运站代表多式联运经营人拆箱、分票、堆存于仓库，收货人办妥进口清关手续后，以散件方式提运。

四、海铁联运业务流程

1. 海铁联运业务流程

海铁联运涉及的政府部门和企事业单位较多，其操作流程如下。

（1）卖方向货代提出运输委托

买卖双方在签订贸易合同后，如果运输条款规定由卖方负责运输安排，则卖方在备好货后，向货运代理提出运输委托；如果运输条款规定由买方负责运输安排，则此项工作由买方负责。

通常情况下，卖方还可以委托货运代理办理报关、报验等手续。

（2）货运代理向海铁联运经营人进行运输委托

货运代理在确认卖方运输委托之后，书面向海铁联运经营入进行委托，填写《海铁联运托运单》。委托后，货运代理需按照海铁联运经营人的要求将货物运到指定的铁路货运站，海铁联运经营人在现场或委托货运站核对货物收货。

（3）海铁联运经营人履行运输责任

海铁联运经营人同铁路运输公司和船舶公司或其代理分别签署合同，并做好有关衔接安排，保证货物及时运到海运提单列明的交货地点。

（4）海铁联运经营人做好进口安排

在货物抵达港口之前，海铁联运经营人根据海运提单向船舶公司咨询货物到港的确切时间，提前做好货物抵港的准备工作。如果货物的最终目的地是港口，海铁联运经营人应凭借海运提单将货物及时运到自己海关监管的集装箱堆厂，通知买方及时提货。如果货物的最终日的地是内陆，海铁联运经营人应及时办理转关手续。

（5）办理提货手续

买方在收到海铁联运经营人的提货通知后，可委托进口地的货运代理到海铁联运公司办理提货手续，但买方须提供全部有效单据，包括贸易合同、商业发票、各种检验证书、提单正本等。

以上是通常情况下海铁联运货物的全部过程。但在实际业务中，货运代理、船公司、铁路运输公司常常充当海铁联运经营人。如果货运代理作为海铁联运经营人，实际业务流程表现为“卖方→海铁联运经营人→买方”；如果由船公司或铁路运输公司充当海铁联运经营人，实际业务流程表现为“卖方→货运代理→海铁联运经营人→货运代理→买方”。

2. 海铁联运的进出口业务及程序

现在国际多式联运在运输过程中一般以集装箱作为运输的基本单元，因此，接下来重点介绍国际集装箱海铁（或铁海）联运的进出口业务及程序。

（1）国际集装箱铁海多式联运出口业务程序

以下为 CIF 条件下国际集装箱铁海多式联运出口业务基本程序。

1）接受托运申请，订立多式联运合同。内地托运人向多式联运经营人或其在内地口岸代理申请订舱，多式联运经营人或其在内地口岸代理根据货方提出的订舱申请并结合自己的运输路线等情况订立多式联运合同。

2）编制计划，向铁路部门、船舶公司订车、订舱。多式联运经营人或其代理在合同订立后，根据运输任务，编制月计划和日计划，按时向铁路部门申报订车计划，向船舶公司订舱，并通知托运人安排货运事宜。

3）提取空箱。除货主自备箱外，实际业务中大多使用多式联运经营人的箱子或船舶公司的箱子。多式联运经营人应根据实际装箱的地点和空箱存放情况确定提取空箱的方式。

4）货主安排货物进库场。在收到进货信息后，对于装箱点装箱的货物，货主自行或委托代理安排汽车等运输工具将货运至装箱点，以便装箱点装箱。

5）申请火车车皮，办理货物装车。多式联运经营人或其代理根据日计划，填写铁路运单，向铁路部门申请车皮，办理集装箱装车事宜。

6）报关报验。多式联运经营人根据托运人交付的托运书、买卖合同、发票等报关单证，在内地口岸海关办理转关运输，取得海关批准后，将海关关封交付铁路部门。

7）签发全程多式联运提单。内地口岸托运人根据多式联运经营人的指示将货物交付铁路部门并装上铁路集装箱专列后，多式联运经营人或其代理签发多式联运提单交付托运人。

8）传递货运信息和寄送相关单证。多式联运经营人内地代理应将铁路运单正本等相关单证寄送多式联运经营人中转港代理，将多式联运提单副本寄送多式联运经营人或其目的港代理，同时还应向有关方传递有关集装箱班列等相关信息。

9）办理货物在中转港的海关手续及制作货运单据。多式联运经营人中转港代理根据内地代理提供的信息和收到的运单等单证制作出口单证，并办理海关手续，将海关放行单证送交码头，以便接货及装船。

10）货交船舶公司，船舶公司签发提单。多式联运经营人海运出口地将海关放行的集装箱装上指定船舶后，船舶公司签发海运提单，以便多式联运经营人能在目的港凭此提取货物。

11）传递货运信息和寄送相关单证。多式联运经营人中转港代理应将船舶的动态通知给多式联运经营人、多式联运经营人下一港代理和内地托运人，同时将提单等相关单证寄送下一港代理，以便凭此提货。

12）提取货物与交付货物。多式联运经营人目的港代理凭借正本提单从承运人或其代理处提取货物，并根据收货人交付的正本多式联运提单将集装箱交付收货人。

（2）国际集装箱海铁联运的进口业务程序

以下为特定条件下国际集装箱海铁联运进口业务基本程序。

1）接受托运申请，订立多式联运合同。收货人向多式联运经营人或其内地口岸的代理申请订舱，多式联运经营人或其内地口岸的代理根据货方提出的订舱申请并结合自己的运输路线等情况，订立多式联运合同。

2）向铁路部门、船舶公司订车皮、订舱。多式联运经营人或其代理人在合同订立后，分别向船舶公司和铁路部门申请订舱、订车。

3）收货人通知托运人准备集装箱装船等事宜。收货人根据从多式联运经营人处获得的信息，及时通知托运人安排货物交付多式联运经营人在装运港的代理或多式联运经营人指定的船舶公司。

4）签发全程多式联运提单和收取海运提单。托运人将海关放行的集装箱交付多式联运经营人装港代理，或根据其指示交付指定的船舶公司，多式联运经营人或其代理应向托运人签发全程多式联运提单。同时，多式联运经营人装港代理应缮制场站收据、提单等，并将集装箱交付船舶公司或其代理，船舶公司应向其签发海运提单。

5）传递货物信息和寄送相关单证。多式联运经营人装港代理应将多式联运提单副本寄交多式联运经营人或其目的地代理，将海运提单寄交多式联运经营人中转港代理，并向有关方传递船舶动态等信息。

6）办理货物在中转港的转关手续及制作货运单据。多式联运经营人中转港代理根据上一港代理提供的有关信息和收到的提单等单证制作铁路运单，并办理海关转关手续，将海关放行单证送交码头，以便货物装箱。

7）货交铁路，铁路部门签发运单。多式联运经营人中转港代理将海关放行的集装箱装上指定的火车后，铁路部门签发铁路运单，以便多式联运经营人在目的地提箱。

8）传递货物信息和寄送相关单证。多式联运经营人中转港代理应将铁路集装箱班列的动态向多式联运经营人、多式联运经营人目的地代理、收货人报告，以便有关方了解班列动态，同时将运单寄送目的地代理，以便提货。

9）办理海关手续，提取货物与交付货物。多式联运经营人目的地代理凭加盖海关放行章的运单，从承运人或其代理人处提取货物，并根据收货人交付的正本多式联运提单将集装箱交付收货人。

五、海空多式联运流程

海空多式联运流程为接单→定舱→进舱（外代仓储）→二线报关、放行→过磅、量材、贴标主标、分标→一线报关、放行→随机文件交接→货物装箱、进码头、装船→船开。

1）接单后仔细审单，与 SHIPPER 联系确认有关资料，如货物报关的中英文品名，是否指定报关行报关，货物何时备好，何时进舱，是否有随机文件等。

2）根据 SHIPPER 提供的货物资料，填写订舱单，向 EVA AIR 定舱。订舱单需填写的内容有 MAWB NO. 目的港三字代码，预配的头程日期，中英文品名、预估重量和尺寸。

3）把编排进舱编号的进舱单，传给 SHIPPER 同时 CC 一份给外代仓储，SHIPPER 凭进舱单进舱。

4）货物进仓后，通知并要求报关行，尽快二线报关、放行。

5）外代仓储对货物进行过磅、量材后，以书面形式告知我司。

6）与 EVA AIR 确认二程航班情况 。

7）根据重量、尺寸及二程的航班，制作空运分单、舱单、安全证明。将制作好的分单传真给客人，请 SHIPPER 尽快确认提单的内容是否需要修改，对尺寸、重量是否有异议。

8）将修改好的分单、舱单、空运主单、安全证明等装入随机文件袋，如果是前往美、加的货物需再附加两个信封。封面注明“FOR USA CUSTOMS USE ONLY”，信封内分别装主单、分单、舱单、安全证明影印本各一份，送交外代仓储仓库。

9）追踪一线报关是否通过，货物是否放行，货物放行后，由外代仓储负责贴主标、分标。

10）货物装船，离开厦门后，制作 FINAL ADVICE 给 RTW/TPE 传真主单影印本给 EVA AIR。

11）预告国外代理相关的货物信息，如航班号、货物预计到达时间及相关注意事项。

12）如货物起运后，应 SHIPPER 的要求公布运价需要修改，应填写提单更正通知（即 CCA）通知 EVA AIR /XMN。

13）催款——货物离港后催缴，收回相关款项。

14）持续追踪货物，直至货物抵达目的地。

阅 读 资 料

世界主要航线

1. 太平洋航线

1）远东—北美西海岸航线。该航线包括从中国、朝鲜、日本、俄罗斯远东海港到加拿大、美国、墨西哥等北美西海岸各港的贸易运输线。从我国的沿海各港出发，偏南的经大隅海峡出东海；偏北的经对马海峡穿日本海后或经清津海峡进入太平洋以及经宗谷海峡，穿过鄂霍茨克海进入北太平洋。

2）远东—加勒比北美东海岸航线。该航线常经夏威夷群岛南北至巴拿马运河后到达。从我国北方沿海港口出发的船只多半经大隅海峡或经琉球庵美大岛出东海。

3）远东—南美西海岸航线。从我国北方沿海各港出发的船只多经琉球庵美大岛。硫黄列岛，威克岛，夏威夷群岛之南的莱恩群岛穿越赤道进入南太平洋，至南美西海岸各港。

4）远东—东南亚航线。该航线是中、朝、日货船去东南亚各港以及经马六甲海峡去印度洋、大西洋沿岸各港的主要航线。东海、台湾海峡、巴士海峡、南海是该航线船只的必经之路，航线繁忙。

2. 西北欧航线

1）西北欧，北美东海岸—加勒比航线。西北欧—加勒比航线多半出英吉利海峡后横渡北大西洋。它同北美东海岸各港出发的船舶一起，一般都经莫纳、向风海峡进入加勒比海。除去加勒比海沿岸各港外，还可经巴拿马运河到达美洲太平洋岸港口。

2）西北欧，北美东海岸—地中海，苏伊士运河—亚太航线。西北欧，北美东海—地中海—苏伊士航线属世界最繁忙的航段，它是北美，西北欧与亚太海湾地区间贸易往来的捷径。该航线一般途经亚速尔、马德拉群岛上的航站。

3）西北欧，地中海—南美东海岸航线。该航线一般经西非大西洋岛屿、加纳利、佛得角群岛上的航站。

4）西北欧，北美东海—好望角，远东航线。该航线一般是巨型油轮的航线。佛得角群岛、加拿利群岛是过往船只停靠的主要航站。

5）南美东海—好望角—远东航线。这是一条以石油、矿石为主的运输线。该航线处在西风漂流海域，风浪较大。一般西航偏北行，东航偏南行。除了以上三条油运线之外印度洋其他航线还有：远东—东南亚—东非航线；远东—东南亚，地中海—西北欧航线；远东—东南亚—好望角—西非，南美航线；澳新—地中海—西北欧航线；印度洋北部地区—欧洲航线。

3. 印度洋航线

波斯湾—好望角—西欧，北美航线。印度洋航线以石油运输线为主，此外有不少是大宗货物的过境运输。该航线主要由超级油轮经营，是世界上最主要的海上石油运输线。

（资料来源：http: //www. 21food. cn/news/spsc/showShouce. jsp?id=1932）

第五节　国际多式联运货损事故处理

一、国际多式联运货损事故的原因和特点

1. 国际多式联运货损事故的原因

1）货物破、擦损以及产生原因。搬运，运输过程中的撞击（包装不牢固，装载不得当）是主要原因。

2）水渍损以及产生原因。集装箱密封不好，外部的水进入集装箱。

3）汗渍损以及产生原因。集装箱内的货物，填充料以及包装等在温度发生变化时产生的水蒸气冷凝，使部分水分附着在货物上是主要原因。

4）污损以及发生原因。不同性质的物品装在一个集装箱内或在集装箱装箱以前没有清除残留的化学成分。

5）气温变化引起的腐烂变质，冻结或解冻损坏。

6）盗损。

7）其他原因造成的货物损失。

2. 国际多式联运货损事故处理特点

国际多式联运的货损事故处理与传统的分段运输比较有一些新的特点，主要有如下特点。

（1）索赔与理赔的多重性

国际多式联运具有简单的特点，货方通过与多式联运经营人订立一份全程的运输合同就可以完成货物的全程运输，而多式联运经营人完成全程的运输任务，又需要与各个区段的实际承运人订立分运合同。多式联运经营人对全程运输中发生的货物损害负责；各实际承运人与代理人分别对自己承担区段的运输与服务负责。因此，国际多式联运具有索赔与理赔的多重性。

（2）多式联运经营人采用的责任形式对货损事故的影响

采用统一责任制和网状责任制的赔偿责任和赔偿额是有很大区别的。如果多式联运中采用统一责任制，多式联运经营人按统一限额作出赔偿后，再向实际责任人追偿时得不到与已赔额相同的赔偿，特别是事故发生在海运区段，而事故原因又符合海运公约的免责规定时甚至得不到任何赔偿，造成不应有的损失。如果在多式联运中采用网状责任制，则在可以确定事故发生区段和实际责任人的情况下，多式联运经营人对货物的赔偿与实际承运人向多式联运经营人的赔偿都可以按相同的责任基础和责任限额进行。目前，在多式联运中大多采用网状责任制。

（3）多式联运中对隐藏损害的处理

货物的灭失、损害有两种情况：一种能确定货损发生的运输区段的实际责任人；另一种是不能确定货损发生的运输区段的实际责任人，即为隐藏损害。隐藏损害可采取的处理方式有两种：一种是联运经营人按统一责任制规定的限额对货方赔偿后，不再追究实际责任人，而由参加多式联运的所有实际承运人共同承担这些赔偿金额。另一种是假定该事故发生在海运区段，这种做法一般要与联运经营人投保运输责任险相结合。多式联运经营人按统一或网状责任标准向货方赔偿后，可从保险人处得到进一步的赔偿。

二、国际多式联运中货损事故处理的一般原则

（1）实事求是

按照事故的实际情况，分析造成事故的原因，确定损失的程度或准确数量。对应该索赔的货物，必须坚持索赔。

（2）有根有据

处理对外索赔案件，要进行深入细致地调查研究，掌握货损货差的有效证件。根据运输合同的规定，尊重有关的国际惯例，做到有根有据，这是处理货物索赔的基础。

（3）合情合理

在处理复杂案件时，根据造成损失的各种因素，合理地确定承运人 应承担的责任。从有利案件的及时解决出发，必要时可作些让步，做到合情合理。

（4）注意时效，区别对待

在货物索赔中要考虑实际效果。既要考虑经济利益，也要考虑政治关系；既要考虑当前利益，也要考虑长远利益；力求做到既挽回或减少国家的经济损失，又有利于发展对外经济关系。根据我国的对外 政策，考虑船东的政治态度和业务上与我国合作的情况，做到有理、有利、有节。对不同对象采用不同方式，区别对待，处理索赔案件。

三、国际多式联运中的索赔

货物在多式联运过程中发生损害，受损人按照国际公约和有关法规规定可以进行索赔。

1. 货物灭失或损坏的书面通知

受损人提出索赔，必须提供书面通知，还应提供与货运有关文件，如多式联运单据副本、检验报告和公证文书等，若享有代位权人进行索赔还须提供权益转让书。

1）通知有效的基本条件：①通知必须是书面的；②通知必须在有效时限内递交，时限是从收货后的次日算起，如果最后一天是星期天或法定假日，顺延到下一工作日；③通知必须递交给承运人或代理人；④通知必须表明有关货物损失或灭失情况。

2）无须递交书面通知的情况。货物交付时已经会同承运人联合检查或者记载在双方交接货物的文件上。

2. 索赔程序

根据多式联运公约的规定：收货人应该就货物的灭失、损坏或延迟交付向多式联运经营人发出书面通知。在货物损失明显的情况下，通知应不迟于收到货物后下一工作日发出，否则即构成多式联运经营人已按多式联运单据交付货物的初步证据；货物损失不明显时，通知应在货物交付后连续6天内发出，否则也被推定为已按多式联运单据交付货物的初步证据；如果货物状况已经当事各方或他们授权的在交货地的代表联合调查或检验，则无须发出此项通知。

3. 索赔对象

根据货损原因确定索赔对象，例如，货物质量、品种、规格与合同不符，向发货人索赔；在目的地交付时，发现货物数量少于提单上列明的数量时，向承运人索赔等。

4. 索赔应具有的条件

1）提出索赔的人要具有正当的索赔权。

2）责任方必须具有实际赔偿责任，不是他的责任，没有义务赔偿。

3）索赔应具有相关单证。受损人提出索赔，除必须提供书面通知，还应提供与货运有关文件如多式联运单据副本、检验报告和公证文书等，若享有代位权人进行索赔还须提供权益转让书。

4）索赔的金额必须合理。

5）索赔与诉讼必须在规定的时限内提出（索赔应在交货后下一日算起的6个月内提出；诉讼应在两年内提出）。

6）诉讼与仲裁的地点和时间应符合公约或法规的规定。①诉讼与仲裁应在规定地点提出（即管辖）。诉讼与仲裁应依照公约或法规规定在具有管辖权或双方协议地点的法院进行。可以提出诉讼与仲裁的地方是：被告的重要营业场所或经常居住地，订立多式联运合同的地点，货物接管地点或者货物交付地点，以及其他双方在合同中约定的地点。②诉讼与仲裁应在规定时效内提出。诉讼时效，多式联运公约的规定是两年，与汉堡规则规定相同，但与海牙规则和维斯比规则的规定不同。如果自货物交付之日起两个月内没有提出书面索赔通知，则会失去诉讼时效。我国《集装箱多式联运管理规则》规定，若多式联运全程包括海运段的多式联运，对多式联运经营人诉讼时效期间为一年；若多式联运期间，多式联运全程未包括海运段的，则按民法通则的规定为二年。时效时间从多式联运经营人交付或应当交付货物的次日起计算。《集装箱多式联运管理规则》还规定“多式联运经营人对第三人提起追偿要求的时效期限为日，自追偿的请求人解决原赔偿请求之日起或者收到受理对其本人提起诉讼的法院的起诉副本之日起计算。”

阅读资料

海运货损事故处理

海上货物运输，经常发生货损货差，索赔与理赔的问题也就伴随而至。索赔与理赔是一项政策性强、涉及面广的重要工作，直接影响国家的信誉和企业的利益。根据国家的有关政策，按照运输合同，参照国际惯例，认真做好调查研究，正确对待和处理索赔和理赔，具有重大意义。

1. 索赔与理赔的依据

租船合同和提单是处理索赔与理赔的主要依据，它们都有专门的条款用来规定租船人和船东、托运人和承运人之间的关系以及各自的权利、义务、责任、豁免等事项。在班轮运输中，虽然各船舶公司的提单形式不一，条款多少不等，但一般均参照国际上通用的《海牙规则》的条款来拟定。在租船运输中，原则上是按照租船合同条款来处理索赔与理赔工作，但一般仍不背离《海牙规则》的基本精神。例如，经常使用的期租船合同范本中关于船东对货损货差的责任规定为："船东或他们的经营管理人应作为承运人，按照1924年《海牙规则》第三条和第四条对船长或经船长授权的租船人或租船人的代理，按副收据所签发的每张提单，负责所承运货物的短少、灭失或残损。"因此，要处理好索赔和理赔工作，必须很好地研究《海牙规则》。

2. 索赔单证

决定对外索赔，就要准备下列各项必要的索赔单证。它们是：

1）索赔函。

2）索赔清单。根据损失的程度和造成损失的原因，确定对外索赔的比例，按CIF价格计算损失金额，编制索赔清单。如商业发票上是FOB价格而按CIF价格索赔，经承运人要求，还应提供运费及保险收据。

3）货物残、短签证。应有船方和理货人员共同签字。必要时，还应提供商检证书和船舶检验证书。

4）提单。正本或影印本。

5）商业发票。必要时应附加装箱单或磅码单。

6）费用单证。向船方索赔修理、整理货物的费用的证明文件。

7）其他单证。必要时，还须提供火灾鉴定报告、卫生或动植物检验证明等。

3. 索赔的程序和手续

处理索赔案件的程序和手续，须视承运货物的船舶经营性质而定。采用班轮或程租船方式运输发生货损货差时，凡出口货物由国外收货人（或提单持有人、货物承保人）直接向承运人办理索赔。凡进口货物，一般情况下由货运代理人代表有关进出口公司以货方名义向承运人办理索赔。由外运公司期租船运输的货物，不论出口或进口，均由外运公司办理索赔。

由租船所运货物货损货差的索赔，一般情况下，利用租船合同比利用提单有利。例如，索赔时效按提单引用的《海牙规则》仅为1年，而按期租船合同可达10年，程租船也可达6年之久。加上有租金余额或运费在手，可从中扣除货物索赔款额。但在特殊情况下，如索赔金额太大，又无余额租金或运费等在手可供扣款时，则由保险公司出面，按提单索赔较好，因货物保险人可要求船东提供现金担保或提供银行、保险协会的担保，如遭拒绝，尚可向卸船港法院起诉，申请扣船。

（资料来源：http：//info. china. alibaba. com/news/detail/v5003008-d1001787845. html）

小　结

国际多式联运是指按照多式联运合同，至少两种以上不同运输方式，由多式联运经营人负责将货物从一国境内接受货物地点运到另一国境内指定地点交付货物的一种国际运输方式。

国际多式联运的优点是责任统一，手续简便；运输时间缩短，货运质量提高，中途无须拆箱倒载；节省运杂费、利息支出。应注意的问题，所运货物应适合集装箱运输，装运港和目的港应有集装箱航线和装卸设备，装箱点和启运点应可以办理海关手续等。

目前，国际上大多采用的就是网状责任制。我国自“国际集装箱运输系统（多式联运）工业性试验”项目以来发展建立的多式联运责任制采用的也是网状责任制。

国际多式联运中使用的单证较多，但根据其用途可以分为两大类：一类是进出口运输和办理运输有关业务所需要的单证，例如，多式联运提单、各区段的运单、提单、提箱单、设备交接单、装箱单、场站收据、交货记录等；另一类是向各口岸监管部门申报所使用的单证，例如，商业发票、进出口许可证、商检、卫生检疫证明、合同副本、信用证副本等。

一般而言，多式联运经营人从事多式联运业务时，大致经过以下业务环节：接受多式联运申请，订立多式联运合同—空箱发放、提取及运输—出口报关—货物装箱及接受货物—向实际承运人订舱及安排货物运送—办理货物保险—签发多式联运提单，组织完成货物的全程运输—办理运输过程中的海关业务—货物交付—货物事故处理等。

案例分析

国际集装箱运输纠纷案例

案例背景

1988 年 10 月，中国土畜产进出口公司×畜产分公司委托×对外贸易运输公司办理 333 只纸箱的男士羽绒滑雪衫出口手续，外运公司将货装上××远洋运输公司的货轮，并向畜产进出口公司签发了中国对外贸易运输总公司的清洁联运提单，提单载明货物数量共为 333 箱，分装 3 只集装箱。1989 年 6 月 29 日，货轮抵达目的港日本神户，7 月 6 日，日方收货人在港口装卸公司开箱发现其中一个集装箱 A 的 11 只纸箱中，有 5 箱严重湿损，6 箱轻微湿损。7 月 7 日，运至东京日方收货人仓库，同日，由日本商检协会检验，7 月 11 日出具的商检报告指出货损的原因是由于集装箱有裂痕，雨水进入造成箱内衣服损坏，实际货损约合 1 868 338 日元。在东京进行货损检验时，商检会曾邀请×远洋运输公司派人共同勘察，但该公司以“出港后检验无意义”为由拒绝。日方收货人从AIU保险公司取得赔偿后，AIU公司取得代位求偿权，于1989年9月25日向上海海事法院提起诉讼，要求被告货运代理人和实际承运人赔偿日方损失，并承担律师费和诉讼费。两被告答辩时，相互指出应由对方承担全部责任，并要求原告进一步对减少货损的合理措施进行举证。

上海海事法院认为，根据两被告1982年签订的集装箱运输协议以及提单条款，两被告有相当的责任牵连，但日方收货人与×远洋运输公司在开箱时交割不清，商检又在港口外进行，故原告对货物损害索赔及所受损害的确切数额的请求举证不力。

经法院调解，1990年3月28日，原被告三方达成协议，两被告根据损害事实及提单条款规定，赔付原告人民币8000元（其中300元为原告预支的诉讼费），赔款先由货运代理人先行给付，再由他与实际承运人自行协商解决，案件受理费由原告负担。

案例解析

集装箱运输是以集装箱作为运输单位进行货物运输的一种现代化的先进运输方式，目前它已成为国际海上货物运输主要航线上居于主导地位的运输方式。集装箱海运与传统海运相比有许多优点，它的迅速发展为国际多式联运的发展奠定了基础。目前关于集装箱运输的国际公约有两个，即1977年9月生效的《国际集装箱安全公约》和1975年12月生效的《1975年集装箱关务公约》，我国分别于1991年和1986年加入了上述两个公约。我国目前关于集装箱运输的立法主要是1990年颁布实施的《海上国际集装箱运输管理规定》及其实施细则，其中规定了集装箱所有人、经营人应当做好集装箱的管理和维修工作，定期进行检验，以保证提供适宜于货物运输的集装箱，违反以上规定造成货物损失或短缺，由责任人按照有关规定承担赔偿责任。

国际货物多式联运是以至少两种不同的运输方式将货物从一国接管货物的地方运至另一国境内指定交付货物的地方。通常表现为将海洋、铁路、航空等多种运输方式中的两种或多种联结起来进行运输。1980年5月在联合国贸易与发展会议主持下，制定并通过了《联合国国际货物多式联运公约》，我国已签字，但目前该公约尚未生效。公约在规则原则上采取的是推定过失原则，除非多式联运经营人能证明，他和他的受雇人或代理人为避免损失事故的发生及其后果已经采取了一切合理的防止措施，就推定其对损害后果负有过失责任。公约对多式联运索赔的期限规定得很严格。收货人向多式联运经营人提出索赔时，应在收到货物次日起提出；如果货物因天灾损坏或损坏不明显的，则收货人应在收到货物3～6天内提出；对于迟延交货的索赔，收货人应在收货之后60天内提出。有关多式联运的任何诉讼，其诉讼时效为2年，自货物交付之日起或应当交付之日次日起开始计算。

根据“拆箱报告”和商检报告，本案中货损的原因是由于集装箱有裂痕，雨水进入箱内所致，因为承运人签发的是清洁联运提单，所以发生货损应当归于承运人的责任。根据中远提单条款的规定以及×远洋运输公司与×对外贸易运输公司的协议约定，两被告均应对货损承担责任。

本案中日方收货人对货损也应承担一定的责任。依据商检管理，日方收货人在发现货物有湿损时，应及时在卸货港当地申请商检，并采取适当救济措施以避免湿损扩大。但日方在未采取措施情况下将货物运至东京再商检，显然应对货物损失承担部分责任。对于因日方过错导致货物扩大损失的部分，应由日方自行负责，无权向承运人追偿。

本案处理结果基本上符合各方当事人的责任状况，至于两被告哪一方应对货损承担责任，根据他们之间的协议，应在共同对外承担责任后，查明事实后合理分担。

（资料来源：http：//logistios. nankai. edu. cn/bbs/showtopic-6156. aspx）

思考与练习

1. 简述多式联运的概念和基本条件。

2. 简述国际多式联运运输的程序。

3. 简述国际多式联运的优越性。

4. 简述多式联运经营人应具备的条件。

5. 简述多式联运经营人一般性的责任和义务。

6. 简述国际多式联运责任制的类型。

7. 简述多式联运单证的种类。

8. 简述多式联运运费结构及其计算。

9. 简述国际多式联运的组织形式。

10. 简述多式联运的一般业务流程。

11. 简述国际多式联运货损事故的原因。

12. 简述国际多式联运索赔应具有的条件。

13. 简述国际多式联运索赔程序。

14. 阐述目前我国国际集装箱多式联运单证的构成。

15. 结合国际集装箱多式联运性质的特点，谈谈集装箱多式联运经营人应该具备什么样的要求？

16. 阐述多式联运经营人与货运代理人的区别。

17. 国际多式联运相关单证的内容和功能。

18. 多式联运有哪些类型？

19. 多式联运经营人赔偿责任制有哪些类型？具体区别有哪些？

20. 简述多式联运的主要业务。

21. 从西安经连云港用海一铁联运把货物运往旧金山，分组模拟国际海一铁联运出口业务程序。熟悉各流程，画出流程团。

第八章

特种货物的国际货运代理

教学目标

本章主要介绍特种货物的概念、分类和发展，通过学习，应使学生对特种货物运输有概括性的认识；同时，要让学生知道特种货物运输的种类、发展阶段、经济意义以及具体流程。

学习任务

通过这一章内容的学习，要达到以下几个目的：

- 了解特种货物的概念、分类，特种货物运输的发展阶段以及相关的法律、法规和公约；
- 掌握超限货物的具体业务流程；
- 掌握鲜活易腐货物运输的具体业务流程；
- 掌握危险易腐货物运输的具体业务流程。

导入案例

千思特种货物运输

千思物流大件部主要从事大型超重、超重货物的公路、铁路运输、大型货物短驳吊装等业务，公司拥有德国进口超低平板 0.6 米高伸缩式运输车辆，50 吨、100 吨、150 吨等型号的大型超重运输车辆。公司以完善的运输服务体系为客户提供优质的运输服务。多年来，千思物流承运了广州惠州电厂改造工程、郑州大学校牌工程、山西大同制药厂、天津水厂、河北石家庄电厂、重庆造船厂、江西上饶铁道等工程的大型设备运输和吊装任务，得到验证的安全、优质、快捷服务，深受用户信赖。专业物流企业提供优质配套服务，在起重、大件吊装、设备位移等方面都拥有 10 吨、15 吨、20 吨、50 吨至 500 吨的大型吊机。提升货物最高可达 80 米。经过多年努力发展，本着公平竞争的准则，以优惠合理的价格，安全快捷的渠道，完成客户的每一次委托，同时，企业规模不断扩大，起吊、运输、设备移位能力不断增强，满足了客户的不同需求。

（资料来源：http://shqswl. zgc56.cn）

第一节　特种货物运输概述

一、特种货物的概念

随着社会经济的发展，在运输领域中，有一种运输形式悄然兴起，这就是特种货物运输。由于经济全球化进程的加快和世界各地区特别是发展中国家经济的增长，新兴市场对基础工程项目需求的加大，使得特种货物运输具有良好的发展前景。

简单来说，特种货物是普通货物之外的货物。它是一个综合性概念，在收运、储存、保管、运输及交付过程中，因货物本身的性质、价值或质量等条件，有些货物需要进行特殊处理，以便满足特殊的运输条件。

特种货物是指在运输过程中需要特殊处理或特别注意的货物，其主要包括超限货物、押运货运、贵重货物、鲜活易腐物品、活体动物、灵柩骨灰、生物制品、菌种和毒种、植物和植物产品、危险物品、枪械、弹药、急件货物、外交信贷、AOG 等物品。

二、特种货物的分类

特种货物可以根据不同的标准和方法分成不同的类型。其中，主要的类别有超限货物、鲜活易腐货物、危险货物、贵重货物、活体动物、外交信贷、灵柩骨灰等。国际公认的特种货物代码如表 8-1 所示。

表 8-1　特种货物代码

AOG	紧急航材	ICE	干冰
CAO	仅限货机	PER	鲜活易腐物品
EAT	食品	BIG	超大货物
HUM	尸体（装棺）	DGR	危险物品
MAG	磁性物质	HEG	种蛋
AVI	活体动物	LHO	人体器官/血浆
DIP	外交信贷	VAL	贵重物品
FIL	未冲洗的胶片		

1. 超限货物

超限货物是指现代意义上的公路大件运输，就是使用非常规车辆运载超重、超长、超大等特殊规格的大型物件。超限货物主要可以分成超重货物、超长货物和超大货物三类。

2. 鲜活易腐货物

鲜活易腐货物是指在一般的运输条件下易于出现死亡、腐烂、变质等不符合货物正常要求情况的货物。例如，鱼类、肉类、植物类蔬菜、水果、食品、药品、血清、疫苗等。

鲜活易腐货物一般要求对货物进行冷藏、冷冻或保温、加温等特别的措施以保持其鲜活或不变质。

3. 危险货物

凡具有爆炸、易燃、毒害、腐蚀、放射性等危险性质，在运输、装卸、生产、使用、储存、保管过程中，在一定条件下能引起燃烧、爆炸等危险情况，导致人身伤亡和财产损失等事故的物品，统称为危险货物，也称为危险品。下面就常见的危险品进行简单阐述。

（1）易燃货物

易燃货物（flammable）主要包括易燃固体、易燃液体、自燃物品、遇湿易燃物品等四大类。

1）易燃固体（flammable solids）。易燃固体是指燃点低，对热、撞击、摩擦敏感，易被外部火源点燃，燃烧迅速，并可能散发出有毒烟雾或有毒气体的固体，但不包括已列入爆炸品的物品。

2）易燃液体（flammable liquids）。易燃液体是指易燃的液体、液体混合物或含有固体物质的液体，但不包括由于其危险特性已列入其他类别的液体。

3）自燃物品（substances liable to spontaneous combustion）。自燃物品是指自燃点低，在空气中易发生氧化反应，放出热量而自行燃烧的物品。

4）遇湿易燃物品（substances emitting flammable gases when wetted）。遇湿易燃物品是指遇水或受潮时，发生剧烈化学反应，放出大量的易燃气体和热量的物品。有的不需明火，即能燃烧或爆炸。

（2）易爆货物

易爆货物（explosives）是指在外界作用下（如受热、受压、撞击等），能发生剧烈的化学反应，瞬时产生大量的气体和热量，使周围压力急剧上升，发生爆炸，对周围环境造成破坏的物品，也包括无整体爆炸危险，但具有燃烧、抛射及较小爆炸危险的物品。

（3）易腐蚀货物

易腐蚀货物（corrosives）指能灼伤人体组织并对金属等物品造成损坏的固体或液体。即，皮肤与之接触 4 小时出现可见坏死现象，或温度在 55℃时、对 20 号钢的表面切面腐蚀超过 6.25 毫米的固体或液体。

（4）有毒货物和感染性物品

有毒物品（poisons）是指进入肌体后，累积达一定的量，能与体液和器官组织发生生物化学作用或生物物理作用，扰乱或破坏肌体的正常生理功能，引起某些器官和系统暂时性或持久性的病理改变，甚至危及生命的物品。

感染性物品（infectious substances）是指含有致病的微生物，能引起人、畜病态甚至死亡的物质。

（5）氧化剂和有机过氧化物

氧化剂（oxidizing substances）是指处于高氧化态，具有强氧化性，易分解并放出氧和热量的物质。包括含有过氧基的无机物，其本身不一定可燃，但能导致可燃物的燃烧，与松软的粉末状可燃物能组成爆炸性混合物，对热、震动或摩擦较敏感。

有机过氧化物（organic peroxides）是指分子组成中含有过氧机的有机物，其本身易燃易爆，极易分解，对热，振动或摩擦极为敏感。

（6）放射性物品

本类危险品（radioactive substances）是指放射性比活度大于 7.4×10^4Bq/kg 的物品，即一些化学元素和它们的化合物或制品，能够自原子核内部自行放出穿透力很强而人的感觉器官不能察觉的粒子流（射线）。

4. 贵重货物

贵重货物（valuable cargo）是指价值昂贵、运输责任重大的货物。或者按照目前国际运输规则来讲，是指毛重每公斤声明价值国际货物超过 1000 美元或等值货币，国内货物超过 2000 元人民币的货物。

在国际货运代理中，我们对于运输的一票货物中含有下列一种或多种物品，均称为贵重货物：

1）运输声明价值毛重每千克超过（或等于）1000 美元的任何物品。

2）黄金（包括提炼或未提炼过的金锭）、混合金、金币以及各种形状的黄金制品，如金粒、片、粉、绵、线、条、管、环和黄金铸造物；白金（即铂）类稀有贵重金属（钯、铱、铑、钌、锇）和各种形状的铝合金制品，如铝粒、绵、棒、锭、片、条、网、管、带等；但上述金属以及合金的放射性同位素则不属于贵重货物，而属于危险品，应按危险品运输的有关规定办理。

3）法定的银行钞票、有价证券、股票、息票、旅行支票及邮票（从英国出发，不包括新邮票）。

4）钻石（包括工业用钻石）、红宝石、蓝宝石、绿宝石、蛋白石、珍珠（包括养殖珍珠），以及镶有上述钻石、宝石、珍珠等的饰物。

5）金、银等材料制作的珠宝饰物和手表。

6）金、铂制品（不包括镀金、镀铂制品）。

5. 活体动物

活体动物（animals）是指有着健康的生命表象的动物。因为活体动物在运输过程中需要承运人继续、有效地保持其健康的生命状态，并且活体动物对环境的变化敏感性很强，所以不同于其他货物，在运输活体动物过程中应严格按照有关活体动物运输规则组织运输。IATA 的《活体动物规则》（LAR-Live Animal Regulations）包括了有关活体动物运输的各项内容，如包装种类、操作和仓储标准等，目的是保证活体动物能安全到达目的地。

6. 外交信贷

外交信贷（diplomatic package）是指各国政府（包括联合国下属组织）与其驻外领事馆、办事处之间作为货物运送的装有公务文件的信贷。

7. 灵柩骨灰类货物

灵柩骨灰类货物（such as coffin、bone ash）通常是指人体的尸体、骨灰或其附属物（如灵柩、骨灰盒等）。在目前运输条件下以航空运输为主。

该类货物运输，尸体应经防腐处理，然后装入厚塑料袋中密封，放在金属箱内。金属箱内应铺放木屑和木炭等吸湿物，连接处焊牢，以防气味或液体渗溢。金属箱外应套装木棺，木棺的两侧应装有便于装卸的把手。

骨灰需装在封妥的罐内或盒内，外面用木箱套装。

8. 作为货物运输的行李

作为货物运输的行李（baggage shipped as cargo），人们又称之为无人押运行李（unaccompanied baggage）。其范围仅限于旅客本人的衣物和与旅行有关的私人物品，包括手提打字机、小型乐器、小型体育用品；但不包括机器、机器零件、货币、证券、珠宝、手表、餐具、镀金属器皿、皮毛、影片或胶卷、照相机、票证、文件、酒类、香水、家具、商品和销售样品。

三、特种货物运输的发展阶段

1. 我国特种货物运输的发展阶段

（1）特种货物运输的萌芽阶段

在这一阶段，我国刚从半封建、半殖民地制度的桎梏下解放出来，经过全国人民的共同奋斗，国民经济开始恢复。当时，社会经济发展缓慢，科学技术也很落后，工业生产和交通运输正在逐步恢复和建设，人民购买力很低，商业也不景气，这些都影响着我国特种货物运输的发展。因此特种货物运输表现形式较为单一，具有较强的计划性。1949年7月，按铁道部颁发的《危险货物混装运送表》规定，开办由货主自理的整车、零担危险货物运输；1957年执行铁道部颁发的《冻结易腐货物铁路负责运输》的规定，实行冻结易腐货物负责运输，由装车站通知途中加冰站进行测温、加冰、加盐。1965年铁道部又颁发《铁路货车装载加固及超限货物运输规则》，各铁路分局进一步修订了大件货物装载加固及运输组织办法。

（2）特种货物运输的停滞阶段

从1966年“文革”开始后，特种货物运输同样受到影响，主要表现为蔬菜（属于鲜活易腐品）的运输。1970年后，对季节性强、运输时间集中的烟台苹果、莱阳梨、胶州大白菜、昌乐西瓜、章丘大葱、益都银瓜等货物，铁道部要求有关发运站提前摸清流

量、流向，纳入各铁路分局的月、旬运输方案，安排专用货位，优先安排计划、优先进货、优先装车、优先挂运，做到随到随运。对运量大、运距远的鲜活货物编开直达列车，缩短运输时间。1974 年 10 月 20 日始，编开到港澳的鲜活货物快运直达列车，定车次、定列车运行线，适量、均衡、及时地向港澳地区运送鲜活货物。

（3）特种货物运输的发展阶段

在这一阶段，我国确定了建设四个现代化的宏伟目标，特别在 20 世纪 80 年代开始实施的第六个、第七个五年计划，工农业生产得到了迅速发展，特种货物运输也加快了发展。1976 年铁道部颁发执行了《农药、毒品配属专用车的规定》。1986 年，济南铁路分局管内的危险货物办理站由 20 世纪 60 年代的 60 个减少到 46 个，对无危险货物运输专用设备的办理站禁办危险货物运输业务。1985 年，停止使用棚、敞车装运冻结易腐货物。1990 年发送量为 53.6 万吨，占货物发送总量的 1.7%。1982 年，青岛站承运河南省姚孟电厂引进的大型火力发电成套设备，其中“发电机定子”重 193 吨、长 6.97 米，直径 3.97 米；“低速转子”重 63.8 吨，直径 4 米，分别使用新型 C35 型钳夹式和 D10 凹型特种车辆装载，开行大件货物专列。1990 年，各铁路分局管内三等以上车站都能够办理大件货物运输。

（4）特种货物运输的国际接轨阶段

1993 年 11 月，党的十四届三中全会通过了《关于建立社会主义市场经济体制若干问题的决定》，我国经济建设进入了一个新的历史发展阶段。随着改革开放的进一步深化，我国经济体制逐步转型，经济总体实力明显增强，基础设施建设步伐加快，社会商品供应日益丰富，综合运输体系初步形成，供求关系由“卖方市场”转向“买方市场”，整个生产、流通和消费领域发生了深刻变革。在此期间，我国也加快了特种货物运输的建设，向标准化和国际化方向发展。在一些城市和地区出现了新型的特种货物运输公司，取得了良好的经济效益。

2. 国外特种货物运输的发展阶段

国外特种货物运输发展比较早，种类与形式呈现多样化特征。尤其是 20 世纪 70 年代以后，以美国、日本和欧洲为代表的一些国家和地区，特种货物运输向标准化、现代化和智能化发展。

（1）特种货物运输的起步阶段

西方某些国家在 19 世纪初，自由放任的市场经济制度曾一度允许一切个人或者公司从事某些运输活动，但后来就逐渐被严格的限制和管理所取代。最早出现国家干预的是铁路运输，其后是公路运输，再后是海上运输和航空运输。19 世纪中期，英国赶超美国成为世界第一造船大国。20 世纪中期，日本赶超英国成为世界第一造船大国。船舶的迅速发展，为一些发达国家获取海外资源提供了便利条件，尤其是对石油、贵重金属的攫取。特种货物的运输，促成了集装箱的产生。从第二次世界大战后到 20 世纪 70 年代之前，国外发达国家特种货物运输呈现多样化特征。特种货物运输方式和种类相当丰富。特种货物可以在铁路、公路、水路、航空和管道 5 种运输方式中见到，而且如化学危险品、鲜活易腐品等特种货物运输也纷纷出现。

（2）特种货物运输的成熟阶段

从20世纪70年代开始，物流的内容从企业内部延伸到企业外部，物流管理的重点已经转移到对物流的战略研究上。企业开始超越现有的组织机构界限而注重外部关系，将供货商（提供成品或运输服务等）、分销商以及用户等纳入管理的范围，利用物流管理建立和发展与供货厂商及用户稳定、良好、双赢、互助合作的伙伴式关系，形成了一种联合影响力量，以赢得竞争的优势。EDI、GIS、GPS、ITS、JIT等先进技术的发展，为特种货物运输提供了强有力的保证。20世纪末，韩国赶超日本成为世界第一造船大国。21世纪初，世界出现了第四次赶超，屈居世界造船第三长达十年之久的中国，猛然发威，向世界造船大国发起强有力的挑战。

四、特种货物运输的主要公约、法律、规则

特种货物运输在不同运输领域的政策规定与内容是不同的，国内外关于此项运输的规定也有所差异。对于危险货物的监管，不论国际公约还是国内法律法规都有一系列的规定出台。

（一）特种货物运输政策的现状与内容

特种货物运输在不同运输领域的政策规定与内容是不同的，国内外关于此项运输的规制也有所差异，因此，了解和掌握不同领域和不同地域内的政策和法规以及其不同的适用范围是至关重要的。

1. 特种货物运输政策的概念

特种货物运输政策是指国家对特种货物运输所持的基本态度，即针对特种货物运输所采取的经济法律等各种措施的总和。

2. 特种货物运输政策的现状

一直以来，中国政府高度重视物流业的发展，近几年国家把物流基础设施建设和技术改造、技术进步列入产业政策予以支持和鼓励；通过制定和完善物流标准、发展规划，引导物流业健康、有序发展；同时，研究建立物流统计指标体系，为企业提供信息服务。目前，已设立的外商投资物流企业运作正常，我国各级政府有关部门近几年制定了一系列与特种货物运输发展相关的政策措施，现代特种货物运输经营和发展的宏观政策环境明显改善，支持现代物流业发展的特种货物运输政策体系正在逐步形成。

3. 特种货物运输政策的内容

特种货物运输政策的内容主要包括三个方面：一是中央政府高度重视，制定了许多与特种货物运输相关的文件，出台了一些促进现代物流发展的政策；二是国务院有关部门结合自身职能，调整完善了有关政策措施；三是许多地方政府因地制宜，采取有效措

施，大力推动本地区现代特种货物运输物流业的发展。最近，国家发改委与有关部门共同研究，将提出进一步促进现代物流发展的政策措施，主要包括 8 项内容：

1）要规范企业登记注册前置性审批，除国家法律、行政法规和国务院发布的规定外，其他前置性审批事项一律取消。

2）调整部分行政性管理事项，将先行在货运代理方面进行调整，取消经营国内铁路货运代理、水路货运代理、联运代理和国际货运代理业企业经营资格的行政性审批。

3）完善物流企业税收管理，对物流企业实行差额纳税，允许符合条件的物流企业统一缴纳所得税。

4）加快引入竞争机制，废除各类不符合国家法律、法规规定的由部门或地方制定的地区封锁、行业垄断、市场分割的有关规章。

5）加强收费管理，全面整顿道路收费站点，取消不符合国家规定的各种收费项目。

6）积极推进物流市场的对外开放，鼓励国外大型物流企业到国内设立物流企业，鼓励利用国外的资金、设备和技术，参与国内物流设施的建设或经营。

7）改善通关环境，对进出口货物实施“提前报检、提前报关、货到放行”的通关新模式，鼓励建立集海关监管、商品检疫、地面服务一体化的货物进出境快速处理机制

8）优化城市配送车辆交通管理，根据当地的交通状况和物流业务发展情况，对配送车辆在市区通行和停靠提供便利。

（二）有关海运危险货物的主要公约、法律、规则

对于危险货物的监管，不论国际公约还是国内法律法规都有一系列的规定出台。为了便于更好地理解有关规定，管理好所载运的危险货物，本节将相关的国际公约和国内法律法规罗列整理并简单介绍，以供参考。

1. 国际公约及规则

（1）《关于危险货物运输建议》——橙皮书

橙皮书对危险货物的分类、编目、标志、包装及其所需的运输等方面做了规定，为世界范围内统一对各种运输方式危险货物的管理提供了依据。橙皮书是联合国危险货物运输专家委员会提出危险货物的最低标准，橙皮书不仅适用于国际间的海上运输，同样也适用于国际间的空中运输和陆地运输，是各种运输方式的具体规定应执行的最低标准。

（2）国际公约

1）SOLAS 公约——《1974 国际海上人命安全公约》，该公约第Ⅱ-2 章第五十四条对载运危险货物船舶提出了特殊要求。

2）MARPOL73/78 公约——《经 1978 年议定书修订的 1973 年防止船舶造成污染公约》，该公约是防止船舶造成污染公约，本非调整危险货物运输的，但是根据申报规定，列为 MARPOL73/78 内品种作为危险货物申报，为此也将其列入危管法规体系。

（3）国际规则

1）IMDG CODE——《国际海运危险货物规则》，该规则是依据联合国橙皮书制定的，用于海运包装危险货物的管理规则，且为强制性。

2）BC CODE——《固体散货安全操作规则》，该规则本身内容并不限于具有化学危险性的散装货物，而且更具有广泛性，即规定了散装易流态物质、具有化学危险性的物质及既不易流态化又无化学危险性的物质，散装运输时的人身与船舶安全的一般要求，货物适运性鉴定、平舱措施、某些物质具有的危险性说明以及测定散装物质各种特性的试验方式细则，为主管部门、船东、托运人和船长提供关于固体散装安全积载和运输标准的指导。

3）IBC/BCH CODE——《国际散装运输危险化学品船舶构造和设备规则》（简称《散化规则》、《散装运输危险化学品船舶构造和设备规则》（简称《国际散化规则》）。

这两个规则对散装运输化学品船，包括船型、船舶残存能力（抗沉性）、液货仓位置、船舶布置、货物维护系统、机械通风、管系、温控、液货仓透气系统、环境控制，防火与灭火、电气设备、测量设备、人员保护和操作等作出了详细规定，是实施 1974 年 SOLAS 公约第 VII 章 B 部分的实施细则。

4）IGC/GC CODE《国际散装运输液化气体船舶构造和设备规则》、《散装运输液化气体船舶构造和设备规则》，以及《现有散装运输液化气体船舶规则》（简称《现有气体运输船规则》）。这三个规则是实施 1974 年 SOLAS 公约第 VII 章 C 部分要求的实施细则，其中《国际散装运输液化气体船舶构造和设备规则》是强制规则，《散装运输液化气体船舶构造和设备规则》和《现有散装运输液化气体船舶规则》是非强制性规则，都有适用的具体要求和条件。

2. 我国的主要法律及规则

（1）法律

我国政府和主管机关都十分重视对海运危险货物管理的立法工作。一方面积极加入有关国际公约及规则，另一方面考虑国际有关规定，结合本国国情，制定更具有操作性的管理规定。自 1982 年以来所颁布实施的有关海运危险货物管理的法律、规章达 20 余件。

1）《中华人民共和国海上交通安全法》该法于 1984 年 1 月 1 日生效。其第六章危险货物运输，要求船舶、设施储存、装卸、运输危险货物必须具备安全可靠的设备和条件，船舶装运危险货物必须向主管机关递交申报手续。《中华人民共和国内河交通安全管理条例》第四章危险货物监督管理，第 30～第 34 条对危险货物监督管理提供了法律依据。第六十条明确要求海事管理机构必须加强对载运危险货物的船舶进行安全巡查。

2）《危险化学品安全管理条例》。2002 年国务院第 344 号令，《危险化学品安全管理条例》于 2002 年 3 月 15 日生效，其替代了 1987 年 2 月 17 日生效的《化学危险品安全管理条例》。本条例对在我国境内生产、储存、经营、运输和使用化学危险物品作出了较详细的规定，第五条对危险化学品安全管理的职能部门的法律责任进行了规定，交通部门负责危险化学品公路、水路运输单位及其运输工具的安全管理，对危险化学品水路

运输安全实施监督，负责危险化学品公路、水路运输单位、驾驶人员、船员、装卸人员和押运人员的资质认定，并负责前述事项的监督检查。第四章危险化学品的运输，从第35～第 43 条对危险化学品运输管理提出具体要求。其中第四十条规定：禁止利用内河以及其他封闭水域等航运渠道运输剧毒化学品以及国务院交通主管部门规定的禁止运输的其他危险化学品。

3）《中华人民共和国民用爆炸品管理条例》。

（2）行政规章

在此仅列出部分主要规章名称。

1）《海运出口危险货物包装检验管理办法（试行）》（国检四联字[1985]217 号），该办法由交通部、对外经济贸易部、国家经委、国家商检局共同颁布。

2）关于《海运出口危险货物包装检验管理办法（试行）》及补充规定的通知（交运字[1991]251 号）。

3）《集装箱装运包装危险货物监督管理规定》（水监字[1986]148 号，1987 年 1 月 1 日生效）。

4）《集装箱装运危险货物现场检查员培训、考核办法》（水监字[1987]36 号，1987 年 2 月 23 日生效）。

5）《船舶载运外贸危险货物申报规定》（港监字[1993]298 号，1994 年 1 月 1 日生效）。

6）《外贸危险货物标志、标记监督管理规定》（港监字[1991]304 号，1992 年 1 月 1 日生效）。

7）《液货船水上过驳作业安全监督管理规定》（交安监发[1996]330 号，1996 年 3 月 1 日生效）。

8）《危险货物申报员考核发证办法》（港监字[1996]234 号）。

9）《关于加强危险货物申报管理工作的通知》（港监字[1996]217 号）。

10）《关于做好内贸危险货物申报管理工作的通知》（港监字[1998]53 号）。

11）《港口危险货物管理规定》。

（三）有关危险货物的国家标准

1）GB 190-85：危险货物包装标志。

2）GB 6944-86：危险货物分类和品名编号。

3）GB 11806-89：放射性物质安全运输规定。

4）GB 12268-90：危险货物品名表。

5）GB 12463-90：危险货物运输包装通用技术条件。

6）GB 16994-1997：油码头安全技术基本要求。

7）GB 17422-1998：液化气体船水上过驳作业安全准则。

8）GB 18180-2000：液化气体船舶安全作业要求。

9）JT 154-94：油船洗舱作业安全技术要求。

10）JT 416-2000：液化气码头安全技术要求。

11）JTJ 237-99：装卸油品码头防火设计规范。

12）GB/T 15626-1995：散装液体化工产品港口装卸技术要求。

阅读资料

中远航运：独步特种货物运输市场

在良好的航运市场发展背景下，本公司主要船型的运价水平将保持上升趋势，公司从事特种货物运输。随着经济全球化进程的加快、世界各地区特别是发展中国家经济的增长，新兴市场对基础工程项目需求的加大，特种货物运输具有良好的发展前景，进而为公司的内涵式增长提供了有力的保障。高难度、高技术和专业性使得特种货物运输行业拥有较高的进入壁垒，进而具有相对较高的收益率。公司在特种货物运输市场上处于一定的垄断地位。根据公司制订的船队发展“十一五”规划，公司将坚持以“特”为主的发展思路，进一步成长为特种货物运输市场的领导者。我们认为中远航运主营业务突出，管理水平较高，盈利能力稳定，受海运行业周期性波动影响较小，能够保持相对持久稳定的盈利水平。虽然难以分享大规模资产注入的盛筵，但是却在特种货物运输领域赢得领头羊地位，而该行业相对较高的门槛将为公司赢得较高、较持久的获得能力。伴随着公司船队的成功调整，在国际航运处于高景气周期的背景下，公司业绩将得到快速增长。预计 2007 年、2008 年和 2009 年公司每股收益分别达到 1.26 元、1.51 元和 1.92 元，目标价位 42.84 元，建议“增持”。

（资料来源：http://finance.sina.com.cn/stock/companyresearch/20071123/08374208306.shtml）

阅读资料

超限货物的运输

物流公司接到一批 28 厘米长建筑用钢材的运输任务。运输部门经理考虑到钢材总量超过 3000 吨，而且收货方强调钢材的成品保护，要求保证钢材的平直度，于是带领运输物流员勘察运输线路，主要是掌握路面宽度、拐弯半径大小、各种桥的承重和宽度等。经过一番仔细测量和规划，运输部门提出夜间运输，根据生产情况分批运输的方案。

1. 任务分析

钢材长 28 米，根据公路运输管理规定，应为超限运输。由于道路情况复杂，桥梁涵洞越来越多，有时因为各种原因不能通过一些超限货物运输车辆。目前，很多道路由于白天车辆太多，白天超限运输难度较大，而夜间运输容易协调。

2. 任务实施

步骤一：根据客户需求，查清货物运输超限级别。

步骤二：根据初步确定的运输方式，调查清楚货物的各个方面的参数。

步骤三：进行道路检验、测量等，以制订详细、可行的运输方案。

步骤四：合理安排货物，尽量减少超限方面的影响（如超长、超重等）。

步骤五：组织运输、到达目的地后办理交接。

第二节　超限货物的运输业务

一、超限货物运输业务概述

1. 超限货物运输的概念

（1）超限货物运输的含义

超限货物运输是公路运输中的特定概念，指使用非常规的超重型汽车载运外形尺寸和质量超过常规车辆装载规定的大型物件公路运输。

大型物件是指符合下列条件之一的货物：

1）货物外形尺寸，长度在 14 米以上或宽度在 3.5 米以上或高度在 3 米以上的货物。

2）质量在 20 吨以上的单体货物或不可解体的成组货物。

根据交通部颁布并于 1996 年 3 月 1 日实施的《公路大型物件运输管理办法》的规定，公路大型物件，按其外形尺寸和重量（含包装和支撑架）分成四级，其标准如表 8-2 所示。

表 8-2　大型物件的分级标准一览表

凡指标到下列标准之一者	一级	二级	三级	四级
长度 L/米	14≤L＜20	20≤L＜30	30≤L＜40	L≥40
宽度 M/米	3.5≤M＜4.5	4.5≤M＜5.5	5.5≤M＜6	M≥6
高度 H/米	3≤H＜3.8	3.8≤H＜4.4	4.4≤H＜5	H≥5
重量 W/吨	20≤W＜100	100≤W＜200	200≤W＜300	W≥300

（2）超限货物的特点

一般来说，超限货物有如下特点：

1）装载后车与货的总质量超过所经路线桥涵、地下通道的限载标准。

2）货物宽度超过车辆界限。

3）载货车辆最小转变半径在于所经路线设计弯道半径。

4）装载总高度超过 5 米；通过电气化铁路平交道口时，装载总高度超过 4.2 米；通过无轨电车线路时，装载总高度超过 4 米；通过立交桥和人行过街天桥时，装载总高度超过桥下净空限制高度。

（3）目前存在的超限货物运输形式

对照《超限车辆行驶公路管理规定》及《道路车辆外廓尺寸、轴荷及质量限值》规定，可以看出超限货物运输形式主要有以下几种：

1）超长，即运输车辆的车货总长超过规定的长度。

2）超宽，即运输车辆的车货总宽超过规定的宽度。

3）超高，即运输车辆的车货总高超过规定的高度。

4）超重，即运输车辆的车货总重超过规定的质量限值，超重的表现形式为超核定载质量限值和超总质量限值。

（4）超限货物的分级

超限货物是一个总称，包括不同种类，有的是超高货物，有的是超长货物，有的则是超重、超宽货物，这些货物对运输工具、运输组织的要求各异。为了保证运输安全和管理的需要，一切运输方式有必要根据超限货物的主要特性进行分类。

超限货物质量是指货物的毛重，即货物的净重加上包装和支撑材料后的总重量，一般以生产厂家提供的货物技术资料所标明的重量为参考数据，它是配备运输车辆的重要依据。

2. 超限货物运输的现状及发展趋势

（1）超限运输的历史

超限运输是使用非常规的超重型汽车列车（车组），载运外形尺寸和质量超过一般公路通行限界或常规车辆装载规定的大型物件运输，也称道路大型物件运输。我国的超限运输始于 20 世纪 70 年代初，当时由于经济建设迅速发展的需要，国家决定从工业发达国家引进化肥、化纤、乙烯、电力、轧钢等重量 300 吨以上或长度在 60 米以上或直径达 4 米以上的大型设备 22 套。为了经营管理这些国产的和引进的超重型运输设备，中央和省市交通部门又新建和扩建了一批汽车超限货物运输企业。可以说，我国公路超限货物运输，在车组类型方面基本完备，可以承担各种超长、超宽、超重等运输难度较大的大型物件运输，当时的超限运输是由国家下达运输任务的模式。

20 世纪 90 年代，我国实行改革开放，经济发展速度加快，电力、石油、化工、冶金及建材等重点工业建设项目迅速增多。在运输市场逐渐开放的情况下，我国超限货物运输已由过去交通部门的独家经营，发展为工业、建设等部门参与的多家经营，大件货运企业也迅速增多。我国的超限货物运输已从过去由国家下达运输任务的模式转变为激烈的运输市场竞争。

（2）超限运输的现状

超限运输是国际上普遍存在的问题。日本早在 20 世纪 70 年代就对首都高速公路上行驶的货车进行过调查，大型车辆占 5.9%，其中超限运输车辆占 20%。德国十多年前进行过交通调查，超限运输车辆数量高达 50%，有的超重达 20%。

我国作为发展中国家，车辆超限运输情况十分严重，对公路、桥梁等造成了很大的破坏。金华市公路部门于 1999 年在 13 条省、县道上对车辆进行了调查，共查获大型车辆 22 726 辆，其中仅装载泥、砂、煤、水泥、矿粉等易撒落污染货物的超限运输车辆就有 1545 辆，占大型车辆 6.8%。黑龙江省伊春市友好林业局镇内同铁路并行的公路大桥，始建于 1989 年，2001 年被超限车辆碾漏中心桥面。超限运输刮坏电缆、通信线路，爆胎、侧翻事故也常有发生，造成的车辆和道路的损坏、交通事故的多发给社会带来不可估量的损失。我国目前进行超限运输的车辆有多数并不是国家允许使用的超限运输车辆，而是经过非法改装的、无安全保障的超限运输车辆。我国的超限运输现象之严重程

度，也到了非治理不可的阶段。

（3）超限运输的发展趋势

从国际范围来看，公路超限运输车辆的限值标准也呈现出上升的趋势。例如，比利时车辆的最大总质量增加了 19%，挂车的最大总质量增加了 25%；美国在 23 年间，车辆的总质量增加了 40%左右。出现上述状况，是与公路运输业发展的需要相适应的。国际上地区间、国家间的相互往来和合作，汽车进出口贸易的发展，已是一种不可逆转的趋势。所以国际公路运输车辆轴载质量限值的上升，是总的发展趋势。

面对这种总的发展趋势，我国货运车辆的构成将朝大型化发展，而不是通过非法改装就可以完成运输任务的，货运车辆的大型化发展对我国汽车工业的规范发展也会起到促进作用。随着我国加入 WTO，我国的交通运输要与国际接轨，公路运输车辆轴载质量限值也将会呈上升趋势。这种逐渐加大的车辆轴载质量限值对公路技术标准的提高也将起到促进作用。

二、公路超限运输和铁路超限运输

在现今的物流中，超限运输主要集中在公路运输和铁路运输。下面就着重介绍这两种运输方式的超限运输。

（一）公路超限运输

1. 公路超限运输的概念与特点

现代意义上的公路超限运输，是指使用非常规车辆运载超重、超长、超宽、超高等特殊规格大型物件的公路汽车运输。

2. 公路超限运输的特点

由于运输对象的特殊性，使得公路大件运输具有不同于一般货物运输的特点。

1）运输对象特殊。公路超限运输的对象都是非常规货物，都是受到相关法律、法规限制的特殊货物。

2）运输工具特殊。公路超限运输的运载工具，即大件运输专用汽车列车（包括整体式平板车和组合式平板车组）属于超限运输车辆的范畴。

3）实行公路大件物件运输分类经营许可制度。

4）实行公路大件运输预先审批与通行证制度。

5）公路大件运输受限制多。

6）运输的前期工作复杂且重要。

7）运输成本难以控制。

8）对管理人员专业水平要求较高。

9）大件运输市场是一个非常小的专业化细分市场

3. 公路超限运输的运作程序

（1）托运人办理托运

大型物件的托运人必须向已取得大件运输经营资格的承运人或其代理人办理托运，托运人在托运单（运单）上如实地填写大件货物的名称、规格、件数、件重、起运日期、起运地和终到地、收发货人名称及详细地址，以及运输过程中的要求和注意事项。托运人还应向承运人提交货物说明书，必要时应附有货物外形尺寸的三面视图，并以“+”K与注明货物重心位置及各部位的详细尺寸。凡未按上述规定办理大型物件托运或运单填写不明确，由此发生运输事故的，由托运人承担全部责任。

（2）受理托运

大件运输承运人必须做到：根据托运人填写的运单和提供的有关资料，予以查对核实；承运大型物件的级别必须与批准经营的类别相符，不准受理经营类别范围以外的大型物件。凡未按以上规定受理大型物件托运，由此发生运输事故的，由承运人承担全部责任。

（3）现场验货

承运人在接到托运人的申请后，对托运货物的几何形状、重量和重心位置、质量分布等有关技术经济等资料有了初步了解后，还必须亲临现场核实货物的实际情况，向公司提交现场理货报告，以便为确定大件货物的级别、运输形式、货物承载与装卸方式以及查验经由路线、制订运输方案提供依据。

（4）现场验道

除了现场验货外，承运人在起运前还应会同托运人勘察作业现场和运行路线，查验运输沿线全部道路的路面、路基、纵向坡度、横向坡度、弯路超高处的横坡坡度、道路的竖曲线半径、平曲线半径及宽度等，查验沿线桥梁涵洞、高空障碍，查看装卸现场、到载转运现场，了解沿线地理环境及气候情况，以便根据查验结果安排作业时间，编制运输方案和运行路线图。

（5）承运

在完成上述工作后，如果承运人认为可行，应与托运人签订运输合同，大件货物运输合同除了包括普通汽车运输货物合同的内容外，还应对诸如大件货物数据和运输车辆技术数据，经由路线、承运开始时间、终到时间，由谁负责对于装运大件货物的车辆在运送途中需要修建便道或改拆建筑物的审批手续以及因运输大型物件发生的道路改造、桥涵加固、清障、护送、装卸等费用的分担等作出明确的规定。

（6）制定运输方案

在充分研究、分析现场理货报告及验道报告的基础上，制定安全可靠、经济可行的运输方案。运输方案的主要内容包括：配备牵引车、挂车及附件，配备动力机组及压载块，确定最高车速限定，制定运行技术措施，配备辅助车辆，制定货物装卸与捆扎加固方案，制定和验算运输技术方案，完成运输方案的书面文件等。

（7）装载、运送、卸载与交付货物

大型物件运输的装卸作业，由承运人负责的，应根据托运人的要求、货物的特点和

装卸操作规程进行作业；由托运人负责的，承运人应按约定的时间将车开到装卸地点，并监督装卸。在货物的装卸过程中，由于操作不当或违反操作规程，造成车货损失或第三者损失的，由承担装卸的一方负责赔偿。在装运大件货物时，除应仔细加固捆扎、做好铺垫外，还应在其最长、最宽、最高部位设置安全标志，以引起来往车辆的注意。在装卸货及运送过程中，行车、安全、机务、后勤、供应等各部门的人员应相互配合，各司其职，共同完成运送任务。在交付时，应要求收货人予以签收。

（二）铁路大件货物运输

1. 铁路大件运输的概念与特点

（1）铁路大件运输的概念

在铁路运输中，超限货物分为超大货物、超长货物和超重货物三种，通常称为阔大货物。目前，《国际货协》与国内规定有所不同，《国际货协》对其定义如下。

1）国际联运中的超限货物是指超过参加运送国装载限界的货物。目前，《国际货协》在附件 5 中规定了六种铁路装载限界：中铁准轨装载限界，朝铁装载限界，苏、蒙铁装载限界，保、匈、德、波、罗、捷铁装载限界，越铁米轨限界，越铁准轨装载限界。

2）超长货物是指一件货物的长度超过 18 米（运送越南超过 12 米）的货物。

3）超重货物是指一件货物的重量超过 60 吨的货物，在换装运送中，对罗马尼亚重量超过 30 吨，对越南重量超过 20 吨的货物也为超重货物。

（2）铁路大件运输的特点

铁路大件运输具有运输难度大、运输专业性强、运输要求高等特点，通常对运费测算、装载加固、车辆使用、运输路径、押运、途中事故处理、全程运输跟踪以及报关报验、口岸交接、国外铁路运输等问题均有特殊要求，因而货主在选择运输商时，一般采取招标形式。

2. 铁路大件运输运作实务

（1）需要预先商定后才准予运送

1）商定日期。运送阔大货物时，发货人须在托运货物 1 个月以前（对于换装运送，则在 2 个月以前），向发站提出关于每件货物容器或包装种类、重量和尺寸等有关资料。对于超限货物，应提出（超长、超重货物在必要时提出）装车示意图。各站将上述资料立即报告主管铁路局，由局审核后报铁道部，以便同有关铁路商定。国际联运不属于超限、超长、超重货物而国内段运输却属于的，不需要同国外铁路商定，但发货人在托运货物时，必须向发站提出上述资料，经国内铁路部门批注才能运送。

2）商定手续。由发货人向发站提出，发站报主管铁路局，由局审核后报铁道部运输局及外事局，由外事局同有关国铁路部门进行商定。

3）商定内容。发送路的中央机关（我国为铁道部外事局）应将有关事项（包括每件货物容器或包装种类、重量和尺寸等资料）通知参加运送铁路机关。运送没有突出部位的长方形和圆柱形对称货物，商定时可以不附装车示意图。在紧急情况下以及重复运

送已商定过的货物时可通过电报商定，对于已商定过的货物，电报中应援引原商定的日期、函件和装车示意图号码，以及参加运送中央铁路的有关商定号码等。发送路在商定超限货物的运送事项后，应将商定的运送条件通知发货人，其中包括货物经由的国境站名，必要时还包括在过境路上的绕行经路。

（2）应按发送路线要求提供关于货物尺寸资料

1）对于超限货物，应提交如下资料：①托运超限货物说明书、货物外形的三视图，并以“+”号标明货物重心位置。②自轮运转的超限货物，应有自重、轴数、轴距、固定轴距、长度、转向架中心销间距离、制动机形式及限制条件。③必要时，应附有计划装载、加固所依据的图纸和说明资料。

2）对于超长、超重货物，应提交如下资料：①货物外形尺寸，并以符号“+”注明货物的重心位置及其有关各部位的详细尺寸。②货物支重面的长度和宽度，以便铁路部门依此选定车型。③计划装载、加固方案。

（3）运单记载

1）运送超限货物时，发货站应在运单“货物名称”栏内记载：“在……铁路上是超限货物”，并注明自车底板起货物的高度和宽度。

2）在过境路上绕路运送超长货物时，发货人应在运单“托运人的特别声明”栏内，注明这一绕路的经路。

（4）装载

1）对于超限的不对称货物，每件总重量超过 3 吨的货物、设备、机器，以及高度超过 1 米的箱装的此类货物，发货人必须在每件货物横、纵方向的两侧，用洗不掉的颜料标出“重心”标记，标明货物的重心和每件货物的总重。

2）装载超限货物时，发货人用中、俄文（往朝鲜、越南运送时，可只用中文）在货物两侧做“注意！在……铁路上是超限货物”字样的标记，或附表示牌（标记和表示牌均应带红色边）。

3）超限、超长和超重货物的装载、加固以及超限货物的计算，按我国国内铁路规章《铁路超限货物运输规则》、《铁路货物装载加固规则》办理。根据规定，托运人有义务准备足够的装载加固材料，比如支柱、垫木、三角木，以及诸如货物转向架、货物支架、车钩缓冲停止器、滑台等材料。如果由铁路部门制作、安装这些材料，则所需的费用应由发货人负担。

（5）进口运输

1）凡需通过口岸站进口的阔大货物，货主对外签约前，应向铁路主管部门了解是否具备接运条件；如果可行，阔大货物的接运还应按照铁路《铁路超限货物运输规则》办理。

2）货主对外签订进口阔大货物和危险货物合同后，应及时向铁路主管部门备案，以便统筹安排。

3）对通过口岸站进口的阔大货物，需经铁道部国际合作司与国外铁路商定同意后，才能运送。通过口岸站接入的阔大货物，不得变更到站。

阅读资料

大连某大件运输公司的50万吨/年冷催化剂罐运输方案

1. 概述

本运输方案针对大连旅顺羊头洼（或大连五二三厂）在大连长风机械制造有限公司到沈阳石蜡化工有限公司工地现场的50万吨/年冷催化剂罐，整体经公路运输直至安装工地，最终车板交货的全过程。由于罐体的直径到了5米，直接用车板运输的高度受到公路桥梁的限制，因此只能采用抱杆这种桥工运输形式。对整个运输工程的质量起关键作用的主要是运输设备的选型、运输过程的全程组织协调以及运输的质量管理三个要素。为了对整个运输队工程的施工在各方面（包括软、硬件）均做到可控，我公司从运输方案的设计、运输的组织到运输的质量管理，均按照大件运输质量管理体系的要求进行设计，在工程实施前，参照大件运输质量管理体系标准，针对本工程编写专项质量计划，并设置专门的现场运输组织机构全权进行管理。

2. 设备参数

共运输3件设备：

货物名称	尺寸/毫米	质量/吨	数量/件
50万吨年冷催化剂罐	ϕ5000 × 23 396	72	2
50万吨年冷催化剂罐	ϕ5000 × 23 396	62	1

3. 运输要求

3.1 起运地：大连旅顺羊头洼（或大连五二三厂）。

3.2 目的地：沈阳石蜡化工有限公司工地现场。

3.3 运输时间：2007年10月。

4. 车辆选配

4.1 牵引车：主牵引和备用车为VOLVO FL10各一辆。

4.2 挂车：SHANGHAI二纵列全挂液挂车速轴线及格轴线各一组。

4.3 设备及改造：WUHAN200吨桥式抱杆（由于罐长约24米，而现有抱杆设备长度达不到运输要求，需要加长改造）。

4.4 工程车：解放5吨单车（3吨油箱1个、架线杆4支、备胎40条、支架4个）1台，50吨吊车1台。

4.5 指挥车：面包车一辆。

4.6 车辆、设备技术参数。

4.6.1 牵引车参数：

牵引形式	厂牌型号	功率/马力	牵引吨位/吨	自重/吨
牵引车（备用车）	VOLVO FL10	320	150	20

4.6.2 挂车参数:

厂牌型号	SHANGHAI	SHANGHAI
轴线数	5	2
轴列数	2	2
货台尺寸（长×宽）/毫米	8000 × 3400	4800 × 3400

续表

厂牌型号	SHANGHAI	SHANGHAI
起升高度/毫米	1070（±210）	1070（±210）
轴线荷载/吨	22	22
承载吨位/吨	110	66
轴距/毫米	1600	1600
轮距/毫米	2020	2020
内侧转弯半径/毫米	15	10
轮胎规格	8.25R15	8.25R15
轴自重/吨	4.4	4.4
车板总重/吨	22	13.2

4.6.3　设备参数:

设备名称	桥式抱杆（改造后长度）
外围尺寸（长×宽）/毫米	36 000×5800
承载吨位/吨	200
自重/吨	50

5. 公路运输

5.1 道路选择:

大连—金州—沈大北李管—沈阳石蜡化工有限公司工地现场。

5.2 证件办理

5.2.1　由于罐体运输是跨市的长途公路运输，而且属于超限货物运输。按照《超限运输车辆管理规定》，需办理超限运输车辆通行证；道路牌证办理是根据目前我国各个省份各自制定的相应超限货物运输收费标准，根据不同路段分别办理，同时还需要缴纳一定的护送费。

5.2.2　我公司需提前向各地交警、路政部门申报运输路线、设备情况、运输方案、车辆选择、车组编队等信息，各地公路交通部门根据申请材料对所经路线上的桥梁、涵洞进行核算。通过能力演算，在各方面都达到要求后，才获得批准，取得超限运输车辆通行证。

6. 装载方案

6.1 车辆装载倒运

6.1.1　先将抱杆的两个转盘及横担分别放在5轴线和3轴线上，在车间地面画出两个轴线板的位置（5轴在前），然后分别将两个车板引入车间，并在车间吊钩下装载罐体。

6.1.2　专人指挥吊车将罐体吊落在两个车板上方，缓缓地落到车板安装好的横担上。

罐体前后几何中心与两个车板前后几何中心对正。根据车板压力表示数相应地调整罐体位置，到符合车板承载位置停止。把罐体完全落到两个车板上，拆除吊装索具。

6.1.3　将罐体在车板上的适当位置进行捆扎加固后，车辆承载罐体驶出车间，到厂区组拼桥式车组作业区域停稳。

6.2　将罐体降落至地面

6.2.1　将两个液压车板缓缓升高，升到车板的最大值，解除罐体在车板上的捆扎工具。

6.2.2　在罐体中间适当的位置上打两个实垛，使用4个100吨电动千斤顶，摆放到适当位置，将罐体顶起，抽出车板。

6.2.3　罐体落到道木垛上后，调整电动千斤顶位置及高度，重新顶起罐体，撤离部分道木，

降低道木垛高度，将罐体落在道木垛上；反复操作，直至将罐体落至离地面10厘米左右，适合运输最低高度。

6.3　组拼抱杆

6.3.1　将刚才两组带转盘和横担的5轴线和3轴线车板分别移动到罐体运行方向的前后方，调整好车组与罐体纵向方向，使两组车板与罐体总是为一条直线，车板端梁距离反应器0.5米处。车板通过液压动力，落至地面。

6.3.2　将两根桥杆安装到罐体的两侧，并在前后车板的横梁交点处上，使用定位销将桥杆与横梁连接好，固定住，保证桥杆在横梁上无纵向、横向移动。

6.3.3　把两根桥杆分别在罐体底部前后的适当位置穿过，使用4组滑轮组拉紧，把滑轮组分别固定到桥杆适当位置上，锁紧锁死。

6.3.4　全面检查桥式车组的连接是否紧固，连接体的加固情况。各连接部位加固一定要达到车组运行要求。

6.4 封固和运行前检查

6.4.1　在罐体前后左右分组封固，保证纵向、横向均固定牢固，不能前后窜动、左右晃动，不能刮碰到罐体的壳体，并使之足以克服车组在起步、制动、运行中所产生的各种作用力，确保罐体在运输过程中前后不移动，左右不摆动。

6.4.2　启动动力组，起升前后挂车压力表压力差小于10%，达到运行高度，可以运行，装载完毕。

7. 运行技术

7.1　运行前车辆检查。

7.2　运行速度：重驶运行速度≤8千米/时。

7.3　通过困难路段（空中路障、桥涵等）应事先采取技术措施，包括调整左右液压悬架行程、降低车辆高度、改变三角支撑、降低车速等；

7.4　车辆起步、停车要慢，严禁紧急制动，运输途中要匀速行驶；

7.5　上下坡时，应预先选择挡位，降低车速，一般采用≤5千米/时的车速行驶；

7.6　通过道路、桥涵有控制线时，一律按指挥路径行驶；无控制线时，一律按正常车道行驶；

7.7 大型车辆通过桥梁时，只能单车行驶通过，禁止桥上会车、超车、换挡、制动、加速、减速等，应均速居中通行；

7.8 参运人员必须与前来护送的公路、交警等部门保持良好的合作关系。

8. 卸车

8.1 挂车到达工地现场后，将挂车降到最低点，并依次松开各个滑轮组，使反应器平稳地降到地面上；

8.2 拆下滑轮组、桥杆等连接部件，分别向反方向移开两组挂车，远离变压器；

8.3 将运输中的所有设备分两部分挂上。

9. 安全保质

严格遵守公司保质方案，认真做好各种检查记录。在各主要路段、市区，各弯道、道路障碍处均设专人进行交通疏导，必要时进行封道通行，确保运输全过程的安全。运输货物必须参加运输保险。

10. 运输组织机构及相关职责

10.1 总指挥：对运输全过程负全责，包括车辆配备，人员组织，运输指挥，重大问题决断，运输过程中对外协调。

10.2 副总指挥：对运输全过程负责，包括运输指挥，重大问题决断。

10.3 运输指挥：对运输工作负责实施。

10.4 商务指挥：负责业务衔接。

10.5 质保总监：全面监督。

10.6 质保工程师：对运输质量负总责，监督各环节是否按方案、按计划实施，对影响安全、质量的操作或事项可行使一票否决权。

10.7 车辆工程师：对运输全过程车辆技术负全责，包括工程部施工方案制订，车辆技术保障、车辆装载，临时故障指挥排除等。

10.8 现场调度：现场协调，并负责运输辅助工作的实施。

10.9 主驾驶：对主车检查、使用负全责。

10.11 副驾驶：协助主驾驶员工作，负责通信，观望。

10.12 挂车主操：对挂车检查使用负责，运行时对动力机组的观察、使用负全责。

10.13 挂车工：对主操负责。根据工位要求，做好瞭望，做好绑扎、测量挂车高度、故障排除、测量挂车运行高度的具体工作。

10.14 工具车驾驶员：驾驶工具车并保管好车上物品。

10.15 生活保障：负责项目工作人员的后勤供给、临时采购等事项，包括劳动用品的供给。

11. 报价

（资料来源：大连某公司的货物实际配送实施方案）

阅 读 资 料

日本7-11便利店的生鲜物流

日本7-11便利店公司创建于1973年，并于当年同世界上最大的便利店公司——美国修士公司签订在日本地区特许经营合同。

生鲜经营联合体是7-11便利店独具特色的一个经营模式。初期的联合体就是围绕着盒饭的开发体制、销售体制和物流体制展开的，后不断成长形成了多项生鲜产品纵向一体化的产销同盟。

生鲜经营联合体其中重要的一项策略就是建立共同配送中心，实行汇总配送。共同配送中心是生产商和批发商共同投资建立配送中心，共同使用和参与经营。生产厂家和批发商将配送业务和管理权委托给共同配送中心。通过汇总配送，7-11便利店解决了“同样的商品因厂家不同，特约批发商也不同”的矛盾，增加了对每一商店的配送数量，减少了商店的接货次数，提高了运输效率。

（资料来源：http://logistics.nankai.edu.ch/bbs/Showtopic－8857.aspx）

第三节　鲜活易腐货物运输业务

一、鲜活易腐货物运输

1. 鲜活易腐货物的概述

（1）鲜活易腐货物的概念

鲜活易腐货物是指在一般的运输条件下易于死亡、腐烂、变质等不符合货物正常要求

的结果发生的货物。例如，鱼类、肉类、植物类蔬菜、水果、食品、药品、血清、疫苗等。

（2）鲜活易腐货物的特点

1）季节性强，运量波动大。鲜活货物大部分是季节性生产的农、林、牧、副、渔产品。例如，水果集中在每年第三和第四季度，水产品集中在春秋汛期，南菜北运集中在冬、春两季。目前人们还不能有效地控制自然气候环境，或主动把握收成情况，因而鲜活货物运量时多时少，运输计划难于掌握，产地集中、销地分散，也给运输组织工作带来一定难度。

2）时间要求紧迫，组织工作复杂。鲜活货物大多数是有生命的物质，受客观环境影响很大，对外界温度、湿度、卫生条件、喂食和生活环境都有一定的要求。冷了会冻坏，热了会腐烂，干燥会干缩。因此，必须以最快的速度，在最短的时间内将货物运达，才能防止死亡和腐烂变质；或者通过抓住上市时间获得市场价值，以取得更多利润。

2. 鲜活易腐货物运输的概述

（1）鲜活易腐货物运输的概念

从事鲜活易腐货物的装载、转移、保存、交货等一系列活动环节的总称叫做鲜活易腐货物运输。

（2）鲜活易腐货物运输的工具

鲜活易腐货物运输的工具都是经过保温处理的，从有无冷源的角度可以分为两类。

1）运输工具里不附加冷源的隔热车。在装车前预冷被运输物品，仅依靠被运输物品本身的显热量（显热量指随温度变化而发生的热量变化，不牵涉相变）来维持整个运输过程中比较低的温度。国外的隔热车主要用来运输各种冻结货物（冻鱼、肉等）、冷却货物、油脂、香肠、奶油、干酪及不允许发生冻结的货物如浆汁、饮料、啤酒、矿泉水等。实际上许多易腐货物在某些季节和一定运输距离内，既不需要制冷，也不需要加温，即仅需有隔热车体、无制冷和加温设备的隔热车，就能满足运输要求。在我国，第一、第四季度易腐货物运量相对集中，其中苹果和柑橘、夹冰鱼虾以及部分冻货，使用隔热车运送，在理论和实践上都是可行的。由于隔热车造价低，又不需制冷，即使全年有1/3的时间不能使用，在经济上也是合理的。

2）运输工具里附加了冷源的冷藏车。根据冷源的不同，这类冷藏车又可以分为不同的类型：①机械冷藏车。通过机械制冷设备提供物品的低温环境，将货物装载设备与机械制冷设备集成，是一种移动式冷藏设备。这种移动式冷藏设备，需要独立的能源供应系统，投资大，需要消耗大量的能源，设备和运输成本高，但它具有温度调节范围广（当外界冬季温度最低达到-45℃和夏季温度达到+40℃时，车内温度可以保持在+15～-18℃或更低），车内温度均匀，技术性能良好等优点，使得货物的品质得到良好的保证，适合于远距离、长时间运输，或者是对品质有特殊要求的货物运输。②蓄冷式冷藏车。蓄冷板式冷藏车是利用冷板中的蓄冷剂液体冻结凝固成共晶冰而蓄存冷量，用于易腐货物的冷藏运输。它与机械式冷藏汽车相比，省去了一套制冷机组，使整车质量、体积大大减小。③加冰冷藏车。加冰冷藏车是利用冰、干冰、冰盐等蓄冷剂蓄存冷量作为冷源的车辆。该类冷藏车是目前我国铁路使用最多的冷藏车种，在我国易腐货物运输中发挥了重要的作用，但在长期使用中也暴露了它不可克服的缺点，如制冷方式落后，制冷温度比较低等，运输质量也低于机冷车。干冰可以达到比较低的制冷温度，缺点是只能一次性使用，飞机上食品的保存常用它来做蓄冷剂。表 8-3 中列出了这几种主要冷藏运输工具的一些特点。

表 8-3　各种冷藏汽车的性能比较

冷藏汽车类型	机　械　式	蓄　冷　式	冰 或 干 冰
制冷能力	最低温度约为-20℃，制冷能力依车体大小而定，一般为1～12 千瓦	制冷温度依蓄冷剂融解温度而定，制冷能力决定于蓄冷剂面积与冷却温度	冷却能力依冰量而定，干冰式使用温度可低达-20℃
温度调节	日用温度控制器在-20℃～+15℃范围内进行调节	根据使用不同的蓄冷剂来变换温度	无温控装置
承载效率	承载效率低	承载效率比机械式高	冷却剂占据承载空间，使承载效率降低
预冷时间	以机械式预冷时间作为比较的基准	蓄冷器冻结时同时预冷，冻结时间比机械式蓄冷剂时间长，但多利用夜间运行，故影响较低	冷却剂在车内上部与下部混合不均，预冷不全，预冷时间长
设备费	通常设备费用较高	比机械式便宜	设备费较便宜
使用费	燃料费、修理费较高	利用夜间低谷电力，使用费较低	冷却剂（冰或干冰）的费用较高
其他	使用时噪声较大	无噪声或噪声较小（有通风机时）	无噪声

（3）鲜活易腐货物的运输方式

1）根据使用运输工具的不同，运输方式可以分为机械冷藏运输和保冷运输两类：①机械冷藏运输是指使用机械冷藏车为运输工具的冷藏运输方式。②保冷运输是指运输工具中没有机械制冷设备的运输方式，一般是利用保温箱体内附设的金属块体、冰、复合化工材料等各种蓄冷材料，或直接利用冷却后的被运输物品自身的显冷量来维持运输过程中运送物品的低温环境。

2）根据被运输货物其自身是否具有发热量，可以分为具有内热源和没有内热源两类：①其具有内热源的货物，各种新鲜蔬菜水果，如苹果、荔枝、芒果等，以及肉类、鱼类等自身具有一定的呼吸热，属于内热源的一类。②没有内热源的货物，各种浆汁，如饮料、啤酒、矿泉水、酸奶等，油脂、香肠、奶油以及各种医疗药品；血浆、疫苗等自身均没有发热量，也属于没有内热源的一类货物。

二、鲜活易腐品的运输条件和基本要求

鲜活易腐品因其极易腐坏变质的特性而要求运输过程满足一系列的条件，其中最重要的条件是温度条件。

1. 鲜活易腐品运输的温度条件

造成鲜活易腐品腐烂的主要原因有微生物的作用、呼吸作用和化学作用。这些原因往往不是孤立的，而是相互影响的，而且一般都与温度条件有关。控制好运输过程中的温度条件可以增强鲜活易腐品的抗病性和耐藏性。

我国对鲜活易腐品运输季节的划分不是采用气象学的方法，而是根据鲜活易腐品的运输要求按照一系列的平均气温来划分，即平均气温在 20℃以上为热季；平均气温在 1～19℃为温季；平均气温在 0℃以下为寒季，其中温季可以继续细分为 1～6℃、7～12℃及 13～19℃ 3 个温季段。根据不同品类鲜活易腐品运输时具体的温度要求，可以采用相应的运输方式。

由于我国幅员辽阔、南北温差很大，在选择运输季节和运输方式时，不但要考虑出发地的气温，还要考虑沿途的气温及目的地的气温，以确定全程或分段的运输季节。例如，秋冬季节从东北、华北地区运输水果到华南地区，在出发地一般不用加冰制冷，但送到郑州以南就要开始加冰制冷；冬春季节由南方地区运输蔬菜到东北、华北及西北地区，在出发地需要加冰制冷，送到北方就需要考虑保温防寒的问题。

2. 鲜活易腐品运输的基本要求

1）不同热状态的鲜活易腐品不得按一批运输。为了确保鲜活易腐品的运输质量，同一批办理运输的鲜活易腐品的运输条件以及所采用的运输方式应当相同。

2）运输鲜活易腐品时应在货物运单上的“货物名称”栏内填记货物名称，并注明其品类序号、热状态以及容许运输期限。容许运输期限必须大于所规定的运到期限 3 日方可承运。

3）运输鲜活易腐品时，货物的质量、温度、包装和选用的运输车辆均须符合“鲜活易腐品运输条件表”和“鲜活易腐品包装表”的规定。

综上所述，必须满足鲜活易腐品运输的所有条件，才能保证货物的送到质量，提高运输的服务水平。另外，也可以通过提高运输速度来减少鲜活易腐品的在途运输时间，以降低其运输过程中的腐坏程度，从而最大限度地保持货物的质量。

三、鲜活易腐品运输的注意事项

良好的运输组织工作是保证鲜活易腐品质量的前提，鲜活易腐品运输的特殊性，要求保证及时运输。运输承运人应充分发挥公路运输快速、直达的特点，协调好仓储、配载、运送各环节，将货物及时送达。

冷藏货物运输组织需要注意的事项。

（1）注意运输时限

托运人托运冷藏货物时，应当提供最长允许运输时限和运输注意事项，并在合同或运单中注明。

（2）做好装车工作

鲜活易腐品在装车前，必须认真检查车辆及设备的完好状态，注意清洗和消毒。装车时应根据不同货物的特点，确定其装载方法。例如，为保持冷冻货物的冷藏温度，可紧密堆码；水果、蔬菜等需要通风散热的货物，必须在货件之间保留一定空隙；怕压的货物必须在车内加隔板，分层装载。

（3）要合理配载

配载运送时，应对货物的质量、包装和温度要求进行认真检查，要求包装合乎规范，温度符合规定，装卸合乎要求。应根据货物的种类、运送距离、运送地方和运送季节确定相应的运输服务方法，及时地组织适宜车辆进行装运。

（4）要及时运输

及时运输是鲜活易腐品的特殊要求。应充分发挥公路运输快速、直达的特点，协调好仓储、配载、运送各环节，及时送达。

（5）要认真负责

运输过程中要严格要求驾驶员或押运人员对冷藏机温度进行控制和记录。出发前要告知温度要求，并进行设定。如果出现事故（包括交通事故、机械事故、冷藏机故障等），要及时报告并修复。

四、鲜活易腐货物的运输方法

现今鲜活易腐货物运输的方式主要有两大类，即时运输和连续冷藏。

1. 即时运输

即时运输是物流运输合理化的重要内容，只有运输做到即时，用户才能放心地实施低库存或零库存，进而有效地安排接货人力和物力，以追求高效率的运输服务，保证供应能力。从国外的经验看，即时运输是目前许多运输企业追求运输合理化的重要手段。

（1）即时运输的含义

即时运输是一种先进的运输方式，越来越受到社会各方面的普遍重视。这种方式针对全部运输任务，在充分掌握客户、需求量、种类和要求到达时间的前提下，及时安排最优的运输路线及相应的运输车辆实行运输，以最大限度保持所运输货物的原有品质为基本目标。

即时运输是最终解决客户担心断供之忧、大幅度提高运输服务能力的重要手段；即时运输是运输企业快速反应能力的具体化，是运输企业的体现；即时运输成本较高，但它是运输合理化的重要举措。

（2）即时运输的应用现状

在市场竞争日趋激烈的今天，企业为满足下游用户个性化需求，不断向市场投放更多品种的产品，同时为了减少库存、降低成本，均要求物流运输的即时性。

JIT（just in time）直译为“正好准时”，如果将其与物流运输联系起来，则译为“即时运输”。JIT 管理方法也称为“即时制管理”，它是由日本丰田公司在 20 世纪 70 年代后期的成功应用而成为举世闻名的先进管理体系。到 1989 年，日本的制造业已广泛地应用了不同程度的 JIT 管理体系；美国已有约 40%的工业企业应用了这种管理方法。JIT

管理体系的采纳被视为具有世界领先地位的企业成功的关键。

然而，JIT 作为一种思想，不是一朝一夕的努力便能达成的，而是一个渐进的过程，需要付诸长期的努力和心血，形成一种崭新的内部环境，树立 JIT 的文化，并且需要有良好外部市场环境的密切配合，方能取得卓著的成效。

目前，即时运输被公认为是一项非常成功的物流更新技术，大量的制造商乃至零售商都将其运输方式改为即时运输，而且有些专业运输企业还专门为客户提供即时运输的特殊服务。

由于我国物流业刚刚起步，目前的物流企业大多是从原有的运输仓储类企业发展起来的，其开展的物流业务也多停留在原有的服务水平上，对物流运输的时效性特点重视不够，类似于即时运输这样高附加值的个性化服务十分缺乏，没有依据运输货物品类的具体特性划分运输任务。然而，从国外物流业的发展历程以及中国物流业未来的发展趋势来看，专业化、个性化的时效性物流企业必将出现，因此建立一整套科学的时效性专业运输网络是十分必要的。

因此，实行即时运输有利于最大限度地满足鲜活易腐品的运输要求，最大限度地提高运输质量。集中精力搞好鲜活易腐品的即时运输，大力开发具有高经济效益的即时运输业务，是鲜活易腐品即时运输长足发展的当务之急。

2. 连续冷藏

鲜活易腐品在运输途中的损坏，除了少数部分确因途中照料或车辆不适造成死亡外，其中大多数都是因为发生腐烂所致。发生腐烂的原因，对于运输性食品来说，主要是微生物的作用。了解鲜活易腐品变质的原因，就可以得出保藏这些货物的方法。凡是能用以抑制微生物的滋长，减缓呼吸作用的方法，均可达到延长鲜活易腐品包藏时间的目的。冷藏方法比较有效并常被采用，它的优点是：能很好地保持食品原有的品质，包括色、味、香、营养物质和维生素。保藏的时间长，能进行大量的保藏及运输。

冷藏货大致可分为冷冻货和低温货两种，冷冻货是指在冻结状态下进行运输的货物，运输温度的范围一般在-10℃～-20℃之间；低温货是指货物在还未冻结或货物表面有一层薄薄的冻结层的状态下进行运输的货物，一般允许的温度调整范围在-1℃～＋16℃。货物要求低温运输的目的，主要是为了维持货物的呼吸以保持货物的新鲜度。

冷藏货在运输过程中为了防止货物变质需要保持一定的温度，该温度一般称作运输温度。温度的高低应根据具体的货种而定，即使是同一货物，由于运输时间、冻结状态和货物成熟度的不同，对运输温度的要求也不一样。

用冷藏方法来保藏和运输鲜活易腐货物时，温度固然是主要的条件，但温度的高低、通风强弱和卫生条件的好坏对货物的质量也会产生直接的影响。而且温度、湿度、通风、卫生 4 个条件之间又有互相配合和互相矛盾的关系，只有充分了解其内部规律，妥善处理好它们相互之间的关系，才能保证鲜活易腐品的运输质量。

用冷藏方法来保藏鲜活易腐品，一个突出的特点就是必须连续冷藏，因为微生物活动和呼吸作用都随着温度的升高而加强，如果储运中某个环节不能保证连续冷藏，那么货物就可能在这个环节中开始腐烂变质，这就要求协调组织好物流的各个环节，为冷藏运输提供必要的物质条件。就运输环节来讲，应尽可能配备一定数量的冷藏车或保温车，尽量组织“门到门”的直达运输，提高运输速度，确保鲜活易腐货物的完好。

知识拓展

冷藏运输的经营模式——冷链物流

1. 运作工商企业的冷链物流

由于一些企业并不具备专业的冷链物流运作体系，也没有冷链物流配送中心，而冷链物流中心的建设是一项投资巨大、回收期长的服务性工程，所以建立冷链物流中心显然并不适合该类企业。这些企业可与社会性专业物流企业结成联盟，有效利用第三方物流企业，实现冷链物流业务。

物流企业可与工商企业结成联盟，先期按条块提供冷链分割的冷链运输环节功能服务，输出有针对性改进的物流管理和运作体系。冷链运输是冷藏物流的关键环节，尤其是乳制品要求严格，需要天天配送。鲜奶的质量要求比较高，需要特殊条件的运输。零售业与厂商结盟，可实现鲜奶的保质运输。由于生产厂商有一整套的冷链物流管理和运作系统，能在运输中保证鲜奶的质量，建立由厂商直接配送的运输服务。例如，大型超市与蒙牛公司建立长期的合作关系，由蒙牛公司直接配送，利用蒙牛公司的运输工具直接到达超市的冷柜，避免在运输过程中的鲜奶变质，给超市造成重大损失，因此而影响蒙牛公司的信誉度。随着合作的进展，与客户建立起的合作关系趋向稳固以及操作经验的断积累，通过对生产商自有冷链资源，社会资源和自身资源的不断整合，建立起科学的、固定化的冷链物流管理和运作体系。

麦当劳餐厅的冷链物流则是以外包方式完全包给第三方物流企业即夏晖公司。夏晖公司是麦当劳的全球物流服务提供商，为麦当劳提供优质的服务。夏晖公司为了满足麦当劳冷链物流的特殊要求，投资建立多温度食品分发物流中心。分为干库、冷链库和冷冻库，配有冷链冷冻保存设备及冷链运输设施，保质保量地向麦当劳餐厅运送冷链货物。

2. 实现冷链物流的共同配送

共同配送是经过长期的发展和探索优化出的一种追求合理化的配送形式，也是美国、日本等一些发达国家采用较为广泛、影响面较大的一种先进的物流方式，它对提高物流运作效率、降低物流成本具有重要意义。

由于冷链物流的低温特点，物流企业单独建立冷链物流中心，投资成本高，而且回收期较长。又因为冷链食品的特点相同，所以社会整个冷链物流业应该联合起来，共同建立冷链物流配送中心，实现冷链物流业的共同配送。

从微观角度看，实现冷链物流的共同配送，能够提高冷链物流作业的效率，降低企业劳动成本，可以节省大量资金、设备、土地、人力等；企业可以集中精力经营核心业务，促进企业的成长与扩散，扩大市场范围，消除有封闭性的销售网络，形成共建共存共享的良好环境。

从整个社会角度来讲，实现冷链物流的共同配送可以减少社会车辆总流量，减少城市卸货妨碍交通的现象，改善交通运输状态；通过冷链物流集中化处理，可以有效提高冷链车辆的装载率，节省冷链物流处理空间和人力资源，提升冷链商业物流环境，进而改善整体社会生活品质。

（资料来源：关善勇. 2008. 特种货物运输管理. 北京：人民交通出版社）

阅读资料

“2004·3·20”京沪高速公路二硫化碳车辆泄漏爆炸事故

（1）发生时间

2004年3月20日19时。

（2）肇事车辆情况

某解放CA1110PK212货车，核载吨位6吨，2001年4月入户，车辆技术等级一级。

（3）运送的危险品

品名：二硫化碳；危险货物编号：31050。

基本性质：无色透明液体，有刺激性气体，易挥发，不溶于水，遇火星、明火极易燃烧爆炸，遇高温、氧化剂有燃烧危险。

实载吨位：14吨。

（4）具体地点

京沪高速公路下行240千米处（扬州段）。

（5）事故经过及危害、损失、伤亡情况

3月20日19时，该危险货物运输汽车在执行山西阳城——江苏江阴的运输任务时，在行进至京沪高速公路240千米处（扬州段）时，右后轮胎突然发生爆裂，在巨大的惯性作用下，车厢内放置的3个二硫化碳储存罐由于受碰撞、挤压而破裂，泄漏出来的二流化碳遇到火花，随即发生爆燃。虽然当时驾驶人员采取了措施，但无法灭火，随即拨打119、110赶来救火。火情于21日凌晨3时左右扑灭，没有造成人员伤亡。上午10时左右，中断了近14小时的京沪高速公路恢复畅通。

（资料来源：交通部公路司. 2005. 道路危险货物运输重大事故案例. 北京：人民交通出版社）

第四节　危险品货物运输业务

一、危险品货物运输

（一）危险品货物概述

1. 危险品货物的概念

凡具有爆炸、易燃、毒害、腐蚀、放射性等危险性质，在运输、装卸、生产、使用、储存、保管过程中，在一定条件下能引起燃烧、爆炸，导致人身伤亡和财产损失等事故的物品，统称为危险货物，也常称为危险品。

2. 危险品货物的性质

化学危险品因其性能特点所致，会发生各种各样的物理、化学等变化，储存时必须有的放矢，采取有效措施，结合化工危险品的各种性能特点，考虑到具体环境、气候季节等情况，创造最适宜的储存条件，做好安全养护和管理工作，保证化学危险品的安全储存。

（1）易爆货物

1）第 1 类爆炸物品。爆炸物品是能在一定条件下引起爆炸的化工危险品，主要有 4 类：①点火器材：主要包括点火绳、导火索、点火棒等几个品种，都含有火药成分，对火焰极为敏感，接触即燃。该类物品都具有吸潮性，所以又易失效变质。②起爆器材：主要品种有导爆绳、导爆索、各种雷管等，都含有灵敏度限高的炸药，撞击、摩擦、遇到火花时极易引起爆炸，危险性很大。③炸药：烈性炸药，爆炸反应迅速，具有强烈的破坏作用，爆炸速度为 2000～8000 米/秒。缓性炸药，爆炸反应比较迟缓，爆炸速度也较慢，最高不超过 2000 米/秒；④其他爆炸药品：含有炸药的一般制品，比起爆器材要稳定一些，只要不遇明火或不遭敲击，是不致燃烧或爆炸的。

2）第 2 类压缩气体与液化气体。压缩气体与液化气体一般都储存在耐压的、坚固的钢瓶或密闭的安培瓶中，液体受热或受到外力打击，会直接影响瓶内气体体积膨胀，体积膨胀系数随着温度的增高或外力的增强而加大，所以这类物品具有因受热或撞击而引起爆炸的危险性。压缩气体与液化气体有：剧毒气体、易燃气体、助燃气体、不燃气体。

3）第 5 类氧化剂。凡是能够直接或间接促使其他物质发生氧化，从而引起燃烧或爆炸的氧化剂和一些含氧的盐类以及氧的化合物，都是氧化剂。按氧化性的强弱可分为一级与二级，按其组成又可分为有机氧化剂和无机氧化剂。由于氧化剂类别繁多，特性不一，性质活泼易于放氧，是化学危险品中最容易发生问题、养护管理要求比较高的一类。

（2）易燃货物

1）第 3 类易燃与可燃液体。凡在常温下以液体状态存在，遇火容易引起燃烧甚至爆炸，闪点在 45℃以下（含 45℃）的一类物品称为易燃液体。这是化学危险品中最重要的一类，品种繁多，易燃过程也有很大差别。在储存养护过程中，按闪点的高低一般分为两级：一级易燃液体，闪点在 28℃以下（含 28℃）；二级易燃液体，虽有可燃性能，但危险程度比易燃液体小，故我们把重点放在易燃液体上。易燃液体的种类大致包括：烷、烯、醚、苯、醇、醛、酮、醋、胺等类，以及油漆、稀释剂、黏合剂、杂化合物等。

易燃液体的沸点都比较低，易挥发，应储存在阴凉、通风条件好的库房内。高级易燃液体（沸点在 60℃以下）应储存在低温度库房，如乙醚、石油醚、丙酮等。易燃液体对温度的变化极为敏感，影响易燃液体安全储存的主要因素是温度，夏天更是关键季节。所以，高级易燃液体的储存温度应控制在 25℃以下，一级易燃液体应控制在 30℃以下，二级易燃液体应控制在 33℃以下。

湿度过大、氯、氟、硅、烷类物品吸潮后，会分解产生刺激性的腐蚀气体，会造成金属包装生锈，所以必须注意防潮。

2）第 4 类自燃物品、遇水燃烧物品、易燃固体。自燃物品是因受热能够发生自燃

的化工危险品，根据其自燃点的高低、发生自燃的难易及危险性的不同，可分为两类。

一级自燃物品：这种物品种类不多，主要有黄磷、硝酸纤维胶片、三乙基铝、铝铁铬剂等，性质很不稳定。例如，黄磷必须装瓶密封浸泡在水里，隔绝空气储存；三乙基铝则相反，它与水作用能产生易燃的气体并放热，在空气中能与氧发生作用，因而需要严密包装，使其不能接触水和空气；硝酸纤维胶片燃烧猛烈并产生有毒气体；铝铁铬剂燃烧时温度可达2500℃以上，危险性很大。

二级自燃物品：这类物品包括油浸金属屑、纸张、布匹、绸、毛、丝、麻、线及其制品等，都是有机混合物，虽然氧化比较缓慢，但氧化过程中发热量都很高，所以储存时通风不良，发生自燃的危险性也是较大的。

由于这类商品怕热、怕潮、性质活泼、燃速快、危险性大，故应选择阴凉、通风、干燥、防晒的库房进行储存，并不得与氧化剂、酸、碱、易燃、爆炸品混存。储存中要加强定期或不定期的检查，注意有无变化，认真采取通风、降温、散潮等养护措施，严防火灾发生。一级自燃品库温不宜超过23℃，相对温度应控制在80%以下。二级自燃物品库温不宜超过32℃，相对温度应控制在85%以下。黄磷库冬天不能低于3℃，以免稳定水结冰膨胀，造成包装瓶破裂，使黄磷接触空气，发生燃烧事故。

遇水燃烧物品遇潮湿空气或水能分解产生可燃气体，并放出热量，从而引起燃烧或爆炸。根据它们的遇水燃烧的特性及危险程度，可分为两级。

一级遇水燃烧物品：遇水后会发生剧烈的化学反应，放出氢气或其他可燃气体；在反应过程中，会产生很大的热量，从而引起燃烧、爆炸。这类物品，主要是碱金属和碱土金属以及它们的氢化物，如铷、钠、钾、钙、氢铝化锂等。还有碳化物和碳化金属，如碳化钙、磷化锌等。

二级遇水燃烧物品：遇水后反应速度缓慢，产生的热量也较少，能够放出可燃气体。当外界温度过高，或遇到明火时，也会引起燃烧。这类物品，主要包括锌粉、亚铅粉、金属钙、氢化铝等。

易燃与可燃固体是指燃点在300℃以下（含300℃），受热、遇火、雷击、摩擦或接触氧化剂等物质能够引起燃烧、爆炸的固体物品。燃点在300℃以上的称可燃固体，危险程度较小，故我们把重点放在易燃固体上。根据易燃性的大小，燃点的高低，以及燃烧的猛烈程度，可燃固体一般分为两级。

一级易燃固体：这类物品燃点比较低，极易燃烧，燃烧时迅速而猛烈，多数还具有毒性。

二级易燃固体：燃点比一级品高，不接触明火或高温，一般不易燃烧，燃烧时速度较慢，毒性也较小。

（3）有毒货物

1）第6类毒害物品。侵入人体内部或接触皮肤，会破坏人体正常生理功能，造成机体暂时或永久病理状态，甚至引起死亡的一类物品，称毒害物品。毒害物品根据其保险费学组成和毒性程度，可分为剧毒品和有毒品两大类，每大类又分为无机和有机两种。

剧毒品是指平均致死中量 LD_{50}25mg/kg 体重以下，或空气中毒气最大允许尝试低于 30ppm 的毒害物品。这类毒害物品毒性剧烈，少量进入人体即能引起严重中毒，直至死亡。

无机剧毒品：大多数是化合物，少数是单质和混合物，主要有氰化物（如氢氰酸、氰化钾、氰化钠）、砷及砷化物（如砒霜、砷酸盐类）、硒及硒化物，以及有毒金属（铅、汞）的化合物。这类物品毒性特别强烈，如氰化物中毒后几分钟就会死亡。

有机剧毒品：都是化合物或混合物，主要包括有机磷农药，有机汞农药以及氯化苦、四乙基铅、硫酸二甲酯等。

有毒品是指平均致死中量 LD_{50}30mg/kg 体重以下，或空气中毒气最大允许浓度低于 30ppm 的毒害物品，侵入人体能发生急性或慢性中害，严重者也会死亡。

无机有毒品：包括各种可溶性金属盐类，如钡、铅、铜、锑等，毒性也很强，但进入人体后，毒性散发较慢，尚容易抢救。

有机有毒品：品种较多，主要包括农药类（如六六六、滴滴涕等）和易燃液体中的烷、烯、醚、苯、醛、酮、胺及卤化物等，还有氯仿、澳仿、四氧化碳、苯酚类、苯胺类、硝基苯类等。他们大多具有不同程度的挥发性和易燃性，蒸汽有强烈的刺激性臭味，对人体有毒害作用。

2）第 8 类腐蚀性物品。接触人体能发生腐蚀灼伤或接触其他物质能造成破坏，甚至会引起燃烧和爆炸的一类物品，称腐蚀性物品。按其化学性质及对人身和其他物品的破坏情况可分为 8 种：一级无机酸性腐蚀物品；一级有机酸性腐蚀物品；二级无机酸性腐蚀物品；二级有机酸性腐蚀物品；无机碱性腐蚀物品；有机碱性腐蚀物品；其他无机腐蚀物品；其他有机腐蚀物品。

一级酸性腐蚀物品，可存放在遮阳光的货棚中；二级酸性腐蚀物品和碱性腐蚀物品，一般可存入货场，重要的物品要存入库房。碱性和酸性不能混存，且不能与有抵触的、消防方法不一致的其他物品混存。对沸点低和易燃的腐蚀性物品，库温宜在 30℃以下，相对湿度不超过 85%；对怕湿、遇水分解并发热、发烟的腐蚀性物品，除必须保持封口严密、包装完整外，相对湿度不宜超过 70%；怕冻的，冬天还须做好防冻工作。

（二）危险品货物运输概述

1. 危险品货物运输的概念

危险品货物运输是指从事危险品货物的海路、陆路、航空及管道等运输。具体涉及危险品货物的装卸、储存、包装、转运、托运等环节。

2. 组织危险品货物运输业务的注意事项

（1）办理危险货物运输业务的有关规范

1）受理托运。①在受理前必须对货物名称、性能、防范方法、形态、包装、单件质量等情况进行详细了解并注明。②问清包装、规格和标志是否符合国家要求，必要时

下现场进行了解。③新产品应检查随附的《技术鉴定书》是否有效。④按规定需要的"准运证件"是否齐全。⑤做好运输前准备工作，装卸现场、环境要符合安全运输条件，必要时应到现场勘察。⑥到达车站、码头的爆炸品、剧毒品、一级氧化剂、放射性物品，在受理前应到现场检查包装等情况，对不符合安全运输要求的，应请托运人改善后再受理。

2）货物运送。①详细审核托运单内容，发现问题要及时弄清情况，再安排运行作业。②必须按照货物的性质和托运人的要求安排车辆、车次，如无法按要求安排作业时，应及时与托运人联系进行协商处理。③要注意气象预报，掌握雨雪和气温的变化。④遇到大批爆炸物品与剧毒物品跨省时，应安排有关负责人带队，指导装卸和运行，确保安全生产。

3）交接保管。①自货物交付承运时起到运达停止，承运人单位及驾驶、装卸人员应负保管责任，托运人派有押运人的，应明确各自应负的责任。②交货时发现包装不良或不符合安全要求时，应拒绝装运，待改善后再运。卸货时发生货损货差，收获人不得拒收，装卸完毕后，应及时汇报，及时处理。③严格货物交接，危险货物必须点收点交签证手续完善。④因故不能及时卸货，在待卸期间行车人员应负责对所运的危险货物的看管，同时应及时与托运人取得联系，恰当处理。⑤如所装货物危及安全时，承运人应立即报请当地运管部门会同有关部门进行处理。

3. 危险品货物运输业务的原则

（1）危险化学品运输的方式

危险化学品运输方式有公路、铁路、船运、航空和管道运输 5 种方式。选择何种运输方式，一般是根据所运载物品的危险特性和理化性质、所处的位置、地理条件、运送距离的长短和运载量的大小而定。运载量小、路途短的一般采用公路运输；运载量大、路途远且有铁路运输条件的一般采用铁路运输；靠近江河湖海的一般采用水路运输；气体和液体（含石油、天然气、液化石油气）大量的散装运输宜采用管道运输；而航空运输则极少被应用，原因是成本高安全管制要求严格。

（2）危险化学品运输的基本要求

危险化学品运输中的基本要求主要有以下几项。

1）对运输工具技术的要求。为强化道路危险化学品货物运输安全管理，确保道路危险化学品货物运输安全、有序，要求对所有相关的运输工具都有具体的要求。

2）对运输工具安全设施的要求。危险化学品货物运输工具与普通货物运输工具的运输对象不同，除对运输工具技术状况、配备的工具和不同的型号要求外，对工具安全设施也有特殊的要求。针对选用的工具的型号、所装运的危险货物的不同，还必须给工具配备相应的安全设施，如排气管火花熄灭器、电源总开关、导静电拖地带以及相应的消防器材等。

3）对运输工具的限制要求。由于危险化学品货物所具有的物理、化学性质，具有一定的潜在危险性，在运输、装卸过程中，对环境、温度、湿度、振动、摩擦、冲击等因素的防范要求严格。

4）对运输装卸设备的要求。装卸作业是货物运输生产中一个极为重要的环节。正确选用装卸设备，严格执行操作规程和加强装卸设备的管理，对保障安全运输，提高运输效率和质量有着重要的作用。

5）对运输工具特殊标志的要求。从事危险货物运输的交通工具，经当地地（市）级运政管理机构检查合理，同时单位符合从事危险货物自治的规定，方可领取相关“运输证”，凭证配置相关规定的标志，并按国家标准规范悬挂。

6）其他注意事项。危险化学品运输中，除了以上各项要求外，还对危险化学品的包装、防漏撒、车辆的运行路线、运输工具的操作员的技术及停止技术和最后的清箱处理都有着比较严格的要求。

二、我国危险货物的安全监督管理

要确保危险货物的运输安全，必须以防为主，加强管理。目前，我国危险货物运输监督管理的具体方法是：危险货物申报、审核签证、监督检查、装载要求和相关托运单证等。

1. 危险货物申报

危险货物申报是危险货物运输监督管理的主要内容，申报的目的是传递危险货物的基本信息并报经主管机关审核批准。具体分为：危险货物安全适运申报和船舶载运危险货物申报。

（1）危险货物安全适运申报

危险货物托运人对拟交付装运的危险货物除了进行正确妥善的包装及正确的标记、标志和标牌外，还应向主管机关进行申报，经审核批准后方可交付装运。

危险货物托运人（或代理人）应持《危险货物申报员证书》对拟交付船舶运输的危险货物，按规定向主管机关办理出口危险货物安全适运申报手续。申报时须递交《危险货物安全适运申报单》，申报单中需要填写的主要内容有：危险货物的正确运输名称、类别（包括小类）、联合国编号、包装种类和件数及总重量、副危险性、闪点、海鲜污染物、控制温度和应急温度、应急措施编号、交付装运货物的形式、紧急联系的通信方法等其他相关信息。

除了递交《危险货物安全适运申报单》外，还应提供以下相应的单证：①危险货物包装检验证明书；②集装箱装箱证明书；③压力容器安全性能证书；④罐柜检验证明书；⑤放射性剂量证明；⑥限量危险货物证明；⑦爆炸品运输证；⑧危险货物技术说明书；⑨放射性空容器检查证明书；⑩主管机关要求的其他资料和单证。

（2）船舶载运危险货物申报

船舶载运危险货物进、出港口，或者在港口过境停留，应当在进、出港口之前 24 小时，直接或者通过代理人持《危险货物申报员证书》向海事管理机构办理申报手续，经海事管理机构批准后，方可进、出港口。申报时须递交《船舶载运危险货物申报单》，

填写的内容主要有：危险货物的正确运输名称、联合国编号、类别或性质、装运形式、件数、总重量、装载位置等，并提供以下相应的单证：

1）危险货物安全适运申报单（货申报审批签发的其中一份）。

2）危险货物舱单或积载图。

3）集装箱装箱证明书。

4）载运危险货物特殊要求的合格证书或证明文件。

5）主管机关要求的其他资料和单证。

载运危险货物的船舶在运输途中发生意外情况的，应当在申报单的备注栏内扼要注明所发生意外情况的原因，已采取的控制措施和目前状况等，并于抵港后送交详细报告。

2. 审核签证

主管机关依据国际、国内相关公约、法规进行审核，符合规定要求的给予签证。有下列情况之一的，不予批准。

1）船舶未持有有效的安全适装和防污染证书；

2）船舶装载状况或所载危险货物对港口、船舶和环境有潜在威胁的；

3）按规定需由海事管理机构与进出口海事管理机构协商同意方能装载的货物，在未办理完有关部门手续之前；

4）港口作业部门拒绝装卸并已正式通知海事管理机构的；

5）港口不具备装卸作业条件；

6）货物未达到安全适运要求或单证不全。

主管机关派专业人员进行现场监督检查，对不符合要求、违规操作的责令立即停止，并视情节轻重给予相应的处罚。

3. 危险货物的装载要求

危险货物的装载方法和运输要求与非危险货物有很大不同，这是因为考虑到该类货物的物理特性、化学特性，以及运输安全的要求，对危险货物的装载有下列要求。

1）不符合要求的危险货物，或已有破损、渗漏情况的不得装载。

2）危险货物的任何部分不得突出运输工具外。

3）不应将危险货物与不相容的物质装载同一处所，除特殊情况由主管当局同意者外。

4）危险货物只有按规定包装后才能装载运输；某些干燥的散装危险货物，可装载由主管当局特准制作的用于该种货物运输工具容器内。

5）液体货物和非冷藏的压缩气体的装载应得到主管部门的批准。

6）将装载的危险物质和其他任何物质的包件应予以固定。

7）对托运人来说，应在货物托运单上或单独的申报单上保证他所托运的货物已正确申报货名、加以包装、作出标志，并具有适运的条件。

8）负责将危险货物装载的工作人员，应提交相关的“装运危险货物装载证明书”，以证实已正确装载。

9）装有危险货物的交通工具，应有《国际海运危险货物规则》类别标志（标牌）和规定的数量，并将其贴在外部明显的地方。

10）装载有危险货物的交通工具，应检查外部有无所装内容的破损、撒漏或渗漏迹象，一旦发现有破损、撒漏或渗漏现象，在未加以修理或将容器移走前，都不予以承运。

11）装载危险货物的交通工具卸空后，应采取措施保证交通工具没有污染，从而使该交通工具不具有危险性。

我国对海运危险货物装箱还作了具体规定，即《海运危险货物装箱安全技术要求》。

4. 相关危险货物托运单证

在办理危险货物的托运时，通常需要提供有关危险货物的单证。

1）危险货物的托运订舱必须按各类不同危险特性分别缮制托运单然后订舱配船，以便船方根据各种不同特性的危险货物按照《国际海运危规》的隔离要求分别堆装运输，以确保安全。例如一份信用证和合同中同时出运氧化剂、易燃液体和腐蚀品三种不同性质的货物，托运时必须按三种不同性质危险货物分别缮制三份托运单，切不能一份托运单同时托运三种性质互不相容的危险货物；否则，船方就会将三种互不相容的危险货物装在一起，三种不同性质、互不相容的货物极容易互相接触，产生化学反应，引起燃烧、爆炸，造成事故。如果是集装箱运输，切忌互不相容的危险货物同装一集装箱内。

2）托运单的缮制。除一般普通货物共同需要的内容（如目的港、唛头、收货人、通知人、品名、重量、尺码、件数等）以外，危险货物的托运单还需增加下述七项内容：①货物名称必须用正确的化学学名或技术名称，不能使用人们不熟悉的商品俗名。②必须注明危险货物（DANGEROUS CARGO）字样，以引起船方的重视。③必须注明危险货物的性质和类别。例如，氧化剂（OXIDIZING AGENT）和第 5.1 类（CLASS5.1）字样，或易燃液体（INFLAMABLE LIQUID）和第 3 类（CLASS3）。④必须注明联合国危险品编号，例如：磷酸为 UN NO.1805。⑤必须注明《国际海运危规》页码，例如：硝酸钾为 IMDG CODE PAGE5171。⑥易燃液体必须注明闪点，例如：FLASH POINT 20℃。⑦另外，需在积载时有特殊要求的，也必须在托运单上注明，供船舶配载时参考。例如：必须装舱面的货物，需注明“DECK SHIPMENT ONLY”；需远离火源和热源的货物，应注明“FAR AWAY FROM FIRE AND HEAT！”等。

3）托运时应随托运单提供中英文对照的“危险货物说明书”或“危险货物技术证明书”一式数份，显示品名、别名、分子式、性能、运输注意事项、急救措施、消防方法等内容，供港口、船舶装卸、运输危险货物时参考。

4）托运时必须同时提交经海事局审核批准的“包装危险货物安全适运申报单”（以下简称货申报），船舶代理人在配船以后凭此货申报再向海事局办理“船舶载运危险货物申报单”（以下简称船申报），港务部门必须收到海事局审核批准的船申报后才允许船舶装载危险货物。

5）托运时应提交检验检疫局出具的按《国际海运危规》要求进行过各项试验结果

合格的"危险货物包装容器使用证书"。该证书需经港务管理局审核盖章后方才有效，港口装卸作业区凭港务局审核盖章后的证书同意危险货物进港并核对货物后方可验放装船。海事局也凭该包装证书办理上文4）项内容中的货申报。

6）集装箱装载危险货物后，还需填制中英文的"集装箱装运危险货物装箱证明书"一式数份，分送港区、船方、船代和海事局。

7）危险货物外包装表面必须张贴《国际海运危规》规定的危险品标志和标记，具体标志或标记图案需参阅危规的明细表；成组包装或集装箱装运危险货物时，除箱内货物张贴危险品标志和标记外，在成组包装或集装箱外部四周还需贴上与箱内货物内容相同的危险品标牌和标记。

8）对美国出口或需在美国转运的危险货物，托运时应提供英文的"危险货物安全资料卡（MSDS）一式二份，由船代转交承运人提供美国港口备案。危险货物安全资料卡需填写：概况、危险成分、物理特性、起火和爆炸资料、健康危害资料、反应性情况、渗溢过程、特殊保护措施、特殊预防方法九项内容。

9）罐式集装箱装运散装危险货物时，还须提供罐式集装箱的检验合格证书。

10）对美国出运危险货物或在香港转运危险货物，还需要增加一份《国际海运危规》推荐使用的"危险货物申报单"。

危险货物装箱还要求制作装箱记录。

托运人托运危险货物，应当依照有关海上危险货物运输的规定，妥善包装，作出危险品标志和标签，并将其正式名称和性质以及应当采取的预防危害措施局面通知承运人；托运人未通知或者通知有误的，承运人可以在任何时间、任何地点根据情况需要将货物卸下、销毁或者使之不能为害，而不负赔偿责任。

承运人知道危险货物的性质并已同意装运的，仍然可以在该项货物对于船舶、人员或者其他货物构成实际危险时，将货物卸下、销毁或者使之不能为害，而不负赔偿责任。但是，不影响共同海损的分摊。

阅 读 资 料

1. 如何进行危险品货物的装卸

1）不得使用罐式专用车辆或者运输有毒、腐蚀放射性危险货物的专用车辆运输普通货物。其他专用车辆可以从事食品、生活用品、药品、医疗器具以外的普通货物运输活动，但应当对专用车辆进行消除危险处理，确保不对普通货物造成污染、损害。

2）危险货物不得与普通货物混装。

3）道路危险货物运输企业或者单位，应当采取必要措施，防止危险货物脱落、扬散、丢失以及燃烧、爆炸、辐射、泄漏等。

4）在危险货物运输过程中发生燃烧、爆炸、污染、中毒或者被盗、丢失、流散、泄漏等事故，驾驶人员、押运人员应当立即向当地公安部门和本运输企业或者单位报告，说明事故情况、危险货物品名、危害及应急措施，在现场采取一切可能的警示措施，并积极配合有关部门进行处置。运输企业或者单位应当立即启动应急预案。

5）在危险货物装卸、保管、储存过程中，应当根据危险货物的性质和保管要求，轻装轻卸，分区存放，堆码整齐，防止混杂、洒漏、破损，不得与普通货物混合存放。

6）危险货物的装卸作业，应当在装卸管理人员的现场指挥下进行。

7）道路危险货物运输企业或者单位，在运输危险货物时，应当遵守有关部门关于危险货物运输线路、时间、速度方面的有关规定。

2. 对从事危险品运输人员的要求

1）专用车辆驾驶员应当随车携带道路运输证。

2）道路危险货物运输企业或者单位，应当聘用具有相应从业资格证的驾驶员、装卸管理人员和押运人员。

3）驾驶员、装卸管理人员和押运人员上岗时应当随身携带从业资格证。

4）在道路危险货物运输过程中，除驾驶员外，专用车辆上应当另外配备押运人员。押运人员应当对运输全过程进行监管。

5）道路危险货物运输从业人员必须熟悉有关安全生产的法规、技术标准和安全生产规章制度、安全操作规程，了解所装运危险货物的性质、危害特性、包装物或者容器的使用要求和发生意外事故时的处置措施。严格按照《汽车运输危险货物规则》（JT 617）、《汽车运输、装卸危险货物作业规程》（JT 618）操作，不得违章作业。

6）道路危险货物运输企业或者单位，应当对从业人员进行经常性的安全、职业道德教育和业务知识、操作规程培训。

7）道路危险货物运输企业或者单位，应当加强安全生产管理，配备专职安全管理人员，制订突发事件应急预案，严格落实各项安全制度。

3. 危险品运输企业的经营管理

（1）申请开业条件

1）有符合要求的专用车辆及设备（具体见上文“危险品运输车辆要求”）。

2）有符合下列要求的从业人员：一是专用车辆的驾驶人员取得相应机动车驾驶证，年龄不超过 60 周岁；二是从事道路危险货物运输的驾驶人员、装卸管理人员、押运人员经所在地设区的市级人民政府交通主管部门考试合格，取得相应从业资格证。

3）有健全的安全生产管理制度，包括安全生产操作规程、安全生产责任制、安全生产监督检查制度以及从业人员、车辆、设备安全管理制度。

4）单位自用的危险货物运输条件。省级以上安全生产监督管理部门批准设立的生产、使用、储存危险化学品的企业以及有特殊需求的科研、军工、通用民航等企事业单位，可以使用自备专用车辆从事为本单位服务的非经营性道路危险货物运输。单位自用的危险货物运输车辆可以少于 5 辆。

（2）经营规定

1）道路危险货物运输企业或者单位，应当严格按照道路运输管理决定的许可事项从事道路危险货物运输活动，不得转让、出租道路危险货物许可证件。

2）严禁非经营性道路危险货物运输单位从事道路危险货物运输经营活动。

3）道路危险货物运输企业或者单位不得运输法律、行政法规禁止运输的货物。法律、行政法规规定的限运、凭证运输货物，道路危险货物运输企业或者单位应当按照有关规定办理相关运输手续。法律、行政法规规定托运人必须办理有关手续后可运输的危险货物，道路危险货物运输企业应当查验有关手续齐全有效后方可承运。

4. 危险品运输公司的管理重点

（1）资质管理

从事危险品运输的企业和车队，要按照交通部《道路危险货物运输管理规定》中的相关要求，在开业条件、车辆与设备要求、从业人员资格等方面进行资质管理。不具备这些条件和资质的，绝对不能从事危险品运输。

（2）人员培训

危险品运输容易发生事故，而事故发生与人的因素有很大的关系，所以还应注意提高从业人员的业务素质。危险种类多，发生事故后的处置方法也不一样，所以有关企业、工厂应针对本部门的具体情况组织驾驶员、押运员等进行学习。使其熟练掌握本系统经常接触到的危险化学品的危险性等知识及安全运输的具体要求，万一发生事故应知道如何采取措施尽可能降低灾害的危害程度。还应组织他们学习必要的劳动保护知识，加强自我保护意识。

对运输剧毒、易燃易爆等危险化学品的从业人员应进行有关安全知识培训，使其了解所装危险化学品的性质、危险特性、包装容器的使用特性和正确的保护处置方法，掌握各种类型的灭火器具的正确使用方法，在发生意外事故时，能在第一时间采取有效措施，减少危害。

（3）正确装运货物

不同的危险品具有不同的危险特性，在装运货物时，要针对其特性，选择合格的包装容器。

装运货物时还要正确配装货物，不能混装混运，特别是性质相抵触的、灭火方法不一致的货物绝对不能同车运输。例如：装运压缩气体、液化气体时，氢气钢瓶与氧气钢瓶就不能同车运输；自燃物品黄磷与遇湿易燃物品金属钠、钾等不能同车运输，因为黄磷易自燃、扑救时可用水，而金属钠、钾遇水反应，会着火燃烧，甚至爆炸，所以这两类物品是绝对不能同车运输的。

配装货物时，还应注意包装和衬垫材料，儘要牢固、紧密，特别是装运有毒物品、腐蚀性物品的外包装一定要符合要求，如溴素应选用强度高，耐酸陶瓷坛盛装。溴素包装衬垫材料要选用既能缓解冲撞、摩擦，又具有吸附作用的无机难燃轻质材料，如可选用矿渣棉、岩棉、硅酸铝棉等。在实际运输中，有的单位选择草垫、草套、木箱、瓦楞纸等作运输溴素的衬垫材料。这些材料虽可有效地缓冲碰撞、摩擦，也是较好的吸附材料，但是万一溴素泄漏，就极易与这些材料发生氧化反应，引起自燃，所以不宜使用。

（4）安全驾驶

运输危险品由于货物自身的危害性，稍有不慎就有可能发生事故，所以运输前一定要做好准备工作。要配置明显的“危险品”标志。还要佩戴防火罩，配备相应的灭火器材和防雨淋的器具。车辆的底板必须保持完好，周围的栏板要牢固。如果装运易燃易爆货物，车厢的底板若是铁质的，应铺垫木板或橡胶板。

载运危险品的车辆必须处于良好的技术状态，所以行车前要仔细检查车辆状况。特别要检查车辆的制动系统，看是否灵敏可靠，还应检查连接固定设备和灯光标志。行驶过程中，驾驶员要选择平坦的道路，控制车速、车距，遇有情况，要提前减速，避免紧急制动。要遵守交通规则，路途不能随意停车。装载剧毒、易燃易爆物品的车辆不得在居民区、集市等人口稠密处停放，也不得在学校、机关、风景名胜区等地随意停放，不得疲劳驾车和盲目开快车，保证安全行驶。

要注意天气状况，恶劣的天气如雨、雪、雾天、大风沙天尽量避免出车。在夏天运输危险化学品要特别注意气温，温度高于30℃，白天禁止运输，应改为晚上运输。夏季雷雨天气也比较多，要防止货物被雨淋，特别是金属钠、钾或碳化钙、保险粉等危险化学品，遇水会发生反应，引起燃烧、爆炸事故，运输时更应注意。

（5）做好事故应急处置措施

在重点做好以上四项工作的同时，也要做好事故应急处置措施。当发生交通安全事故时，一要尽快报警、组织人员抢救；二要杜绝一切火源，防止燃烧、爆炸；三要采取相应的消毒措施，减少危害；四要加强对现场外泄物品的监测。

（资料来源：宁波某公路运输集团运输管理处）

小　结

特种货物不同于一般货物，有着特殊的货物性质、内容和要求。

特种货物运输具有自己的特点，需要特殊对待。

各大类特种货物的运输要求不一。

各大类特种货物的货运代理要求不一。

各大类特种货物的储存方法各有特点，要求不一。

特种货物的货运代理要全盘考虑，综合运用。

案例分析

鲜活易腐品装载不当纠纷案

案例背景

时间：2008 年 8 月份；路线：宁波—上海；班次：0900（上午）；车型：VOLVOB12 大型客车；里程：约 400 公里；所需时间：4 小时左右；出发地天气情况：多云；地面风力：东南风 2 级；当地气温：摄氏 38°；旅客情况：45 人，满座；货物装载情况：行李箱全部装满。

事件经过：发车时，经司乘人员检查，没有隐患；车至绍兴段时，整个车厢内都是海鲜气味，引起旅客骚乱，要求退票和更换车辆，个别旅客开始恶心、呕吐；到绍兴服务区时，经司乘人员检查，发现行李箱内有大量海鲜异味，伴随半透明液体从行李箱地板流出。

案例解析

检查结果：经过检查、核实、分析得出，由于站务人员未按车辆鲜活易腐类货物的运输规定，为达到方便和节省行李托运费，私自隐瞒所装货物的实际内容，违规装载；司乘人员检查不力，责任心不强，导致违规装货成功；装载过程中，装载未达到特殊货物的要求，方法不当，导致包装破损，异味和异物同时泄出；空调循环系统的关闭不严，导致异味传入车厢内。

处理结果：①乘客全部退票；②车辆所属公司马上调车到绍兴服务区完成运送任务；③向所有受害旅客统一道歉；④车辆所属公司和宁波发车车站进行相关培训和学习。

结论：①鲜活易腐品的操作必须符合特殊规定，这是十分重要的；②操作人员的业务素质和职业道德是最重要的一环；③客户的满意是十分重要的，一旦造成事故，损失是十分巨大的。

（资料来源：浙江某快速客运有限公司安保科）

思考与练习

1. 简述特种货物的概念。
2. 简述特种货物的分类。
3. 特种货物的发展阶段是怎样的？
4. 特种货物运输的主要公约、法律、规则主要有哪些？
5. 什么是超限货物运输？超限货物是如何进行运输、储存和管理的？
6. 超限货物运输组织工作的要点有哪些？
7. 谈一谈应做好哪些方面的工作才能确保鲜活易腐品的完好运输。
8. 谈一谈如何做好冷藏货物的组织与管理工作。
9. 什么是鲜活易腐品运输？鲜活易腐类货物最常见的运输方式有哪些？承托双方应注意哪些问题？
10. 什么是危险品货物运输？危险品货物的货运代理程序如何？
11. 在办理危险品货物的托运时，通常需要提供哪些有关危险品货物的单证？
12. 为什么要进行单独的特种货物的货物运输代理？
13. 如何确立并实施特种货物的运输或代理业务流程？
14. 试对下列三个案例进行分析。

（1）“2002·4·11”107国道重大恶性交通事故

- 发生时间：2002年4月11日23时20分。
- 肇事车辆情况：某东风牌大型货车，核载吨位6吨，车辆技术等级二级；某大型客车，核载客位30+2人，车辆技术等级一级。
- 运送的危险品：8吨蚊香、罐装气雾杀虫剂。
- 具体地点：107国道湖南省岳阳市汨罗市境内（1501千米+450米）处。
- 事故经过及危害、损失、伤亡情况：因货车驾驶人员疲劳过度，加之超车时操作不当两车相撞，致使两车同时侧翻入5.6米深的水塘中，两车相叠。货车装载的若干瓶气雾灭蚊剂爆炸燃烧，造成20人死亡，27人受伤，其中重伤5人，2辆车均报废。

根据以上情况，说出你解决问题的思路。

（2）“2001·1·20”上海市松江区液化气槽车泄漏事故

- 发生时间：2001年1月20日10时40分。
- 肇事车辆情况：某三菱FV415P型受压槽车，出厂日期1998年8月，核定吨位10吨，车辆技术等级一级。
- 运送的危险品：品名——液化石油气；危险货物编号：21053。

基本性质——易燃气体。烃和一氧化碳等的混合物，无色、无特臭气体，易燃、有毒，空气中最大容许浓度1000ppm。

- 具体地点：上海市松江区新桥工业开发区。

- 事故经过及危害、损失、伤亡情况：2001 年 1 月 20 日 10 时 40 分，该受压槽车途经松江区新桥工业开发区；在车辆下桥过程中，驾驶人员从反光镜中观察到车辆左侧操作箱内有雾状气体逸出，就靠边停车，发现操作箱内已有大量液化气外泄，无法打开操作箱进行检查，立即报警；相关部门接到报警后，迅即启动事故应急预案，积极救援；由于及时采取将液化气通过雾状水喷淋后直接排入大气中的抢救方案，没有造成危害和伤亡，直接经济损失约 24 700 元。

根据以上情况，说出你解决问题的思路。

（3）任务：某大件运输公司承接了大型炼油设备的运输服务项目，要求将以下表所列的设备从上海运到宁波。

设 备 序 号	外型规格/毫米×毫米×毫米	单重/吨	数量/台
1	1243×4800×4800	115	1
2	9829×4800×4800	91	1
3	12700×4800×4800	118	1

现要求全程公路运输，试制订公路运输方案。

第九章

国际货运代理法律

教学目标

货运代理受货主的委托，在其授权范围内，以委托人的名义从事代理行为，其产生的法律后果在不同的货运代理中是否始终由当事人如何承担，是从事国际货运代理必须掌握的理论知识。本章主要介绍国际货运代理的责任保险制度、法律制度以及管理制度。

学习任务

通过这一章内容的学习，要达到以下几个目的：

- 了解承保国际货运代理责任险的机构；
- 熟悉国际货运代理的责任风险、方式及渠道，防止或减少国际货运代理的责任风险；
- 掌握国际货运代理责任险的内容和除外责任；
- 了解 FIATA 推荐各国国际货运代理标准交易条件；
- 熟悉国际货运代理管理；
- 掌握中国货运代理协会标准交易条件；
- 了解我国《合同法》的有关规定以及货运代理业务中涉及的我国其他法律法规；
- 熟悉我国《民法通则》有关代理的规定；
- 掌握我国国际货物运输代理业管理规定。

导入案例

共同海损应由获救的各方和船方共同承担

2005 年 6 月某国货轮“何塞斯”号装载着箱装棉花，驶向智利的蒙德港。途中，在暴风雨的袭击下，该货船在冷风区内搁浅被迫抛锚。当时，船长发现船板有断裂危险，一旦船体裂缝漏水，棉花受膨胀有可能把船板胀裂，所以船长决定迅速脱浅，于是，该船先后几次动用主机，超负荷全速开车后退，终于脱浅成功。抵达蒙德港后，船长对船体进行全面检修，发现主机和舵机受损严重，经过理算，要求货方承担 900 美元的费用。问题：货主对该项费用发生异议，拒绝付款。在此案例中，货主是否可以拒付，为什么？

根据国际货运代理相关法律对共同海损的界定，为了船、货共同安全而采取的合理措施而引起的损失，应由获救的各方和船方共同承担。由此可见，本案例中共同海损成立。在国际货运代理中，必须熟悉和掌握国际货运代理法律的规定，才能在实际业务中尽可能防范风险，维护自己的权益。

（资料来源：http//www. edu2402. com/web_news/html/2008_1/2008129102728442. html）

第一节　国际货运代理的责任保险制度

国际货运代理业实行责任保险制度。责任险是指以被保险人依法应负的民事赔偿责任或经过特别约定的合同责任作为承保对象的一类保险。国际货运代理责任保险是指国际货运代理人在业务经营过程中，对他人承担的赔偿责任由保险公司代为承担的一种责任保险，其责任范围包括被保险人的法律责任、错误、疏忽遗漏等。国际货运代理责任保险，通常是为了弥补货运代理在从事国际货物运输中各个环节可能出现的风险，将经营风险市场化，减少企业自身承受的风险压力和经营成本。在西方发达国家，国际货运代理责任保险运用广泛，大大降低了货运代理企业的风险。

一、国际货运代理责任险的产生及内容

如上所述，国际货运代理的责任保险，通常是为了弥补国际货物运输方面风险所带来的损失。在实践中，这种风险不仅来源于运输本身，而且来源于为完成运输所产生的许多环节，如运输合同、仓储合同、保险合同的签订、操作、报关、货物管理、向承运人索赔和保留索赔权的合理程序、签发单证、付款手续等。上述这些经营项目一般都是由国际货运代理来完成的。在实际的国际货代业务中，货物代理企业不顾保单有关说明而产生的遗漏、选择运输工具有误，往往都会给国际货运代理带来非常严重的后果和巨大的经济损失，因此，国际货运代理有必要投保自己的责任险。另外，当国际货运代理以承运人身份出现时，不仅有权要求合理的责任限制，而且其经营风险还可通过投保责任险而获得赔偿。

（1）国际货运代理责任险的产生

货运代理所承担的责任风险主要产生于以下三种情况。

1）货运代理本身的过失。国际货运代理未能履行代理义务，或在使用自有运输工具进行运输出现事故的情况下，无权向任何人追索。

2）分包人的过失。在“背对背”签约的情况下，责任的产生往往是由于分包人的行为过失或遗漏，而国际货运代理没有任何过错。此时，从理论上讲国际货运代理有充分的追索权，但复杂的实际情况却使其无法全部甚至部分地从责任人处得到补偿，如海运(或陆运)承运人破产。

3）保险责任不合理。在“不同情况的保险”责任下，单证不是“背对背”的，而是规定了不同的责任限制，从而使分包人或责任小于国际货运代理或免责。

上述三种情况所涉及的风险，国际货运代理都可以通过投保责任险，从不同的渠道得到保险的赔偿。

（2）国际货运代理责任险的内容

货运代理投保责任险的内容，取决于因其过失或疏忽所导致的风险损失。

1）错误与遗漏。其具体表现为：①虽有指示但未能投保或投保类别有误；②迟延

报关或报关单内容缮制有误；③发运到错误的目的地；④选择运输工具有误；⑤选择承运人有误；⑥再次出口未办理退还关税和其他税务的必要手续保留向船方、港方、国内储运部门、承运单位及有关部门追偿权的遗漏；⑦不顾保单有关说明而产生的遗漏；⑧所交货物违反保单说明。

2）仓库保管中的疏忽。这主要是指在港口或外地中转库（包括货运代理自己拥有的仓库或租用、委托暂存其他单位的仓库、场地）监卸、监装和储存保管工作中代运的疏忽过失。

3）货损货差责任不清。在与港口储运部门或内地收货单位各方交接货物时，数量短少、残损责任不清，最后由国际货运代理承担的责任。

4）迟延或未授权发货。主要指部分货物未发运；港口提货不及时；未及时通知收货人提货；违反指示交货或未经授权发货；交货但未收取货款（以交货付款条件成交时）等。

二、国际货运代理责任的划分

1. 以不同身份出现时的责任划分

（1）以当事人的身份出现时的责任划分

1）货代公司以自己的名义与第三人(承运人)签订合同；

2）在安排储运时使用自己的仓库或者运输工具；

3）安排运输、拼箱集运时收取差价。

以上这三种情况，对于托运人来说，货运代理则是作为承运人，应当承运人的责任。

（2）以纯粹代理人的身份出现时的责任划分

货运代理公司作为代理人，在货主和承运人之间做牵线搭桥的作用，由货主和承运人直接签运输合同。货运代理公司收取的是佣金，责任小。当货物发生灭失或损坏的时候，货主可以直接向承运人索赔。

（3）以多式联运经营人的身份出现时的责任划分

当货运代理负责多式联运并签发提单时便成了多式联运经营人（MTO），被看作是法律上的承运人。

2. 联合国《多式联运公约》规定 MTO 对货物灭失或延迟交付的赔偿责任

1）对于货物灭失或损坏的赔偿限额最多不超过每件或每运输单位 920SDR，或每公斤不得超过 2.75SDR，以较高者为准。但是国际多式联运如果根据合同（不包括海上或内河运输），则 MTO 的赔偿责任按灭失或损坏货物毛重每公斤不得超过 8.33SDR 计算单位。

2）对于货物的迟延交付，规定了 90 天的交货期限，MTO 对迟延交货的赔偿限额为迟延交付货物的运费 2.5 倍，不能超过合同的全程运费。

3. 我国《海商法》规定MTO对货物灭失或延迟交付的赔偿责任

1）对于货物灭失或损坏，每件或者每个其他运输单位666.67SDR，或按照灭失或损坏的货物毛重，每公斤2SDR，以两者中较高的为准。

2）对于迟延交付，我国的《海商法》规定货物交付期限为60天，MTO迟延交付的赔偿限额为迟延交付货物的运费数额，但承运人的故意或者不作为而造成的迟延交付则不享受此限制。

4. 以无船承运人的身份出现时的责任划分

当货运代理从事无船承运业务并签发自己的无船承运人提单时，便成了无船承运经营人，被看做是法律上的承运人，他本身兼有承运人和托运人的性质。

知识拓展

我国上海市东方贸易公司委托同一城市的某货运代理公司办理一批从我国上海港运至韩国釜山港的危险品货物。东方贸易公司向某货运代理公司提供了正确的货物名称和危险品货物的性质，该货运代理公司为此签发其公司的HOUSE B/L给东方贸易公司。随后，该货运代理公司以托运人的身份向船公司办理该批货物的订舱和出运手续。该货运代理公司对于东方贸易公司来说，该货运代理公司属于承运人，对于船舶公司来讲，该货运代理公司属于托运人。因此无船承运人一身兼有承运人和托运人的性质。

5. 以“混合”身份出现时的责任划分

货运代理，从事的业务范围较为广泛，除了作为货运代理代委托人报关、报检、安排运输外，还用自己的雇员，以自己的车辆、船舶、飞机、仓库及装卸工具等来提供服务，或陆运阶段为承运人，海运阶段为代理人。对于货运代理的法律地位的确认，不能简单化，而应视具体的情况具体分析。

6. 以合同条款为准的责任划分

在不同国家的标准交易条件中，往往详细订明了货运代理的责任。通常，这些标准交易条件被结合在收货证明或由货运代理签发给托运人的类似单证里。

三、国际货运代理责任保险的方式及渠道

1. 国际货运代理责任保险的主要方式

国际货运代理责任保险的主要方式有：有限责任保险、完全法律责任保险、最高责任保险、集体保险制度。货运代理投保责任险时，可根据自己的情况，可以在以下几种

方式中选择适合自己的方式进行投保。

（1）货运代理的有限责任保险

货运代理的有限责任保险是指国际货运代理仅按其本身规定的责任范围对其有限责任投保。国际货运代理的有限责任保险主要有三种类型。

1）货运代理根据标准交易条件确定的货运代理责任范围，可选择只对其有限责任投保。

2）货运代理按免赔额方式对其有限责任投保。免赔额是保险公司在保单中提出的，部分货运损失金额保险公司可以免予赔偿，免赔额部分的损失须由货运代理承担。一般而言，免赔部分越大，保险费越低；免赔部分越小，保险费越高。对于投保人来说，存在下述风险，即对低于免赔额的索赔，均由国际货运代理支付，这样当它面对多起小额索赔时，就会承担总额非常大的损失，而且有可能根本无法从保险人处得到赔偿。

知识拓展

在保单中订立免赔额条款的原因是：一方面，投保人可以增强责任心、减少事故发生，并从中享受到缴纳较低保险费的好处；另一方面，保险公司可避免处理大量的小额赔款案件，节省双方的保险理赔费用，这对双方均有益。货运代理可根据实际情况，选择免赔额方式及其免赔部分的大小。

3）货运代理还可通过缩小保险范围来降低其保险费，只要过去的理赔处理经验证明是合理的。但意料之外的超出范围的大额索赔可能会使其蒙受巨大损失。

（2）货运代理的完全法律责任保险

根据国际货运代理协会标准交易条件确定的国际货运代理责任范围，国际货运代理可以选择有限责任投保，也可以选择完全责任投保。但有些国家的法院对国际货运代理协会标准交易条件中有关责任的规定不予认定，所以，国际货运代理进行完全法律责任保险是十分必要的。货运代理可根据具体情况，按其所从事的业务范围、应承担的法律责任进行完全法律责任投保。

（3）货运代理的最高责任保险

货运代理的最高责任保险是指对于超过确定范围以外的责任，国际货运代理必须为客户提供“最高”保险，即向货物保险人支付一笔额外的保险费用。这种体制尽管对国际货运代理及客户都有利，但目前仅在欧洲流行。在某些欧洲国家，一种被称为SVS和AREX的特种货运代理责任保险体制被看做是货运代理的最高责任保险，得到广泛采用。

（4）货运代理的集体保险制度

在某些国家，国际货运代理协会设立了集体保险制度，向其会员组织提供责任保险。集体保险制度是指国际货运代理协会代表与其成员协商得到一个标准的保险费率的保险方式。这种集体保险制度，一方面使协会成员得到一个有利的保险费率，使其成员进行一个标准的、最小限度的保险，并依此标准进行规范的文档记录；另一方面，一旦推行一个标准的保险费率，高效率的货运代理得到补贴少或得不到补贴，而低效率的货运代理得到补贴多，这也就意味着高效率的货运代理对其低效率的货运代理进行补贴，从而影响其改进风险管理、控制风险的积极性，并使协会的内部信息可能为竞争者所利用。

2. 国际货运代理责任保险的主要渠道

国际货运代理主要通过四种渠道投保其责任险。

1）商业保险公司。它是所有西方国家和某些东方国家的商业保险公司，可以办理国际货运代理责任险。

2）伦敦的劳埃德保险公司。该公司属于辛迪加体制，每个公司均承担一个分保险，公司业务主要分为海事与非海事，是专业的国际货运代理责任保险渠道，但只能通过其保险经纪人获得保险。

3）互保协会。这是一个具有共同利益的运输经纪人，为满足其特殊需要而组成的集体性机构。

4）保险经纪人。保险经纪人自身并不能提供保险，其主要职能是为国际货运代理选择可承保责任险的保险公司，并能代表国际货运代理与保险人进行谈判，还可提供损失预防、风险管理、索赔程度等方面的咨询，并根据国际货运代理协会标准交易条件来解决国际货运代理的经济、货运、保险及法律等问题。其身份是国际货运代理保险市场的中介，具有专业性。

四、国际货运代理责任保险的除外责任

国际货运代理可以通过投保责任险将风险事先转移，但这并不意味，在任何情况下，发生任何事故，即使自己有责任但不必承担任何风险与责任，统统由保险公司承担。在实际业务中，必须注意国际货运代理责任保险的除外责任。国际货运代理责任保险的除外责任主要指投保责任险的保单中一般都存在除外条款和要求投保人履行的义务条款，在除外条款内以及投保人未尽其义务的情况下，保险公司将不予承保。所以要特别注意阅读保单中的除外条款以及要求投保人履行的义务条款，并加以认真地研究和考虑。如果因此存在疏忽，将会导致保险公司不予赔偿的后果。

在国际货运代理责任保险的保单中，除外条款和限制通常有：①在承保期间以外发生的危险或事故不予承保；②索赔时间超过承保条例或法律规定的时效；③保险合同或保险公司条例中所规定的除外条款及不在承保范围内的国际货运代理的损失；④违法行为造成的后果，如运输毒品、枪支、弹药、走私物品或一些国家禁止的物品等；⑤蓄意或故意行为，如倒签提单、预借提单引起的损失；⑥战争、入侵、外敌、敌对行为（不论是否宣战）、内战、反叛、革命、起义、军事或武装侵占、罢工、停业、暴动、骚乱、戒严和没收、充公、征购等的任何后果，以及为执行任何政府、公众或地方权威的指令而造成的任何损失或损害；⑦任何由核燃料或核燃料爆炸所致核废料产生之离子辐射或放射性污染所导致、引起或可归咎于此的任何财产灭失、摧毁、毁坏或损失及费用，不

论直接或间接，还是作为其后果损失；⑧超出保险合同关于赔偿限额规定的部分；⑨事先未征求保险公司的意见，擅自赔付对方，亦可能从保险公司得不到赔偿或得不到全部赔偿（一般是指当货物发生残损后，国际货运代理自认为是自己的责任，未征求保险公司的意见，自做主张赔付给对方；如果事后证明不属或不完全属国际货运代理的责任，保险公司将不承担或仅承担其应负责的部分损失）。

五、防止和减少国际货运代理责任风险的其他措施

投保责任险，将风险事先进行转移，是防止或减少国际货运代理的责任风险的最好办法之一。除此之外，货运代理还须采取其他的必要措施，以尽量避免损失的发生，降低其责任风险。这些措施主要可分为预防性措施、挽救性措施、补偿性措施三种。

1. 预防性措施

1）加强对国际货运代理人员的培训，使他们熟悉有关国际货运代理的标准交易条件、提单条款及相关行业术语等，并能处理索赔和进行迅速有效的追偿。

2）使用的单证应规范、正确、字迹清楚，并且适合所需之目的。

3）保证在国际货运代理协会标准交易条件下，其经营能够被客户及其分包人所理解和接受。

4）雇佣胜任职务和可靠的分包人——船舶所有人、仓库保管人、公路运输经营人，国际货运代理应通知他们投保足够或全部的责任保险。

5）经营仓储业、汽车运输业的国际货运代理应做好防止偷窃、失火等安全工作。

2. 挽救性措施

1）拒绝索赔并通知客户向货物保险人索赔。

2）在协议期限内通知分包人或对他们采取行动。

3）在征得保险人同意后，只要可能，与货主谈判调解，友好地进行和解。

4）及时向保险人通知对国际货运代理的索赔或可能产生索赔的任何事故。如果有可能造成损失时，应及时将每一事故/事件以书面形式通知保险公司，即使当时尚未发生索赔。如果国际货运代理发现做了不该做之事，或该做而未做之事时，必须告诉保险公司或向其提供下述资料：事故/事件发生的时间与地点；有关被保险人的姓名；发生或未发生的事情，今后可能提出何种索赔；事故/事件可能造成的损失金额；日后可能会成为索赔人的姓名与地址；有关交易的文件副本，包括，事故/事件发生前所收到的指示内容，服务条款与条件，以及此笔交易中所使用的提单。

5）及时、适当地通知有关的空运、海运、驳运、陆运承运人，包括其他的货运代理、货物拼装人、报关人及与事故/事件有关的保险公司，并及时提供法律上所要求的事故通知书。

6）立即将双方有关要求与答复的书面材料的副本抄送保险公司，将索赔人提出的口头要求的记录，或双方口头联系（包括口头要求与答复，或与此有关的交谈内容）的

记录，提供给保险公司，并将在下述情况下发生的全部内部通讯记录（或内部口头联系记录）提供给保险公司：①从事导致发生此项索赔的交易时；②收到索赔进行处理时；③知道该事故/事件已发生进行处理时。

7）必须与保险公司及其法律代表，在索赔或诉讼中进行合作与协助；遇到货物灭失或损坏时，与保险公司（责任保险人和货物保险人）联系检验事宜；向保险人提供单证和资料；收集支持案件的证据。保险公司的费用将限于应适用的保险单内所约定的免赔额外的费用，还包括（但不限于）：提供证据、取得证据、出庭聆听、出庭听审、设法使证人出庭的费用。

在指定关于索赔的律师以前要与保险公司协商。获得授权的代表（包括律师），也应有义务与保险公司和保险公司的法律代表进行合作与协助。所以，应通知这些人或这些人的单位，有关进行此项合作的职责。对于被他人认为的疏忽行为必须严守秘密，除非法律要求披露。当然对律师可以披露此疏忽行为与错误。

8）没有保险公司的允许，既不承认责任也不处理索赔。被保险人不得在没有获得保险公司书面授权的情况下，承担任何经济义务，承诺支付任何款项或任何金额。不得对某项索赔作出任何负有责任的陈述或行为。如果作出此种陈述或行为，将导致保险公司的拒赔，即使此项赔偿或许是在保险单承保范围之内。

9）不得在没有得到保险公司特别的书面同意的情况下，予以诉讼时效的延期。

10）采取上述挽救措施时，还需注意遇到以下情况无权对保险公司采取法律行为：①未遵照保险单所规定的全部条款与条件行事；②损失金额尚未通过法院的判决或仲裁员的裁决而获得解决，或损失金额尚未得到被保险人、保险人和索赔人的同意；③该事故/事件发生超过诉讼或仲裁时效后采取的法律行为。在请求法院裁定被保险人在这一事故/事件中对损失是否负有责任的案件中，被保险人与索赔人均不得将保险公司列为被告或共同被告。

11）被保险人与保险人之间发生有关承保争议时（包括保险公司是否有责任为被保险人抗辩某索赔案），还应注意以下规定。首先应尽快向保险公司提供下述情况：任何有关的文件、通讯、抗辩书、向对方提供的文书副本、合同等；按时间顺序排列的、导致发生索赔的有关事实与有关情况，以及最了解该项索赔的人员的姓名、住址及电话号码；一份详细说明，解释该项索赔应属于承保范围的所有理由。如果将上述资料提交给保险公司仍不能解决与其之间的争议时，可采取法律手段解决。

3. 补偿性措施

补偿性措施主要有以下几种：

1）先征得保险公司的同意，赔付给索赔人，然后再从保险公司获得补偿，这种索赔属于补偿性保险。

2）行使追偿权，即为保险公司向责任人进行追偿，如果这种追偿取得成功，则可从保险公司获得一定比例的赔款。

3）国际货运代理向保险人进行索赔，主要有如下情况和措施：①承保范围内的责

任，从保险公司得到赔偿；②货运代理过失，责任保险人给予赔偿；③货运代理交货错误，责任保险人予以补偿；④集装箱货物短少，属责任保险赔偿范围等。

六、国际货运代理责任险的保单和承保机构

1. 国际货运代理各种责任险的保单

国际货运代理从保险公司获得的赔偿与其所签订的保单条款有关。一般来说，缴纳的保费越多，承保的责任范围越大，赔偿的金额也就越高；反之，缴纳的保费越少，承保的责任范围越小，赔偿的金额也就越低。国际货运代理必须根据自己业务的性质、范围、责任大小以及有关的法律与保险公司商讨制定出一个好的保单，用以维护双方的合法权益。由于国际货运代理责任险的赔偿情况不同，签订的保单条款不同，因此投保人缴纳的保费也就不同。国际货运代理必须根据国际货运代理责任险的赔偿情况制定保单。

通常国际货运代理责任险的投保与赔偿大体可分为三种情况。

1）只能获得责任限制的赔偿。这种情况发生在国际货运代理以国际货运代理协会标准交易条件中所规定的责任限制条款为基础投保时。

2）获得全责险的赔偿。在不考虑该标准交易条件中所列明的责任限制时，国际货运代理虽采用该标准交易条件，但要求保险公司承保其全部责任时，则可获得全责险的赔偿。

在上述两种情况下，虽然保费是国际货运代理支付的，但该保费已包含在国际货运代理向委托人所收取的服务费中。一般来说，委托人没有向保险公司追偿的权利，然而当国际货运代理破产时，保险公司只要承保了上述责任险，委托人就可以从保险公司得到赔偿。这种责任险与承运人投保的责任险相类似。

3）委托人投保货物运输过程的全部风险，直接向保险公司进行索赔。这里的全部风险包括：由于国际货运代理的过失或疏忽所引起的损失造成风险时，作为投保的当事人，其有权直接向保险公司进行索赔。此时，保险公司不得援用国际货运代理所采用的标准交易条件中的责任限制条款。国际货运代理投保责任险后，既可以使国际货运代理提高服务质量又能使委托人较快地得到合理的赔偿，对委托人和国际货运代理都十分有益。

2. 承保国际货运代理责任险的机构

鉴于国际货运代理所从事的业务内容杂、项目多、范围广，使其身份呈多样化，其所承担的法律责任亦较为复杂，这就使得保险人难以掌握和估计其风险程度及损失的大小，难于确定费率的高低。因此，国际上许多国家的保险公司都不承保货运代理责任险这一特殊的险种。

目前承保国际货运代理各种责任险的机构相对集中在一些保险公司，例如 TT CLUB 和 AGF 两家较大型的保险公司。当然，有的国家或地区的保险公司也承保少量的国际货运代理责任险业务，例如香港地区的民安保险有限公司和中国保险有限公司。

（1）TT CLUB

TT CLUB（联运互保协会有限公司，简称联运保赔协会）是一家非营利性、只收取成本费用、股东不享有投资收益的协会。它在非执行董事会指导下运作，董事会由会员的高层管理人员组成。其宗旨是为运输业提供保赔服务。会员来自业内各个领域，遍及多个国家和地区。协会根据每个投保人所承担的风险和业务性质来确定其保险金，保险成本稳定，不受保险市场波动的影响。该协会是世界运输业主要保险人之一，同时承保国际货运代理责任险。该协会力图提供全套保险服务，以将保险成本和不同险别之间的差距降至最低。在理赔方面，该协会在世界各地成立了多个直属业务机构；每一地区，由其直属机构委托并监管地方代理。该协会在世界的任何一个角落都设有分行代理。各地代理熟悉当地的情况及法律，对处理会员的理赔案件十分有利，他们已积累了 30 多年责任险理赔经验，尤其是国际多式联运责任险的理赔经验。目前，越来越多的国际货运代理意识到该协会是一个能向他们提供较好服务的保险机构。

TT CLUB 的特色服务是：①专家指导与支持。作为一个会员，可享受专业管理人员的服务并被指定一位财会专员进行指导；②全球性服务；③可选择风险覆盖方案，由协会承保的不同范围的保险，使会员尽量避免或减少向不同的保险人投保不同的险种；④只计成本的保险，作为一个互保协会，没有股东，也不追求利润；⑤支持中间人业务，协会承保的业务中相当一部分是由中间人提供的，协会在其业务往来中积极支持这种中间人与会员的合作。

（2）AGF-CAMAT

AGF-CAMAT（简称 AGF）是世界上最大的运输保险人，其承保业务的市场包括货物险、责任险、船壳险、航空险。其财政稳健，被标准普尔评为“AA”级。随着运输险与责任险两种投保业务量的日益增长，市场对专门提供这方面保险的需求越来越大，该公司为适应市场发展，成立了专门承保险运输险及责任险的专业保险公司，负责货物和集装箱运输行业及其责任险的承保业务。之后该公司又与安联保险公司合并成为欧洲最大的保险公司，成为全世界非人寿险生意最大的保险公司，其保险金额超过 10 亿美元，营运于 59 个国家。AGF 还加入了“CESAM”，这是一家法国保险人的中央索赔局，其经营形式非常类似劳埃德代理的全球网络，已在多个国家设立了代表处。AGF 所属的运输及责任险有限公司也有自己的网络，并在 150 多个国家设立了代表处。

七、我国国际货运代理责任保险制度

货运代理责任保险在我国长期处于停滞状态。2008 年，商务部修订了实施细则，其中关于国际货运代理责任保险制度的规定，其主要内容和特点如下。

（1）首次明确国际货运代理企业投保责任险的强制性

此次修订的实施细则，首次明确了具有法人资格的国际货运代理企业都要投保国际货运代理企业责任险，最低赔偿限额不得低于 100 万人民币，保险期限不少于 1 年且要逐年连续投保，企业每增设一个分支机构，要增加不得低于 20 万人民币的赔偿限额。国际货运代理企业以独立经营人身份签发提单的，还应投保最低限额为 100 万人民币的

国际货运代理提单责任险，如果提单责任险范围涵盖企业责任险，可不投保企业责任险。

（2）将责任保险制度和企业备案登记制度结合起来

实施细则生效后新设立的国际货运代理企业，应在取得企业法人营业执照后 30 日内，向国内保险机构办理投保手续，并凭有效责任保险合同向主管部门办理企业备案登记手续。实施细则生效前已设立但仍未投保责任险，或已投保责任险不符合要求的国际货运代理企业，应自细则生效日起 90 日内办理投保手续，并凭符合细则规定的责任保险合同办理企业备案登记及业务经营信息报送手续。企业变更责任保险合同内容的，还应在保险合同变更后 30 日内，到原备案机关办理相关的备案变更手续。

（3）实行集体投保和管理制度

实施细则规定，国家商务部委托中国国际货运代理协会负责国际货运代理责任保险制度的实施，由中国国际货运代理协会代表行业对外谈判保险价格和条款，落实投保、索赔等服务，对保险公司、保险经纪公司、保险合同范本、保险费率等进行评估。该项规定事实上明确了国际货运代理行业将实行较为严格的集体投保和管理制度。

八、我国国际货运代理企业的常见法律风险及防范措施

（1）国际货运代理企业的常见法律风险

1）代理权限滥用或未尽代理职责，导致被货主索赔。我国许多货代企业在代理过程中，由于选择承运人不当，或更改装运日期或甩柜、没有取得全套正本提单或仅取得提单的传真件等因素，很容易导致被货主索赔。

2）身份定位混乱，导致责任不清。目前我国许多货代企业混淆托运人、代理人、独立经营人的概念，导致诸多问题。例如，许多代理企业在代理过程中向货主收取运费，其正确的做法应当是向货主收取代理佣金；还有的企业以自己名义与堆场、报关行、其他运输公司签订有关委托协议，这很容易被法院认定为具有当事人身份而承担较大的法律责任。

3）频繁长期垫付运费。货代企业经常垫付运费，数额通常不大，但有少部分货主逾期拖欠。许多货代企业面对这种情况由于考虑到诉讼成本、维系客户问题而放弃权益。

4）草率签订相关协议或随意出具保函。货代企业在向货主承担了相应责任后，无法按照协议约定向过错方追偿，原因是货代企业在与堆场、报关行或运输公司签订的协议关于责任划分的约定不清。还有一些货代企业经常为货主出具盖有货代企业公章的保函或在货主出具的保函上加盖货代企业公章，导致货代企业承担担保责任。

5）员工频繁跳槽，客户流失。由于《劳动合同法》规定员工辞职基本不向企业支付违约金，很多货代企业员工辞职后到其他货代企业工作或另起炉灶，造成客户流失。

（2）防范措施

1）恪守代理职责。严格遵守海上货物运输的惯例并按照货主的指示进行操作，尤其要注意选择具有合法资质的实际承运人或无船承运人资格的企业，并一定要保证取得全套正本提单。

2）严格界定代理身份，防止越权代理。在所有的代理协议和委托协议中明确界定

自己的身份和法律地位，缩小责任范围。

3）完善合同条款，审慎出具保函。在委托第三方协议中明确约定由于场装公司、报关报检行以及运输公司的责任导致货主经济损失，货代企业均有权要求责任方予以赔偿。对必须出具保函的情形，应事先取得货主承担责任的书面承诺，以备追偿。

4）尽量不垫付运费并在相关协议中约定违约责任。确须垫付的，应在代理协议中约定逾期支付或返还所垫付运费的违约责任，以约束货主违约。

5）完善劳动合同。在劳动合同中约定保密条款并对员工进行竞业限制。

阅 读 资 料

国际运输代理的种类

1）租船代理。租船代理又称租船经纪人（shipping broker），是指以船舶为商业活动对象而进行船舶租赁业务的人，其主要业务是在市场上为租船人寻找合适的运输船舶或为船东寻找货运对象，以中间人身份使租船人和船东双方达成租赁交易，从中赚取佣金。因此，根据它所代表的委托人身份的不同又分为租船代理人和船东代理人。

2）船务代理（shipping agent）。船务代理是指接受承运人的委托，代办与船舶有关的一切业务的人，主要业务有船舶进出港、货运、供应及其他服务性工作等。船方的委托和代理人的接受以每船一次为限，称为航次代理；船方和代理人之间签订有长期代理协议，称为长期代理。

3）货运代理（freight forwarder）。货运代理是指接受货主的委托，代表货主办理有关货物报关、交接、仓储、调拨、检验、包装、转运、订舱等业务的人，主要有订舱揽货代理、货物装卸代理、货物报关代理、转运代理、理货代理、储存代理和集装箱代理等。

4）咨询代理（consultative agent）。咨询代理是指专门从事咨询工作，按委托人的需要，向其提供有关国际贸易运输情况、情报、资料、数据和信息服务而收取一定报酬的人。

以上各类代理之间的业务往往互相交错。例如，不少船务代理也兼营货运代理，有些货运代理也兼营船务代理等。

（资料来源：http：//www. 51test. net/Show/764832. html）

第二节　国际货运代理的法律制度

在国际运输业的发展中，存在诸多问题。例如，各国做法不一，业务性质、法律责任及风险亦不尽相同，货运代理与委托人或承运人之间合同不够规范化等情况。许多国家，包括发达国家尚无国际货运代理的专门法律。有些国家虽然制定了相关法律，但存在很大的差异，从而造成了国际货运代理法律中的某种混乱和不协调的局面。有鉴于此，FIATA 始终致力于呼吁各国成立国际货运代理协会，并制定各协会的标准交易条件以规范国际货运代理行为，不过仍有不少国家尚未成立国际货运代理协会，亦未制定出协会的标准交易条件。在 FIATA 努力推动下，出台了一部《国际货运代理示范法》，虽然它不带有强制性，对各国不具有法律约束力，但应该承认该“示范法”为统一各国国际货

运代理法律起了铺垫作用，它已经或将成为各国制定本国的国际货运代理法的示范文本，同时必将成为国际货运代理公约的重要参考文献。

一、国际货运代理的法律地位概述

国际货运代理的法律地位及其相应的责任、权利与义务在一国乃至全世界都是一个难以解决的问题，在实际运作中，主要由有关国家法律体系的类型所决定，或以判例法为基础，或以国家的商法典为基础。国际货运代理处于代理人还是缔约当事人的法律地位，要根据具体事实和所属管辖权国家的法律而定。

（1）英美法系国家国际货运代理的法律地位

英美法系系国家国际货运代理的法律地位以代理的概念为基础，这是由判例产生的，即国际货运代理处于委托人（发货人或收货人）的代理人地位来安排货物运输，最典型的国家是美国。受传统的代理规则的制约，该类国家的国际货物代理所负责任仅为恪尽职守、忠于当事人、遵照当事人合理指示行事并将所处理的事项向当事人报告的责任；而托运人不仅要对其代理人以其名义承担的合同义务负责，还要对其代理人在正当的代理权限范围内所犯的错误或疏忽负责。实践中国际货运代理的法律地位常常因其提供的服务性质而发生变化。在实际中，确定货运代理是以一个委托人的身份行事或是以一个代理人的身份行事还是以一个承运人的身份行事，需要根据具体的情况来确定。如果国际货运代理处于委托人的地位，以其本人名义签订合同，它将意味着国际货运代理对包括货物在承运人和国际货运代理的其他机构掌管期间的整个货物运输过程的合理完成负责。当国际货运代理提供拼箱服务或混装服务，并签发自己的提单时，其地位为委托人，即当事人。当国际货运代理本人承担公路运输时，其处于委托人地位，但是，如果他的分包人是与其签订货运合同之客户所知道的，则他又处于代理人的地位了。

（2）大陆法系国家国际货运代理的法律地位

对于大陆法系国家而言，国际货运代理的法律地位及其相应的权利和义务一般由《商法典》的规定来确定。最典型的国家是法国和德国。需要指出的是大陆法系国家对国际货运代理的法律地位的规定也存在很大的差异。就总体而言，它是建立在国际货运代理以其本人名义代表委托人开展业务的前提下制订的此类合同，即所谓委托合同，亦被称之为间接代表合同。因而，对委托人而言，他是代理人，属代理关系；对承运人而言，他是委托人，属当事人关系。

由于国际货运代理业务的国际性质，以及货运合同规定的国际货运代理的法律地位及其权利与义务的不同，因此在实际业务中解决涉及两个以上不同国家的国际货运代理、托运人和收货人的纠纷存在法律上的困难。对于国际货运代理因争议而索赔而言，选择法律变得极为重要，一般适用与委托人签订的货运合同的法律，即以该法律来判定国际货运代理究竟是“代理人”还是缔约“当事人”。例如，一家荷兰的国际货运代理因运费起诉一家泰国客户，当事人双方和南非法院一致同意本案适用荷兰法律，法院指出：“兹确定程序事项由诉讼提起地管辖，而实体事项则由适用的实体法管辖”。法院还裁定，只阻止补偿的时效法规是诉讼程序法的组成部分。但是法院又补充道，如果这项法规“不仅仅阻止补偿，同时还取消原告的权利，则它们便属于实体件的法规，故将适用实体法”。结果，这一案件按照荷兰的法律确定了可适用的时效。

发达国家的国际货运代理常常使用其本国货运代理协会制订的标准交易条件，这些条件中一般包含有选择法律。这种条款对按照原来的货运合同有不同司法权的各种货运代理活动不是每部必须适用的，所以不能把全部国际货运代理的业务及可能产生的附属律问题都置于一种法律之下。

知识拓展

我国《货代管理规定》中明确：货运代理可以“以委托人的名义或者以自己的名义”行事。即货运代理人从事的业务是以被代理人的名义行事，则为“代理人”，若以自己的名义行事，则为“当事人”。国际货运代理可以“以委托人的名义或者以自己的名义”行事，但对于国际货运代理以上述两种名义行事，分别承担的法律责任，并未作出明文规定。我国法院在以往审理案件中，一般都是按我国民法中的代理原则及合同法律责任来区别和认定，即国际货运代理从事的业务是以被代理人的名义行事，则为“代理人”；若以自己的名义行事，则为“当事人”。所以，国际货运代理合同中，有关国际货运代理的法律地位及其权利、义务是不能简单概括的，因为这不仅在每个国家有很大的不同，而且影响到与其签订合同的当事人各方——承运人、托运人和收货人的地位。

二、国际货运代理两种法律地位的区分与认定

国际货运代理的两种法律地位，是指作为代理人的法律地位和作为当事人的法律地位。国际货运代理因其法律地位不同，所承担的法律责任亦不同。但随着代理业务的拓宽，现代意义的国际货运代理往往具有双重身份，即有时以代理人身份出现，有时又以当事人即承运人身份出现。这和传统意义上的国际货运代理有很大的不同。传统意义上的国际货运代理，无论从其名称上，还是从其业务性质来看，二者均是一致的，即国际货运代理所从事的业务纯属代理性质，是名副其实的代理，当然从法律上讲，代理对其业务范围内的过失应承担代理的责任。

对于货运代理不同的法律地位，要根据具体业务来区分，并根据所属国法律认定。

（1）收入取得的方式

区分货运代理身份的一个重要标志，是从托运人那里取得的是佣金，还是运费差价。如果货物代理从托运人那里取得的是佣金，那么则被视为代理人；如果获得的是运费差价，则被视为当事人。

（2）提单签发的方式

1）一般情况下货运代理签发自己的提单，会被视为承运人。

2）需要指出的是货运代理签发提单，并不一定就是承运人。如果货运代理和托运人之间签订的委托合同中明确规定了货运代理仅仅是代理人，那么货运代理即使签发了

提单，也是属于代理人。

3）签发多式联运提单和无船承运人提单的货运代理则被视为是多式联运经营人和无船承运人，即当事人。

（3）经营运作的方式

1）货运代理从委托人那里收取了运费，但是在将这批货物交给承运人的时候，付较低的运费，货运代理从两笔运费当中赚取利润，对于委托人而言，货运代理就是当事人，不属于代理人。

2）货运代理从事拼箱、混装服务换取更多的利润。对于委托人而言，货运代理的身份为当事人，承担的是承运人的责任。

（4）习惯做法与司法认定

1）在实际业务中，货运代理为了尽快替委托人订妥仓位，常以自己的名义与承运人订立合同，那么货运代理对于承运人来说，他的身份为当事人。

2）货运代理只要以自己的名义行事，即使本身没有过失，也会因其当事人的身份而承担责任，同时享有向过失方进行追偿的权利。

3）确定货运代理究竟是作为代理人还是作为缔约当事人，不存在任何硬性规定，货运代理的身份将取决于具体情况、具体事实和所属国的法律。

三、国际货运代理业示范法

为了缩小不同国家国际货运代理在法律上存在的差异，FIATA 于 1995 年做出了一项调查，并在调查的基础上制定出国际货运代理业示范法。1996 年 6 月定稿，10 月提交大会通过。FIATA 制定的国际货运代理业示范法是迄今涉足解决这一领域问题的重大尝试。

1）示范法就国际货运代理的服务作出规定，国际货运代理应恪尽职守，并规定对货物损失或损害赔偿不超过每公斤 2SDR 的责任限制，但对于其他种类的损失，每一事故的责任限制则由各国的货运代理协会来自行决定。对贵重物品以及“间接损失”所承担的责任有具体的除外条款。对于非货物灭失或损坏责任，例如由于疏忽或遗漏所承担的责任，索赔声明必须在客户知道或应该知道产生损失之日起 14 天内提出，否则索赔将受到阻碍，除非能证明无法在上述期限内做到。对于造成货物的损失或损坏，如果是明显的，应在货物移交给客户的同时发出通知；如果不明显，也须于货物移交给客户次日起 6 天内发出通知。否则此种交接将表明货物是在良好状况下运送的，且完好无损。对国际货运代理进行索赔的时效为 9 个月。

2）示范法把国际货运代理作为承运人和作为代理人进行了区分。当国际货运代理作为承运人而负责运输或其他服务时，他所承担的责任如同客户就该服务或运输另立了合同，并引用示范法条款的强制性规定。无论何时国际货运代理使用自己的设施提供运输服务，都可以根据自身的情况来制定承运合同，只要这些条款不违背硬性规定的内容。

3）示范法规定货运代理有权对其所掌管的货物及有关单证行使留置权，使其不仅对此等货物可以进行索赔，而且对此前已发生的与客户的合同纠纷所导致的索赔需要得以满足。示范法还规定客户须承担国际货运代理由于不知道货物的危险特性而遭受的经济损失，也就是客户应保证国际货运代理在根据其要求提供服务的过程中不应承受无法预计的费用支出，或由于不正确或不完整的指示，引致额外支出的风险。

4）国际货运代理在参照示范法的同时，还应与客户达成协议，说明其责任并不因同时引用较少责任的附加条款而减低，当然，示范法也不阻止国际货运代理给予客户额外的保障。示范法不仅适用于国际货运代理，也适用于国内外贸易商。使用该示范法是建立在自愿基础上，双方当事人均同意将其订入交易合同中。实践证明该示范法具有许多优点，尤其对发展中国家及国际货运代理尚不健全的、处于过渡时期的国家。

使用示范法的国际货运代理必须充分考虑自己的责任，并投保足够的责任险。目前，有几个国家的国际货运代理状况已达到示范法的责任水准，他们则依据示范法制订了本国的规则，其他国家也将会认可和使用示范法或在制订本国规则时，尽量采用示范法。

总之，FIATA 所制定的示范法将进一步证明国际货运代理的国际地位。随着示范法在全球的推广与传播，其使用率定会得到不断的增长。如果国际货运代理的法律与实践可通过示范法的扩展得到进一步的统一，它将无疑为世界贸易带来好处，并且在全球范围内极大地提高国际货运代理的专业形象、声望与地位。

四、联合国国际贸易运输港站经营人赔偿责任公约

《联合国国际贸易运输港站经营人赔偿责任公约》是为了保护货物运输中托运人和承运人的利益，减轻其在国际贸易运输中因港站经营人的责任所造成的经济损失而制定统一的国际贸易运输港站经营人的赔偿责任公约。由于货物运输过程中承运人与发货人、收货人之间港站、仓储设施和装卸公司的经营人，以及船舶代理、港口、中间商、制造商等港站经营人的责任等问题，均由各国自己制定的国内法调整，而各国法律所规定的责任和责任基础差异很大，这给涉及国际贸易运输的当事人带来很多困难。为了统一确定运输港站经营人的责任，联合国贸易法委员会于 1983 年决定制订这项公约，并于 1991 年 4 月在维也纳外交大会上通过。公约包括序言和 25 项条款。

五、国际货运代理业务中涉及的国际公约及惯例

国际货运代理在其业务范围内、在与有关方签订的各种协议中，必然会涉及某些国际公约或国际惯例。诸如《海牙规则》、《海牙－维斯比规则》和《汉堡规则》已成为各国海运界所熟悉并普遍运用的国际公约，而陆路运输多采用《铁路货物运输国际公约》和《国际公路货物运输合同公约》，著名的《华沙公约》是统一国际航空运输的重要规则，多式联运则广泛适用《联合国国际货物多式联运公约》。因此，熟知这些公约，了解和掌握国际货运代理在海、陆、空及多式联运业务所涉及的重要国际公约和旧际惯例中，有关责任、责任期限、责任限制、免责条款、索赔程序、诉讼时效及管辖权等内容，是做好国际货运代理业务的前提和保证。限于篇幅，本节没有详细介绍，读者可以通过网络学习和查询相关内容。

（1）海上运输

统一世界各国关于海运提单的不同法律规定，建立船货双方均等平摊运输风险的责

任制度，并确认承运人与托运人在海上货物运输中的权利和义务而制定的国际公约，目前有 1924 部的关于统一提单的若干法律规则，简称《海牙规则》，于 1931 年 6 月 2 日生效，1968 年的关于修改 1924 年统一提单的若干法律规则的协议书，简称《海牙—维斯比规则》，于 1977 年 6 月 23 日生效。1978 年的联合国海上货物运输公约，简称《汉堡规则》。该公约对以《海牙规则》为基础而建立的船货风险承担制度进行了全面的改进，扩大了承运人的责任。大多数国家，尤其是海运事业发达或比较发达的国家都承认《海牙规则》或《海牙—维斯比规则》，但也有 20 多个国家承认《汉堡规则》。我国尚来加入其中的任何一个国际公约。

（2）铁路运输

铁路运输方面的国际公约有《国际铁路货物联运协定》(简称《国际货协》)和《国际铁路货物运送公约》(简称《国际货约》)。《国际货约》也称《伯尔尼货运公约》，1970 年于瑞士首都伯尔尼签订。该公约曾经多次修改，现行文本是 1975 年生效的，参加国大多为欧洲国家。《国际货协》是为了简化国际铁路货运手续即为使发送路不再与接收货物的铁路签订新的运输合同，利用一个运输合同使每票国际货物运输都能从发货人到收货人连续不断地进行，于 1951 年签订的，该协定先后经过 7 次修改和补充。《国际货协》与《国际货约》基本相同。

（3）公路运输

《国际公路货物运输合同公约》于 1956 年在日内瓦签订，1961 年生效。我国未加入该公约。公约制定的目的在于对管理国际公路运输合同的条款予以标准化。尽管公约有地区性限制，但它仍不失为当今国际公路运输的重要国际公约。

（4）航空运输

国际航空货物运输法规主要有《华沙公约》、《海牙议定书》、《瓜达拉哈拉公约》三个，我国参加了《华沙公约》和《海牙议定书》。《华沙公约》是最早制定的，全称《统一国际航空运输某些规则的公约》，于 1929 年 10 月在波兰首都华沙召开的国际会议上通过。该公约曾多次进行修改，其中已生效的修改议定书就是《海牙议定书》。《海牙议定书》并未做实质性的修改，其基本原则仍与《华沙公约》保持一致。《华沙公约》明确了航空运输承运人和旅客或货物托运人、收货人之间的权利与义务关系，为调整国际间的航空货物运输合同关系创立了基本制度，其后经多次修改。它是调整国际航空货物运输方面的最基本、最主要的公约。

（5）多式联运

国际多式联运普遍适用《联合国国际货物多式联运公约》，简称《多式联运公约》。该公约是当今世界第一个多式联运方面的国际公约，是为建立国际经济所秩序，适应和促进国际贸易运输的顺利发展的又一成果。它的制订推动了国际多式联运的发展。虽然到目前为止，该公约尚未生效，但却被许多国家和国际组织所采用。

六、我国货运代理的法律地位及责任划分

根据 1995 年 6 月我国外经贸部颁布的《中华人民共和国国际货物运输代理业管理

规定》指的是接受进出口货物收货人、发货人的委托，以委托人的名义或自己的名义为委托人办理货运代理业，国际货物运输及相关业务并收取服务报酬的行业。1998 年出台的《中华人民共和国国际货物运输代理业实施细则》第二条进一步明确了国际货运代理人可作为代理人或独立经营人从事经营活动。在实际业务过程中，不同的场合，货运代理人可能以不同的身份出现，处于不同的法律地位。

（一）以委托人(进出口货物的发货人)或收货人的名义开展业务

这种形式在《管理规定》定义的范围内，同时也符合我国《民法通则》所规定的代理人的特征。国际货运代理公司处于代理人的法律地位，按《民法通则》有关的规定享有权利，承担义务及在代理权限内实施的所有民事法律行为，其后果直接归属于委托人。代理人不承担责任，但应对未履行代理职责给委托人造成的经济损失承担责任，并依《合同法》第四百零六条的规定对因其过错给委托人造成的失，承担赔偿责任。

（二）货运代理人以自己的名义开展业务

这种形式也在《管理规定》的范围内，且具体表现为多种形式。在不同的形式下，货运代理人处于不同的法律地位，主要体现在以下三个方面。

1. 作为委托人的代理人

此种情况常见于出口货运中从货源地到港口或进口货运中从港口到收货地的短途运输中，此时，货运代理公司除特殊情况由自己提供仓储和短途运输外，多数情况是以自己名义同承运人（如集装箱运输车队）签订委托运输合同，或者委托第三方承担国内中转运输任务。另外，有些货运代理公司为了获得运价上的优势，获得更高的佣金收益，采取与船公司合作的形式，与船公司订立优惠运价协议，有的甚至取得了提单签章权，以承运人的名义宣传自己的服务。这些情形原本不符合我国《民法通则》对代理人的规定，但是随着《合同法》的实施，该法第四百零二及四百零三条关于隐名代理和未披露委托人的代理的规定在弥补我国代理法的不足之时，也为确立此类情形下货运代理公司的法律地位提供了法律依据，使其分处于货方和船方的代理人的法律地位。按《合同法》第四百零二、四百零三条的规定货运代理人的权利及义务依据第三人是否知悉货运代理人与委托人的代理关系来确立。

1）若第三方在订立合同时知道货运代理人与委托人之间的代理关系，则该合同直接约束委托人与第三人，货运代理人将不承担合同项下的责任，仅承担基于代理过失的赔偿责任。但是若有确切证据证明该合同只约束货运代理人与第三人的除外，笔者认为这种情形十分少见，仅出现在货运代理人为自己的利益与第三人签订合同的场合（如其为自己的货物与第三方签订国内中转运输协议或出口运输协议），此时，货运代理人的代理身份已改变，成为同第三方签订协议中的一方当事人，当然需承担合同项下的责任，而委托人则与该合同无关。

2）若第三人不知道货运代理人与委托人之间的代理关系的，当货运代理人因国内

货物中转人的原因对货方或者因货方的原因对船方不履行义务货运代理人应当向委托人披露第三人，委托人因此可以行使货运代理人对第三人的权利，即货方可要求国内货物中转人履行运输义务，或者船方要求国内货方履行供货义务。但是如果第三人与货运代理人订立合同时知道该委托人就不会订立合同的除外。可见，在此情况下，货运代理人除承担代理过失责任外，仅承担披露第三人的义务。若货运代理人因委托人的原因对第三人不履行义务，货运代理人应当向第三人披露委托人，第三人因此可选择货运代理人或委托人作为相对人主张其权利，一旦选定主张权利的相对人，第三人就不得变更此选定。一旦第三人选择货运代理人为相对人则后者就与第三人发生直接的合同关系，需承担与第三人合同项下的责任。

2. 作为承运人

目前，在我国货运实践中，货运代理人以承运人身份出现是十分普遍的，主要可分为以下几种情况：

1）以期租船即船舶经营人的身份出现的承运人。

2）以航次租船人或以包租船人身份出现的契约承运人。

3）以签发货运代理人的联运提单或多式联运提单出现的契约承运人。

在这几种情形下，货运代理人的组织运输方式已离开了纯粹货运代理的工作范围，其承担的风险也超过了纯粹货运代理应承担的风险，故对于其委托人而言，货运代理人的主要身份已成为承运人或实际承运人，其责任体制及享受责任限制等问题均由我国《海商法》或国际公约解决，在此不再叙述。

3. 作为居间人

在实际业务操作中，货运代理人可能仅提供与运输有关的信息、机会等服务，促成货方和船方订立货运合同，从中收取一定费用并协调承运人、港口、货主、保险人和其他有关当事方的利益，而自己并未同任何一方签订委托代理合同或签发任何运输单据。此时货运代理人已不涉及代理业务，但以往的《民法通则》及合同法对此种法律地位未作任何规定。《合同法》第二十三章居间合同的规定可调整此法律关系，即此时货运代理人处于居间人的法律地位，享有请求报酬权，并依法承担相应的诚信义务；不得故意隐瞒与订立合同有关的重要事实或者提供虚假情况，损害委托人利益等。

我国的国际货运代理法律地位需要注意的问题是，不承认国内中转运输采用间接代理方式，即货运代理在接受发货人委托代运的同时，又以自己的名义与第三人签订一份运输合同，那么货运代理与第三人签订的运输合同，不能约束委托人。同时规定进口中转货物发生货损货差与货运代理责任的认定有关，即进口中转货物在中转港卸货后，因港口卸货公司、理货公司或者是国内中转承运人的过失而发生了货损货差，那么委托人是向过失方提出索赔还是向货运代理提出索赔？需要根据货运代理与委托人所签订合同的规定以及货运代理与第三人所签合同的规定来认定货运代理的责任。

国际货运代理在以代理人身份从事货运代理业务过程中，因其本身或其雇员工作中的疏忽和过失造成的货损货差，司法实践中通常依据我国《民法通则》的有关规定，以及委托人与货运代理签订的代运合同，要求货运代理承担代理过失的赔偿责任。这种赔偿责任包括：

1）货运代理在订舱、报关、报验、交接、安排仓储和分拨，（办理）货物的拼装，安排货物的计量计重和中转运输，办理货物保险、税收和外汇交易，挑选有资格的承运人以及办理其他方面业务过程中的过失所引起的委托人的经济损失。

2）货运代理不符合国际贸易运输惯例，未经委托人同意，擅自将代理权委托给他人，造成委托人的损失。

3）货运代理在信守诚实方面的过失而造成委托人的损失，例如，货运代理隐瞒第三人的重要情况，使委托人选择错误而与第三人签订运输或其他合同；货运代理利用代理合同的便利，不顾委托人的利益，挑选与自己有直接利害关系的、资信差、甚至有欺诈行为的第三人作为承运人；货运代理未经委托人事先同意，同时兼任第三人的代理人，从两边收取佣金；货运代理采用不法手段，与第三人串通，向第三人泄露代理业务中的保密资料，接受第三人贿赂，从第三人取得不正当的回扣；或暗中参与第三人的欺诈行为，严重损害委托人的利益等。这些均已构成刑事犯罪，货运代理不仅应承担损失赔偿责任，而且还应被追究刑事责任。

（三）国际货运代理以承运人的身份开展业务

货运代理在安排进出口货物运输中因过失而造成的货损货差，适用《民法通则》代理过失赔偿责任制。国际货运代理以承运人的身份与货主签订运输合同，其赔偿责任制采用运输合同规定的制度，此类运输合同往往受国际公约或国内货物运输法的制约。目前，不论是水路、公路、铁路、航空运输或多式联运，承运人的责任制和享受责任限制的金额都比较清楚，无须赘述。

（四）国际货运代理的责任限制

我国在货运代理方面的法律规定是不完善的，有关货运代理责任限制的规定更为欠缺。在我国《国际货物运输代理业管理规定实施细则》（试行）中虽规定关于国际货运代理企业作为独优经营人，负责履行或组织履行国际多式联运合同时，其责任期间自接收货物时起至交付货物时止。但也仅涉及多式联运经营人的责任期间，至于其承担责任的基础、责任限额、免责条件以及丧失责任限制等法律问题均无规定，因此实践中只能参照其他相关法律来确定。

如果货运代理以被代理人名义行事，且本身无任何过失，一般可以免除其责任；若货运代理以自己的名义行事，即使在案件中本身无过失，有的法院也往往不把有关责任人作为第三人列入同案审理，而判决货运代理先承担赔偿责任；货运代理在承担承运人责任的同时，又不得享受承运人的责任限额。这就带来一个问题，即国际货运代理只收取很少的费用，却要承担一个无限的赔偿金额，这对他们来说是不合理的（目前，许多国家的国际货运代理协会所制定的标准交易条件中对国际货运代理的赔偿金额都有最

高赔偿限额的规定）。况且，这种局面的形成无不与我国的国情有关，即在代理进口货物的业务中，国际货运代理并非有意想以自己的名义办理，而是客观上有关部门只认货运代理，不认委托人，所以造成国际货运代理不得不以自己的名义去履行某些手续。而一旦发生纠纷，尽管国际货运代理无过失，也常因其以自己的名义行事而须先承担责任，这是很不公平的。因此，凡从事货运代理业务的公司，首先自己一定要明确以何种身份行事。否则，原本可以免责或只需承担代理人责任的，却盲目承担当事人的责任。

对于以自己名义行事的国际货运代理，在获取较高经济效益的同时，一定要意识到风险责任的相对加大。由于现代社会国际货运代理的身份已发生变化，而我国的法律尚存在滞后现象，所以，要特别强调的是：一方面当国际货运代理与委托人签订代理合同时一定要规范化，要以规范化用语明确国际货运代理委托人的名义并在其授权范围内行事，明确双方之间的关系、身份及法律地位；另一方面，我国司法人员也应面对新的形势，对国际货运代理的法律地位及其责任，在深入调查、尊重事实的基础上，对案子进行全面分析后，实事求是，慎重地做出正确判断。总之，根据我们的实践，为我国有关国际货运代理的法律法规的建立与完善，提供理论依据与实践经验，是我们业务人员和司法人员应做的一项重要工作。

第三节　国际货运代理的管理制度

各国对国际货运代理行业的管理因国情不同，所制定的规章制度亦不同。在这些制度中，以对国际货运代理行业实行许可证制度为最普通的做法。其主要是针对国际货运代理这一特殊行业实行申请者资格审查的制度。目前，使用标准交易条件来规范各国的货运代理行业已成为当今世界发展的一种趋势，不仅为各国所接受，而且得到许多国家法院的认定。作为各国货运代理协会的国际组织 FIATA，多年来积极推荐其制定的国际货运代理标准交易条件，力图使不同法律体系国家的货运代理的法律地位、责任、权利及义务规范化、标准化、制度化。不少发达国家和发展中国家，如英国、加拿大、挪威、丹麦、瑞典、德国等国家的货运代理协会，相继制订了本国的标准交易条件，并颁布实行。其中有些国家的标准交易条件就是参照 FIATA 推荐的标准交易条件范本而制定的。

一、国际货运代理管理概述

由于国情和历史背景不同，各国对国际货运代理行业的管理态度和做法也不尽相同。有些国家为了控制国际货运代理行业中没有成效的、财政收支不稳定的以及被认为做法不公正的情况，认为有必要对国际货运代理活动加以管理。在美国，有着许多管理陆、海、空货运业务的规章制度；在英国，政府没有对国际货运代理的活动进行管理的规定。

国家对国际货运代理行业管理到什么程度，在一定程度上取决于该国对运输领域中相关政策的态度。例如，美国有一项国家政策是“反对就公布的运费给予回扣优惠”，其规章制度中有这样一种因素，是为了消灭“假货运代理”。这种“假货运代理”实际为托运人所控制。托运人假装向货运代理支付佣金，实则利用其作为获得回扣的工具。所以美国的这一制度实际上是除了“独立的海运货运代理”外，禁止其他任何人从事国际货运代理业务。其他国家没有类似的反对回扣的国家政策，不需制订类似的规章。但有的国家感到有保证国际货运代理最低水平的财政责任的需要，因此在他们的制度中规定要求国际货运代理证明其财政来源；为了取得作为国际货运代理的经营权利，要求他们提出付款保证。类似的情况还有要求证明国际货运代理的诚实性及其技术专长，以避免国际货运代理的胡作非为或提供不合格服务的行为。

二、国际货运代理许可证制度

国家规章制度中使用得最普通的做法是许可证制度，根据这种制度，只有那些获得执照的个人或公司才允许经营国际货运代理的业务，没有执照而进行经营的则按照民法规则课以罚款。为了法律适用的连续性，这种制度还对构成国际货运代理业务的组成部做出了明确的规定。美国《远洋航运改革法案》归并了远洋货运代理和无船公共承运人为远洋运输中介人，也就是说远洋运输中介人包括远洋货运代理或无船公共承运人。由联邦海事委员会对货运代理行业及无船承运人进行管理。远洋运输中介人需到联邦海事委员会注册登记，并交纳保证金，由联邦海事委员会发营业许可证之后，才能正式从事货运代理及无船承运业务。该法案规定：未持有联邦海事委员会核发的许可证，任何人不得以远洋运输中介人身份从事活动，委员会应对其认为具有远洋运输中介人的工作经验和资格的人核发中介人许可证；从事货运代理业务，应交纳 5 万美元的保证金；从事无船承运业务，应交纳 7.5 万美元的保证金；外国企业在美国设立代表处从事国际货运或无船承运业务，应提供 15 万美元的保证金。

通过这种许可证制度，国家就能通过对申请执照的国际货运代理的审查，了解他们的财政地位、诚实性和技术能力，从而控制在他们管辖范围内营业的国际货运代理的经营质量，对那些不能满足所规定的最低标准或者不能宣布其付款保证的国际货运代理则不发予执照；对那些即使已领到执照的国际货运代理，当发生类似破坏信誉或破产行为（或破产威胁）时，也可以通过保留、吊销其执照的权利，控制他们的行为或信誉。

三、FIATA 推荐的国际货运代理标准交易条件范本

FIATA 推荐的标准交易条件通常是为事先明确委托人与货运代理双方的权利义务关系制定的，作为委托人与货运代理的契约附件，并具有约束双方当事人的法律效力。该范本不但体现了规范化、公认化、权威性及合理化等特征，便于双方履行和相互监督执行，而且一旦出现纠纷，可以此为依据，维护各自的利益。

国际货运代理标准交易条件范本详细解释了国际货运代理与其客户的关系中一般的合同义务，尤其是国际货运代理的权利、义务、责任及其所适用的抗辩理由。FIATA 国际货运代理标准交易条件范本，是 FIATA 制订的关于国际货运代理与客户之间订立的

合同的标准条款，一向被至今尚无标准交易条件的各国国际货运代理推荐，供其在制定本国的该标准交易条件时为准则参考。依各国的特别要求，该范本增加了下列条款：①发票支付以及因预支资金和逾期支付而产生的支付利益的条件；②有关的保险范围；③外汇兑换率的变化；④仓储业务等。FIATA 特别强调，该范本对已订有本国标准交易条件的不具任何影响。FIATA 建议所有拟起草本国标准交易条件的国家参阅其他国家已有的标准交易条件，并将向所有求助的国家提供帮助。根据示范法定义，有如下说明。

1）国际货运代理是根据客户的指示并为客户的利益而揽取货物运输的人，其本身并不是承运人。国际货运代理也可以依这些条件，从事与运输合同有关的活动，如储货(也含寄存)、报关、验收、收款等。

2）国际货运代理的职责是以必要的谨慎，在保护客户利益的情况之下执行客户发给其的指示。国际货运代理必须安排所需的人力，以及完成其活动所必需的组织和结构。

3）在有关合同的履行中，客户应向国际货运代理发出履行合同所必要的指示。国际货运代理依照其指示并以适合于客户的方式，负责为托付的货物办理和安排运输，但不负责担保确定的抵达日期。凡该日期未预先明确约定，亦无其他任何规定，则国际货运代理有权随意选择转运合同订立人，并可依自己的意图决定常用的运输方式和运输路线。

4）国际货运代理仅对属于其本身或其雇员的过失负责，如果其在选择第三人时已做到恪尽职责，则对于该第三人的行为或疏忽不负责任。如果能证明其未做到恪尽职责，则应承担不超过与其订立合同的任何第三人的责任。

5）当国际货运代理发生货物灭失或损坏的责任时，应限制在每公斤或件或整批货，但该责任数额在任何情况下均不得超过货物于国际货运代理接受时的市场价格。国际货运代理对由于货物的灭失或损坏所引起的间接损失负责任。如果没有明确规定，国际货运代理对履行合同中的任何延误负责任。

6）国际货运代理对于货物或其他担保物享有留置权，并在其对于一切现时的和以前的未清偿债款的处置权内实现。国际货运代理应有权代为客户服务收取该债款。

7）国际货运代理的索赔应限于 6 个月时限内，该期间应从货物交与合同中所称的收货人之日起，如果任何交货没有发生，则从运输合同终止之日起开始计算。除非有相反的明确约定，对国际货运代理的索赔应在其主营业地进行。国际货运代理与客户或被授权人之间的一切法律关系应连同适用本条件一起受国家法律调整。

四、各国国际货运代理协会标准交易条件

（1）英国国际货运代理协会标准交易条件

作为英美法系的代表，英国货运代理协会标准交易条件分为定义、适用范围、公司之一般责任、客户之保证、公司之作用、公司的一般交易条件、公司关于特殊货物之特殊交易条件、公司作为代理人、公司作为当事人订立合同、责任限制、其他条款、管辖权和法律适用等 12 个部分 44 条。该标准交易条件分别对货运代理作为代理人与当事人

时的权利、责任与责任限制作了明确的规定，同时对客户的责任也作了具体的规定。其有关内容如下：货运代理的一般责任；货运代理作为代理人的责任；货运代理作为当事人的责任；客户的职表；除外责任及责任限制。

（2）德国国际货运代理协会标准交易条件

作为大陆法系的代表，德国货运代理协会标准交易条件制订于 1927 年，其目的是在德国货运代理行业中建立一个被普遍认可的商业惯例和法律惯例，使货运代理依其条件与制造商、批发商、进出口商、零售商和其他利用自己的服务获得商业利益的人进行生意往来，同时还用来调整诸如损失责任等问题与当事人间的利益。

该标准交易条件分前言、总则、不予接受的货物、运输命令与指示、货物保险、货运保险、仓储、留置权、货运代理费的收取、诉讼日等 15 个部分 65 条。其主要内容有：货运代理的责任及责任限制、货运代理的权利、投保事项、留置权、特殊货物、索赔时效。

（3）新加坡国际货运代理协会标准交易条件

新加坡货运代理协会标准交易条件分一般交易条件、公司作为代理人和公司作为当事人三章，共 44 条。该标准交易条件对公司、客户、人、货主、当局、货物、容器、危险品、《海牙规则》、指示、解释予以定义。对公司的法律地位作出以下三种情况的具体规定：公司作为代理人的法律地位，公司作为当事人的法律地位、特殊情况。

在国家未成立国际货运代理协会，也没有国际货运代理协会标准交易条件的情况下，根据契约自由的原则，企业可制定本公司的货运代理标准交易条件。对于航空快件的运输条件及条款，各快件公司都有具体规定，但其内容基本上大同小异。如果快件是运往发件国以外的最终目的地或在发件国以外停留，则《华沙条约》在此可适用，同时该条约亦规定在多数情况下限定公司在快件受损或遗失等方面的责任。

五、我国国际货运代理业管理规定

《中华人民共和国国际货运代理业管理规定》（以下简称《规定》）于 1995 年 6 月 6 日经国务院批准，同年 6 月 29 日由对外经济贸易部发布实施。《规定》的发布与实施，建立了我国国际货运代理业管理的基本制度，是我国国际货运代理行业的管理和经营走上法制轨道的重要标志，是迄今为止我国有权立法机关专门针对国际货运代理行业颁布的唯一的行政法规。

《规定》明确了对国际货运代理业实施监督管理的基本原则；明确了国际货运代理企业设立的基本条件、审批程序、业务准则、罚则；明确了行业的主管部门及行业发展的基本原则，规范了国际货运代理的行为，有利于保障进出口货物收货人、发货人和国际货运代理企业的合法权益。《规定》主要有以下内容：第一，国际货运代理的定义，“指接受进出口货物收货人、发货人的委托以托运人的名义或以自己的名义，为托运人办理国际货物运输及相关业务并收取报酬的行业”；第二，国际货运代理业的主管部门是国务院对外贸易经济合作部；第三，《规定》的第二章和第三章分别从申请经营国际货运代理业务所需要的条件和审批程序方面规定了货运代理企业的审批制度，所有货运代理

企业只有经过批准、在工商局登记注册后方可经营；第四，外商、港商驻华代表处不得经营国际货运代理业务（此项规定随着我国加入 WTO 将会逐步放开）；第五，国际货运代理必须使用专门的发票；第六，国际货运代理权利的规定，例如有权享受合同规定的豁免和其他权益，有权按照合同或有关规定向托运人收取佣金、服务费和手续费等费用；第七，纠纷的处理，当货主与承运人之间发生争议或法律纠纷，货运代理有责任协助查清事实并提供相关证明，如果由于货运代理或其雇员本身过失造成的货物灭失或损坏，货运代理应按照约定或相关法律赔偿；第八，罚则的规定，国际货运代理如违反本规定，管理机关将有权处以警告、撤销批准证书直至追究刑事责任。

从上述《规定》的主要内容看，《规定》主要是从国家行政管理的角度出台的，是调整纵向行政管理关系的行政法规，缺少从横向民事法律关系的角度来确定货运代理民事责任的规定，这仍是至今为止的国际货运代理立法工作的重大缺憾，也是货运代理行业业务实践无法可依、司法实践缺乏断案依据的集中体现。

2008 年 7 月 15 日，商务部公布了最新的《国际货物运输代理业管理规定实施细则》征求意见稿（以下简称实施细则）。2004 年 1 月 1 日修订的《国际货物运输代理业管理规定实施细则》、2005 年 4 月 1 日起实施的《国际货运代理企业备案（暂行）办法》同时废止。

六、国际货运代理培训制度

国际货运代行业对人员素质的要求是相当高的。从事国际货运代理的人都需要得到严格的培训。

（1）国际货运代理的培训形式

对于一个选择了国际货运代理这个职业的新手来说，一般需要通过实习培训（亦称见习培训）和其他各种形式的培训。这种初学培训是一种在职训练和学校教育并举的双重体制（这种体制也体现在其他专业领域）。

欧洲许多国家，有所谓“双重训练”的初学培训制度，它是指首先在公司里进行一段时间的实际训练（以三年学制合同为基础），然后再到学校进行培训（包括商业管理的一系列科目，如记账、语言和地理等）。在有些国家，新到的职员须经过一个时间达两年左右的自愿学习阶段，由公司职员在课堂内讲授理论课（有时提供为期一年的业余学校教育）。另有一些国家是利用晚上或周末时间举办学习班专门讲授理论，时间为 6 个月至一年，约 60～100 个小时。还有一些国家是采取授课和专题讲座相结合的训练方式，即将函授课程和 1～2 天或周末学习班的专题讲座结合进行，时间通常为一年。这些形式的培训教育也提供有关承运人费率、承运人单证和海关业务等方面的知识。然而，无论哪种形式的培训，均需要有一个企业内的室内培训和从一个部门到另一个部门的循环培训过程。几乎所有的国家都是这样，当公司内的培训和公司外的培训结束后，发给学习者证明书。

（2）国际货运代理在职培训制度

世界各国对国际货运代理行业商务人员的培训和在职教育的方法各有千秋。国际上较为盛行的在职培训制度有以下几种。

在欧洲中部，培训与辅助性职业学校的双重教育制度颇为盛行。在这种培训制度下，年轻人在完成其必修科目后，与国际货运代理公司签订 2～3 年的合同。合同期间，雇主有责任对年轻人进行培训，并把他们送到正规的职业学校去。而在没有这种培训制度的其他欧洲国家和其他各洲的国家里，则有供 14～18 岁的年轻人学习的全日制的商科学校。这些国家的国际货运代理公司，更愿意雇用那些通过上述学业考试的年轻人。

FIATA 货运代理资格证书，是一项重要的货运代理行业统一的资格培训和考试项目，于 1995 年向全球货运代理人推出，是目前世界上货代从业人员含金量最高的证书。许多国家的政府主管或其代理机构，在审批或年审国内货运代理公司时，都把"FIATA 货运代理资格证书"的持有者人数作为一项硬性指标。中国国际货运代理协会（CIFA）在开展国内培训方面取得了重大进展。经过申办，2004 年 9 月，FIATA 总部正式授权 CIFA 为中国唯一有资质从事"FIATA 货运代理资格证书"培训和考试的组织。

2005 年 1 月 31 日，中国国际货运代理协会和对外经济贸易大学签署了合作协议，决定在对外经济贸易大学成立"FIATA 货运代理资格证书中国考试中心"，并授权对外经济贸易大学作为该证书在北京地区的培训点。根据 CIFA 的培训计划并经 FIATA 总部认定，中国国际货运代理协会将在北京、上海、大连、青岛、厦门及广州先行开展 FIATA 货运代理证书的培训及考试工作。2004 年 9 月，国际货运代理协会联合会(FIATA)授权中国国际货运代理协会(CIFA)为中国唯一有资格从事"国际货运代理协会联合会货运代理资格证书"培训和资格考试的组织者。经 FIATA 总部认定，中国国际货运代理协会将在国内的北京、上海、大连、青岛、厦门及广州六个城市进行 FIATA 货运代理资格证书培训及考试。对外经济贸易大学、大连海事大学、上海海事大学、青岛远洋船员学院、集美大学及广东商学院等是首批培训点。

阅读资料

德国的国际货运代理职业培训——学徒制度

自本世纪初以来，德国对一切职业（除律师、医生、工程师外）的培训是以 3～4 年的学徒期为基础的。国际货运代理也是按照这种制度进行培训的，依照法律规定，学徒、家长、国际货运代理公司及当地商会之间要签署一个实习合同。合同期限为 3 年，实习期满时还须通过考试。这 3 年期间的教学是在职业学校进行的，每周 1 天，课程有经济、语言、地理、打字、财会和技术资料，如费率、基本的商业法等。

根据培训计划及顺序（每个部门所花时间和所学内容），在企业内部的实际训练可分为 6 个具体的培训项目，即：组织和行政（企业的结构）；承运人的职能，接运货物和仓储服务；国际货运代理的业务活动及契约责任；国际货运代理的生产及销售服务、货运合约；货运的组织和一切辅助服务，制作收费账单；财会部门的组织结构及职能、付款、年度平衡。全面培养对年轻人，将更高水准的课程作为基础训练的继续。总之，良好的培训会有良好的结果，良好的结果正在提高经济效益和改善国际货运代理的形象。

（资料来源：孟于群，陈震英. 2000. 国际货运代理法律及案例评价. 北京：对外经济贸易大学出版社）

第四节　国际货运代理案例及评析*

一、国际货运代理作为代理人的案例及评析

货运代理受货主的委托，在其授权范围内，以委托人的名义从事代理行为，其产生的法律后果由委托人承担。在内部关系上，委托人和货运代理之间是代理合同关系，货运代理享有代理人的权利，承担代理人的义务。在外部关系上，货运代理不是货主与他人所签合同的主体，不享有该合同的权利，也不承担该合同的义务。

1. 选择承运人不当，货运代理承担责任

案例背景　2007年5月，江苏省某货运代理作为进口商的代理人，负责从连云港接受一批医疗设备，在山东的青岛港交货。该批医疗设备用于医疗急救，要求货运代理在规定的日期之前于青岛港交付全部货物。货运代理在连云港接受货物后，通过定期货运卡车将大部分医疗设备陆运到青岛港。由于货运卡车出现季节性短缺，一小部分医疗设备无法及时运抵。于是货运代理在卡车市场雇佣了一辆货运车，要求于指定日期前抵达青岛港。而后，该承载货物的货车连同货物一起下落不明。

案例解析　本案中货运代理仅为代理人，因此有人认为对处于承运人掌管期间的货物灭失不必负责，这一主张似乎有道理。货运代理是否对货运承运人造成的损失负责？根据FIATA关于货运代理谨慎责任之规定，货运代理应恪尽职责采取合理措施，否则需承担相应责任。本案中造成货物灭失的原因与货运代理所选择的承运人有直接的关系。由于货运代理未尽合理而谨慎职责，在把货物交给承运人掌管之前，甚至没有尽到最低限度的谨慎，检验承运人的证书，考查承运人的背景，致使货物灭失。因而他应对选择承运人的过失负责，承担由此给货主造成的货物灭失的责任。

2. 由于打单错误，货运代理需承担全部经济损失

案例背景　2006年8月山东省某货运代理公司接受济宁市某进出口公司的委托出运一票货物，即150箱青霉素，50箱头孢，至巴西。当货物运抵目的港后，巴西海关发现实际货物为200箱青霉素，海关当即作出将多发的50箱青霉素（价值62000美元）查收和罚款5000美元（合计67000美元）的决定。

济宁市某进出口公司得知这一错装货物后，于2006年9月通知货运代理。货运代理立即进行调查，查明果然是多装了50箱青霉素，同时误将50箱头孢留在货运代理仓库内。究其原因，是因为业务人员工作疏忽，在开出仓单时，仅写了一种货名即青霉素而造成的。事故发生后，客户要求中方为其洗刷走私罪名和取消没收货物及罚款的决定。

*本节案例来源：jpkc.zjrtit.edu.cn/eln/indexjp_out.jsp。

为此，货运代理与巴西驻中国大使馆签证处联系，请他们出具签证以免除巴西哥伦比亚海关的处罚。巴西驻中国大使馆商务参赞处要求提供公证处公证及外交部领事司的证明，方可办理签证。为搞清具体解决途径，货运代理的上级主管部门与买方所在国的有关部门直接联系。然而，最终还是无法免除被巴西海关没收和罚款的处罚。结果货运代理需承担由于代理过失，即打单错误所引起的全部经济损失。

案例解析 货运代理看起来是一种需要很强责任心和具备货运代理知识的业务人员。在货运代理中，稍有不慎疏忽，如选择运输工具有误、选择承运人有误、发往目的地有误、报关内容有误、投保有误、保单内容被忽视以及仓库保管不当等，都可能造成无法挽回的损失。因此，货运代理人员必须努力掌握理论知识，强化责任心。本案中，由于业务人员工作疏忽，货运代理没有认真查验，导致货物被海关没收和罚款处罚的重大损失。同时，本案中货运代理应当通过投保货运代理责任险转移其风险。

3. 空运快件货物丢失，货运代理赔偿损失

案例背景 2005 年 3 月，黑龙江某医院委托某货运代理公司空运部将一台损坏的螺旋 CT 仪空运到天津港进行修理。货运代理按照正常的业务程序，向医院签发了航空分运单，并按普通货物的空运费率收取了运费。货运代理将此票货物交由天津港 A 公司。然而由于民航工作疏忽，致使该件货物在哈尔滨至天津港的运输途中遗失。经货运代理和 A 公司协助多方查询，仍无下落。于是，货运代理主动向医院汇报了这一情况，并表示将按有关规定予以赔偿损失，但医院不予接受。案发后，医院于 2006 年 8 月向某基层人民法院提起诉讼，要求货运代理赔偿其货物价值 6 万余元人民币。法院受理了此案，要求货运代理应诉。货运代理应诉后，法院一直拖延审理，中止审理近一年时间。2007 年 5 月，法院再次开庭审理。医院要求索赔的理由是：在委托货运代理代办货运时，货运代理没有要求其按贵重货物办理保险手续。货运代理经办人员反驳道，当时曾提请货主办理保险手续，但货主不同意办理；并且指出空运单背面条款明确规定，凡是贵重货物须办理保险，否则，遇到丢失则依据规定按普通货物赔偿。医院则强调，背面条款是英文，他们不懂得英文，不明确条款的意思，并辩解说货运代理令其投保但没有文字依据。因此，货物损失须由货运代理赔偿。货运代理表示不予按贵重货物赔偿，只接受按普通货物赔偿，其理由是：①当时受医院委托，是按普通货物办理的，并未办理声明价值手续，货运代理也是按普通货物收取的运费，因此，只同意按普通货物予以赔偿；②此票业务中，医院接受了货运代理签发的空运单，说明承认了双方的运输合同，双方均应受此合同条款的约束。空运单背面条款中规定，普通货物的最高赔偿限额不超过每公斤 20 美元。根据此规定，货运代理只赔偿 1000 美元（该票货 50 公斤）；③当时医院到货运代理公司办理委托时，货运代理的经办人曾提请对方办理保险，对方不但不予办理，反而在货物一旦发生丢失时，要求货运代理承担全部责任，并按贵重货物赔偿，显然是没有道理的。法院最后判决货运代理败诉，并不能享受空运单背面条款所规定的赔偿责任限制，承担原告的全部损失。

案例解析 首先，我们知道本案判定责任的依据是空运单，即双方签订的运输合

同，其背面条款是对双方权利、责任及义务的规定。任何一方均应受其约束。其次，因为该背面条款规定，凡是贵重货物需办理保险，否则，遇到丢失则依据规定按普通货物赔偿。结合案情据此可以判断，货运代理违约应承担责任，同样，作为货主违约也应承担相应的责任。再次，货主以其不懂得英文为由，要求对方赔偿，实属无理推脱。因为，既然从事对外业务，需要对外联系沟通，就应提高自己的业务水平和外语水平，对自己所签订的条款就应该搞清楚，至于语言的翻译问题也有多种途径可解决，绝不是不履行义务的理由。最后，应强调合同的严肃性，履约是双方的义务，违约就应承担责任。这起空运货物丢失案的主要责任的确不在货运代理，但货运代理要承担责任，这说明：货运代理对其所承办的快件是要承担一定的风险和责任的。另外，也应注意根据有关航空快件运输条款的规定，快递公司可享受责任限制和对快件的留置权，例如，通过 DHL 全球快件服务网络发运快件的敦豪国际航空快件公司的快件运输条款第 5 条“责任限制”中，就明确规定：每件赔偿最高限额为 100 美元；该运输条款第 4 条“对快件的留置权”中规定：DHL 公司有权就运费、关税、附加费或运输中产生的任何其他费用而对快件实施留置权，并可在上述费用得到承付前拒绝交出快件。作为货运代理的快件公司为最大程度地维护自身利益，在接受货主委托时，应明确所接货物是否为贵重物品，如果属贵重物品需要求货主按规定办理保险；如果货主不同意办理保险，则必须在空运单上注明属普通货物，以防发生事故后赔偿无依据。同时应明确告诉货主每件赔偿的最高限额，总之，增加工作的透明度，以使自己在发生纠纷时处于主动地位。

二、国际货运代理作为当事人的案例及评析

国际货运代理与货主直接订立委托代理合同处于代理人地位。国际货运代理以自己拥有的运输工具进行运输，或以自己的名义与承运人签订运输合同，或租用他人的运输工具进行运输，在此情况下，均为运输合同的一方，处于承运人的地位，无论是实际承运人，还是契约承运人，都承担承运人的责任和义务。

国际货运代理往往还经营国际多式联运业务，在此情况下，只要其签发了多式联运提单，不管是否实际参与了运输，均不影响其作为多式联运经营人的地位。根据有关国际多式联运的法律规定，多式联运经营人对全程运输负责。如果在运输过程中发生货物的灭失、损坏或延误，多式联运经营人均应承担赔偿责任，除非能证明为避免货物的灭失、损坏或延误已采取一切适当的措施。因此，在多式联运过程中，一旦发生货物灭失或损坏，作为多式联运经营人的货运代理，理应向委托人承担货损货差的赔偿责任，然后，再向发生货损货差区段的实际承运人（责任人）追偿。

1. 多式联运经营人对全程运输负责，但可享受责任限制

案例背景　浙江某出口商委托一多式联运经营人作为货运代理，将一批钟表经新奥尔良转运至美国的达拉斯。货物由多式联运经营人在其货运站装入两个集装箱，且签发了清洁提单，表明货物处于良好状态下接收的。集装箱经海路从宁波运至新奥尔良，再

由铁路运至达拉斯。在新奥尔良卸船时发现其中一个集装箱外表损坏。多式联运经营人在该地的代理将此情况于铁路运输前通知了铁路承运人。当集装箱在达拉斯开启后发现，外表损坏的集装箱所装货物严重受损；另一集装箱虽然外表完好、铅封也无损，但内装货物已受损。浙江出口商要求多式联运经营人赔偿其损失。

案例解析　首先，多式联运经营人对全程运输负责。作为当事人，国际多式联运经营人收到货物后，如果货物是处于多式联运过程中产生的损失，则应由多式联运经营人承担责任，之后再向实际责任人追偿。其次，在本案中，集装箱是多式联运经营人自己装箱，并已承认收货时货物外表状况良好，因而对于两箱货物的损失多式联运经营人都要负责。再次，其中一个集装箱是在宁波至新奥尔良的海运途中损坏的，很明显，货物也是此时受损的。多式联运经营人在赔付出口商时，可根据《海牙规则》或《海牙——维斯比规则》享受责任限制，且有权向海上承运人索赔。对于另一箱货损，应看作隐藏损害，因为货损发生在哪一阶段无从查明。此时，多式联运经营人的责任可以按照国际商会对于“统一联运单证”的规定限制在 2SDR/公斤。

2. 货运代理投保了责任险，可向保险人索赔

案例背景　发货人将 800 箱药品委托给某一经营多式联运业务的货运代理，货物自天津运抵大阪。该批货物装入一集装箱，且由货运代理自行装箱，然后委托某船公司承运。承运人接管货物后签发了清洁提单。货物运抵目的港曼谷，铅封完好，但箱内 800 箱药品不见了。发货人向货运代理起诉，诉其短交货物。

案例解析　作为国际多式联运经营人对从发货人手中接收的货物应全程负责， 即应如数交给收货人，何况货物是由其自行装箱，更应对箱内所装货物负责。本案的索赔性质应该说属于责任保险范围，如果货运代理投保了责任险，可向保险人索赔。至于可否向承运人索赔，取决于货运代理能否举证货物短少是在海上运输中发生的，否则承运人不负赔偿责任。因为通常承运人对箱内所装货物不进行核查，尽管他签发了清洁提单，但他并无义务检查货物，也不应对提单注明的箱内货物数量负责。

三、国际货运代理其他类型的案例及评析

1. 未签运单的货损，承运人无权享受责任限制

案例背景　2007 年 3 月某发货人空运 15 包电子仪表从深圳运至巴黎。航空公司要求每包填写一张航空运单。由于该批货物必须在固定航班之前安排装运，其中 1 包装机后未签运单，而承运人也表示同意。当该批货物在目的地交付时，发现 4 包电子仪（包括未填运单的那包）严重损坏。这是由于航空公司的雇员在装机时未尽到正确合理的谨慎而致。由于 1 包货物未签运单，承运人仅对其余 3 包享有责任限制。

案例解析　本案未涉及货运代理，然而货运代理应注意的是，在其代委托人追偿时，应清楚承运人在何种情况下不得享受责任限制，这样就可为委托人的利益获得最大限度的赔偿。本案中，空运承运人须对其雇员过失所造成的货损负责，但他只有权对其中签

发了运单的 3 包货物以 17SDR/公斤享受责任限制（除非该货物的价值已由托运人事先声明且承运人已接受）。而对于未签运单的货物，承运人则无权享受责任限制，必须以货主的实际损失给予赔偿。

2. 货运代理有责任保证货物的发运与保单的规定一致

案例背景 2006 年 5 月 20 日某出口商指示其货运代理为其价值 50 万美元的发电机在发货前投保。货运代理安排了投保，但保单上注明货物应由几条船装运且每条船的货价不得超过 30 万美元。在实际运输中，其中一批超过 30 万美元的货物装运于某船上，此情况出口商亦知晓。运输途中货物出现灭失。保险人对于超过 30 万美元的部分拒绝赔付，因为实际装船与保单上的规定不符。货运代理为此承担出口商的损失。

案例解析 货运代理有责任保证货物的发运与保单上的规定相一致。尽管出口商明知这一事实情况，也不能减轻他作为代理人的责任。所以，货运代理要对出口商所受的损失应负赔偿责任。

3. 货运代理越级追索运费被驳回

案例背景 2003 年 6 月，山东某进出口公司（下称进出口公司）委托日本某株式会社青岛办事处（下称办事处）出运 4 票货物至韩国，该办事处接受委托后以自己的名义委托青岛某货运代理公司（下称货运代理）代办运输。货运代理依约完成代理业务，并向承运人垫付了海运费 8000 美元，另在代理活动中产生包干费 3000 元人民币。货物出运后，进出口公司即按办事处开具的运费账单向其支付了全部运费及其他费用。货运代理因向办事处催讨运费未果，遂向某海事法院起诉进出口公司偿还垫付运费。海事法院认为：进出口公司与货运代理之间不存在货运代理合同关系，进出口公司无向货运代理支付运费的合同义务或法律义务。依照《中华人民共和国民事诉讼法》第六十四条第一款的规定，判决驳回代理公司的诉讼请求。

案例解析 1）本案中，海事法院以原、被告之间无货运代理合同关系驳回了原告的诉讼请求，致使货运代理无权从进出口公司追回其所垫付的运费及其他费用。而本书收集的部分案例，法院则是依据多式联运提单，首先认定提单上的托运人与提单签发人即货运代理之间存在着合同法律关系，因此与本案判决结果不同，托运人应支付货运代理所垫付的各种费用。在此，提请货运代理应将两种判例认真加以对比分析，从中吸取经验教训。

2）货运代理在接受委托人的委托从事代办货运业务中，应事先搞清楚委托人是谁？其资信情况如何？自己究竟与谁为委托和被委托关系？在代办业务的过程中自己是否有义务垫付有关费用？垫付的有关费用向谁收取？是否能够收回垫付运费？如上述问题未考虑或从未考虑过，那么是否应从本案中吸取教训。另外，要警惕那些境外公司在国内开办的办事处与国内某些非法公司揽货的业务，以免上当受骗。

4. 货运代理因有除外条款被免责

案例背景 2006 年 10 月宁波某发货人委托一多式联运经营人托运一批箱装茶叶从

宁波地运往日本札幌。双方签订的货运代理合同中约定：货运代理对于铁路运输的货损免责。此后，多式联运经营人签发了清洁提单，表明货物是在良好状态下接收的。提单中订有并入条款。发货人疏忽，未仔细阅读提单及合同条款。货物运抵目的地交货时，发现货物受损，发货人提出索赔。多式联运经营人拒赔，理由是他对于铁路区段的货损免责。本案到此留给大家思考的问题是：多式联运经营人是否应负责任以及发货人如何挽回损失?

案例解析 1）多式联运经营人须对全程负责。这是一个基本责任原则。但具体的个案尚须针对许多具体情况裁定。一种情况裁定多式联运经营人不负责任。因为含有对铁路区段货损免责的合同条款已并入提单中，发货人本应阅读、核查该条款。尽管货运代理并入上述条款，原则上是错误的，但只要其作为合同一方签发提单，这样的条款即有效。因为货运代理享有订约自由的权利，发货人无权向货运代理索赔。另一种情况裁定多式联运经营人须承担责任。根据一些国家的法律规定或提单条款所适用的法律，如果该国家法律规定承运人的责任不能低于本国法律规定的责任，即上述当事人双方的约定与该国法律之规定相抵触时，则被视为无效；同样，如果提单条款规定适用《海牙规则》,《海牙规则》亦有类似规定，则当事人之约定将被视为无效。有时，法院会采取另一种观点，即货运代理有责任通知发货人其所应遵循的条款，并使发货人接受。如果货运代理未做到这一点，则需对货损货差负责。而具体到本案，多式联运经营人理应对货物的全程运输负责，但由于其事先订有明确除外条款而被判免于承担责任。

2）作为发货人向铁路索赔亦是可行的，鉴于其未与铁路签订合同，所以可以侵权为由向法院起诉。

四、国际货运代理典型案例

1. 倒签提单是一种违法行为，一旦被识破，会产生严重的后果

案例背景 2006 年 5 月我国某出口公司与美国希斯特公司签订出售服装合同，共计 150 包，价值 920 万美元。装运期为当年 8 月至 12 月。但由于原定的装货船舶出故障，只能改装另一艘外轮，致使货物到次年 1 月 3 日才装船完毕。在我公司的请求下，外轮代理公司将提单的日期改为 2 月 5 日，货物到达鹿特丹后，买方对装货日期提出异议，要求我公司提供月份装船证明。我公司坚持提单是正常的，无需提供证明。结果买方聘请律师上货船查阅船长的船行日志，证明提单日期是伪造的，立即凭律师拍摄的证据，向当地法院控告并由法院发出通知扣留该船，经过协商，最后，我方赔款，买方才肯撤回上诉而结案。

案例解析 倒签提单是一种违法行为，一旦被识破，产生的后果是严重的。但是在国际贸易中，倒签提单的情况还是相当普遍。尤其是当延期时间不多的情况下，还是有许多出口商会铤而走险。当倒签的日子较长的情况出现，就容易引起买方怀疑，最终可以通过查阅船长的航行日志或者班轮时刻表等途径加以识破。

2. 分批装运要有合同根据，并符合合同规定的装运时间

案例背景 有份CIF合同，出售化肥1000吨，合同装运条款规定："CIF HAMBURG，2006年3月份：由一船或数船装运。"买方于3月20日装运了500公吨，余数又在4月1日装上另一艘轮船。当卖方凭单据向买方要求付款时，买方以第二批货物延期装运为由，拒绝接受全部单据，并拒付全部贷款，卖方提出异议，认为买方无权拒收全部货物。

案例解析 根据合同"由一船或数船装运"的规定，可以认定该合同是允许分批装运的。卖方在履行合同时，分两批装运，第一批货物的装货时间是符合合同规定的，只是第二批货物违反了合同规定的期限。因此，买方不应对符合合同的第一批货物拒收或索赔权力。至于第二批货物，虽然违反了合同，但是，装运时间仅仅超过期限一天，一般不能视为根本性违反合同，因此，买方拒收第二批货物的理由也是不充分的，最多只能要求赔偿。

3. 单独海损和共同海损的责任承担主体不同

案例背景 我国南方外贸公司与美国约翰森公司于2007年1月20日签订购买3万吨化肥的CR合同。南方外贸公司开出信用证规定，装船期限为2007年5月10日至9月20日，由于约翰森公司租来运货的"顺风号"轮在开往某外国港口途中遇到飓风，结果装船至2007年10月20日才完成。承运人在取得约翰森公司出具的保函的情况下签发了与信用证条款一致的提单。"天鹅号"轮于10月21日驶离装运港。南方外贸公司为这批货物投保了水渍险。2007年10月30日"天鹅号"中途起火，造成部分化肥烧毁。船长在命令救火过程中又造成部分化肥湿毁。由于船在装货港口的延迟，使该船到达目的地时正遇上了化肥价格下跌。南方外贸公司在出售余下的化肥时价格不得不大幅度下降，给南方外贸公司造成很大损失。请根据上述事例，回答以下问题：

1）途中烧毁的化肥损失属什么损失，应由谁承担？为什么？

2）途中湿毁的化肥损失属什么损失，应由谁承担？为什么？

3）A公司可否向承运人追偿由于化肥价格下跌造成的损失？为什么？

案例解析 1）途中烧毁的化肥属单独海损，应由保险公司承担损失。途中烧毁的化肥属于单独海损，依CR术语，风险由南方外贸公司即买方承担；而南方外贸公司购买了水渍险，赔偿范围包含单独海损，因此由保险公司承担。

2）途中湿毁的化肥属共同海损，应由南方外贸公司与船公司分别承担。因船舶和货物遭到了共同危险，船长为了共同安全，有意又合理地造成了化肥的湿毁。

3）可以。因为承运人迟延装船，又倒签提单，须对迟延交付负责。

4. 银行拒付货款，卖方应当可依修改后的合同条款要求买方履行付款义务

案例背景 国外一家贸易公司与我国某进出口公司订立合同，购买玉米700吨。合同规定，2006年2月20日前开出信用证，2月5日前装船。1月28日买方开来信用证，

有效期至 2 月 10 日。由于卖方按期装船发生困难，故电请买方将装船期延至 2 月 7 日并将信用证有效期延长至 2 月 20 日，买方回电表示同意，但未通知开证银行。2 月 7 日货物装船后，卖方到银行议付时，遭到拒绝。问题：

1）银行是否有权拒付货款？为什么？

2）作为卖方，应当如何处理此事？

案例解析 1）银行有权拒绝议付。理由如下：根据《UCP500》的规定，信用证虽是根据买卖合同开出的，但一经开出就成为独立于买卖合同的法律关系。银行只受原信用证条款约束，而不受买卖双方之间合同的约束。合同条款改变，信用证条款未改变，银行就只按原信用证条款办事。买卖双方达成修改信用证的协议并未通知银行并得到银行同意，银行可以拒付。

2）作为卖方，当银行拒付时，可依修改后的合同条款，直接要求买方履行付款义务。

小　结

货运代理所承担的责任风险主要产生于以下情况：货运代理本身的过失；分包人的过失；保险责任不合理。

货运代理投保责任险的内容。取决于因其过失或疏忽所导致的风险损失。如错误与遗漏；仓库保管中的疏忽；货损货差责任不清；迟延或未授权发货。

货运代理投保责任险时，主要有以下几种方式供选择，即有限责任保险、完全法律责任保险、最高责任保险、集体保险制度。国际货运代理根据自己的情况，选择适合自己的方式进行投保。

国际货运代理主要通过四种渠道投保其责任险，即商业保险公司、伦敦的劳埃德保险公司、互保协会也可以投保责任险和通过保险经纪人。

国际货运代理的法律地位及其相应的责任、权利与义务在一国乃至全世界都是一个难以解决的问题，实际运作中将由有关国家法律体系的类型所决定，或以判例法为基础，或以国家的商法典为基础。国际货运代理处于代理人还是缔约当事人的法律地位，要根据具体事实和所属管辖权国家的法律而定。

各国对国际货运代理行业的管理因国情不同，所制定的规章制度亦不同。在这些制度中，尤以对国际货运代理行业实行许可证制度为最普通的做法。其主要是针对国际货运代理这一特殊行业实行申请者资格审查的制度。此外，FIATA 作为各国货运代理协会的国际组织，多年来积极推荐其制定的国际货运代理标准交易条件，力图使不同法律体系国家的货运代理的法律地位、责任、权利及义务规范化、标准化、制度化。不少发达国家和发展中国家的货运代理协会，相继制订了本国的标被交易条件，并颁布实行。

案例分析

货物短缺纠纷案例

案例背景

某货主委托承运人的货运站装载1000箱小五金，货运站在收到1000箱货物后出具仓库收据给货主。在装箱时，装箱单上记载980箱，货运抵进口国货运站，拆箱单上记载980箱，由于提单上记载1000箱，同时提单上又加注“由货主装箱、计数”，收货人便向承运人提出索赔，但承运人拒赔。

讨论：

1）提单上类似“由货主装载、计数”的批注是否适用拼箱货？为什么？

2）承运人是否要赔偿收货人的损失，为什么？

3）承运人如果承担赔偿责任，应当赔偿多少箱？

案例解析

1）提单上类似“由货主装载、计数”的批注不适用拼箱货，因为是承运人的货运站代表承运人收货并装箱的，除非货运站代表货主装箱、计数。

2）承运人要赔偿收货人的损失，因为提单在承运人与收货人之间是绝对证据，收货人有权以承运人未按提单记载数量交货而提出赔偿要求。

3）20箱。

（资料来源：2003年全国国际货运代理从业人员资格考试）

思考与练习

1. 国际货运代理责任险的产生情况有哪些？
2. 国际货运代理责任险的内容包括哪些？
3. 国际货运代理责任保险的方式及渠道有哪些？
4. 防止和减少国际货运代理的责任风险的其他措施主要有哪些？
5. 简述国际货运代理两种法律地位的区分与认定。
6. 简述我国货运代理的法律地位及责任划分。
7. 如何理解国际货运代理业示范法？
8. 国际货运代理业务中涉及的国际公约及惯例有哪些？
9. 如何理解国际货运代理管理？
10. 何谓国际货运代理许可证制度，如何理解其作用？
11. 如何理解FIATA推荐的国际货运代理标准交易条件范本？
12. 我国国际际货运代理业管理规定？
13. 培训职员的方式有多种，现代化的培训制度有哪几种？

14. 如果货物是由于什么原因造成灭失或损坏，收货人凭有关部门、机构出具的鉴定证书向发货人（卖方）提出索赔？

15. 如果货物是由于什么原因造成灭失或损坏，收货人向承运人提出索赔？

16. 货物的灭失或损害属什么范围，受损方可以向保险公司提出索赔？

17. 承运人免责或减少责任应出具的主要单证有哪些？

18. 索赔金支付的审核内容指什么？

19. 货物在海运中发生损害灭失的权益转让是什么？

20. 货损赔偿担保措施有哪些？

21. 货运事故中遇有什么情况时，应编制商务记录？

第十章

国际货运代理营销与经营管理

教学目标

通过本章学习，使同学们了解国际货运代理中的市场营销策略和经营管理方式，并就目前货运企业信息化发展进行了较深入的介绍。

学习任务

通过这一章内容的学习，要达到以下几个目的：

- 了解市场营销中的营销观念及货运代理市场的特点；
- 掌握货运代理企业的市场营销战略的规划方法；
- 掌握适用于货运代理企业的4P策略；
- 掌握货运代理企业的管理方法。

导入案例

货运代理企业：信息化的多式联运

在整个现代大物流氛围中，担任主要角色的是航空公司、船运公司、铁路运输以及公路运输企业，同时还包括了航运码头、航空港、铁路运输枢纽以及国家物流中心。随着市场竞争的激烈化，物流行业已经出现了全球化的跨行业、跨国家地区的物流业务供应商。这类供应商来源于传统的陆海空货运代理企业。

传统货运代理企业往往根据自身的行业地位来决定自己的业务，它们一般都从事单一功能的货运代理业务。由于其功能的单一性，这类货代公司一般只能做到“港到港”、“站到站”的业务。目前，国际货运代理正在整合当地的陆路运输和内河航运代理，为客户提供了门到门的业务，这种业务扩展称为国际多式联运。

目前，国内以民航快递公司为首个实施“门到门”业务的货运代理公司，同时利用其空港优势建立以空港为服务中心的快递服务，并与国际货代系统接轨，以实现国际多式联运服务。由于传统货运代理只具备单一的业务功能，如果客户需要做到“门到门”的业务，就必须发货人和收货人一起去联系其他货运代理或运输公司，以完成从港口到目的地的送货过程。问题是：整个业务过程不具备透明性，是不可控的。

那么，怎样才能做到“门到门”的送货业务及服务能够通过系统被自动地记录和跟踪，从而实现为客户提供可视化的服务？这就涉及国际化的多式联运。

多式联运是通过建立跨行业、跨地区（国家）建立物流服务资源网络形成的服务体系。在这样的体系中，当客户委托一个物流企业服务时，能够事先知道货物会在什么时候到达目的地。同样，收货人不必自己去提货或委托提货，而是在被告之的时间内得到货物。

可见，货运代理业务的这种转变给用户带来了很多益处。例如，整体物流成本降低；作业过程可控，可以与自己已经建立的计算机应用系统对接，实现信息实时交换；货运代理公司将通过多式联运提供客户更加贴切的服务，从而取得服务市场更大的竞争能力。

但多式联运系统必须在完善的计算机系统的帮助下才能实现，并且由于该系统面对的是不同行业的不同系统，因此在信息的传递和共享方面将面临一定的问题。因此，要实现多式联运，必需建立统一的信息处理以及电子作业交易平台。

（资料来源：http//xuyancai. blog. cciduet. com/blog-htm-do-Showone-uid-48794-type-blog-itemid-1556212. html）

第一节　国际货运代理营销

一、建立营销观念

营销观念是企业一切经营活动的出发点，它支配着货运代理企业营销实践的各个方面。观念是否正确，是否符合市场运输的需求，直接影响着营销活动的效果，决定了竞争的成败。营销观念包括市场观念、竞争观念、效益观念和服务观念。

（1）市场观念

市场观念总的说是要把经营观念从以计划为中心转变为以市场为中心，从以生产为导向转变为以市场为导向。具体来讲就是所有的生产经营活动以满足货主的需求为最高准则，以改变以往企业自身利益和旧有的运输组织规律为核心来组织运输工作的方式。

（2）竞争观念

竞争是市场经济最显著的特点，营销则是现代市场激烈竞争的产物。当前，竞争主要集中在价格、质量和信誉上。货运代理要正视竞争、善于竞争，才能提高市场份额，实现企业最大利润。

（3）效益观念

拓展市场、增加份额，其最终目的是提高企业的经济效益。效益观念是指要树立一切工作围绕效益中心，一切工作都必须注重投入产出的观念。

（4）服务观念

随着运输竞争的日益扩大，必须树立货主至上的服务观念，时时处处想到怎样才能争取更多的货主，把货主的满意作为最终的追求，只有这样，才能赢得货主，占领市场。

二、货运代理市场的特点

货运代理市场是交通运输市场的组成部分，因此，它既具有交通运输市场的一般特

征，又具有自己的特点。

（1）服务的双向性

货运代理是货主与承运人之间的桥梁。货运代理在完成自身业务的同时，既为货主提供了运输服务，又为承运人提供了揽货、包装、配载、组织等服务。因此，货运代理市场的客户可以分为两大部分，即货主和承运人。

（2）服务的网络性

货运代理最根本的功效是以最低的成本、最快的速度为客户提供货物运输“门到门”服务。为了达到上述目的，建立四通八达的网络体系是必要的。服务网点的设置应根据货源的分布情况适当分散，尽可能的接近消费者。

（3）服务的不可预见性

货运代理提供给客户的服务，在被购买之前一般不能看到或被感受到。客户在选择货运代理服务的时候，只能以过去的经验和其他客户的建议为基准。因此，货运代理的广告不应着重宣传服务的本体，而应集中于自身的业务优势和客户购买自己的服务可以得到的利益。

（4）品质差异性

同一项业务，由不同的货运代理公司去操作，品质难以完全相同；即使是同一家公司、同一个人做同样的业务，每次的结果也不可能完全一致。因而货运代理服务的品质不易衡量，不像工业产品那样容易标准化。

（5）实时性

货运代理的服务具有易逝性，无法储存待用。很多服务的使用价值如果不及时加以利用，就会“过期即废”。例如，闲置车辆的装卸机具、空闲的仓储场地以及闲散的业务人员、装卸工人等，均为货运代理企业不可弥补的损失。货运代理企业的设立、发展，都应力求达到人力、物力的充分利用。

（6）货物品类特点

从各种运输方式的特点看，铁路、水运、货运代理的主要对象应是大宗和中长途货物，而铁路行包快运和航空货运代理则是小批量、多品种、附加值高的货物，如服装、电器等。

三、市场调查

货运市场调查是货运代理营销的起点和基础，是在现代市场营销观念指导下用科学的方法对市场营销信息进行系统收集、分析和研究的过程。可以说，营销调查是企业了解市场需求的显微镜和了解市场需求发展趋势的望远镜。通过使用多种调查方式对宏观环境进行调查，可以找出货运热点和效益热点。通过对货主需求调查，掌握影响货物流向的直接因素，

调整经营项目，更好地满足货主需求，这是货运营销调查的核心内容。结合货运产

品的现状、价格、销售渠道、供销情况，及时扬长避短，满足货主要求，适时适度开发新产品，去弥补竞争对手市场的不足和欠缺，并及时形成自己的营销优势和特长以抢占市场。因此，要搞好市场调查，变机械呆板、应付式调查为具体、生动、细致的调研，并在调查的基础上，运用预测理论和方法，对市场信息资料分析研究，测算未来一定时期内市场发展的前景，确立目标市场，进行市场定位，以做出科学的营销决策。

四、市场营销战略规划

市场营销学着重研究企业在动态市场上如何有效地管理其市场活动，提高企业经营效益，以求得生存和发展，实现企业经营目标。市场营销和推销、销售不是同义语，不能片面地理解它的含义。市场营销的观念是：企业的一切经济活动都必须以客户的需求为转移，企业只能经营那些符合客户需求的业务。现代市场营销活动包括：市场研究、产品开发、定价、分销渠道选择、广告、宣传报道、人员推销、销售促进、售后服务等。

和其他企业一样，货运代理企业要想在激烈的竞争中立于不败之地，也必须按照市场规律办事，灵活运用市场营销手段，向客户提供优质的服务，不断扩大代理业务的范围，在满足客户需求的同时，也使企业创造更大的经济效益。

1. 市场细分化策略

任何货运代理企业，不管其规模如何，都不可能为所有的客户服务，因此他们必须将货运代理市场按照不同的标准细分成几个部分，然后寻求适合自身能力的市场。市场细分化策略是货运代理运输企业选择目标市场，从而确定适宜的营销方案的重要手段。货运代理的市场细分化，就是货运代理企业根据用户的需求状况、经济状况、地理位置和购买行为等差异，把整个代理市场区分为不同类别的局部市场，从而确定企业目标市场的活动。同一细分市场中的用户具有某些共同的特性，它们对货运代理服务有某种相同的需求，而与其他细分市场之中的用户需求有较明显的不同。

市场细分化是货运代理企业市场营销活动的重要组成部分，其目的是深入研究用户需求，以选择有利的目标市场。市场细分化是从用户的角度进行划分的，其基础是用户的需求、动机、购买行为和购买习惯的差异性。应当指出的是，任何细分都不可能是绝对的、纯粹的，对市场的划分只能是求大同、存小异。

市场细分化对于货运代理企业来说，有利于发现市场机会，满足潜在市场的需要；有利于企业选择目标市场，制订企业发展计划；有利于企业掌握市场的变化、波动情况，适时调整经营策略；有利于集中企业人力、物力，保证重点业务的完成，提高资源利用效率，取得更好的经济效益。

对市场进行细分，必须有一定的标准。为了保证制订的细分标准能够符合市场实际和企业确定目标市场的要求，在确定细分标准时必须注意：用来细分市场的因素必须是

可衡量的，细分的市场是本企业可占领的，细分后的市场规模必须能够适应本企业扩大发展的要求。

货运代理市场的细分标准是以用户为基础的。细分标准一般包括用户性质、地理位置、用户追求的利益、货物类别等，每条细分化的标准都有若干具体项目。

（1）按照用户性质划分

货运代理市场上的用户大都是各种类型的企业。按照企业的所有制形式划分，可分为国有企业、集体企业、乡镇企业、外资企业、民营企业等；按照企业规模及运量大小划分，可分大型企业、中型企业和小型企业；按照经营类型划分，可分为贸易企业、生产企业、其他运输代理企业等。

用户从事的经营活动性质不同，所托运的货物种类往往也有很大差异。另外，不同性质的用户，对货物运输的一般利益追求也有所不同。例如，外资企业和民营企业在办理运输时，主要关心的是送达时间，对费用的要求不很严格；而国有大中型企业的货物运输则有运量大、货源稳定等特点，一般要求较低的运输价格。

（2）按照货物的货源和去向划分

根据货物运输的来源地和目的地不同，货运代理市场可以划分为国际代理和国内代理两个大的部分。国际代理市场又可以细分为进口货物运输、出口货物运输、过境货物运输。

（3）按照货运代理业务划分

货运代理市场按照货运代理业务可细分为国内国际联运代理市场、海关业务代理市场、货物包装代理市场、仓储代理市场、集装箱运输代理市场等。

（4）按照地域划分

我国地域辽阔，各地的资源、工农业发展状况、生产力水平和结构等都有很大的差别。地理特点千差万别，运输基础设施的条件也各不相同，因而对运输方式的选择、数量、质量等因素的要求也不同。

对于国际集装箱的运输，西北、西南地区主要是通过铁路进行，而华北、东北、华东等地区主要依靠公路进行运输。可见，不同的地域，运输市场的状况有很大差别。

（5）按照客户追求的主要利益细分

不同的用户对货运代理企业所提供的各方面服务的要求不一。有的客户强调运输价格的低廉，有的客户追求服务的全面和速度的快捷，而有的客户则重视货物的安全性。而同一客户对不同的货物、在不同的时间段，对货运代理服务也会有不同的要求。因此，货运代理企业应当深入了解、掌握本地区或自己主要客户所追求的主要利益，根据货物性质、本企业的管理水平、规模能力等，适当定位市场。

（6）按照货物类别细分

运输市场可依照装卸方法、运输和保管条件、运输批量的大小和其他要求进行细分：按照装卸方法，可分为计件运输市场、堆积运输市场、灌注运输市场等；按照运输和保管的条件，可分为普通货物运输市场、危险品货物运输市场、大型货物运输市场、精密仪器货物运输市场等；按照托运货物的批量大小不同，可分为零散货物运输市场和成批货物运输市场；按照货物比重，可分为实重货物运输市场和轻浮货物运输市场；按照货物对运输时间的要求，可分为快运运输市场和一般货物运输市场；按照货物运输所采取的运输方式，可分为铁路运输市场、公路运输市场、海运市场、内河运输市场、航空运输市场等。

2. 目标市场策略

目标市场是一个企业为满足现有的或潜在的消费者需求而开拓的特定市场。它是在市场细分的基础上，由企业根据各方面因素的分析，在众多的细分市场之中，挑选出来的适合于自身特点的市场。

货运代理企业目标市场的选择与确定，是将企业本身的能力、条件与营销对象结合的过程。只有准确、恰当地选择目标市场，货运代理企业才能按照运营目的组成最佳的营销组合。

货运代理企业选定的目标市场不同，采取的营销策略也就不同。总的来说，营销策略可以分为以下三种。

（1）无差异性营销策略

货运代理企业的无差异性营销策略是把整个货运代理市场看作一个大的目标市场，不考虑消费者实际存在的差异，只以统一的服务、统一的价格向整个市场开放。

这种策略的优点是企业不必进行细分市场的调查与划分，节省了费用与成本；经营方式单一，节省了促销费用。其缺点是经营风险大，容易被经营单一市场的企业抢占货源。

在货运代理市场中，有两种企业可以采取这种策略：一种是在市场内有较高声誉、较稳定货源的代理企业。他们与自己的客户有固定的关系和稳定的业务往来，能够满足客户对运输所提出的一切需求。另一种是企业规模很小、只能以单一服务面对客户的企业。另外，在市场供不应求，或一种新的市场刚刚开辟的情况下，企业也可以采取这种策略。

（2）差异性营销策略

这种策略是货运代理企业针对不同市场的不同需要，经营两种或两种以上的业务，采用不同的经营方法以满足几类客户的需求，从而扩大自己的服务领域。差异性营销策略的主要优点是：业务种类相对较多，能较好地满足不同消费者的需求，有利于扩大业务量；同时在几个市场上占有优势，有利于提高企业的声誉。这种策略的缺点是：受企业管理水平、人员素质、技术力量等条件的限制，冒然进入不同市场可能会使企业感到力不从心；而业务的广泛开展，使得生产费用、行政费用、市场调研费用、推销费用等都比较高。

（3）集中营销策略

这种策略又称为密集型营销策略，就是企业集中所有力量，以一个或少数几个市场或小市场为目标市场，为这一市场服务。例如，中铁快运的主要业务是小件货物特快专递，其营销策略是实行网络化、紧密型、连锁店经营模式。

在实际货运代理中，有些企业考虑到与其将有限的人力物力分散使用于各个细分市场、在整个市场中占有率也不高，不如集中精力为某一个或少数几个细分市场服务，以获取在这一市场中的较高占有率。因此就出现，有些货运代理公司专营大件货物的运输，有些代理企业专办危险品运输，而有些代理企业则以集装箱业务为主等，集中经营某类型货物的运输企业。例如，中铁集装箱公司则专门办理铁路集装箱运输业务，而中铁特货公司则专门办理特种货物运输。

集中营销策略的优点是：由于企业集中所有力量为某一个或少数几个细分市场服务，所以能够对其有较深刻的了解，对这一市场中的各种业务更加熟悉，可以为客户提供更快捷、廉价、安全的运输服务；在经营和市场营销方面实行专业化，企业可以大大节省市场营销的费用，提高投资收益率，增加盈利。

对目标市场的选择上，要考虑主观和客观多方面的因素，以免造成决策失误。在选择目标市场营销策略时，货运代理企业要分析以下三种因素。

1）企业自身的条件。主要包括企业的资金、经营管理水平、人员素质、设备状况、竞争能力、宣传推广力量等。实力雄厚的企业，可以采取差异性营销策略；企业条件较差或处于发展中，应该考虑选择集中营销策略；新建企业可以暂时选择无差异性营销策略。

2）市场需求特点。市场上消费者的需求如果比较接近，对运输服务的差异不敏感，可以采取无差异性营销原则；反之，就应采取差异性营销策略。

3）竞争者状况。包括市场竞争者的数量、货运规模、管理水平、组货方式和他们所采取的营销策略等。如果竞争者能力较强，且采取无差异性营销策略，则本企业应采取差异性或集中营销策略，在确立自己在部分市场上的优势地位的基础之上，逐步扩大营业，蚕食对手的市场份额。如果竞争者已采取差异性策略，本企业应进一步细分市场，开拓新市场。当竞争者实力较差，本企业可采取无差异性营销策略，在整体市场上争取客户。

3. 市场竞争策略

随着改革开放的深入进行，货运代理企业近年发展很快，货运代理市场的竞争也越来越激烈。选择何种竞争策略，关系到企业的生死存亡。

由于各个企业的情况不同，采取的竞争策略也不同。归纳起来有以下几种策略可供选择。

（1）靠优质取胜

货物运输的质量是货运代理企业的生命线。货主对货运代理人的要求是货物运输的方便、安全、及时、经济。只有提供优质的服务，才能赢得良好的声誉，获得稳定的客户和货源。

（2）靠廉价取胜

对于任何一位货主来说，总是希望用最少的货币投入购买到尽可能多的服务。货运代理应当采取种种措施，致力于降低运输成本，进而降低代理服务的价格，达到“薄利多销”。

（3）靠优势取胜

在市场竞争中，企业总是集中资金、人员、设备、技术、资源、市场环境等有利因素对市场进行争夺。每个企业总有自己的优势、特长和有利条件，但也会有一定的劣势、短处和不利因素。企业在开展竞争的同时，必须清醒认识自身条件，充分利用自己的长处，扬长避短，争取用少的消耗取得最大的经济效益。

（4）靠联合取胜

货运代理是连接货主与运输企业的纽带。货主与运输企业为了能够得到稳定的服务，往往有与货运代理企业联合达成某种长期结合关系的愿望。同时，运输代理企业为了避免因建立自己的分支机构而花费巨额资金，或者为了取长补、发挥各自的优势，也不可避免地要和其他运输代理人形成联合体。这种形式的联合对提高企业竞争力，扩大业务量有巨大的作用。

开展特许经营就是一种非常好的联合形式。特许经营是指特许将自己拥有的商标、商号、产品、专利和专用技术、经营模式等以特许合同的形式授予被特许者使用，被特许者按合同规定，在特许者统一的业务模式下从事经营活动，并向特许者支付相应的费用。由于特许企业的存在形式具有连锁经营、形象统一、管理统一等基本特征，因此也被称之为特许连锁。

五、货运代理企业的市场营销策略制定

市场营销是从事国际货运代理业务的起点。一般来说，没有市场营销就没有可供操作和运输的货物。市场营销策略一般包含 4P 策略，即产品（product）、价格（price）、促销（promotion）和渠道（place）。市场营销的关键是要对市场进行细分，识别客户的当前和潜在需求，结合需求提高服务水平，改善经营模式，采取相应的营销策略。

1. 服务

（1）提高从业人员的素质

在货主市场条件下，货主对货运代理企业的选择性增强。因此，货运代理企业再也不能等客上门，应不断提高从业人员的素质，加强企业的公关意识。在日常工作中首先应对货主的心态有所了解，通常货主总是想物色服务态度好、工作质量高的货运代理企业，因为这样的货运代理企业不仅能顺利完成任务，而且能为货主减少麻烦，节省费用。

因此，货主在选择货运代理企业时往往持慎重态度，通常要经过正面或侧面的调查了解，对基本上能符合要求的企业，才敢与之建立委托代理关系。在一般情况下，货主主要考虑的有以下三个方面的问题。

1）货运代理企业的业务能力和工作质量。货运代理企业是否精通运输方面的业务，有无高素质的专业人员，每年的业务量多寡，与各有关部门的关系是否融洽，有无现代化的管理设施，例如，固定的营业场所、交通车、电话、电传、传真、计算机等。

2）资信和经营作风。资信的好坏关系到能否雇佣足够的得力职员，能否向银行融通资金和垫付运费，能否取得交通、商检、海关、银行等有关部门的信任。对于资金不足、人员短缺、责任心不强、掩饰错误、制造假账多收费用和挪用客户资金、声誉不佳的货运代理企业，货主大都敬而远之。

3）合作态度与回扣的高低。有的货运代理企业业务能力虽强，企业规模也较大，但态度恶劣，这样的货运代理企业容易引起货主的反感，而不愿与之合作；有的货运代理企业虽然态度良好，待人热情，但缺乏能力，出现难题时往往不能化险为夷，对这类货运代理企业，货主也不敢与之合作。货主大都选择态度诚恳、作风稳健、有问必答、能力可靠的货运代理企业与之建立委托关系并能保持相对稳定。至于回扣的高低应视不同情况而定，它涉及货量的大小、商品的性质，服务的内容、新老关系等多种因素。不过正派的货主主要是考虑货物运输的安全和服务质量而不会贪图高额的回扣，但也有个别货主的手下办事人员索要高回扣，甚至要求货运代理企业加高运费，以中饱私囊。

由上可见，货主既有客观上的需求，也有主观上的愿望，而很少注意和感谢货运代理企业为其出谋划策、排忧解难、垫付资金时所付出的心血、努力和所承担的风险，他们认为货运代理企业提供周到的服务是理所当然的。久而久之，不少货运代理企业的从业人员对待货主在感情上是勉强的，面部表情是呆板的，办起事来是机械的。

基于上述情况，货运代理企业在不断培训和教育从业人员时必须要注意以下事项，以谋求沟通，促进理解，加强协作：

1）树立为货主提供优质服务的思想。这不是一句空话，而是要具体地体现在实际行动中和言谈举止上。例如，对货主要尊重，言谈中要讲礼貌，举止要文雅，衣着要整洁，要虚心听取货主的意见和建议，尊重货主的生活习惯，要微笑迎送，生意不成仁义在，要克服感情上的机械性、勉强性，处处要使货主觉得受到了尊敬。

2）开展假如我是货主的活动。感情是人际关系的基础，也是人际关系的调节器，因此在与货主交往中要建立感情，发展友谊，要理解货主、谅解货主、同情货主，要想货主之所想、急货主之所急，把货主的事当成自己的事去办，要克服那种机械完成任务的雇佣思想。

3）要做货主的贴心人。要克服对货主漠不关心的麻木现象，特别是对外地货主要问寒问暖，要关心货主的生活。例如，主动为他们安排食宿，提供交通方便，满足货主一些要求，货主遇上难题及时提供有关信息，为货主出谋划策，排忧解难。也就是人们常说的五心：对待货主热心；接受意见虚心；解答问题耐心；处理问题细心；帮助货主诚心。

（2）细分市场、识别客户需求

细分市场有助于确定目标客户，制定具体的销售计划，识别客户需求，维持、发展客户关系并完善对客户服务内容。细分市场很大一部分依赖于我们要对客户进行管理，客户细分可依据以下标准进行：

1）客户的主要货类（轻纺类、化工类、特殊商品类；高价值类、低价值类等）。

2）货量（平均每月走货量、季节变动情况等）。

3）货流（进出口、主要航线、出运地、主要走货方式如 FOB、CFR 等）。

4）客户的规模（知名度、总体产值，发展潜力、客户的组织机构等）。

5）客户的性质（外贸专业进出口公司、工贸企业、外资企业、民营企业）。

6）地域范围等。

在日常业务中，营销人员要善于捕捉客户的需求。随着经济一体化和分工专业化等方面的发展要求我们和客户结成长期的伙伴式双赢关系。一站式服务和项目管理制度以及走近客户、和客户共同办公的“绿色服务”等都为这种关系的建立打下了一定基础。当然长期的伙伴式经营还需要我们对客户的物流经营成本、目前的运作模式有比较充分的了解，以找出切实的解决方案，改善供应链管理。

识别客户需求，也有赖于我们对市场趋势的总体把握，对宏观市场进行分析，分析内容可以包括以下方面：

1）总体市场经济趋势、进出口趋势，国家在交通、物流方面的发展规划和政策环境及其趋势。

2）区域经济、区域项目等可为货运代理业能带来的新商机，如计划或进行中的基础设施项目。

3）国内外竞争对手在提供需求或刺激需求方面的态势，竞争对手在投资、重组、改革方面的举措。

（3）服务范围

结合公司实际，货运代理企业应确定具体可涵盖服务的深度和广度。具体操作时可以从以下两个方面考虑：

1）承接从中国至各大洲主要港口的进出口货运代理业务、内贸（铁路、公路、水路）货运代理业务。

2）具体货运类型包含集装箱整箱、拼箱、件杂货、散货、工程货物等。

在营销策略制定时，为配合货运代理业务，可提供以下服务：①订舱配载；②单证办理审核；③报关清关；④报检报验；⑤进出口交接、代运、联运；⑥代收、代付运费及其他各项费用；⑦船舶代理；⑧保险；⑨仓储；⑩码头；⑪集装箱场站；⑫集拼；⑬商品整修、分检、包装；⑭分拨配送；⑮监装、监卸；⑯保税；⑰私人物品运输；⑱贸

易运输咨询；⑲综合物流服务。

（4）产品改进和新产品开发

识别客户需求、进行产品开发是货运代理公司生存的保障和竞争力的源泉之一。产品改进和开发的本质是产品服务功能的拓宽（如联运项目的推出、地区性特色服务、承运各类货种的能力、进口服务的加强等）和加深，货主一般更注重安全（环境友好、低事故率）、迅速（更好的 T/T、信息技术的应用）、准确（JIT 服务、低差错率等）、节省（对客户而言在时间、精力、财力上更节省）、高效（信息技术的应用、客户联系渠道的通畅、更好的客户服务）等能体现企业服务品质的因素。

因而，除进行内部资源整合、流程改进、提高产品服务质量、开发新产品外，产品开发有时也需要充分利用各种联盟和合作等外部资源，使产品服务功能在地域上、品种上、层次上有所拓展和提升。

2. 价格与成本控制

（1）定价

价格的合理与否、是否有竞争性直接影响到货物的揽取，所以合理的定价机制非常重要，它有助于建立产品的市场定位。定价方式有多种，如有成本利润法、市场渗透法、撇脂价格法等，定价方式的采纳要看市场的供求关系和企业对自身在市场中的定位目标。一般而言，市场定价是最常用的手段之一。

价格的稳定性和灵活性是企业定价时要考虑的两个方面。作为货运代理企业，应通过各种手段使价格水平保持在一个比较合理的水平，从而使这个行业的基本利润和再发展时所需要的资金能够有一定的保障；涉及主要收费项目调整时应充分利用各协会、组织并联合货运代理同行协商解决，过分激烈的竞争无疑会削弱货运代理行业的整体竞争力。所以应提倡在系统内部和系统外部建立价格协调机制，有条件的公司可在内部推出一些指导价格，尤其反对系统内部同行之间不必要的价格战。同时，我们也反对任何暴利行为，暴利行为不利于与客户建立长期关系。

另外，定价时要求我们对价格掌握采取一定的灵活度，灵活度可以根据市场环境的变动和客户需求的差异性、具体成本因素等众多方面来综合考虑。

（2）收入、成本分析和成本控制

对海运货运代理而言，可能涉及如下收入项目：①海运费及各项附加费、中转费等收入；②陆运段收入；③港杂、港建费；④报关费；⑤检验费；⑥佣金代理费；⑦单证手续费（签单、换单等）；⑧装、拆箱费；⑨提、还箱费；⑩堆存费；⑪修箱费；⑫换装费；⑬滞期费；⑭保险费；⑮其他劳务费。

应该看到，除了劳务费和纯粹的佣金代理费收入（实际上一般也要部分退给订舱货代或货主），在获取其他任何收费时，都存在支出；此外，在经营中还要承担管理费用和其他经营费用，所以对成本进行细致分析，对货运代理是否具体获利能力进行认真分析，努力寻找新的成本节约途径，将有助于提高我们的服务在市场中的竞争力。

3. 促销

促销是告知并向客户推销服务的主要手段之一。促销有赖于对服务产品自身优缺点、目标客户、目标客户的需求、竞争者态势和价格竞争性等因素的充分认识。及时抓住各种促销机会，熟练掌握各种促销手段是抓好促销工作和客户保持良好沟通的关键。同时还要学些西方推销员的本领。促销分为人员推销和非人员促销两大类。

（1）作为人员推销中人员应具备的素养

西方人说，没有推销就没有企业，企业是硬件，推销员是软件，企业的存亡兴衰，成功与失败关键在于推销人才。但并非人人都能当推销员，推销员应具备以下素养。

1）要有健全的心态、整洁的仪表、亲切的微笑、丰富的专业知识和较强的专业能力。在西方推销员行当中有句口头禅，就是："不怕口袋空空，就怕脑袋空空"。其意是要激励推销员应勤动头脑，要充分发挥自己的智慧和能力。

2）要具有不怕碰壁的本领。西方某位著名推销员，在推销中曾遇到过这样的事：到第一家推销时，主人待以白眼，不理他，他临走时很有礼貌地说声"谢谢"，理由是主人未骂他；到第二家推销时，挨了主人斥责与咒骂，该推销员临走时照样说声"谢谢"，理由是自己未挨打；到第三家推销时，挨了主人的打，临走时他仍向主人说声"谢谢"，理由是主人未打伤他，他仍可继续进行推销。可见一个好的推销员在心理上要富有韧性。如果因为一点小事就与对方争吵，便是真正的"小不忍乱大谋"。上述推销员之所以如此坚韧不拔，说到底还是为了自己能做出业绩，所以推销员在工作当中，为了顾及企业的利益和形象，应尽量避免与客户发生争吵，用中国的一句话说，就是"和气生财"。

3）推销要具有量化的观念。推销商品并非易事，每次都成功并非易事，往往需要拜访若干家才能做成一笔生意。因此有经验的推销员都将其推销工作量化，也就是预计每推销十笔有望成功一笔，如果做成一笔他本人便可以从中赚取 200 美元佣金，这等于说在他所推销的十家中，每家给了他 20 元的好处。所以他总是兴致勃勃地不断进行推销。

4）要善于收集信息，了解客户资信，要不断发展新客户。在推销中要听取和收集客户对商品质量和使用中存在的问题和意见，并将这些意见反馈给生产单位，以便改进和提高产品质量，帮助用户解决使用中的难题，以取得客户的信任和好感，同时还要了解客户的资信变化，以便及时收回货款。在西方推销员中有句行话叫"会卖货的是徒弟，能收回货款的才是师傅"。再有，顾客群并非一成不变，据统计，每年每 100 家客户中，通常有 25%会因迁移、改行、死亡、破产等原因而消失，所以要不断地补充新客户，才能保持你的顾客群经常处在一个相对稳定的数量上，否则客户就会越来越少。

5）要能唤起对方的需求，要具有说服别人的技巧。在对方并不急于购买商品的情

况下，应诱导并激发对方的购买欲望。例如，你可以有根据地列举销售同类商品的几家价格，以论证你的商品如何价廉物美；如果购买了你的商品可以很快获得大笔利润，当对方动心时，你要用选择法问他“你买多少？”绝不能用是非法问他“你买不买？”采用前者，对方可能会答复你买多少，这样生意就告成；如果是采用后者，若对方答复你“不买”，就没有回旋余地了。造成这种尴尬局面，就要归咎于你缺乏说服技巧。

6）永远不要与客户争辩。如果顾客对你推销的商品有意见，提出种种缺点，有些意见甚至是相当苛刻的，你也不要与对方辩论，应和颜悦色、洗耳恭听，并谢谢对方的关心。先肯定对方的意见，然后伺机再委婉地说明情况，以取得对方的谅解和消除误会。

7）要注意形体语言。每个人在日常生活中都会有喜怒哀乐，在气质上有的文雅，有的散漫，有的骄傲，有的腼腆。这些感情上的、禀赋上的东西都会不知不觉地在形体上流露出来。作为一个高素质的推销员，本身要会控制自己的面部表情、手势、体态、音调和语速，力求不让对方产生反感。曾有一位年轻的推销员，在一次交易会上与外商洽谈业务时架着二郎腿，而且那条架起的腿不停地抖动，结果引起外商反感，中断谈判，拂袖而去。事后有人问该外商为何不谈生意，那位外商挖苦地说：“那位先生的腿就像上了发条似的不停地抖动，把我的财神爷给抖跑了，所以我不敢再与他谈生意”。可见对形体语言重视，并非是件微不足道的事。在西方推销员中也有一句口头禅是“快乐工作，工作快乐”，也就是说：一旦投入工作，就别想其他的事。

以上这些对西方推销员个人素养的要求，作为借鉴，希望对提高我国货运代理企业营销人员的促销能力有所帮助。

（2）非人员促销活动

关于促销方面的内容很多，可谓五花八门，但主要的有以下几个方面，应予以考虑。

1）刊登广告。你在广告上下的功夫越大，顾客对你的印象越深，广告不一定制造顾客的需求，但可以提醒顾客的需求，往往可以收到一拍即合的效果。所以企业要根据自己的财力和物力，定期或不定期地利用一些宣传媒介刊登广告或散发宣传品，以增加企业的知名度，让顾客了解、熟悉你从而也有利于招徕客源。

2）定期拜访。对一些客户的经理和业务骨干，货运代理的负责人应亲自登门拜访，或派代表拜访，以联络感情，增进友谊。

3）定期或不定期举行座谈会。在业务往来中难免不会发生这样或那样的问题，平时往往由于工作忙，难以及时听到顾客的意见。如果定期或不定期地举行座谈会便可以为顾客提供发表意见的机会，货运代理企业也可借此机会介绍企业一些情况，以增进双方了解，沟通感情。

4）赠送纪念品。凡与本企业有过业务往来的客户，逢年过节应向他们赠送点纪念品。例如，印有企业名称或标志的挂历、旅行包、手提包、钢笔、圆珠笔、领带、别针、胸花等小礼品，特别是对一些重要人物，在日常交谈中应留意对方的生日，届时如果能赠送礼物以示庆贺，则对方在生意上便会对企业格外关注，俗话说“人心换人心”，既然你对他表示了关心，他也就会对你留意，所谓“投桃报李”。

5）邀请旅游。对于那些在业务上相对稳定的大客户，如果每年在为他们的服务时能收到较为丰厚的回报，可选择适当时机邀请他们旅游，在陪同中不仅可以建立私交，也许还能趁机谈成一些生意，诚可谓“醉翁之意不在酒”。总之，开展公关要有预定的计划、方案、目标和经费，要量力而行，绝不能凭一时高兴，乱来一阵，时冷时热，时有时无。如果每年、每季有序进行，既可提高企业形象，也可使业务变得多起来。

4. 渠道

销售渠道是到达最终消费者的通路。从某种意义上来说，相对船公司而言，货运代理公司资产实力较弱，更多的是依赖于货运代理公司的组织能力和网络销售能力。渠道是否通畅是网络服务能力的重要标准之一。根据具体情况，往往要分析销售来源，区分直接客户和非直接客户的情况，是否需要建立代理分销网络，如何结合具体发货渠道来利用口岸和内地的网络以及国内和国外的网络。顺畅的渠道对销售和作业的效率将起到十分关键的作用，一般而言，需要对销售各节点的具体机构有一明确的功能和业务定位，并要辅之以一套严密的质量体系来保证各项具体操作的顺畅。

（1）国内渠道

国内的主要口岸作为进出口集装箱货、散货、件杂货的集散地，在运输环节中扮演着非常重要的角色，一般来说，口岸可以发挥如下功能：①向主要货物经由的非口岸公司发布船期、运价信息；②发布收费信息；③发挥集中订舱功能；④安排货物在口岸的交接和作业；⑤提供货物动态信息；⑥安排口岸报关；⑦缮制并进行有关单证处理（如核销单的进退等）；⑧代收代付有关费用；⑨异地销售信息交换和跟踪。

口岸公司是货运代理公司的主要支撑，要充分运用内部网络资源，保持内部销售/操作渠道的通畅。

（2）国外渠道

海外代理的具体作用如下：①积极向当地市场推销整体服务，提供商机、商情；②为国内进出口货、箱等在当地港口/地域范围内提供合理的有竞争性的操作服务（包括单证，清关，当地拖车/驳运，箱管，与船、货、码头、客户等的协调工作）；③及时提供销售信息反馈，保持信息渠道畅通；④及时向国内子公司提供商情资料，诸如中资、外方客户名录、潜在客户、竞争对手情况、市场总体趋势、供应商情况、与业务有关的客户资料；⑤及时提供当地和我方业务有关的立法，行业规定、程序等；⑥及时报告有关索赔情况，并在处理索赔中提供协助；⑦对有关的业务单证和记录应分别归档，以区别于代理的其他业务。

（3）各公司渠道

国内各公司在协助海外代理网络建设中的作用：①长期货不得委任其他代理，即要保证对外使用代理集中化；②提供出口 FOB 和进口货的信息；③提供总体运价支持和

国内服务手段支持；④为海外代理网络的发展提供各种扶持手段。

第二节　国际货运代理经营管理

一、货运代理企业管理

（一）科技兴企

在知识经济时代，现代企业的核心竞争力最基本还是体现在科技水平上方面。只有不断加大企业的科技含量，拥有最先进的技术水平，包括企业管理水平（软科学部分），才能提高企业的竞争力，占领独特的市场，才能最大限度的降低成本，增加利润。

（二）局部与全局

货运代理企业通常都是网络型的服务企业，企业规模越大，遍布全国的网点就越多。这里就有一个局部与全局关系的问题。因此，在企业的运行中既要发挥各营业网点和全体员工的主观能动性，为货主提供优质的服务；又要实现集中统一管理，包括统一商标、统一运价、统一服务质量和作业标准，实现规模效益。既要照顾局部利益，又要考虑全局利益。

（三）财务与成本管理

这主要是要求加强和规范货运代理企业的财务管理，多方筹集、引进资金，做好投资的经营与决策，以提高资本金利用效率。与此同时，不断降低企业经营成本，是货运代理企业在发展壮大过程中至关重要因素。

1. 货运代理企业的资金筹集

筹集资金是货运代理企业财务管理的首要任务，是企业财务管理的起点。货运代理企业资本金的构成，按照投资主体主要包括以下几种。

1）国家资本金。目前，全国绝大多数的国内货运代理企业和大部分的国际运输代理企业是国有企业，这些企业的固定资金、流动资金、更新改造基金、专项拨款等都来自国家的投资，这是构成货运代理企业经营资金的基础。

2）法人资本金。在货运代理企业的创办经营中，不同的运输企业、法人单位以其依法可支配的资产投入货运代理企业，形成了法人资本金。这是代理企业不断拓展代理业务，加强企业间经济联系，建立代理网络的重要纽带。

3）个人资本金。个人资本金是指社会个人或本企业内部职工以个人合法财产投入代理企业所形成的资本金。个人资本金的注入对于发挥企业职工主人翁责任感，增强企业的凝聚力具有重要作用。

4）外商资本金。推行货运代理制是社会主义市场经济发展的客观要求，是我国推进外向型经济的先导，是跨入国际贸易循环的桥梁。目前，不少代理企业与外商以及港、澳、台地区的经营者建立了业务关系。许多外商和外国货运代理企业也纷纷在我国设立分支机构或直接投资参与我国的货运代理市场，兴建联运设施，开展代理业务。这些外国以及港、澳、台的投资者投入代理企业的资本，形成了外商资本金。

建立货运代理企业必须拥有法定的资本金并达到法律规定的最低限额。另外，外商投资的货运代理企业的注册资本最低限额为100万美元，每增加一个分公司，应增加注册资本 12 万美元。作为国际多式联运经营人的运输代理企业，注册资金不得少于人民币1000万元，每增设一个分支机构增加注册资金人民币100万元。

2. 建立规范的财务管理规章制度

建立规范的财务管理规章制度，严格管理各项财务收支，特别是对运输单据和发票要实行统一管理。

3. 努力降低经营管理成本

对于货运代理企业而言，随着管理水平的逐渐提高和市场竞争的加剧，成本管理正在成为管理者关注的一个重点。货运代理企业的成本管理通常会关注以下几个方面：

盈利能力分析——究竟哪些产品、项目、客户能够为企业带来利润？

产品定价决策——产品、项目在报价时如何对成本进行测算？

路由分化分析——怎样安排运输路由的成本最低？

资源产能分析——各种岗位、车辆、仓库的利用效率如何？如何优化配置？

作业流程优化——各种操作作业的成本有多少？如何提高效率，降低作业成本？

（1）传统代理企业的业务特点

传统代理企业具有以下业务特点：①货运代理服务的运作需要一个大的业务网络支持，针对一项特定的业务其代理活动一般是由两个以上服务网点分工协作完成；②成本对象复杂多变，客户、运作方式、运输路线、货物类型和运输时限都是需要考虑的重要因素；③高额的间接费用。除了部分包装材料可以直接追溯以外，基本上所有的费用都是间接费用；④服务外包程度高。干线运输、仓储服务、超范围递送都有可能分包给协作单位完成；⑤货运代理企业的运作对信息系统有着很强的依赖性。货物状态的跟踪与监控、运输设备所处位置的确定、客户查询与投诉的记录都需要信息系统作为工具。

由于上述行业特点，传统成本核算方法是无法回答货运代理企业成本管理所关注的问题的，主要原因在于：第一，传统的成本平均分配方法无法把高额的间接费用准确分

配到复杂多样的成本对象；第二，因为忽略成本发生的具体过程，传统成本方法无法把网点成本、外包成本串联为产品的成本；第三，传统的成本方法无法反映网点内部作业、资源的成本、效率状况。

（2）作业成本法的价值

传统的成本核算，以直接人工为主，产品成本中除直接材料、直接人工外，其余的都归入制造费用，然后，采用单一的分配标准，按各产品所用的直接人工小时或机器工作小时的比例进行分配，形成各种产品应负担的制造费用成本。

随着经营复杂性的增加，产品、服务的多样化也随之增加，要求更为精确地定量资源消耗，产品组合、定价和其他决策也都需要更为准确的成本信息。如果继续沿用传统的会计系统，用在产品成本中占有越来越小比重的直接人工去分配占有越来越大比重的制造费用，分配越来越多与工时不相关的作业费用以及忽略批量不同产品实际耗费的差异等，将会过高地估计高产量、低复杂度产品的成本，过低地估计低产量、高复杂度产品的成本，必将导致产品成本信息的严重失真，从而引起经营决策失误、产品成本失控。传统的成本核算系统已不适用于自动化生产的要求。

因此，作业成本法成为企业降低经营管理成本的有效控制方法。作业成本法（Activity-Based Costing，ABC）是一种先进的成本核算和控制方法，目前作业成本法的应用已由最初的美国、加拿大、英国，迅速向澳洲、亚洲、美洲及欧洲其他国家扩展。在行业领域方面，也由最初的制造行业扩展到零售、物流、金融、保险机构、医疗卫生等服务行业。

这种方法能够更加合理地将间接费用分配到最终的产品、项目、客户等成本对象；同时由于引入了资源、作业，使得成本更加精细，从而为资源、作业的优化提供基础。

作业成本法对于货运代理企业的价值在以下几个方面得到体现。

1）为深入地进行成本分析提供了可能。因为产品的复杂性与多样性，货运代理企业需要进行多维盈利分析。分析的维度一般有客户、路由、运作模式、货物类型等，多维盈利分析需要按这些维度对收入和成本进行分配。引入作业成本法后，货运代理业务可以分解为取件、派件、操作、运输、仓储、接受查询与投诉、结算和拜访客户等不同的作业，由于不同作业有不同的动因（驱动因素，即分配标准），间接费用就可以按照相关的动因得到线性分配，成本分配的合理、准确就有了保障。此外，各个网点和外协单位为项目、客户、路由提供的活动经组合后就可得到相应维度的成本信息。应用了作业成本法后，企业的盈亏情况可以从多个角度进行透视。

2）为产品定价提供依据。货运代理业务是由一系列作业组成的，作业的驱动因素不尽相同。这些作业可能会分别由不同的网点承担，而且客户对服务有很多个性化的需求。这些情况决定了货运代理的成本测算是一项复杂、困难的工作。作业成本法的优势在于可以提示出作业成本与其驱动因素之间的因果关系。成本测算对象的作业动因数量确定后，根据历史单位动因成本就可对未来成本进行推测。

在为产品定价预测成本时，无论客户的需求如何变化，只要把客户的需求分解为相应的作业，即可预测出产品的成本。为优化路由而进行的成本测算同样如此。只要在公司网络可覆盖的范围内，确定了物流的起始地、中转地和目的地，不同路由的成本都可得到预测。

3）为企业内部结算提供依据。货运代理企业属于网络型企业，业务的完成需要多个城市的网点协同完成，每个网点既会替其他作业点中转或派送，也会让对方为其提供同样的服务。这种交叉性的服务造成了各网点收入与成本的不对称，即收入由一个站点实现而成本由不同的站点承担。为了考核作业点的盈利，需要进行内部结算。通常内部结算采用的是回归成本的方法，实现收入的作业点需要承担所有的成本。为此，准确核算其他站点为收入站点承担的成本就成为内部结算的关键。运用传统的成本核算方法根本无法完成此项工作，成本回归成为内部结算的难题。如果引入作业成本法，这一问题便可迎刃而解。各个作业点的成本可以按作业进行分解，以项目或客户为主线就可以把整个系统属于该项目或客户的成本归集起来。把由某一网点收现的项目成本汇总后，该网点的成本就得到了。

4）为资源优化和流程改进提供依据。作业成本法与传统成本方法的重要区别在于，能从资源层面和作业层面反映企业的成本。通过实际资源成本与标准资源成本的对比，资源能力的利用情况和资源的运营维护成本就能得到体现。对于利用率低且运营维护成本高的资源，企业可以根据具体情况采取更新战略或寻求提高业务量的措施降低资源的购置和运营成本；对于超负荷运转的资源，企业可以通过购置或租用的方式增加产量，消除影响正常生产的资源瓶颈。通过实际作业成本与标准作业成本的对比，作业的效率就能得到分析。确定了无效率的作业后，相应的提升效率的工具、方法和措施就可以有的放矢地展开。

（四）固定资产管理

货运代理企业的资产，是指其拥有或者控制的能以货币计量的经济资源，包括各种财产、债券和其他权利。货运代理企业资产按其流动性排列，可分为流动资产、长期投资、固定资产、无形资产、递延资产和其他资产。这里主要讨论固定资产的管理。

货运代理企业的固定资产是企业资产的主要构成项目，也是企业财务管理的重要内容。

（1）固定资产的构成

货运代理企业一般不拥有大量的固定资产，但有时为了更好地开展业务，也会购置、配备一定的设备。货运代理企业的主要固定资产包括集装箱、现代化通信设备、库场设施、铁路专用线、吊装机械、运输工具及设备、房屋及建筑物等。

作为货运代理企业主要劳动资料的固定资产，主要有以下特点：使用期限长，一般在一年以上；能多次参加生产过程，不改变其实物形态；不会在正常的生产经营中销售，

而是为了在生产经营中使用。

（2）固定资产折旧

固定资产的折旧政策不仅是企业财务管理的一个重要内容，也是国家经济政策的重要组成部分。它是调整经济结构，促进经济合理运行和企业技术进步的有效杠杆，是财政调节的重要手段。例如，按照《运输企业财务制度》，铁路货运代理企业应计提折旧的固定资产包括：房屋及建筑物、在用的运输车辆、装卸机械、集装箱、工具仪器、季节性停用和大修理停用的设备、租出的固定资产及融资租人的固定资产等。用于短途集疏运的运输车（船）是货运代理企业固定资产的重要组成部分，应当采取加速折旧的办法。

（3）固定资产需要量

固定资产需要量是以货运代理企业的业务范围和业务规范为依据，计算确定的各类固定资产合理需要的占用数量。正确地核定固定资产的需要量，对于节约占用固定资金，提高固定资金使用效果，合理配置各类固定资产，提高各类固定资产的利用率，都有重要意义。

（4）集装箱中转仓库、堆场需要面积的计算依据和方法

仓库、堆场是一些大型货运代理企业开展集装箱中转运输业务的主要经营设施，也是核定货运代理企业固定资产需要量的重点。核定集装箱中转场库面积的需要量，主要考虑 4 个因素：集装箱年到达和发送的总作业量（箱/吨）、集装箱中转运输作业中的箱型结构比例、各型号集装箱的底面积、集装箱在库、场的平均周转时间。

集装箱中转站的面积大小还与集装箱场的配置方案、选用集装箱装卸机械类型和装卸方式、货位及通路的布置形式等因素有关。因此，在确定集装箱场辅助面积系数时，应综合研究和分析这些因素，以保证中转站的面积能够得到经济合理的利用。

（5）货车需要数量的计算依据和方法

为保证货物的接取和送达业务的开展，大型货运代理企业应配备一定数量的专用货车和拖车，以便为客户提供更加快捷、方便的门到门服务。货车需要数量主要取决于两个因素：一是各类型货物每日平均到达和发送的最大量；二是单车日生产率，即每一辆货车每一天平均完成的作业量。货车需要数量的计算公式为

$$N=k_{\text{繁忙}}\times(1+\beta)g \tag{10-1}$$

式中，$k_{\text{繁忙}}$——繁忙月每日平均到达和发送的最大货物量；

g——每辆货车每天完成的作业量；

β——货车修理和备用系数。

实际测算中，在确定 g 的取值时还应考虑平均运距、货车平均行驶速度、每天工作小时数、平均日行驶公里数及装卸速度等因素。

（6）其他生产用固定资产的计算依据和方法

货运代理企业其他生产用固定资产，如铲车、叉车及吊车等的需要量，一般是依据

其拥有的中转站所选用的吊装设备的类型和装卸方式，按照货车需要量的一定比例进行计算。停车场、办公楼、辅助车辆设备等固定资产的需要量，可以根据有关统计资料进行计算，或者参照一定的标准比例系数，经具体分析计算后确定。

二、货运代理企业信息化

我国已有不少货运代理企业拥有一定运输网络或正在组建自己的网络，但绝大多数企业内部信息化建设非常落后，缺乏对网络有效的管理，缺乏对内部操作的规范控制，也不能为客户提供基本的信息化服务，这就制约了企业的发展和转型。

（一）企业扩张与转型

在新形势下，如何用最低的成本、最快的方式来实现扩张战略与转型，是摆在众多货运代理企业面前的严峻问题。

目前，货运代理企业采用比较多的是以联合的办法实现扩张。具体的联合办法有：以品牌或市场资源优势为主导的加盟连锁方式和以资本为纽带的相互持股方式和以共同商业利益为目的的协作或合作方式。就目前的实际情况来看，这几种办法在很多货运代理企业中取得了一定的成效，但这种方式也存在很多难以解决的问题。

横向联合形成的联合体是松散型的，如何对这种联合体进行有效的管理和协调，从而实现服务的标准化和业务数据的共享，最终达到由松散联合体走向坚固联合体的目标，对于货运代理企业来说是一个重大问题。而纵向服务的扩张运作环节多，如何让各环节高效运作，同时又必须保障操作和服务标准化，从而有效减少各环节运作成本、实现商业利益最大化，对于货运代理企业来说也是一个重大问题。

要解决上述问题，除了利益一致外，主要取决于组织成员对实现组织目标和自身利益的认同程度。最基本的办法就是提高信息共享程度，加大组织成员之间的信息交流，通过畅通的信息来实现目标一致、行动一致。也就是说，加快组织融合的关键因素是建立速度最快、成本最低的信息共享系统。建立这样的共享系统依靠传统的电话、传真、会议信息等沟通手段肯定是不行的，不但效率很低，而且成本很高。最好的办法就是借助于现代信息交换技术——互联网技术。现代互联网的飞速发展为各个行业提供了一个前所未有的重大发展契机，互联网已经实现了图像、语音、数据等各种信息的高速交换，同时大幅度降低了信息交换成本。通过加快建设一个有效的管理信息系统来实现内部资源网络化运作、信息共享、标准化管理、降低运作成本，是货运代理企业提高组织认同度和组织凝聚力的一个最佳途径和办法。

从国内外优秀货运代理企业的发展经验来看，信息化建设是企业发展和转型的关键。这几年快速崛起的锦程国际物流集团股份有限公司，就是新形势下货运代理企业采用新办法快速实现企业转型的成功例子。锦程国际物流集团在开始进行网络化布局的同时，集团领导层就充分认识到了未来管理上的问题和难度，同步提出了用网络技术来支

持快速扩张的战略设想。现在，锦程国际物流集团已经实现了内部业务系统的全部联网，各分支机构都可以通过该业务系统实现业务数据的自动传递和共享。锦程国际物流集团同时还建立了为客户服务的电子商务网站和咨询网站。目前锦程国际物流集团正在加快建设自己的内部办公自动化系统和财务系统，同时还包括一套多媒体的大型视频会议系统等。这些系统的建设有力地支持了锦程国际物流集团的快速扩张，不但大幅度降低了扩张成本，也确保了扩张的有效性。

从其他的大型货运代理和物流公司，如中铁快运、宝供、环球捷运、飞驰等的发展经验来看，它们虽然各自有不同的发展特色和道路，但有一条是相同的，那就是企业发展的历程同时也是信息系统不断建设和升级换代的过程。因此，从目前来看，加快建设企业信息系统建设，应该是货运代理企业发展的一个重要的战略决策。

（二）业务管理者信息系统

一个完整的信息交换系统包括很多部分，但其中的核心是业务管理信息系统，所以下面重点讨论什么样的业务管理信息系统最适合货运代理企业发展到的需要。

1. 清晰的管理流程

管理流程是企业为了规范企业的管理模式，主要有下列两种模式。

（1）个体户联合的管理模式

目前，大部分中小型货运代理企业采用的是“一人一票负责到底”的业务管理机制。这种操作流程的是：一个业务人员从市场开拓，到完成业务操作流程，负责到底。其最大的好处是业务关系简单，业务人员各自独立，可以根据完整的业务流程完成情况和实际利润情况，对业务联系人员进行管理和考核。但这种方式需要业务人员完成从揽货到订舱、报关等全部环节，容易造成工作不专业，各环节没有合理的分工，操作不标准，对内工作效率低，对外形象、标准、服务不统一的后果，而且由于业务人员掌握业务各个环节，容易造成流动性大等问题。

这种业务流程模式适用于中小型的货运代理企业。

（2）流程化垂直分工的办法

这种管理流程是将货运代理业务按照各个环节性质的不同，采取不同的岗位由专人负责的办法来进行管理和监控。例如，市场营销人员只管市场，操作人员只管订舱、单证处理，报关人员只管报关，费用处理人员只管费用，商务人员只管代理、合约等。规范的大中型货运代理企业通常采用这种工作管理流程。

好的货运代理管理软件系统，必须能够支持企业按照规范流程进行管理和业务处理，而且企业能够通过该系统的应用加强这种科学管理，促进管理水平和效率的提高，而目前国内绝大部分货运代理管理软件仅仅停留在单据打印和简单的费用录入、收付统计。这些软件系统不可能对公司管理流程进行清晰的定义，根本谈不上按照科学的流程协助企业加强管理，这样的软件系统当然不可能使货运代理企业高速发展。

2. 跨地域的管理能力

货运代理企业在跨地域扩张的过程中面临的最大问题就是信息的共享和管理过程中监督控制。如果这两点做不好，会使企业的运营成本上升，而且快速扩张失控会导致灾难性的后果。所以，好的信息系统应能够解决好以下两方面的问题。

（1）跨地域的集团化管理

好的信息系统必须支持总公司作为信息中心来进行数据集中和数据分析，以支持总公司成为商务处理中心、决策分析中心，进而使总公司实现监控管理中心的职能，以保证企业的高速扩张在可以控制的范围之内，同时实现企业规模经营和集团化采购。

（2）跨地域的数据交换

好的信息系统必须支持全网络内部的数据交换和信息共享，并确保在系统内部的数据共享，以达到降低业务处理成本和提高效率的目的。如果达不到这一点，高速扩张就同样无法实现。要实现以上两点，需要解决两方面的问题：一是数据的集中与分发技术；二是系统内部必须按照货运代理企业的运行特点建立数据管理、共享规则和机制。集中与分发技术问题应该是比较容易解决的，互联网的出现为数据传输提供了很多的传输方式，如 EDI 技术、数据库同步技术、邮件打包传输、Web 数据集中等。货运代理企业要根据自身的行业特点选择合适的数据传送技术方式。就目前的国内网络环境来说，选择数据库同步传输是比较合适的，因为这种技术成本低，能自动完成数据的分发和收集，而且数据传输也非常及时。当前出现了以 Web 方式 B/S 结构来构建跨地域的管理信息，但对一些业务量大、操作处理频率高的公司来说，这种方式很难实现高效运作、方便处理的目的，而且复杂的统计分析功能也很难实现。

3. 电子商务服务能力

高速的跨地域扩张要求企业具有为客户提供远程服务的能力，有一套良好的电子商务平台。通过平台，客户可以查询它所有货运的信息，满足客户跟踪货物、跟踪费用、跟踪单据要求。同时电子商务平台实现对客户零距离的业务咨询、询价和网上业务委托，公司内部人员可以通过电子商务平台，实现远程公司管理、远程业务查询和业务交接等。另外，国外代理或收货人也通过电子商务平台来完成业务处理。

4. 未来的延伸能力

前面已经说过，货运代理企业的转型必然导致运输网络越来越大，服务能力和业务范围越来越宽局面。这样，企业在选择信息系统时就必须考虑公司未来的发展问题。

一个好的货运代理企业管理信息系统，应该能够从简单的进出口货运代理管理，延伸到其他各种物流环节的操作。这就要求信息系统具有延展能力，或者说这个软件供应

在未来也能够提供这种扩展。如果自身的软件系统或提供信息系统的软件供应商不能做到这一点，这个系统最终也会滞后于企业发展而被淘汰，最终的结果是所有的前期信息建设投资宣告失败。从长远来看，货运代理企业建立一个适合自己公司业务操作和快速发展模式的信息系统。当然，任何一个企业引进一个适合本企业业务的信息系统并非易事，因为这个信息系统对内必须涵盖企业的运作模式、业务处理流程、标准操作模式、管理理念及深层的企业文化，并且信息系统的组建是一个长期的过程，投资也不低。所以，企业在引进信息系统时一定要选择专业的、有拓展性的信息系统软件，而且要有逐步融合、逐步改进和逐步完善的过程准备。一旦该信息系统在企业中进行了良好的运作，不仅使企业在管理和服务方面有一个大的台阶，而且还能够加速企业的发展壮大，只有这样才能在激烈竞争的货物运输市场中立于不败之地。

（三）货运代理企业信息系统的功能模块

管理信息系统是以计算机和通信网络为主要工具的，对货运代理信息进行收集、存储、检索、加工和传递，使其应用于货运代理企业现代化管理领域的人机系统。

银行、保险公司、海关、商检及客户都是货运代理管理信息系统信息的外部项，这些外部项都是与货运代理管理信息系统发生关系、相互交换数据的信息系统。

货运代理企业内部通过信息系统相互交换信息，运输企业管理信息系统向货运代理的信息系统提供运输企业的运营信息和正在运输中货物的信息，货运代理企业的信息系统则向运输企业的管理系统提供要求货物运输的有关信息。

银行、海关、保险公司、商检及客户则可以通过 Internet 进入货运代理企业的万维网站进行信息查询，数据交换可以采用 EDI、电子邮件、传真的形式进行。

所以，货运代理管理信息系统内部应包括的子系统有：费用报价系统、原始凭证管理系统、配载系统、提单管理系统、运费结算系统、客户服务系统。

知识拓展

国际货代企业向第三方物流企业（3PL）转变

随着人们对商品生产、流通和消费的需要，合理配置越来越引起人们的注意。目前，物流一词在我国也开始使用，物流公司、物流中心等不断出现。物流对企业在市场上能否取胜的决定作用变得越来越明显。从本质上说，企业在市场上的表现主要是由产品的质量、价格以及产品的供给三个要素决定，其中任何一个因素对企业的竞争能力都起着重要的影响作用，而这三个因素都分别直接受到物流的影响。世界经济将在纵向上对工业、供应商、服客、贸易和物流公司进行重新分工，介入生产以及销售环节的物流公司的出现将是物流业发展的必然趋势。随着现代企业生产经营方式的变革和市场外部条件的变化，“3PL”（third party logistics）这种物流形态开始引起人们的重视，并对此表现出极大的兴趣。在西方发达国家，先进企业的物流模式已开始向 3PL 甚至第四方物流方向转变。

3PL 的概念源自于管理学中的“out-souring”，意指企业动态地配置自身和其他企业的功能和服务，利用外部的资源为企业内部的生产经营服务。将（Out-souring）引入物流管理领域，就产生了 3PL 的概念。所谓 3PL 是指生产经营企业为集中精力搞好主业，把原来属于自己处理的物流活动，以合同方式委托给专业物流服务企业，同时通过信息系统与物流服务企业保持密切联系，以达到对物流全程的管理和控制的一种物流运作与管理方式。因此，3PL 又叫合同制物流（contract logistics）。提供 3PL 服务的企业，其前身一般是运输业、仓储业等从事物流活动及相关的行业。从事 3PL 的企业在委托方物流需求的推动下，从简单的存储、运输等单项活动转为提供全面的物流服务，其中包括物流活动的组织、协调和管理、设计建议最优物流方案、物流全程的信息搜集、管理等。目前 3PL 的概念已广泛地被西方流通行业所接受。

（资料来源：王智强. 2004. 新编国际货运代理实务. 北京：对外经济贸易大学出版社）

小　　结

本章主要从两个方面介绍了国际货运代理企业经营与管理方式，首先介绍了国际货运代理企业的营销方面内容，包括营销观念的建立、市场调查及货运代理市场的特点和适用于货运代理企业的营销规划方式和 4P 组合策略；然后介绍了国际货运代理企业内部管理的具体手段，并就货运代理企业的信息化建设进行了较深入的剖析。

案例分析

中远信息化成功案例

 案例背景

时至今日，一家不具备先进 IT 信息化系统的物流企业很可能会没有业务可做。

“由于历史和环境的原因，中远的客户和合作伙伴在信息化建设领域都已取得了非凡的成就。如今，数据交换、网上信息查询。7×24 小时不间断服务以及信息化合作解决方案已经成为企业选择物流或代理服务提供商的前提条件。在这种条件下，没有良好的信息化系统支持，物流企业很难获得订单。”中远网络物流信息科技公司总经理张宇此时非常明白，要实现高效的物流管理，必须建立有效的信息化机制。

在美国的某家物流公司里，静悄悄的办公室里只有五名员工，他们正在通过电视屏幕了解国内每条道路的情况，通过 E-mail 接收订单并答覆客户的要求，然后找到正在附近的运输司机，通过卫星把这些信息发给要承运相应业务的司机。然而，很多人想不到的是，这家貌不惊人的小公司却管理着两万多辆均为家庭所有的运输车辆，司机在办好有关手续后，安装上 GPS，就可以开始营运。如果这名司机由于某种原因打算不做这项业务，他只需发个 E-mail 通知这家公司即可。张宇在采访中先描绘了一家国外物流公司的经营状态。“这一看似简单的模式，在国内却无论如何也实现不了。虽然我们手中有这种管理系统，但面对国内的物流市场，该系统却不可能发挥作用。”对此，张宇很是感叹。

2004 年 12 月 1 日，我国放开外资进入分销领域的限制。这使得对分销有着直接影响作用的物流行业也随之备受重视。时至今日，一家尚未拥有先进 IT 信息化系统的物流企业很可能会没有业务可做。因此，物流领域的信息化就成为了重中之重。

舆论普遍认为，国内的物流业信息化水平普遍较低，这使得众多的国内物流企业面临巨大的挑战。张宇对此却有着自己的见解，“在物流领域，狼来了并不可怕。事实上，国外的物流企业虽然目前的确在向国内市场渗透，但面对国内复杂的物流市场，这些企业几乎无一例外地选择了以合资形式来开展业务，这就为国内的物流企业带来了机会。张宇强调，“国内的物流企业最急需做的是让组织模式和行为规范达到理想化的状态。例如，国外的物流企业已经将高端人才用在了汽车进厂物流方面，相反，国内从事这方面工作的工人还多为初中生水平，而高层次的博士生却从事着相对成熟但技术含量却较低的家电物流领域的工作。”

如同前面所出现的例子一样，国外企业暂时对国内物流行业还有水土不服的可能，但是这段适应期不会太漫长。而国内物流企业的信息化还有太多的路要走，物流行业的信息化究竟怎么搞，还存在着太多需要国内物流企业探索的问题。

1. 随客户而动

中国远洋物流公司是在中国外轮代理公司和中远国际货运有限公司的基础上成立的一家全资子公司。今天，中远物流已经能够为其国内外客户提供现代物流，国际船舶代理、国际多式联运，公共货运代理、空运代理、集装箱场站管理，仓储、拼箱代理、项目开发与管理以及租船等多项服务；同时，中远物流公司在国下设大连、北京、青岛、上海等八个分公司，建立了 300 多个业务网点，併与国外 40 多家货运代理企业签订了长期合作协议。

目前，中远物流的业务涉及国际船舶代理和货运代理的传统物流以及现代物流三块。其中，国际船舶代理业务的规模目前在国内排名第一，货运代理业务也名列前茅，而现代物流业务涵盖了汽车物流、家电物流、工程项目物流和展运物流等领域。上海别克、海尔、长江三峡水电站等知名企业也因此先后成为了中远物流的客户。面对如此广泛的经营区域和如此巨大的业务规模，对中远物流而言，无疑是个不小的挑战。一个很简单的原因是，货主对物流的及时性要求越来越高，特别是随着企业客户大力引入信息技术、建立信息系统的进程加快，市场要求物流业者的信息技术应用水平也要不断提高，与客户同步成长。

“更何况，船代与货代的业务界限越来越模糊，现代物流要求各个领域应用系统间都要有极高的数据关联程度。因此，对信息系统内部的运行管理而言，系统间的集成化压力空前紧迫。”讲到这里，张宇举了海信公司的例子：以前，海信公司采用的是 Oracle 的 ERP，随着业务的发展，他们又上了 SAP 的 ERP，这就需要我们进行不断跟进。信息系统必须和企业业务保持同步或稍微超前才能更好地匹配，这要求我们的 IT 人员要具备自主开发能力。

2. 主宰自己

由于客户信息化系统的复杂性，中远物流公司的信息系统建设选择了走自主开发的道路，并在今天形成了船代、货代和现代物流三个主要的业务系统。国内物流企业面临的情况异常复杂，所以采用自主开发的方法十分必要。当国内的物流市场被规范之后，购买的现成系统才能发挥作用；另一方面，客户的信息化系统变得越来越先进，为了适应这些系统，物流企业的信息管理系统也必须进行某些改进。“而要做到这些，没有自主开发能力显然是不行的。”对此，张宇有着清楚的认识。

然而，对于物流企业的 IT 人员来说，具备自主开发能力实际上是个不小的挑战。在许多企业中，IT 人员的工作性质往往被人误解。“我们公司中绝大多数 IT 人员所做的核心工作是研究业务流程，然后制定出相应的解决方案，并向业务人员讲解相关方案的使用方法；另一方面，厂商提供的往往只是设备，而其给出的解决方案也往往只是一些行业用户的经验或者是设备的最优组合。因此，这种解决方案只能在技术架构方面满足企业的要求，但对企业来说，最重要的却是应用。”张宇对中远物流公司 IT 部门的定位很清楚，事实上，企业中的 IT 人员往往不只是在从事技术工作，而是需要从事很多的技术管理工作。

“如 EAI（数据交换）技术，”张宇解释说，“在一般人看来，用户只需将厂商提供的产品调试一下就可以直接使用了，而事实上，这中间还有着大量的工作有待完成。把这些因素汇总在一起，就无形中就提高了对IT人员的要求。因此，一个不具备咨询能力的IT部门所起的作用将是非常有限的。

开发能力和系统集成能力是搞好系统的基础。对于中远物流公司来说，传统业务领域对其应用系统提出了很高的可靠性、'稳定性和高效性要求。这使他们在选择系统时异常谨慎。经过一番权衡，张宇他们将船代系统和货代系统架构在了IBM eServer i系列平台上。

"从我出任中国远洋物流公司信息技术部总经理到现在，中远物流系统内部从未出现过因为i系列自身性能问题而致使业务应用停摔。其稳定和安全的特性被我们的IT队伍和公司领导层所认可。"张宇很庆幸公司的选择没有错儿。对于中远集团IT部门的员工来说，经济，好用才是最大的好处。IBM eServer i系列以应用集成为核心的特性，最大程度上整合了基于UNIX、Linux，Windows等不同操作系统开发的多种应用，'帮助他们简化了系统基础架构，实现了简单的统一管理，同时降低了企业从系统投资、管理到维护的成本。

3. "1"不能代替"N"

既然中远物流公司的现代物流业务也涵盖了汽车物流、家电物流、工程项目物流和展运物流等业务范畴，那么是不是这些物流业务共用一套系统就可以呢?"绝对不是！不同种类的物流业务必须要采用不同形式的信息系统。"张宇以家电物流和汽车物流为例，说明了其中的不同。

一个家电集团可能在西安、辽宁、天津设有制造工厂，分别生产空调、彩电和小家电。因此，这个家电集团需要专业的物流公司帮助他们将从生产线上下来的产品送到最终用户手中。这时，与之合作的物流企业不但需要考虑如何使自己的库存周转量最大、货物积压最小、还要想尽办法减少库存空间。如果某个城市同时需要空调、彩电和小家电时，还存在一个资源配置问题。这样，物流公司很可能需要在全国建立几个大型仓库，而且这些大型仓库的布局问题也将成为他们不得不考虑的问题之一。所有这些因素综合在一起，就要求物流企业要最大限度地降低物流成本。而汽车物流的情况则与此完全不同。汽车的某些配件需要进口，在进口途中还存在储运问题，在进厂时还要实现JIT，物流公司必须随时清楚哪些配件目前缺货，如何保证这些配件进库以及使他们在指定的时间到达工位。当新车从生产线上下来之后，如何将他们最经济地运到专卖店也是一个重要问题。由以上内容可见，家电物流和汽车物流不可能共用一套系统。而工程物流还可能会涉及面向多个国家的采购问题，这与家电物流和汽车物流更是有很大的不同。

"现在和未来都不太可能存在一套能满足所有类型物流需要的系统。"张宇这样认为。

案例解析

货主对物流的及时性要求越来越高，特别是随着企业客户大力引入信息技术，建立信息系统的进程加快，市场要求物流业者、货物代理业者的信息技术应用水平也要不断提高，且与客户同步成长。拥有一定的网络及先进的信息技术成为企业发展和满足客户需求的重要手段之一。

（资料来源：http：//info. cncshipping. com/i/20090419/12401191407531. shtml）

思考与练习

1. 市场营销策略一般包括哪些内容？
2. 货运代理企业的推销员应具备哪些素养？
3. 客户细分有哪些标准可依？
4. 货运代理企业为什么要树立提供优质服务的观念？
5. 货运代理企业的固定资产应如何管理？

参 考 文 献

陈晓霞．2007．国际贸易地理．北京：对外经济贸易大学出版社．

陈智刚等．2008．国际货运代理与报关实务．北京：清华大学出版社，北京交通大学出版社．

符海箐．2007．国际货运代理实务．北京：对外经济贸易大学出版社．

顾丽亚．2007．国际货运代理与报关实务．北京：电子工业出版社．

顾丽亚等．2008．国际货运代理．上海：华东师范大学出版社．

关善勇．2008．特种货物运输管理．北京：人民交通出版社．

郝鑫浩．2008．我国国际多式联运发展中的问题．合作经济与科技，1．

纪华民．1999．国际货运代理实务．大连：大连海事大学出版社．

交通部公路司．2005．道路危险货物运输重大事故案例．北京：人民交通出版社．

李凌，陈永芳．2007．国际货运代理实务．北京：对外经济贸易大学出版社．

孟于群，陈震英．2000．国际货运代理法律及案例评析．北京：对外经济贸易大学出版社．

倪嘉薇等．2008．特种商品物流营运实务管理．上海：上海交通大学出版社．

牛鱼龙等．2007．货运物流操作实务．上海：同济大学出版社．

牛鱼龙等．2008．海运货代实务案例．上海：同济大学出版社．

孙家庆．2003．国际货运代理．大连：东北财经大学出版社．

王智强等．2004．新编国际货运代理实务．北京：对外经济贸易大学出版社．

王宗湖．2007．国际货运代理实务．北京：对外经济贸易大学出版社．

武德春，武骁．2007．集装箱运输实务．北京：机械工业出版社．

武钧．2009．特种货物储存管理．北京：中国物资出版社．

杨长春．2005．国际货物运输．北京：对外经济贸易大学出版社．

杨志刚．1997．国际货运代理业务指南．北京：人民交通出版社．

于志达．2006．国际贸易地理．北京：清华大学出版社．

张敏，周敢飞．2007．国际货运代理实务．北京：北京理工大学出版社．

张为群．2006．国际货运代理实务操作．成都：西南财经大学出版社．

中国国际货运代理协会．2001．国际货运代理理论与实务．北京：气象出版社．

中国国际货运代理协会．2007．国际货运代理理论与实务．北京：中国商务出版社．

竺如仙．2006．国际贸易地理（第三版）．北京：对外经济贸易大学出版社．

http://www.i18.cn/zx/newshtml/2004-6-21/4522.html

http://xuyancai.blog.ccidnet.com/blog-htm-do-showone-uid-48794-type-blog-itemid-155612. html.

http://www.jingpinke.net/curriculum/show.asp?id=3814

http://jpkc.zjvtit.edu.cn/eln/indexjp_out.jsp